Nachhaltigkeit und Innovation

Geschäftsführender Herausgeber

Prof. Dr. Jens Horbach
Hochschule Anhalt, Bernburg

Reihenherausgeber

Prof. Dr. Eberhard Feess
RWTH Aachen

Dr. Jens Hemmelskamp
Ruprecht-Karls-Universität Heidelberg

Prof. Dr. Joseph Huber
Martin-Luther-Universität Halle-Wittenberg

Dr. René Kemp
Universität Maastricht, Niederlande

Prof. Dr. Marco Lehmann-Waffenschmidt
Technische Universität Dresden

Prof. Dr. Arthur P. J. Mol
Landwirtschaftliche Universität Wageningen, Niederlande

Bisher erschienen:

Hans J. Harloff et al. (Hrsg.)
Nachhaltiges Wohnen
2002. ISBN 3-7908-1508-X

Jens Horbach (Ed.)
Indicator Systems for Sustainable Innovation
2005. ISBN 3-7908-1553-5

Regine Barth et al. (Hrsg.)
Umweltfreundliche öffentliche Beschaffung
2005. ISBN 3-7908-1570-5

Bernd Hansjürgens/Ralf Nordbeck (Hrsg.)
Chemikalienregulierung und Innovationen zum nachhaltigen Wirtschaften
2005. ISBN 3-7908-1597-7

Bernd Wagner/Stefan Enzler (Eds.)
Material Flow Management
2006. ISBN 3-7908-1591-8

Lars Koch/Melanie Monßen (Hrsg.)
Kooperative Umweltpolitik und nachhaltige Innovationen
2006. ISBN 3-7908-1660-4

Harald Tauchmann · Joachim Hafkesbrink
Peter Nisipeanu · Markus Thomzik
Arno Bäumer · Ansgar Brauer · Hartmut Clausen
Dominique Drouet · Dirk Engel
Karsten Körkemeyer · Michael Rothgang
Markus Schroll

Innovationen für eine nachhaltige Wasserwirtschaft

Einflussfaktoren und Handlungsbedarf

Mit 53 Abbildungen und 41 Tabellen

Physica-Verlag

Ein Unternehmen
von Springer

Dr. Harald Tauchmann
harald.tauchmann@rwi-essen.de

Dr. Joachim Hafkesbrink
jh@aroew.de

Dr. jur. Peter Nisipeanu
pni@ruhrverband.de

Prof. Dr. Markus Thomzik
markus.thomzik@iai-bochum.de

Dr.-Ing. Arno Bäumer
abu@ruhrverband.de

Dipl.-Ing. Ansgar Brauer
ansgar.brauer@stein.de

Dr. Hartmut Clausen*
rwi@rwi-essen.de

Dr. Dominique Drouet
drouet@rdi-consultant.com

Dr. Dirk Engel
engel@rwi-essen.de

Dr.-Ing. Karsten Körkemeyer*
office@stein.de

Dr. Michael Rothgang
rothgang@rwi-essen.de

Dipl.-Wirtsch.-Ing. Markus Schroll
ms@aroew.de

* Kontakt über den früheren am Projekt AquaSus beteiligten Arbeitgeber (Anschriften siehe Seite 339)

Die dieser Publikation zugrunde liegenden Vorhaben (AquaSus) wurden mit Mitteln des Bundesministeriums für Bildung und Forschung im Rahmen des Förderschwerpunkts „Rahmenbedingungen für Innovationen zum nachhaltigen Wirtschaften“: [riw] unter den Förderkennzeichen 07RIW6B, 07RIW6C und 07RIW6D gefördert. Die Verantwortung für den Inhalt dieser Veröffentlichung liegt bei den Autoren.

ISSN 1610-1340
ISBN-10 3-7908-1684-1 Physica-Verlag Heidelberg
ISBN-13 978-3-7908-1684-6 Physica-Verlag Heidelberg

Bibliografische Information Der Deutschen Bibliothek
Die Deutsche Bibliothek verzeichnet diese Publikation in der Deutschen Nationalbibliografie; detaillierte bibliografische Daten sind im Internet über <http://dnb.ddb.de> abrufbar.

Physica-Verlag ist ein Unternehmen von Springer Science+Business Media GmbH

springer.de

Printed in Germany

Umschlaggestaltung: Erich Kirchner, Heidelberg

SPIN 11605102 88/3153-5 4 3 2 1 0 – Gedruckt auf säurefreiem Papier

Inhaltsverzeichnis

1 Einleitung

1.1 Hintergrund und Aufgabenstellung der Untersuchung

Die Aktivierung von Innovationspotenzialen zum Nachhaltigen Wirtschaften kann als entscheidender Schlüssel zur Lösung von Nachhaltigkeitsproblemen in ökonomischer, ökologischer sowie sozialer Hinsicht gelten. Um innovationsfördernde Rahmenbedingungen zu identifizieren und damit die Voraussetzungen zur Aktivierung dieser Potenziale zu verbessern, wurde vom Bundesministerium für Bildung und Forschung der Förderschwerpunkt „Rahmenbedingungen für Innovationen zum nachhaltigen Wirtschaften":[riw] ins Leben gerufen. Das der hier vorliegenden Veröffentlichung zugrundeliegende Projekt AquaSus „Einflussfaktoren und Handlungsbedarfe für Innovationen zum nachhaltigen Wirtschaften – Möglichkeiten und Grenzen einer nachhaltigen Wasserwirtschaft" ist Teil des riw-Forschungsnetzwerks. AquaSus betrachtet die Frage nach Rahmenbedingungen für nachhaltige Innovationen für den speziellen Anwendungsfall der deutschen Wasserwirtschaft. Wasser kommt als essentieller Ressource besondere Bedeutung für die Gesellschaft zu, so dass die Frage nach und Wegen zu einer nachhaltigeren Bewirtschaftung gerade dieser Ressource besondere Beachtung verdient. Zentrale Zielsetzung des Projekts AquaSus ist es, Einflussfaktoren für Innovationen zu identifizieren, Wirkungen von Innovationen auf die drei Dimensionen der Nachhaltigkeit abzuschätzen, und schließlich Handlungsbedarf zu erkennen und daraus Handlungsempfehlungen abzuleiten.

Um diesen Zielen gerecht zu werden gliedert sich der vorliegende Projektbericht in sechs Kapitel. Der einleitende Kapitel 1 erläutert das Leitbild der Nachhaltigkeit im Kontext der Wasserwirtschaft, konkretisiert den Innovationsbegriff und verdeutlicht den Zusammenhang von Innovation und Nachhaltigkeit. Kapitel 2 stellt wichtige Hintergrundinformationen über Strukturen, Entwicklungstrends und rechtliche Grundlagen der deutschen Wasserwirtschaft bereit. Kapitel 3 spannt mit dem Innovationssystemansatz die Theoriebasis für das Gesamtprojekt auf und mündet in die Formulierung zentraler forschungsleitender Hypothesen. Kapitel 4 umfasst die im Rahmen des Projekts durchgeführten verschiedenen empirischen Einzeluntersuchungen zum Innovationsverhalten der Akteure des Innovationssystems, der Bedeutung und Wirkung unterschiedlicher Rahmenbedingungen und den Nachhaltigkeitswirkungen verschiedener Innovationen. Kapitel 5 führt die in den empirischen Untersuchungen gewonnenen Erkenntnisse bezogen auf die zentralen

Forschungsfragen zusammen und mündet in Kapitel 6, wo konkrete Empfehlungen für die Politik zur Förderung von nachhaltigkeitsbezogenen Innovationen formuliert werden.

1.2 Zum Leitbild der Nachhaltigkeit in der Wasserwirtschaft

Das Leitbild einer nachhaltigen Entwicklung – und damit auch der Begriff „Nachhaltigkeit" – errang mit dem Endbericht „Our Common Future" der UN-Kommission für Umwelt und Entwicklung (Hauff 1987) und mit der UN-Konferenz von Rio de Janeiro eine zentrale Bedeutung in der umwelt- und entwicklungspolitischen Diskussion. Die Konzeption der im Jahre 1992 verabschiedeten „Agenda 21" ist auf die Vernetzung ökologischer, ökonomischer und sozialer Belange ausgerichtet. Diese integrale Sichtweise wird in Deutschland u.a. vom Sachverständigenrat für Umweltfragen (SRU) vertreten, der im Leitbild des „Sustainable Development" eine auf die Bewältigung der gemeinsamen Zukunft des Menschen ausgerichtete Programmatik sieht und ökonomische, ökologische und soziale Entwicklung als innere Einheit betrachtet (SRU 1994: 9). Obwohl jedoch der Begriff „Sustainable Development" seit der „Rio-Konferenz" zum Modebegriff avancierte, ist bis heute keine klare und allgemein anerkannte Operationalisierung zu erkennen (Klemmer et al. 1996: 295f.). Ungeachtet der Vielzahl der vorliegenden Definitionen des Leitbildes einer nachhaltigen Entwicklung ist festzustellen, dass eine endgültige Operationalisierung auch nicht zu erwarten ist. Dies liegt u.a. in den Informationsproblemen begründet, die hinsichtlich des Wissens über die ökologischen, ökonomischen und sozialen Folgen heutigen Handelns sowie den Präferenzen und Handlungsmöglichkeiten zukünftiger Generationen bestehen. Deshalb sind normative Wert- und Zielvorstellungen potentiell dem Vorwurf unzureichender Begründung ausgesetzt. In der Konsequenz kann „Nachhaltigkeit" somit lediglich als regulative Idee verstanden werden, mit der Such-, Forschungs- und Lernprozesse in eine bestimmte Richtung gelenkt werden können (Homann 1996). Konkretisierungen des Leitbildes stellen damit letztlich nur eine Art „variable Leitplanken" dar, an denen der Kurs einer nachhaltigen Entwicklung ausgerichtet werden kann.

Ein zentraler Bereich, der im Zusammenhang mit der nachhaltigen Entwicklung thematisiert wird, ist die Wasserwirtschaft. Bereits in der Agenda 21, Kapitel 18 „Schutz der Güte und Menge des Süßwassers", wurde die zentrale Bedeutung des Wassers als schützenswerte Ressource hervorgehoben. Als oberstes Ziel für die Bewirtschaftung von Süßwasserressourcen wurde die „gesicherte Bereitstellung von Wasser in angemessener Menge und guter Qualität für die gesamte Weltbevölkerung bei gleichzeitiger Aufrechterhaltung der hydrologischen, biologischen und chemischen Funktionen der Ökosysteme, Anpassung der Aktivitäten des Menschen an die Belastungsgrenzen der Natur und Bekämpfung der Vektoren wasserinduzierter Krankheiten" formuliert (Agenda 21 1992). Hervorgehoben wurde zudem der sektorübergreifende Charakter der Wasserwirtschaft auf Grund der hohen Bedeutung des Wasserdargebots für die sozio-ökonomische Entwicklung und der unterschiedlichen Interessen dienenden Nutzungen der Gewässer. Auch auf europäischer Ebene hat der Begriff der nachhaltigen Entwicklung in den Bereich der Wasserwirtschaft Einzug gehalten. So nennt bspw. die EG-Wasserrahmenrichtlinie (WRRL 2000) in Artikel 1 als ein Ziel die „Förderung einer nachhaltigen Wassernutzung auf der Grundlage eines langfristigen Schutzes der vorhandenen Ressourcen". Auf nationaler Ebene sieht das Bundesumweltministerium in der Realisierung einer nachhaltigen Entwicklung die konsequente Anwendung des in der deutschen Wassergesetzgebung fest verankerten Vorsorgeprinzips und des Minimierungsgebots (BMU 1996). Der Wasserhaushalt sei so zu ordnen, dass

- das ökologische Gleichgewicht bewahrt und wiederhergestellt wird,
- die mengen- und gütemäßige Sicherung der Trink- und Brauchwasserversorgung gewährleistet ist und
- alle Wassernutzungen, die dem Gemeinwohl dienen, weiterhin möglich bleiben.

Die Zielsetzung einer nachhaltigen Entwicklung der Wasserwirtschaft wird also weithin akzeptiert. Schwierigkeiten werden jedoch auch für diesen konkreten Anwendungsbereich des Leitbildes sichtbar, wenn es in handhabbare Zielsetzungen und Maßnahmen umgesetzt werden soll (Brackemann et al. 2001: 105). Nach einer grundlegenden Analyse im Auftrag des Umweltbundesamtes wird eine nachhaltige Wasserwirtschaft bezeichnet als „die integrierte Bewirtschaftung aller künstlichen und natürlichen Wasser(teil)kreisläufe unter Beachtung von drei wesentlichen Zielsetzungen (Kahlenborn Kraemer 1999: 27):

- Langfristiger Schutz von Wasser als Lebensraum bzw. als zentrales Element von Lebensräumen;
- Sicherung des Wassers in seinen verschiedenen Facetten als Ressource für die jetzige wie für nachfolgende Generationen;
- Erschließung von Optionen für eine dauerhaft naturverträgliche, wirtschaftliche und soziale Entwicklung".

Im Wesentlichen solle sich die integrierte Bewirtschaftung der Wasserkreisläufe an den folgenden Prinzipien orientieren (Kahlenborn Kraemer 1999: 28ff.):

1. Regionalitätsprinzip:
Die regionalen Ressourcen und Lebensräume sind zu schützen, die Lösung wasserwirtschaftlicher Problemstellungen soll nur unter Rückgriff auf die eigenen regional verfügbaren Ressourcen erfolgen.

2. Integrationsprinzip:
Berücksichtigung möglichst vieler Teilaspekte des betrachteten Gegenstandes „Wasser" d.h. auch die explizite Beachtung der Verbindung zu anderen Umweltmedien.

3. Verursachungsprinzip:
Verursacher sind für Verschmutzung und Ressourcennutzung in vollem Umfang verantwortlich, d.h. sowohl für Maßnahmen der Belastungsvermeidung/-verminderung wie auch für die Schadensbeseitigung und für die mit beidem verbundenen Kosten.

4. Kooperations- und Partizipationsprinzip:
Alle Beteiligten sind integrativ zu berücksichtigen, Mitwirkung und Selbstorganisation sind zu fördern.

5. Ressourcenschonungsprinzip:
Der direkte und indirekte Energie- und Ressourcenverbrauch soll minimiert werden.

6. Vorsorgeprinzip:
(Unbekannte) Risiken müssen weitgehend minimiert werden.

7. Quellenreduktionsprinzip:
Emissionen von Schadstoffen sind am Ort des Entstehens zu unterbinden.

8. Reversibilitätsprinzip:
Eingeleitete oder getroffene Maßnahmen müssen möglichst flexibel und modifizierbar sowie die möglichen Folgen reversibel sein.

9. Intergenerationsprinzip:
Auch bei Maßnahmen zur Befriedigung der gegenwärtigen Bedürfnisse ist stets zu berücksichtigen, dass auch künftige Generationen ihre Bedürfnisse befriedigen können.

Diese grundlegenden Prinzipien der nachhaltigen Wasserwirtschaft sollen wohl keine absolute Geltung besitzen, sondern eher als Orientierungshilfe zu verstehen sein (Prager 2002: 73). Sie können jedoch als Fundament eines laufenden Entwicklungs- und Diskussionsprozesses in der Wasserwirtschaft verstanden werden.

Im Rahmen der vorliegenden Untersuchung wird zur Analyse der Rahmenbedingungen für nachhaltige Innovationen in der Wasserwirtschaft dem pragmatischen Ansatz des Drei-Säulen-Modells gefolgt (Klemmer 1999: 437ff.). Hierbei werden neben ökologischen gleichermaßen soziale und ökonomische Aspekte berücksichtigt. Mit der ökologischen Dimension wird auf die dauerhafte Stabilität des biologischen Systems und den Erhalt der Funktionen der natürlichen Umwelt abgestellt (OECD 1999: 18). Bei der sozialen Dimension wird nachdrücklich auf die Bedeutung funktionierender Arbeitsmärkte und eines hohen Beschäftigungsgrades sowie auf die Rolle sozialer Interaktionen hingewiesen. Mit diesen Erfordernissen erhält ökonomisches Wachstum zusätzlich zu der üblichen quantitativen Komponente eine qualitative Komponente. Ökologische und soziale Ziele werden zum einen getrennt von ökonomischen Zielen ausgewiesen, zum anderen werden die Wechselwirkungen (Konflikte und Komplementaritäten) zwischen den Dimensionen thematisiert.

Eine nachhaltige Entwicklung in der Wasserwirtschaft bedingt das Ergreifen adäquater Maßnahmen von allen beteiligten Akteuren. Der Innovationsbereitschaft und -fähigkeit der Abwasserentsorger und Wasserversorger kommt dabei eine Schlüsselrolle zu. In vielen Fällen ist die Einführung einer Innovation unerlässliche Voraussetzung dafür, die umweltpolitisch gewünschten oder von staatlicher Seite geforderten Kriterien einer nachhaltigen Entwicklung zu erfüllen. Vor der Analyse dieser nachhaltigen Innovationen in der Wasserwirtschaft ist jedoch zunächst im folgenden Kapitel das den Untersuchungen zu Grunde liegende Verständnis von Innovationen zu verdeutlichen. Zwar besteht vordergründig auch in der Wasserwirtschaft Einigkeit darüber, dass man innovieren sollte; bei der Analyse des Innovationsphänomens beginnen Missverständnisse über das Innovieren aber oft schon im Begrifflichen (vgl. bereits Staudt 1986: 11).

1.3 Zum Innovationsverständnis der vorliegenden Untersuchung

Der Begriff „Innovation“ stammt aus dem Lateinischen und umfasst Neuerungen, Neueinführung, Erneuerung oder die Neuheit selbst und wird modisch durch neue technische Objekte wie Produkte, Verfahren oder Material besetzt. In der Literatur findet sich eine Vielzahl von Definitionen, die jeweils verschiedene Teilaspekte von Innovationen hervorheben bzw. isoliert als Innovation bezeichnen und somit ein breites Spektrum an Bedeutungen schaffen (Kerka 2002: 42ff.).

Um zu klären, was „Innovationen im Sinne der vorliegenden Untersuchung“ sind, muss man deshalb zunächst die Betrachtungsperspektive festlegen. Maßgeblich ist nicht die objektive Innovation im Sinne einer (Welt-) Neuheit, sondern die Erstmaligkeit für das innovierende Subjekt (Pfeiffer u. Staudt 1975). Das kann

- für eine einzelne Person die Handhabung einer neuen (Produktions-)Anlage sein,
- für ein Unternehmen der erstmalige Einsatz der Membrantechnik in der Abwasserbehandlung sein,
- für eine Branche die Einführung von wettbewerbsorientierten Benchmarkingprojekten oder der Übergang von monopolistisch strukturierten zu liberalisierten Märkten sein,
- für ein (nationales) Innovationssystem die Umsetzung des Leitbildes der Nachhaltigkeit sein oder
- für eine Volkswirtschaft die Einführung neuer Steuergesetze oder eines neuen Umweltgesetzbuches sein.

Im betriebswirtschaftlichen Kontext ist das Unternehmen[1] Orientierungsrahmen für die Charakterisierung von Innovationen. Aus systemtheoretischer Sicht sind Unternehmen offene sozio-technische Systeme. Systemelemente sind dabei im Kern die Produktionsfaktoren „Personal“ sowie „Technik“ resp. Betriebsmittel, die über formelle und informelle organisatorische Strukturen und Prozesse (Orga-

1 Analog gelten nachfolgende Ausführungen auch für nicht-erwerbswirtschaftliche Organisationen.

nisation) verknüpft sind (Spiller u. Staudt 1989: 273). Innerhalb von Unternehmen vollzieht sich ein Transformationsprozess, durch den ein aus Roh-, Hilfs- und Betriebsstoffen sowie Vorprodukten bestehender Input in Sach- und Dienstleistungen sowie ggf. Abfälle und Emissionen – d.h. in Output – umgewandelt wird (vgl. Abb. 1).

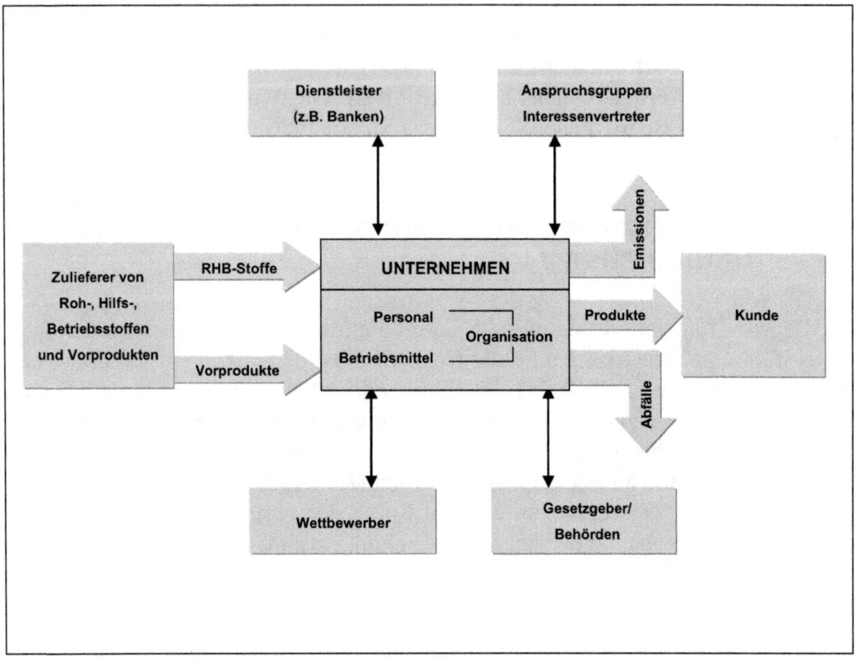

Abb. 1. Einfaches Modell des Systems „Unternehmen" mit seinem Umfeld und Austauschbeziehungen zur Umwelt

Über diese In- bzw. Output-Beziehungen ist das Unternehmen in eine Wertschöpfungskette aus vorgelagerten Zulieferern resp. Lieferanten und nachgelagerten Abnehmern resp. Kunden eingebunden.[2] Weitere Beziehungen bestehen zu nebengelagerten Akteuren wie Dienstleistern (z.B. Banken), Behörden, Gesetzgebern, Wettbewerbern etc. Darüber hinaus ist das Unternehmenssystem eingebettet in ein Systemumfeld, welches alle diejenigen Gegebenheiten (d.h. natürliche, technische, wirtschaftliche oder gesellschaftliche Phänomene) umfasst, mit denen das Unternehmen in Beziehungen treten kann oder bereits in Beziehung steht.

[2] Das sozio-technische Handlungssystem Unternehmung ist damit gleichsam nur Subsystem eines übergeordneten (Innovations-)Systems. Unternehmen sind eingebunden in Wertschöpfungsketten, die wiederum eingebettet sind in verschiedenste Wertschöpfungsarchitekturen eines nationalen (Innovations-)Systems und dieses wiederum in ein internationales (Innovations-)System. Vgl. hierzu grundlegend (Pfeiffer u. Staudt 1975: 1943).

Innovationsobjekte können nun alle

- Systemelemente innerhalb des Unternehmens (Personal, Technik/Betriebsmittel),
- Systemelemente an den Schnittstellen zur Unternehmensumwelt (Input und Output) sowie
- die organisatorischen Beziehungen im Unternehmen und
- zum Unternehmensumfeld (Lieferanten, Kunden, Wettbewerber, Behörden, Gesetzgeber etc.)

sein (Staudt u. Kriegesmann 1998: 357).

Innovation bedeutet nun schlicht die Veränderung des Status Quo, d.h. die Veränderung einzelner oder mehrerer dieser Objekte, wobei letzteres auf Grund der vorhandenen Interdependenzen zwischen den Innovationsobjekten der Regelfall ist. Beispielweise bringt die Einführung neuer Produkte veränderte Produktionsverfahren mit sich, oder Verfahrensinnovationen erfordern Änderungen im Kompetenzprofil der Mitarbeiter oder in der Organisationsstruktur und bewirken somit Sozialinnovationen. Änderungen im System Unternehmung ziehen in der Regel Änderungen an den Schnittstellen zum Umfeld nach sich, z.B. in Form neuer Zulieferbeziehungen oder neuer Absatzmärkte. Die Auswirkungen von Innovationen machen also selten an den Unternehmensgrenzen halt, sondern führen zu Verschiebungen innerhalb des Innovationssystems, wie auch Änderungen im Innovationssystem zu Modifikationen des Unternehmenssystems führen.

Ergebnis des Innovierens ist eine neue Systemstruktur mit neuen oder modifizierten Elementen und Beziehungen. Die Art der Veränderung kann dabei variieren von der „Modifikation" oder dem „Hinzufügen" einzelner Elemente und Beziehungen bis hin zu deren „Wegfall". Beispielsweise führt die Implementation einer vollautomatischen Verpackungsmaschine (Hinzufügen einer neuen Technik und Prozessinnovation) zum Abbau von Arbeitskräften (Wegfall) und zur Neuorganisation bestehender Strukturen und Abläufe (Modifikation der unternehmensinternen bzw. -externen Beziehungen) (Staudt u. Schroll 2001: 142).

Ein frühes und von der OECD noch 1992 im sog. Oslo-Handbuch skizziertes Verständnis besetzte den Innovationsbegriff noch durch Produkt- und Prozess- bzw. Verfahrensinnovationen (Johnston 1966: 160; OECD 1992), bezieht sich damit jedoch nur auf technische resp. technologische Neuerungen wie bspw. aus dem wasserwirtschaftlichen Umfeld die Entwicklung von Inspektionskameras zur Kanalüberwachung. In einem weiteren Sinne umfassen Innovationen allerdings auch

- Veränderungen im organisatorischen bzw. institutionellen Bereich wie z.B. die formelle und materielle Privatisierung eines kommunalen Eigenbetriebes bzw. der von diesem wahrzunehmenden Aufgaben der Daseinsvorsorge oder neue institutionelle Arrangements innerhalb des nationalen Innovationssystems „Wasserwirtschaft" und

- Innovationen im sozialen resp. humanen Bereich wie bspw. die Kompetenzentwicklung der Mitarbeiter oder Veränderungen im Normen- oder Wertesystem der Gesellschaft (Staudt et al. 1996: 3f.).

In Summe ist damit der Innovationsbegriff der vorliegenden Untersuchung nicht nur auf technisch-ökonomische (d.h. Produkt-, Prozess- und organisationsbezogene) Neuerungen begrenzt, sondern auf soziale und institutionelle Innovationen erweitert. Dieses weit gefasste und subjektive Innovationsverständnis wird in der Literatur auch zur Analyse von Umweltinnovationen vorgeschlagen, da hiermit das schwierige Problem der Abgrenzung von Neuerungen in der Praxis verringert und zudem die für den Umweltschutz wichtige Diffusion von Umweltinnovationen auf Unternehmensebene erfasst werden kann (Hemmelskamp 1996: 6).

Umweltinnovationen sind hier diejenige Teilmenge der Neuerungen, die auf eine geringere Inanspruchnahme von Umweltfunktionen zielen, m.a.W. auf eine Verringerung von anthropogen verursachten Umweltbelastungen.[3] Im Unterschied zu „normalen" Innovationen, die jeweils nur den Bezug zu spezifischen Zielen der innovierenden Akteure aufweisen, tritt bei Umweltinnovationen für nachhaltiges Wirtschaften ergänzend die Bezugnahme zum oben ausgeführten Leitbild einer nachhaltigen Entwicklung hinzu. Innovationen für nachhaltiges Wirtschaften resp. nachhaltige Innovationen enthalten somit stets eine ökologische, ökonomische sowie soziale Dimension und tragen in mindestens einem dieser drei Bereiche zur Verbesserung bei (Rennings 1999: 21).

Von einer Innovation kann man – im Gegensatz zur Invention – jedoch erst dann reden, wenn die Neuerungen in ihrem jeweiligen unternehmensinternen oder -externen Umfeld nachfragewirksam und/oder umgesetzt werden (Staudt u. Kriegesmann 1998: 355ff.). Der Weg von der Invention zur Innovation gleicht allerdings angesichts der hohen Komplexität vielfach einem Hindernislauf. Dringt man in die Problematik der jeweiligen Entstehungs- und Diffusionsprozesse von Innovationen ein und setzt sich mit den Problemen auseinander, die den Erfolg der Innovation be- bzw. sogar verhindern können, so lassen sich diese grundsätzlich auf vier Hauptdeterminanten zurückführen.[4] Oftmals werden personell, technisch oder organisatorisch bedingte Innovationswiderstände übersehen, die eine Umsetzung von der Idee zur Innovation be- oder verhindern. Im konkreten Fall kann dann bspw.

- die technische Kompatibilität einer Produktinnovation mit verfügbaren Anschlusstechniken nicht gesichert sein, wenn etwa die Einführung von Trenn- resp. Urinseparierungstoiletten durch fehlende Ablaufleitungen zur getrennten Ableitung der separierten Teilströme verhindert wird, die in weiten Tei-

[3] Obwohl sich der Begriff Umweltinnovation in Wissenschaft und Praxis durchgesetzt hat, ist er semantisch irreführend, „da die Umwelt nicht erneuert werden soll, wie es vielleicht die Nähe zu anderen Begriffen (Produktinnovationen im Sinne eines neuen Produktes etc.) nahe legt." (Klemmer et al. 1999: 29)

[4] In der Innovationsforschung wurden derartige Innovationsbarrieren in den letzten Jahren immer wieder untersucht. (Vgl. Staudt 1982: 233ff.; Staudt et al. 1997; Staudt u. Kottmann 2001; Staudt et al. 2001; Staudt u. Schwering 2002: 221ff.).

len der Bestandsbauten nicht vorhanden und nur aufwendig nachzurüsten sind,

- bei den von der Neuerung betroffenen Personen die Fähigkeit und/oder Bereitschaft, die Innovation anzunehmen bzw. umzusetzen, fehlen, weil das Personal eines produzierenden Unternehmens nicht auf die Kompetenzanforderungen der neuen Techniken vorbereitet wird oder Beamte einer im Innovationsprozess beteiligten Behörde aus Unkenntnis oder Fehleinschätzung der Sachlage die erforderlichen Genehmigungen blockieren,

beim Übergang auf eine neue Produktionstechnologie Reorganisationen der unterstützenden Prozesse in Einkauf und Vertrieb ausbleiben oder unzureichende Anreizstrukturen die Umsetzungs- resp. Veränderungsbereitschaft der involvierten Personen verhindern.

1.4 Bestimmungsfaktoren betrieblicher Innovationen

(Umwelt-)Innovationen für nachhaltiges Wirtschaften setzen sich nicht allein schon dadurch durch, dass sie ökologisch sinnvoll und/oder technologisch machbar sind, sondern nur, wenn sie zudem ökonomisch tragfähig und/oder zur Erfüllung von gesetzlichen Anforderungen notwendig sind: Zu (Umwelt-)Innovationen für nachhaltiges Wirtschaften kommt es vielfach erst, wenn diese durch „marktseitige Sanktionen“ oder gesetzliche Regelungen „verordnet“ werden; mithin sind sie im Gegensatz zu „normalen“, überwiegend dem Rentabilitätspostulat folgenden Innovationen oft keine Selbstläufer (Staudt u. Schroll 2001: 144; Rennings 1999: 33).

Während die zentrale Motivation für ein Unternehmen, im Wettbewerb „normale“ Innovationen zu generieren, dem ökonomischen Rationalitätspostulat folgend der wirtschaftliche Erfolg ist, hängt das betriebliche Innovationsverhalten bei Umweltinnovationen zudem in erheblichem Maße von der Einführung und der Ausgestaltung umweltpolitischer Instrumente ab (Hemmelskamp 1996: 22). Der öffentliche-Gut-Charakter von Umweltgütern bedingt, dass Erträge aus den Innovationen oft unsicher, in ferner Zukunft und/oder bei Dritten anfallen und dementsprechend die Marktsignale für Umweltinnovationen häufig nicht ihrer volkswirtschaftlich gewünschten Bedeutung entsprechen (Hemmelskamp 1998: 6). Mit dem Rentabilitätskalkül der Unternehmen und der Politik bzw. Gesetzgebung sind damit zwei wesentliche Determinanten ökologischer Innovationen genannt. Es stellt sich jedoch insgesamt die Frage, wie sich die Entstehung von Innovationen und insbesondere die Entstehung von Umweltinnovationen erklären lässt.[5]

---

[5] Makroökonomische Einflussfaktoren betrieblichen Innovationsverhaltens, wie die allgemeine Wirtschaftspolitik, die Geld-, Währungs- und Steuerpolitik oder die Bildungspolitik werden im Rahmen der vorliegenden Untersuchung nicht weiter berücksichtigt. Auch bei der Focussierung des nationalen Innovationssystems „Wasserwirtschaft“ wird davon ausgegangen, dass diese Determinanten für alle Unternehmen gleichermaßen

Die Diskussion der Einflussnahme wird in der Innovationsforschung von der Frage dominiert, ob das verfügbare technische Know-how – die sog. „Supply"- oder „Technology-push"-Hypothese – oder ob bestehende Marktchancen – die sog. „Demand"- oder „Market-pull"-Hypothese einen stärkeren Einfluss auf das Innovationsverhalten von Unternehmen haben (Hemmelskamp 1999: 72). Die „Technology-push"-Hypothese geht von der Annahme aus, dass in Unternehmen entwickelte Technologien oder wissenschaftlicher Erkenntnisfortschritt die Antriebskräfte bei der Schaffung von Veränderungen sind. Dieser sog. potenzialorientierte bzw. autonome Induktionsmechanismus kennzeichnet den Wandel des Angebots an Problemlösungen, d.h. die Entwicklung z.B. neuer Produkte, Verfahren oder Organisationsstrukturen, für welche Anwendungsbereiche (zu lösende Probleme, zu deckende Bedarfe) gesucht bzw. geschaffen werden müssen.

Die „Demand-pull"-Hypothese hingegen geht davon aus, dass vor allem Nachfragefaktoren aus dem privaten und/oder öffentlichen Bereich die Innovationsaktivitäten determinieren. Diese sog. bedarfsorientierte Induktion resultiert aus einem Wandel von Nachfrage- bzw. Bedarfsverhältnissen, d.h. hier werden für neu entstandene Bedarfe bzw. Probleme Problemlösungen gesucht.[6]

Mittlerweile scheint Konsens zu bestehen, dass sowohl angebots- als auch nachfrageseitig Faktoren auf das betriebliche Innovationsverhalten wirken (Cleff u. Rennings 1999: 192). Trägt man zudem der oben skizzierten Besonderheit von Umweltinnovationen Rechnung, so wird in der Literatur davon ausgegangen, dass

- umweltpolitische Instrumente und Maßnahmen (Regulatory Push/Pull) zusammen mit
- technologischen Entwicklungen („Technology-" bzw. „Supply-Push") und
- Faktoren der Marktnachfrage („Demand"- bzw. „Market-Pull")

die drei wesentlichen externen Impulsbündel für betriebliche Umweltinnovationen darstellen (Abb. 2).

---

vorgegeben sind und insofern keinen Beitrag zur Erklärung des Innovationsverhaltens leisten können.

6 Vgl. zum autonomen und bedarfsorientierten Induktionsmechanismus Pfeiffer u. Staudt 1975: Sp. 1943ff.

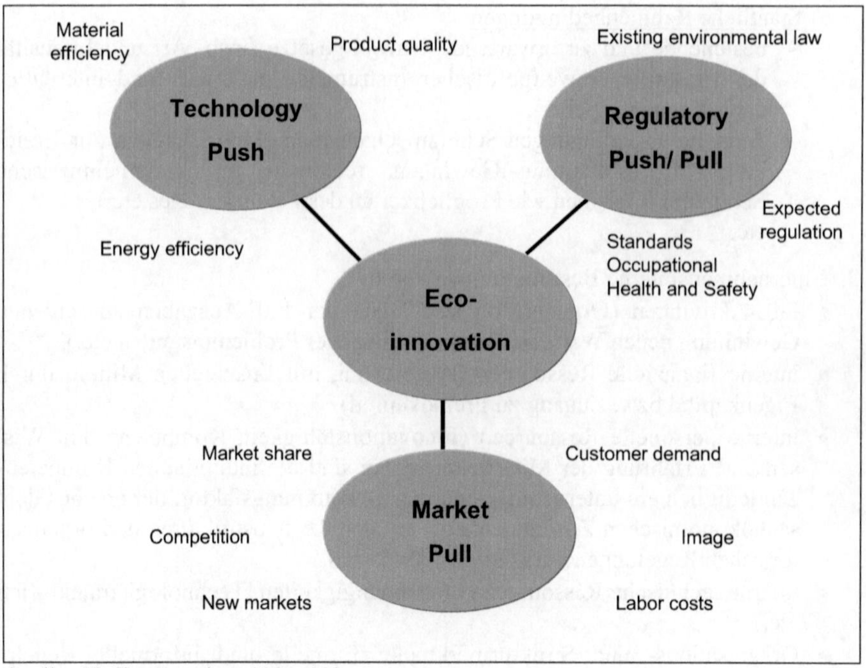

Quelle: Cleff u. Rennings 1999: 193.

Abb. 2. Unternehmensexterne Bestimmungsfaktoren von Umweltinnovationen

Neben diesen drei externen Faktorenbündeln begründen sich Umweltinnovationen zudem aus einer Reihe von unternehmensinternen Bestimmungsfaktoren (Sachverständigenrat für Umweltfragen 2002: 777ff.). Damit lassen sich als Bestimmungsfaktoren betrieblicher (Umwelt-)Innovationen folgende Faktoren zusammenfassen:

1. Unternehmensexterne Bestimmungsfaktoren
   a) <u>Supply-push</u>
      – Technologische Voraussetzungen/technologische Möglichkeiten (Stand und Entwicklung des technischen Fortschritts sowie Informationsquellen zur Nutzung dieses extern vorhandenen Wissens, Verflechtungen mit vorgelagerten Akteuren der Wertschöpfungskette bzw. innerhalb des Innovationssystems etc.),
      – etc.
   b) <u>Demand-pull</u>
      – Marktnachfrage (Marktvolumen und Kundenbedürfnisse sowie künftig zu erwartende Nachfrageveränderungen etc.),
      – Marktstruktur (Konzentrationsgrad, Konkurrenzsituation, Verflechtungen und Arbeitsteilung mit nachgelagerten Akteuren der Wertschöpfungskette bzw. innerhalb des Innovationssystems etc.),
      – Umweltbewusstsein in den gesellschaftlichen Gruppen,
      – etc.

c) Staatliche Rahmenbedingungen
   - bestehende und zu erwartende Umweltgesetze (insb. Art und Intensität des Einsatzes umweltpolitischer Instrumente nationaler und internationaler Regelungsgeber),
   - Aneignungsbedingungen/Schutzmechanismen (Möglichkeiten zur Erzielung von (Vorsprung-)Gewinnen, rechtliche und unternehmerische Schutzmechanismen wie Möglichkeiten des Patentschutzes etc.),
   - etc.

2. Unternehmensinterne Bestimmungsfaktoren:
   - FuE-Aktivitäten (Organisation und Höhe der FuE-Ausgaben zur eigenen Gewinnung neuen Wissens, Entwicklung neuer Problemlösungen etc.),
   - interne finanzielle Ressourcen (Ausstattung mit finanziellen Mitteln durch Eigenkapital bzw. Zugang zu Fremdkapital),
   - interne personelle Ressourcen (Innovationsfähigkeit, Kompetenz d.h. Wissen und Erfahrung der Mitarbeiter; dabei sind die individuellen Kompetenzen lediglich ein unternehmensinterner Bestimmungsfaktor, der erst aus dem sachökonomischen Zusammenhang mit den Technostrukturen und organisatorischen Regelungen wirksam werden kann),
   - interne technische Ressourcen (Pfadabhängigkeiten, Technologietrajektorien etc.),
   - Organisations- und Strukturmerkmale (formelle und informelle Regeln, Rechts- und Finanzierungsform etc.),
   - Betriebsgröße,
   - Risikoverhalten, Innovationsbereitschaft,
   - etc.

Prinzipiell können all diese Bestimmungsfaktoren Einfluss auf das betriebliche Innovationsverhalten und damit auch auf die Entstehung und Diffusion von Umweltinnovationen in der Wasserwirtschaft haben. Doch Innovationen sind komplexe Systementwicklungen, in denen gewachsene Unternehmenskonfigurationen von Input-Faktoren, eingesetzten Betriebsmitteln, Strukturen und Prozessen, Mitarbeiterpotenzialen und Leistungsangeboten mit ihren sehr spezifischen Beziehungen und Abhängigkeiten neu formiert werden. Im Einzelfall ist es somit äußerst schwierig, Ex-ante-Aussagen über die Wirkung von Bestimmungsfaktoren betrieblichen Innovationsverhaltens zu treffen (Hemmelskamp 1996: 24). Welche Faktoren mit Bezug auf Innovationen in den Bereichen der Wasserversorgung und Abwasserentsorgung von besonderer Relevanz sind, wird im Verlauf der vorliegenden Untersuchung empirisch überprüft.

2 Die deutsche Wasserwirtschaft: Strukturen und rechtliche Grundlagen

Innovationsaktivitäten in der Wasserversorgung und Abwasserentsorgung zielen einerseits darauf ab, die Trinkwasserqualität zu erhöhen und gesundheitlich unbedenkliches Abwasser in Gewässer so genannte Vorfluter einzuleiten. Andererseits können Innovationen Beiträge zur betriebswirtschaftlichen Optimierung leisten. Aus volkswirtschaftlicher Sicht ist beides wünschenswert.

Es gibt keinen verfassungstheoretischen Zwang, die Nutzung und den Schutz der Ressource „Wasser“ juristisch zu reglementieren. In dem Maße, in dem die Erkenntnis von der Begrenztheit der Ressource Wasser durch deren Verknappung und Belastung offenbar wird – mithin Anzahl, Bedeutung und überörtliche Auswirkungen von Konfliktfällen wachsen -, steigen das öffentliche Interesse und der tatsächliche Bedarf an einer staatlichen Reglementierung. Diese mündet zumeist ein in eine Bewirtschaftung der Ressource Wasser der Menge und Güte nach. Mit den technischen Möglichkeiten, ökologischen Erkenntnissen und finanziellen Mitteln steigen die umweltpolitischen, administrativen und legislativen Möglichkeiten einer nicht allein an der haushälterischen Bewirtschaftung der Gewässer orientierten Reglementierung von Gewässernutzungen hin zu einem ökologisch orientierten Gewässerschutz: Das Gewässer selbst wird zum Schutzgut juristischer Regelungen, dessen Beeinträchtigung stets einer besonderen sachlichen Rechtfertigung bedarf. Ergo, verschiedene Faktoren begründen eine zentrale Rolle der Gesetzgebung zur Regelung der Nutzung und des Schutzes der Ressource „Wasser“. Das Wissen um die Grundstrukturen des Wasserwirtschaftsrechts und die wesentlichen Akteure auf der Seite der Gesetzgeber und Normsetzer ist von hoher Relevanz für das Verständnis der Innovationsaktivitäten in der Wasserwirtschaft.

Der Gesetzgeber versucht nicht nur die Nutzung und den Schutz der Ressource „Wasser“ zu regeln. In zunehmendem Maße werden auch Überlegungen angestellt, die Effizienz der Leistungserbringung von Wasserver- und Abwasserentsorgern zu erhöhen. Auslöser hierfür sind die prekäre Hausaltssituation der Kommunen, anstehende umfangreiche Investitionen, der zunehmende Widerstand der Endkunden gegen Preiserhöhungen sowie zurückgehender Wasserverbrauch. Diese Rahmenbedingungen stellen die Wasserwirtschaft vor neuen Herausforderungen. Ein aktueller Trend in der Wasserversorgung ist der seit Jahren anhaltende organisatorische Wandel. Die Vermutung ist, dass dieser Wandel zu einer besseren Nutzung von Innovationspotenzialen im Hinblick auf ökonomische Aspekte der Nachhaltigkeit führt.

Hauptanliegen des einführenden Abschnitts ist es, den Leser für wesentliche innovationsrelevante Tatbestände und Trends zu sensibilisieren. Viele der in diesem Kapitel diskutierten Aspekte bilden die Grundlage für die Hypothesenbildung und -überprüfung in den folgenden Kapiteln. Das Kapitel gliedert sich in zwei wesentliche Abschnitte. Der erste befasst sich mit der Darstellung wesentlicher Strukturmerkmale der Wasserwirtschaft sowie dem Aufzeigen der aktuellen Herausforderungen. Es werden ausgewählte Strukturdaten der Wasserwirtschaft beschrieben, anhand derer die anstehenden Herausforderungen und Wandelereignisse exemplarisch dargestellt werden. Die Nachfrageentwicklung, Preisentwicklung und Investitionsbedarf sind dabei wichtige marktseitige Impulse, um Innovationen in technischer und organisatorischer Sicht anzuregen. Der die nachfolgenden Abschnitte befassen sich mit der Darstellung der gesetzlichen Grundlagen. Darüber hinaus werden die wesentlichen Akteure auf der Seite der Gesetzgeber und Normsetzer benannt und die Einflussnahme der Gesetzgebung an konkreten Beispielen verdeutlicht.

2.1 Entwicklung und Trends der deutschen Wasserwirtschaft

2.1.1 Wasserinfrastruktursysteme

Die urbanen Wasserinfrastruktursysteme, die heute in den industrialisierten Ländern vorgefunden werden, begannen sich in der Mitte des 19. Jahrhunderts zu bilden. Ihre Aufgabe bestand zunächst darin, die Bevölkerung und die Wirtschaft in dicht besiedelten Gebieten mit (Trink-)Wasser zu versorgen und ausreichend Wasser für Feuerlöschzwecke bereit zu stellen. Neben der Versorgung bestand die Entsorgungsaufgabe darin, das in den Städten anfallende Regenwasser sowie das häusliche und gewerbliche Abwasser zu erfassen und abzuleiten. Wegen der im Laufe der Zeit angestiegenen Gewässerbelastung und der zunehmenden Notwendigkeit, hygienisch einwandfreies Trinkwasser bereitzustellen, wurden die Systeme nach und nach um Anlagen zur Trinkwasseraufbereitung und zur Abwasserbehandlung ergänzt. Mit wachsendem Wasserbedarf und steigenden Anforderungen an die Trinkwasserqualität und die Gewässerqualität der Vorfluter wurden die Anlagen kontinuierlich erweitert.

Heutige urbane Wasserinfrastruktursysteme lassen sich wie folgt charakterisieren (Hiessl et al. 2003):

- Die Wasserinfrastruktursysteme haben eine zentralistische Grundkonzeption. Die Aufbereitung des Trinkwassers und die Behandlung des Abwassers erfolgen in großen, zentral angeordneten Anlagen. Die Verteilung des Wassers und die Sammlung des Abwassers erfordern weit verzweigte Leitungsnetze.
- Urbane Wasserinfrastruktursysteme sind im Hinblick auf Wasser und die Nährstoffe Stickstoff und Phosphor offene Durchflusssysteme: Trinkwasser wird in das kommunale Verteilungssystem eingespeist, einmal genutzt und dann als Abwasser abgeleitet. Ein wesentlicher Anteil des Trinkwassers wird lediglich

als Transportmedium für Abfallstoffe und Fäkalien eingesetzt. Die heute im gewerblich-industriellen Bereich übliche innerbetriebliche Mehrfachnutzung des Wassers findet auf kommunaler Ebene oder in den Haushalten nicht statt. Ähnliches gilt – abgesehen von der Verwertung von Klärschlämmen in der Landwirtschaft – auch für die Stickstoff- und Phosphorfracht, die aus der Nahrung über Fäkalien und Urin ins Abwasser und in die Klärschlämme gelangen.

- Das urbane Wasserinfrastruktursystem ist abwasserseitig in mehrfacher Hinsicht ein „vermischendes" System. Trotz unterschiedlicher Inhaltsstoffe werden häusliche mit gewerblichen Abwasserströmen vermischt. Verdünnt werden diese Teilströme durch Regenwasser von Dach- und Straßenflächen, aber auch durch Grundwasser, das durch Leckagen oder als Dränagewasser in die Kanalisation gelangt.
- Das System der öffentlichen Wasserversorgung stellt für alle Anwendungen Wasser einer sehr hohen Qualitätsstufe, nämlich Trinkwasser, bereit. Die im gewerblich-industriellen Bereich häufig anzutreffende Bereitstellung bedarfsorientierter Wasserqualitäten findet sich im kommunalen Bereich nicht.

2.1.2 Kostenstruktur und Investitionsbedarf in der Wasserver- und Abwasserentsorgung

Die heute vorhandene Infrastruktur für Abwasserentsorgung und Wasserversorgung ist prinzipiell im Hinblick auf ihre grundsätzliche technische Konzeption seit über 150 Jahren unverändert geblieben. Weiterentwicklungen betrafen im Wesentlichen einzelne Elemente, wie z.B. die Abwasserbehandlung, Trinkwasseraufbereitung.

Die Kostenstruktur beider Netze ist geprägt durch einen sehr hohen Anteil bei den eigentlichen Netzkosten, den so genannten Fixkosten für Betrieb, Instandhaltung, Erneuerung, Erweiterung etc., lediglich ein geringer Teil der Mittel (ca. 20 %) werden für Behandlung und Aufbereitung bzw. Gewinnung aufgewandt (variable Kosten). Konkrete Zahlen für die Abwasserentsorgung verdeutlicht Abb. 3. Etwa 75 % bis 85 % der Kosten entstehen unabhängig davon, wie viel Abwasser abgeleitet und in den Kläranlagen gereinigt wird. Bedingt durch die erheblichen Anstrengungen, Wasserverbrauch und Abwasseraufkommen zu reduzieren, sowie durch die demografische Entwicklung ist absehbar, dass die vorhandenen Netze langfristig überdimensioniert sein werden. Hieraus können sowohl betriebliche als auch hygienische Probleme resultieren.

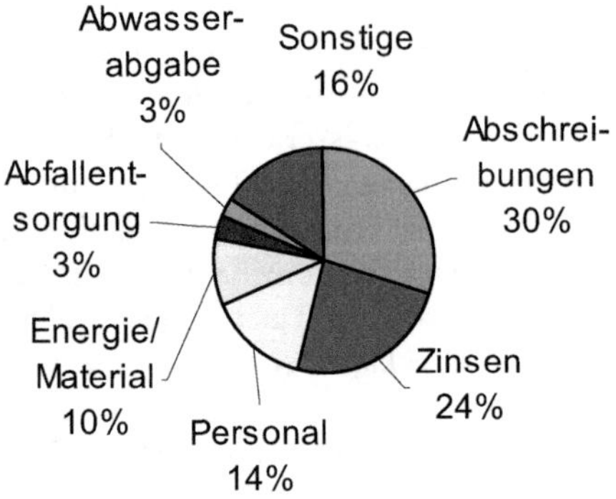

Quelle: BGW u. ATV-DVK 2003: 5.

Abb. 3. Prozentuale Verteilung der Kosten für die Abwasserentsorgung in der Bundesrepublik Deutschland im Jahre 2002

Bis weit in die 1970er Jahre des letzten Jahrhunderts wurden die Anstrengungen insbesondere auf die Erhöhung des Anschlussgerades der Bevölkerung an eine Kanalisation und die Abwasserbehandlung gelenkt. Aspekte der Instandhaltung waren lange Zeit nicht Gegenstand von Überlegungen und Planungen, abgesehen von den üblichen Kanalreinigungsmaßnahmen. Etwa zu Beginn der 1980er Jahre trat die Kanalisation in das Bewusstsein der Politik und Öffentlichkeit. Ursache hierfür war ein gestiegenes Umweltbewusstsein und der Nachweis von anthropogenen Stoffen im Grundwasser, die nachweislich auf undichte Abwasserkanäle zurückgeführt wurden. In Fachkreisen wird indes noch heute teilweise die Theorie vertreten, dass eine Versickerung des Abwassers nicht stattfinden kann, da sich Lecks durch feste Abwasserinhaltsstoffe selbständig abdichten oder verstopfen würden. Diese Einstellung ist eine der wesentlichen Ursachen dafür, dass man der Problematik der undichten Kanäle bis vor etwa 15 Jahren nur wenig Beachtung geschenkt hat, und sie ist auch mit verantwortlich für den rückschrittlichen Standard auf einigen die Kanalisation betreffenden Gebieten (Stein 1986, 1990). Dies ist jedoch durch eine Reihe von Untersuchungen widerlegt worden (Stein 1998; Dohmann 1999; Bütow et al. 2001). Heute bestehen keine Zweifel darüber, dass undichte Abwasserkanäle ökologisch nicht tolerierbar sind, da Abwasserexfiltration zu Boden- und Grundwasserbelastungen führen und Grundwasserinfiltrationen die Reinigungsleistung von Kläranlagen beeinträchtigen und die hydraulische Kapazität der Kanäle reduzieren.

Darüber hinaus wurden in letzten Jahren systematisch Kanalnetzuntersuchungen mit Hilfe ferngesteuerter Kanal-TV-Kameras durchgeführt. Sie haben ergeben, dass 17 % der öffentlichen Abwasserkanäle kurz- bzw. mittelfristig und weitere 14 % langfristig sanierungsbedürftig sind (vgl. Berger et al. 2002). Bis zu

40 % der privaten Abwasserleitungen, welche mit einer geschätzten Gesamtlänge von 900 000 km fast doppelt so lang sind wie die öffentlichen Abwasserkanäle, weisen Schäden auf, die dringend saniert werden müssen. Allein zur Sanierung des öffentlichen Kanalnetzes wird ein finanzieller Aufwand von 45 bis 50 Mrd. € kalkuliert, was etwa dem 30-fachen der im Jahr 2000 bundesweit für Kanalsanierungen verausgabten Mittel (ca. 1,64 Mrd. €) entspricht. In dieser Kostenschätzung ist noch nicht die fortschreitende Alterung bzw. abnutzungsbedingte Erhöhung des Sanierungsaufwandes während der zukünftigen Nutzung enthalten, d.h. mit den jetzigen Anstrengungen kann maximal der aktuelle Zustand erhalten, eine qualitative Verbesserung jedoch nicht erzielt werden. Für Betrieb und Unterhalt sowie Netzerweiterungen werden nach (Dohmann u. Ewringmann 1997) zusätzlich ca. 12 Mrd. € jährlich aufzuwenden sein.

Dem Zustand der Wasserversorgungsnetze wurde stets eine größere Aufmerksamkeit im Vergleich zur Abwasserentsorgung geschenkt, da sich Leitungsschäden und Wasserverluste unmittelbar in einem Abfall des Versorgungsdruckes mit merklichen Folgeschäden und Kosten bemerkbar machen. Daher sieht das diesbezügliche Regelwerk DVGW-Arbeitsblatt W 392 (2003) eine maximale empfohlene Verlustrate von 0,1 bis 0,3 $m^3/(km \cdot h)$ vor. Wenn auch in weniger gravierendem Ausmaß als bei der Abwasserableitung so müssen auch die Anlagen der Wasserversorgung saniert und modernisiert werden. Der hierfür erforderliche Finanzmittelbedarf wird nach (Ewers et al. 2001) für den Zeitraum 2001 bis 2012 mit etwa 20 Mrd. € abgeschätzt.

Die Kosten für die kontinuierliche Sanierung und den Erhalt des deutschen Wasser- und Abwassersystems sind immens. Für die nächsten 15 bis 20 Jahre schätzt die Bundesregierung die Höhe der Investitionen auf insgesamt 150 bis 250 Mrd. € (Heymann 2000: 12). Vor dem Hintergrund der angespannten Kommunalfinanzen stehen Kommunen folglich vor gewaltigen Herausforderungen. Hinzu kommt, dass bei den privaten Abwasserleitungen (Grundstücksentwässerungsleitungen) ein hoher Sanierungsbedarf besteht. Der Zustand dieser Leitungen wird deutlich schlechter als die öffentliche Kanalisation eingeschätzt.

2.1.3 Strukturelle Merkmale der Wasserversorgung

Im Jahr 2001 waren 6.560 Wasserversorgungsunternehmen in Deutschland aktiv. Die Verteilung nach Größenklassen in Tabelle 1 zeigt auf, dass die Wasserversorgung in Deutschland kleinteilig organisiert ist. Viele kleine Wasserversorgungsunternehmen (WVU) kümmern sich um die Wassergewinnung, -verteilung und -abgabe an die Endabnehmer. Gut ein Drittel der WVU weist im Jahr 2001 eine jährliche Wassergewinnung von weniger als 100 000 Kubikmetern auf. Sie bilden die Gruppe kleiner WVU. Auf diese Unternehmen entfallen nicht einmal 1 % der gesamten Fördermenge an Wasser. Die Entwicklung gegenüber 1991 belegt jedoch einen eindeutigen Trend hin zur Konzentration. Die Zahl kleiner WVU lag 1991 noch bei knapp 42 %. In absoluten Zahlen ausgedrückt sank die Zahl seit 1991 um 587 Unternehmen.

Tabelle 1. Größe der WVU in Deutschland nach dem Umfang der Wassergewinnung

Größe nach jährlicher Wassergewinnung in Mio. m³	Unternehmen insgesamt (1991)		Unternehmen insgesamt (2001)	
	Anzahl	Wassergew. (Mio. m³)	Anzahl	Wassergew. (Mio. m³)
≥ 10	114	4001,5	97	2661,9
1,0 … <10	898	1697,8	1040	1996,7
0,1 … <1,0	3029	756,5	3098	755,2
0,01 … <0,1	1930	55,7	1580	44,2
< 0,01	982	4,3	745	3,2
Summe	6953	6515,8	6560	5461,2

Quellen: Statistisches Bundesamt (1995, 2003).

Internationale Vergleiche zeigen auf, dass die Konzentration der Wasserversorgung in anderen Ländern deutlich höher ist (UBA 2001; BMBF 2000). Die Ursachen sind hierfür durchaus verschieden. Die höhere Konzentration in England und Wales ist das Ergebnis der umfangreichen Bemühungen mit dem Ziel der Privatisierung der Wasserwirtschaft. In Frankreich hingegen kam es zu einer Delegation der wasserwirtschaftlichen Aufgaben seitens der Kommune an Private. Im Ergebnis dessen werden ca. 80 % der Einwohner von drei privaten Anbietern versorgt, die verbliebenen 20 % werden von öffentlichen WVU versorgt. Ein ähnliches Bild zeigt sich im Bereich der Abwasserentsorgung – private Anbieter übernehmen in Frankreich die Entsorgung für 62 % der Einwohner.

Die kleinteilige Organisation der Wasserversorgung ist im Wesentlichen das Ergebnis der Rahmenbedingungen in Deutschland. Grundsätzlich steht es den Kommunen zu, die örtliche Daseinsvorsorge selbst zu regeln, zu der auch die Wasserver- und Abwasserentsorgung zählt.[7] Die Selbstverwaltung schließt ebenso mit ein, dass es den Kommunen frei steht, in welcher Organisationsform sie die Daseinsvorsorge organisieren. Davon zu unterscheiden ist die Möglichkeit einer materiellen Privatisierung. In diesem Punkt bestehen landesrechtliche Unterschiede, welche die Privatisierungsoffenheit in einzelnen Bundesländern einschränken (vgl. Kluge et al. 2003: 8). Eine materielle Privatisierung ist nur sehr selten zu beobachten (vgl. BMBF 2000).

Gleichwohl sind in den letzten Jahren deutliche Veränderungen hinsichtlich der Organisationsformen der Wasserversorgung zu beobachten (vgl. Tabelle 2). Grundlage sind die Ergebnisse des BGW differenziert nach vier Organisationsformen.[8] Der Regiebetrieb weist die engste Bindung an die allgemeine Gemeindeverwaltung auf. Er ist dessen Bestandteil ohne eigenes Rechnungswesen. Der Eigenbetrieb ist ebenso rechtlich unselbständig, besitzt im Gegensatz zum

[7] Grundlage hierfür bildet die kommunale Selbstverwaltungsgarantie des Art. 28 Abs. 2 Grundgesetz.

[8] Spezifische Organisationsformen wie Betreibermodell, Betriebsführungsmodell, Aufgabenprivatisierung und Kooperationsmodell (vgl. Kluge et al. 2003: 14) wurden nicht explizit betracht und werden unter den angegebenen Formen subsumiert.

Regiebetrieb jedoch ein eigenes Rechnungswesen. Einen Schritt weiter geht die Übertragung der Aufgaben an einen Zweckverband oder Wasser- und Bodenverband. Diese Verbände stellen Organisationsformen interkommunaler Zusammenarbeit dar und dienen als Körperschaft des Öffentlichen Rechts der gemeinsamen Wahrnehmung einzelner, bestimmter kommunaler Aufgaben. Ein solcher Verband verwaltet seine Angelegenheiten im Rahmen der Gesetze unter eigener Verantwortung. Eine privatrechtliche Organisationsform wie z.B. AG oder GmbH ist ebenso möglich. Deren Vorzug ist vor allem darin zu sehen, dass Anteile am Unternehmen an Dritte veräußert werden können (Teilprivatisierung) oder aber z.B. eigene Beteiligungsaktivitäten verstärkt werden können. Die Entscheidungsgewalt des Managements ist bei dieser Organisationsform grundsätzlich am höchsten. Auffällig ist die deutliche Zunahme des Anteils privatrechtlicher Rechtsformen. Insbesondere in den letzten Jahren nahm er spürbar zu: Zwischen 1997 und 2001 erhöhte er sich von ca. ein Viertel auf 41,6 %. Die Höhe des Anteils mag aufgrund der unzureichenden Berücksichtigung von kleinen WVU zwar die tatsächliche Situation überzeichnen. Die Entwicklung hin zu privatrechtlichen Rechtsformen wird dadurch jedoch nicht verzerrt.

Tabelle 2. Organisationsformen in der Wasserversorgung[9]

Organisationsform	Anteil an allen WVU in %		
	1995	1997	2000
Regiebetrieb	4,2	5,0	1,3
Eigenbetrieb	51,5	48,3	36,7
Zweckverband, Wasser- und Bodenverband	20,8	21,1	20,4
Private Rechtsformen	23,5	25,6	41,6

Quelle: Brackemann et al. (2000), BGW (2001).

Als Auslöser für die gezeigte Entwicklung sind verschiedene Faktoren zu benennen (vgl. u.a. UBA 2001: 22f.; Kluge et al. 2003: 16-18). Die prekäre Haushaltssituation der Kommunen, anstehende umfangreiche Investitionen, der stärker werden Widerstand der Endkunden gegen Preiserhöhungen sowie zurückgehender Wasserverbrauch zwingen viele Kommunen zum Handeln. Es gilt, Kostensenkungspotenziale aufzudecken, wobei verschiedene Unternehmensstrategien verfolgt werden können (z.B. Eingehen strategischer Partnerschaften, Kooperationen, Zusammenschluss mit anderen Unternehmen etc.). Der Wille des Managements, aufgrund der anstehenden Herausforderungen unabhängiger agieren zu können, scheint zusätzlich Druck auf die Kommune als Eigner auszuüben. Weitere Impulse gehen von der Liberalisierung im Strommarkt aus. Eine Unternehmensstrategie besteht darin, sich als Multi-Utility Anbieter in einem liberalisierten Markt zu behaupten. Zu diesem Zweck kann die Wasserversorgung formell privatisiert werden und einen Geschäftsbereich einer Stadtwerke GmbH bilden. Mit der Liberalisie-

9 Der BGW erfasst ca. 20 % aller WVU erfasst. Insbesondere kleine WVU gelten als untererfasst.

rung geht auch eine höhere Wahrscheinlichkeit des Aufkaufs eines anderen Anbieters einher, deren Vollzug häufig die Existenz einer privatrechtlichen Rechtsform bedingt.

Die Nachfrageentwicklung ist eine entscheidende Größe für die Organisation der Leistungserbringung darunter vor allem die Planung und Durchführung von Investitionen in Anlagen mit langer Laufzeit. Die in den 1970er und 1980er Jahren erwartete Zunahme des Wasserverbrauchs bestätigte sich nicht. Die Realität lehrt das Gegenteil. Die Wasserabgabe verringerte sich auch seit 1990 deutlich. Den Angaben des Statistischen Bundesamtes (1995, 2003) zufolge lag diese im Jahr 1991 noch bei 5.748 Kubikmetern. Im Jahr 2001 lag sie bei nur noch 4.774, d.h. die Wasserabgabe sank auf 83 % des Niveaus von 1991.

Tabelle 3. Wasserabgabe nach Letztverbraucher

	1991		2001		Veränderung 1991-2001
	in Mio. m^3	in %	in Mio. m^3	in %	
Wasserabgabe unmittelbar an Letztverbraucher	5748	100,0	4774	100,0	-16,9
- HH und Kleingewerbe	4128	71,8	3779	79,2	-8,5
- gewerbliche und sonstige Abnehmer	1620	29,2	995	20,8	-38,6

Quelle: Statistisches Bundesamt (1995, 2003).

Eine Ursache hierfür ist im Rückgang des personenbezogenen Tagesverbrauchs zu sehen. Dieser betrug im Jahr 1990 noch 147 Liter und fiel im Jahr 2001 auf seinen bisherigen Tiefsstand von 127 Litern (Abb. 4). Die Gründe für den Rückgang sind vielfältig. Sowohl dem Einsatz wassersparender Haushaltsgeräte (z.B. Wasch- und Geschirrspülmaschinen der neuen Generation) und Armaturen wird Bedeutung beigemessen wie auch dem verstärkten Umweltbewusstsein der Bevölkerung, d.h. einer Verstärkung wassersparenden Verhaltens (vgl. Preisendörfer 1996: 46). Auch in der Industrie ist ein deutlicher Rückgang des Wasserverbrauchs aufgrund Mehrfachnutzung und Wasserrecyclings bemerkenswert. Dieser fällt sowohl absolut als auch relativ gesehen höher aus im Vergleich zur Gruppe der Haushalte und des Kleingewerbes.

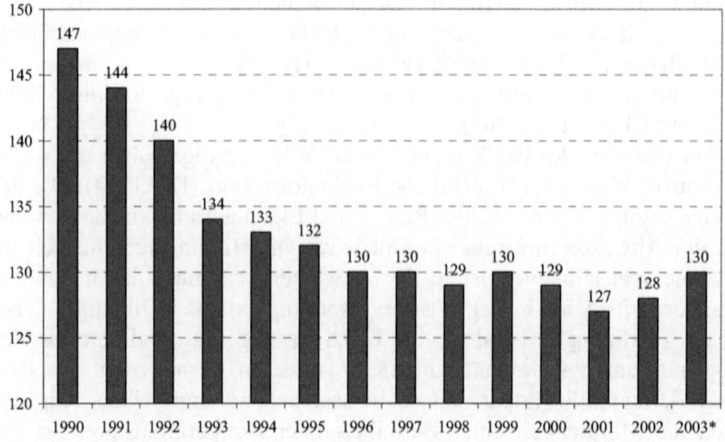

Quelle: BGW-Wasserstatistik (Stand: April 2004, Haushalte und Kleingewerbe), *vorläufiger Wert.

Abb. 4. Entwicklung des personenbezogenen Wasserverbrauchs – in Litern pro Einwohner und Tag

Die rückläufige Entwicklung der Nachfrage hat eine wichtige Implikation: Sie führt zu einer Preiserhöhung je abgegebenem Liter. Dies deshalb, weil die fixen Kosten den Hauptbestandteil der Kosten stellen, die auf die geringere Wasserabgabe zu verteilen ist („Fixkosten-Problematik").[10] Die starken Preissteigerungen zu Beginn der 1990er Jahre verwundern daher nicht. Die Preisauftrieb hat sich in den letzten Jahren jedoch deutlich abgeschwächt und beträgt seit 2000 ungefähr 0,6 % jährlich (vgl. BGW-Wasserstatistik 2004). Aber auch andere Gründe werden für die Preisentwicklung der letzten Jahre als verantwortlich angesehen. Dazu zählen einerseits die hohen Investitionen in den neuen Ländern, die Einführung und Erhöhung von nationalen Sonderlasten (Wasserentnahmeentgelte, Ausgleichszahlungen an die Landwirtschaft) sowie die Verschärfung der Trinkwasserverordnung (vgl. Ewers et al. 2001).

2.1.4 Strukturelle Merkmale der Abwasserentsorgung

Die Pflicht zur ordnungsgemäßen Beseitigung von Abwässer wird nicht dem jeweiligen Produzenten („Verursacher") zugewiesen, sondern als Pflichtaufgabe der Körperschaften des öffentlichen Rechts (§ 18a Abs. 2 WHG), regelmäßig also den Kommunen (§ 53 Abs. 1 LWG NW) oder Wasserverbänden (vgl. § 54 Abs. 1 LWG NW) definiert. Hinsichtlich der Erledigung dieser Aufgabe steht es den

[10] Allerdings variieren die Angaben zu den fixen und variablen Kosten erheblich (vgl. Kluge et al. 2003). Der BGW gibt an, dass dieser bei 80 bis 90 % liegt (vgl. Ewers 2001: 13).

Kommunen jedoch frei, ob sie sich dabei Dritter bedienen oder nicht.[11] Die vollständige Privatisierung der Abwasserentsorgung bedarf zunächst einer ausdrücklichen Regelung durch die Landesgesetzgebung. Diese ist bisher nur in einigen Bundesländern und dort unter erheblichen Auflagen zulässig (vgl. Rudolph 1999; Brackemann 2000; Kluge et al. 2003).

Der aktuellen Umfrage des BGW und ATV-DVWK[12] zufolge haben nur 4,6 % der Abwasserentsorger eine privatrechtliche Rechtsform (vgl. Tabelle 4). Die dominanten Organisationsformen sind der Regie- und Eigenbetrieb, welche von insgesamt 79 % der Abwasserentsorger gewählt wird. Die Bildung rechtlich eigenständiger Unternehmenseinheiten ist in der Abwasserentsorgung damit deutlich geringer vorangeschritten als in der Wasserversorgung. Mit der Bildung solcher Einheiten ist die Hoffnung verbunden, eine Effizienzsteigerung und betriebswirtschaftliche Optimierung des Geschäftsablaufes zu erzielen. Ferner zeigt sich, dass die Kommunen der zentrale Akteur in der Abwasserbehandlung bleiben. Nur sehr wenige nutzen die Möglichkeit eines Betreiber- oder Kooperationsmodells. Für 3,3 % der angeschlossenen Einwohner wird die Abwasserbehandlung durch eine Betreiber-/Kooperationsgesellschaft durchgeführt.

Tabelle 4. Organisationsformen in der Abwasserentsorgung

	Anteil der Betriebe in %
Regiebetrieb	34,7
Eigenbetrieb	44,2
Zweck- bzw. Wasserverband	15,7
Anstalt öffentlichen Rechts	0,8
Privatrechtliche Rechtsformen	4,6

Quelle: BGW und ATV-DVWK (2003: 12).

Allerdings zeigt der Vergleich mit 1997 auf, dass sich die Strukturen in Richtung Eigenständigkeit und Zusammenschluss kleiner Einheiten ändern. Regiebetriebe übernehmen nur noch für knapp 20 % der an der öffentlichen Kanalisation angeschlossenen Einwohner die Abwasserentsorgung. Sechs Jahre zuvor lag der Anteil noch bei 44 %.

[11] Jüngst wurde in einem Urteil des VwGH des Saarlandes Lv 05/03 die Verfassungsbeschwerde gegen eine solche „Kann"-Regelung (§ 12 Abs. 3 Satz 1 des Gesetzes über den Entsorgungsverband Saar (EVSG)) zurückgewiesen.

[12] Die Untersuchung basiert auf einer gemeinsamen Umfrage im Jahr 2002 der Fachverbände ATV-DVWK und BGW von 906 Abwasserentsorgern in Deutschland. Die teilnehmenden Unternehmen übernehmen die Abwasserentsorgung für ca. 52 % der am öffentlichen Kanalnetz angeschlossenen Einwohner.

Tabelle 5. Organisationsformen in der Abwasserentsorgung – gewichtet nach der Zahl der an die Kanalisation angeschlossenen Einwohner

	1997 (in %)	2003 (in %)
Regiebetrieb	44,0	19,7
Eigenbetrieb	30,0	42,7
Zweck- bzw. Wasserverband	4,0	12,8
Anstalt öffentlichen Rechts	14,0	17,0
Privatrechtliche Rechtsformen	8,0	7,8

Quelle: BGW u. ATV-DVWK (2003: 12).

Den Angaben des Statistischen Bundesamtes (2003) zu Folge betrug die behandelte Jahresabwassermenge in öffentlichen Kläranlagen ca. 10,5 Mrd. Kubikmeter, wobei ca. die Hälfte auf häusliches und gewerbliches Schmutzwasser entfällt. Im Vergleich zum Jahr 1991 bedeutet dies einen Anstieg um 23 %.

Tabelle 6. Kennzahlen der Öffentlichen Abwasserbeseitigung

	1991	1995	1998	2001
Behandeltes Abwasser in Mill. m^3	8512	9847	9640	10473
Zahl der kommunalen Kläranlagen			10312	10188
Tätige Personen			19875	19288

Quelle: Statistisches Bundesamt (1995, 1998, 2003).

Die Entwicklung der Abwassergebühren ist nach deutlichen Steigerungen zu Beginn der 1990er Jahre nunmehr moderat und seit 2000 als relativ stabil anzusehen (vgl. Abb. 5). Die Situation gestaltet sich demnach ähnlich in der Wasserversorgung. Aufgrund des anstehenden immensen Investitionsbedarfes wird es schwierig sein, den moderaten Preisanstieg bzw. die Preisstabilisierung in den nächsten Jahren zu halten.

Analog zur Wasserversorgung wird die Gebühr für Abwasser nach dem Kostendeckungsprinzip kalkuliert. Jeder Bürger zahlt verursachungsgerecht nur die Kosten, die dem Abwasserentsorgungsunternehmen für die Ableitung und Behandlung der Abwässer im Entsorgungsgebiet entstehen. Die Abwassergebühr kann dabei entweder nach der Menge des verbrauchten Frischwassers berechnet werden (Frischwassermaßstab) oder aber sie berücksichtigt zusätzlich noch die Niederschlagsmenge pro versiegelter Fläche (gesplitteter Gebührenmaßstab). Letzt genannter gilt als der gerechtere Maßstab, da Niederschlagswasser zusätzlich in die Kanäle eingeleitet wird, wenn es aufgrund des Auftreffens auf Dächer, Straßen etc. nicht direkt in das Erdreich versickern kann. Immer mehr Abwasserentsorger wenden den gesplitteten Gebührenmaßstab an. Aktuell erhalten bereits 60 % der Einwohner eine Rechnung nach diesem Maßstab. Der durchschnittliche Gebührensatz nach dem gesplitteten Maßstab betrug im Jahr 2003 1,97 Euro für verbrauchtes Frischwasser und 0,82 Euro pro Quadratmeter versiegelter Fläche. Bei den Kommunen, die den Frischwassermaßstab anwenden, werden im Durchschnitt 2,14 Euro pro Kubikmeter in Rechnung gestellt. Zusätzlich kann noch eine Grundgebühr erhoben werden. Dies ist derzeit jedoch nur bei 11 % der Einwohner der Fall. (vgl. BGW u. ATV-DVWK 2003: 3).

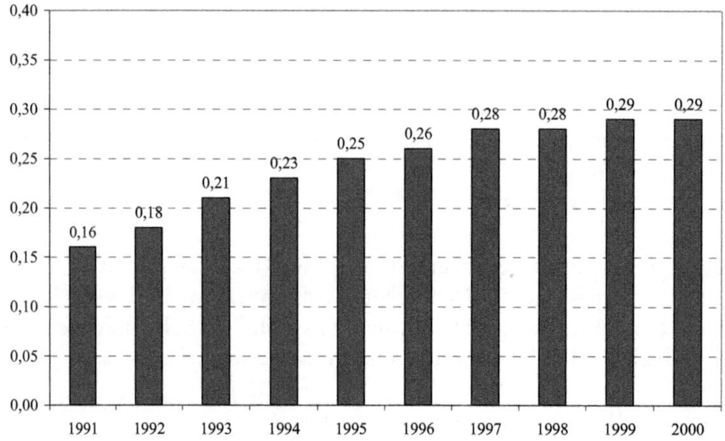

Quelle: Statistisches Bundesamt FS 17, Reihe 7, BGW. – BGW-Wasserstatistik (Stand: April 2004, Haushalte und Kleingewerbe), *vorläufiger Wert.

Abb. 5. Kosten der Abwasserentsorgung in Euro pro Tag

Die Darstellung struktureller Merkmale der Wasserver- und Abwasserentsorgung zeigt auf, dass sich beide Bereiche im Wandel befinden. Ein Trend ist der zunehmende organisatorische Wandel hin zu eigenständig agierenden Unternehmenseinheiten. Dieser Trend ist in der Wasserversorgung grundsätzlich stärker ausgeprägt als im Bereich der Abwasserentsorgung. Der Wandel selbst kann als Indiz dafür verstanden werden, dass der ökonomische Aspekt der Nachhaltigkeit an Bedeutung gewinnt. Bereits an dieser Stelle sei gesagt, dass dies nicht ohne Konsequenzen für die Innovationsaktivitäten bleiben solle. Nähere Ausführungen dazu folgen im Kapitel 3 im Rahmen der Hypothesenherleitung. Eine zentrale Herausforderung für die kommenden Jahre ist die Sanierung des Kanalnetzes. Untersuchungen belegen, dass hierfür beträchtliche Summen aufgebracht werden müssen.

Box: Zahlen und Fakten zur Wasserwirtschaft in Deutschland in 2002	
Wasserversorgung	Abwasserentsorgung
• 99,1 % der Bevölkerung sind nicht am öffentlichen Netz der Wasserversorgung angeschlossen.	• 95 % der Bevölkerung sind an der zentralen öffentlichen Kanalisation angeschlossen, die übrigen haben Anschluss an Kleinkläranlagen und abflusslose Gruben.
• 400 000 km Gesamtlänge[1]	• 445 000 km Gesamtlänge öffentlicher Misch-, Schmutz- und Regenwasserkanäle. 900 000 km Grundstücksentwässerungsleitungen sowie 600 000 km Grundleitungen[1]
• 5,4 Mrd. Kubikmeter wurden gewonnen, davon 64,3 % Grundwasser.	• 10,5 Mrd. Kubikmeter Abwasser wurden behandelt
• 6.560[2] Wasserversorgungsunternehmen sind in Deutschland aktiv.	• 10.188[2] öffentliche kommunale Abwasserbehandlungsanlagen gibt es in Deutschland.
• 1,71 EUR beträgt die durchschnittliche Trinkwassergebühr je Kubikmeter.	• 2,24 EUR beträgt die durchschnittliche Abwassergebühr je Kubikmeter (Frischwassermaßstab).
• 1,72 Mrd. EUR wurden in die öffentliche Wasserversorgung investiert, davon 62% im Rohrnetzbereich.	• 6 Mrd. EUR wurden in die Abwasserentsorgung investiert, davon ca. 2/3 im Rohrnetzbereich.
• 128 Liter Wasser werden pro Einwohner und Tag verbraucht.	
• Weniger als 23 % des jährlichen Wasserdargebots in D. werden von Wasserversorgern, Wärmekraftwerken und Industrieunternehmen dem Wasserkreislauf entnommen	

Quelle: Roscher (2000); Berger et al. (2002); BGW u. ATV-DVWK (2003); BGW-Wasserstatistik (2004); ATV-DVWK (2004) 1 Wert für 2000. 2 Wert für 2001.

2.1.5 Wettbewerbsoptionen in der Wasserwirtschaft

Im vorangegangenen Abschnitten wurde deutlich, dass Wasserver- und Abwasserentsorgung zum einen auf Grund ihres Charakters als Netzwerkindustrien[13] und zum anderen aufgrund ihrer rechtlichen Stellung als im Verantwortungsbereich der Kommunen liegenden Aufgaben der Daseinsvorsorge in Deutschland weitgehend vom Wettbewerb ausgenommen sind. Im Zuge der Marktöffnung anderer Netzwerkindustrien, insbesondere von Telekommunikation und Elektrizitätsversorgung, wurde auch eine Diskussion über eine stärkere wettbewerbliche Orientierung der deutschen Wasserwirtschaft eröffnet. Zusätzliche Nahrung erhielt diese Diskussion – wie dargestellt – durch die schwierige Finanzlage vieler Kommunen und durch vor allem in den neunziger Jahren steigende Wasserpreise. Eine stärkere wettbewerbliche Orientierung wurde zunehmend als Option wahrgenommen, um dem verstärkten Effizienz- und Kostendruck zu begegnen. Zwar ist es zu keiner dem Strom- oder gar Telekommunikationsmarkt vergleichbaren Öffnung der Märkte für Wasserver- und Abwasserentsorgung gekommen. Die Diskussion darüber wird jedoch nach wie vor intensiv geführt und kann nicht isoliert von anderen Entwicklungen in der Wasserwirtschaft betrachtet werden. Der nachfolgende Abschnitt widmet sich daher auf abstrakter Ebene den für die deutsche Wasserwirtschaft diskutierten Wettbewerbsoptionen. Dem schließt sich eine Betrachtung mehrerer Nachbarländer an, deren Wasserwirtschaft sich teilweise sehr viel stärker für wettbewerbliche Strukturen geöffnet hat, als dies für Deutschland der Fall ist.

Wettbewerb im Markt

Im Zuge der allgemeinen Deregulierungs- und Liberalisierungsdiskussion wurden für die Wasserwirtschaft verschiedene Wettbewerbsformen diskutiert. Als deren stärkste Form kann der „Wettbewerb im Markt" gelten. Hier konkurrieren verschieden Anbieter z.B. direkt um Wasserlieferungen an einzelne Endkunden. Wettbewerb im Markt kann sich dabei in unterschiedlichen Formen äußern, zum einen in konkurrierendem bzw. parallelem Leitungsbau (Ewers et al 2001: 41ff). Diese Variante des „Wettbewerbs im Markt" dürfte im Besonderen bei der Neuerschießung von Siedlungsflächen oder an den Grenzen von bestehenden Versorgungsgebieten von Relevanz sein. Mit eigenen Leitungen in geschlossene Versorgungsgebiete der Konkurrenten einzudringen, erscheint dagegen aufgrund des „natürlichen Monopol Charakters" der Wasserversorgung eine wenig aussichtsreiche und auch volkswirtschaftlich nicht sinnvolle Wettbewerbsstrategie. Erfahrungen beim Aufbau paralleler, miteinander konkurrierender Versorgungsnetze (wie z.B. in Kanada oder Großbritannien) zeigen zudem, dass sich letztlich auch hier ein Netzanbieter als alleiniger Anbieter durchsetzt.

Eine andere Option zur Schaffung von Wettbewerb im Markt kann in der Ermöglichung der Durchleitung von Wasser durch fremde Versorgungsnetze bestehen. Diese im Fall von Strom „kanonische" Form des Wettbewerbs lässt sich al-

[13] Netzwerkindustrien sind durch hohe Netzkosten d.h. Fixkosten und damit typischerweise fallende Durchschnittskosten charakterisiert. Daher münden Netzwerkindustrien häufig in sog. Natürliche Monopole.

lerdings nicht problemlos auf den Bereich der Wasserwirtschaft übertragen. Zum einen existiert in Deutschland kein umfassendes überregionales Wasserversorgungsnetz. Zum anderen weist Wasser eine hohe Masse auf, was den Transport von Wasser verteuert. Schließlich ist Wasser ein inhomogenes Gut, das bei Durchleitung zwangsläufig vermischt wird. Zwar ist die Mischung von Wässern unterschiedlicher Qualitäten innerhalb von Versorgungsgebieten nicht unüblich, die Vermischung von Wasser unterschiedlicher Anbieter wirft aber potentiell schwierige Kontroll- und Haftungsprobleme auf (vgl. SUR 2002: 299).

Schließlich kann auch die Eigenversorgung mit Wasser als Variante des Wettbewerbs im Markt interpretiert werden. Im Gegensatz zu den anderen Varianten ist diese bereits etablierte Praxis. Insbesondere Großverbraucher von Brauchwasser fördern den überwiegenden Teil ihres Bedarfs selbst (vgl. StaBu 2002: 676). Im Trinkwasserbereich – insbesondere für kleinere Abnehmer z.B. Haushalte – sind der Eigenversorgung dagegen enge Grenzen gesetzt. So können die strengen Anforderungen an die Qualität von Trinkwasser von kleinen Eigenversorgern i.d.R. nicht zu akzeptablen Kosten eingehalten werden. Möglicher Wettbewerb im Markt muss sich nicht auf die Belieferung von Endverbrauchern beschränken. Auch auf der Großhandelsstufe, d.h. beim Wasserbezug durch Versorgungsunternehmen ist eine Intensivierung des Wettbewerbs grundsätzlich denkbar.

Trotz dieser zahlreichen Optionen, die sich für „Wettbewerb im Markt" potentiell bieten, erscheinen die meisten – selbst bei Schaffung der notwendigen rechtlichen Rahmenbedingung – von begrenzter Bedeutung. Insbesondere die eingeschränkten Durchleitungsmöglichkeiten für Wasser lassen einen den Fällen Telekommunikation und Strom vergleichbaren Wettbewerb unrealistisch erscheinen.

Wettbewerb um den Markt

Im Gegensatz zum „Wettbewerb im Markt" geht es beim „Wettbewerb um den Markt" nicht um Konkurrenz bzgl. einzelner Endverbraucher sondern bzgl. kompletter geschützter Versorgungsgebiete, die damit grundsätzlich bestehen bleiben. Typischerweise wird sich Wettbewerb um den Markt in der zeitlich befristeten Ausschreibung von Versorgungsgebieten äußern. Im theoretischen Idealfall würde ein solches Verfahren zu kosteneffizienter Produktion und kundenfreundlichen Durchschnittspreisen führen (Clausen u. Scheele 2003b: 65). In der Praxis sind Ausschreibungsverfahren dagegen mit nicht unerheblichen Problemen behaftet, insbesondere wenn das beauftragte Unternehmen auch mit Investitionsaufgaben betraut werden soll. In diesem Fall sind sehr lange Vertragslaufzeiten nötig, die die angestrebten Wirkungen des Wettbewerbs evtl. zunichte machen können. Trotzdem erscheint „Wettbewerb um den Markt" auch innerhalb der bestehenden Strukturen der Wasserversorgung ein großes Potenzial zu besitzen. Tatsächlich sind entsprechende Ausschreibungsverfahren – auch außerhalb der Wasserversorgung – bereits Praxis. Sie bei der Übertragung der Leistungserbringung von Kommune auf private Unternehmen obligatorisch zu machen ist daher eine nahe liegende Forderung. Ein flächendeckender Wettbewerb um den Markt erscheint für Deutschland aber zumindest kurzfristig nicht als realistische Option.

Vergleichender Wettbewerb

Vor dem Hintergrund der – trotz einer phasenweise intensiv geführten Liberalisierungsdiskussion – beibehaltenen rechtlichen und institutionellen Strukturen in der deutschen Wasserwirtschaft, kommt der Einführung von „vergleichendem Wettbewerb" zur Effizienzverbesserung als Substitut zu tatsächlichem Wettbewerb verstärkt Bedeutung zu. In diesem Zusammenhang werden häufig verschiedene Formen von „Benchmarking" genannt (Clausen u. Scheele 2003a).

Inwieweit Benchmarking tatsächlich als Substitut zu tatsächlichem Wettbewerb dienen und Impulse zur Effizienzverbesserung geben kann, hängt allerdings maßgeblich von einer ausreichende Güte und Aussagekraft des Benchmarking ab und darüber hinaus von der Nutzung und Verbreitung der gewonnenen Informationen. Benchmarking bietet ein Kontinuum verschiedener auf Effizienzverbesserungen zielender Mechanismen. Auf der einen Seite stehen informelle Ansätze (z.B. in-House Mechanismen, moderierter Erfahrungsaustausch) die sich insbesondere auf unternehmensinterne Informationsverbesserung und Anreize richten. Diese können im Rahmen freiwilliger Benchmarkinginitiativen auch ohne Veröffentlichung von Ergebnissen Effizienzverbesserungen im betriebswirtschaftlichen Sinne bewirken. Auf der anderen Seite stehen Mechanismen, die über externen Druck auf Unternehmen Wettbewerb zu simulieren versuchen. Diese beruhen in der Regel auf dem Konzept verpflichtenden Benchmarking, Veröffentlichung der Ergebnisse und reichen bis zum „naming and shaming" ineffizienter Unternehmen. Entsprechende Ansätze zielen neben der Verbesserung der unternehmensinternen betriebswirtschaftlicher Effizienz auch auf die Aufdeckung allokativer Ineffizienzen wie z.B. ungerechtfertigt hoher Gebühren. Die Debatte über die optimale Ausgestaltung von Benchmarkingsystemen dauert zurzeit noch an. Während verpflichtendes Benchmarking „Quasi-Wettbewerb" zwar näher kommt als feiwillige Initiativen, bestehen Bedenken, dass durch starken externen Druck die intrinsische Motivation zu Verbesserungen in den Unternehmen nicht gefördert wird.

Tatsächlich lässt sich verpflichtendes Benchmarking auch in den Dienst sehr viel weitergehender Wettbewerbsformen stellen. So können seine Ergebnisse z.B. im Rahmen von „yardstick competition" einer Preisregulierung von Monopolisten dienen, die es den Regulierungsbehörden ermöglicht, systematisch Anreize zu kosteneffizientem Verhalten zu setzen (Clausen u. Scheele 2003b: 73). Ein solches System ist in England (siehe dazu den folgenden Abschnitt) verwirklicht. Im Kontext vergleichenden Wettbewerbs ist ein vorgeschlagenes Reformkonzept für die deutsche Wasserwirtschaft (Oelmann 2003) interessant. Das Konzept sieht vor, ein Recht zur Gewinnerzielung einzuräumen und diesen an die Teilnahme an einem System vergleichendem Wettbewerbs – dass den Kontrollbehörden als Basis für die Preisregulierung dient – zu koppeln. Oelmann (2003) verspricht sich von diesem Reformvorschlag, dass sich in einem ersten Schritt kleine Versorgungsunternehmen zu leistungsfähigen größeren Einheiten zusammenschließen um anschließend in ein System Vergleichenden Wettbewerbs nach englischem Vorbild hineinzuwachsen.

Tatsächlich existiert in Deutschland momentan eine Vielzahl von freiwilligen Benchmarkinginitiativen. Die Verbände der Wasserwirtschaft (ATV-DVWK,

BGW, DVGW und VKU) empfehlen ihren Mitgliedern die Teilnahme an entsprechenden Initiativen, betonen allerdings Freiwilligkeit der Partizipation und Vertraulichkeit unternehmensbezogener Daten (vgl. ATV-DVGW et al 2004). Die Ergebnisse sollen neben anderen Quellen in ein Branchenbild der deutschen Wasserwirtschaft Eingang finden, das sektorale Kennzahlen bzgl. Versorgungssicherheit, Qualität, Kundenservice, Nachhaltigkeit und Wirtschaftlichkeit bereitstellt, jedoch keinen Vergleich einzelner Unternehmen durch externe erlaubt.

Verpflichtendes Benchmarking oder gar seine Einbeziehung in ein System zur Preisregulierung stoßen dagegen auf erhebliche Widerstände, so dass nicht mit der Einführung entsprechender Systeme gerechnet werden kann. Trotzdem erscheint ein weiterentwickeltes insbesondere stärker systematisiertes Benchmarking als zentrales Element Vergleichenden Wettbewerbs, der durch den Mangel an tatsächlichem Wettbewerb verursachte Effizienzprobleme zumindest abmildern kann (Clausen u. Scheele 2002b: 61ff).

Beteiligungswettbewerb

Häufig wird im Wettbewerb meist privater Investoren um den Erwerb von Unternehmensanteilen von Wasserversorgern eine Form von „Wettbewerb um den Markt" gesehen. Dieser „Beteiligungswettbewerb" mag tatsächlich dazu beitragen, dass Leistungen der Wasserversorgung effizienter erbracht werden. So wird häufig argumentiert, dass öffentliche Unternehmen, um einer drohenden Übernahme durch Private zu entgehen, ihre Effizienz steigern werden. Allerdings löst Wettbewerb um den Erwerb geschützter monopolistischer Versorger – ebenso wie deren bloße Privatisierung – nicht in ihrer Monopolstellung begründete allokative Effizienzprobleme. Der entscheidende Unterschied zum Wettbewerb um den Markt besteht dabei in der auf Dauer angestrebten Übernahme der Wasserversorgung. Ungeachtet dieser kritischen Einschätzung des Beteiligungswettbewerbes hat dieser in der jüngeren Vergangenheit in Deutschland große Bedeutung erlangt und ist zu einem bestimmenden Merkmal des sich vollziehenden Strukturwandels in der Wasserversorgung geworden.

Realistische Wettbewerbsoptionen

Inzwischen hat sich die Debatte um eine Marktöffnung der der deutschen Wasserversorgung stark beruhigt. Zu einer grundsätzlichen Revision des rechtlichen Rahmens ist es nicht gekommen und eine solche kann für die nähere Zukunft auch nicht erwartet werden. Vor diesem Hintergrund scheidet die flächendeckende Einführung vieler der weiter oben vorgestellten Wettbewerbsmodelle – unabhängig von ihren jeweiligen prinzipiellen Problemen – aus. So ist für die Zukunft weder mit einer generellen Öffnung der Leitungsnetze für die Durchleitung von Trinkwasser, noch mit einer allgemeinen Ausschreibung aller noch in kommunaler Regie versorgten Versorgungsgebiete zu rechnen. Trotzdem bestehen Wettbewerbsoptionen, die zu Effizienzsteigerungen führen können. Beteiligungswettbewerb und eine zumindest partielle Lockerung des Örtlichkeitsprinzips, die eine seit langem geforderte entsprechende Reform des Gemeindewirtschaftsrechts voraussetzt, könnte den Weg für einen effizienteren, nicht an administrativen Grenzen orientierten Zuschnitt von Versorgungsgebieten ebnen. Eine verpflichtende Ausschreibung bei der Übertragung der Wasserversorgung von öffentlichen auf private Versorger sollten eingeführt, und damit Wettbewerb um den Markt wenn auch nicht schlagartig so doch sukzessive etabliert werden. Schließlich kann „Vergleichendem Wettbewerb“ durch die Etablierung von Standards für Vergleichendes Benchmarking eine größere Bedeutung verschafft werden, die zu größerer Effizienz der Leistungserbringung beitragen kann.

2.1.6 Die Sektorstruktur in anderen europäischen Ländern

Im Rahmen der hier vorgestellten Untersuchung steht die deutsche Wasserwirtschaft im Zentrum des Erkenntnisinteresses. Trotzdem erscheint ein Blick über die deutschen Grenzen hinaus sinnvoll, ermöglicht eine Betrachtung von Strukturen und Rahmenbedingungen im Ausland doch eine vergleichende Bewertung mit den deutschen Strukturen und Gegebenheiten. Dies gilt in besonderem Maß für eine Neuorientierung von Wasserver- und Abwasserentsorgung auf wettbewerbliche Strukturen, die in anderen europäischen Ländern sehr viel weiter fortgeschritten ist als in Deutschland. Im Zentrum internationaler Vergleiche steht daher häufig England und Wales als prominentes Beispiel einer solchen Entwicklung. Auch hier wird dieser Fall aufgegriffen. Auf den Fall Frankreich wird allerdings vertieft eingegangen, stellt dieser im Projekt AquaSus doch einen eigenen Untersuchungsgegenstand dar, auf den in Abschnitt 4.6.5 im Rahmen einer Innovationssystemanalyse intensiv eingegangen wird. Daneben werden auch die Niederlande und Österreich betrachtet. Insgesamt wird der Ländervergleich im Rahmen dieser Untersuchung aber knapp gehalten und nimmt damit Überblickscharakter an, liegt insbesondere mit der Studie von Schönbäck et al. 2003 doch ein neuer und äußerst detaillierter Vergleich vor, auf den auch diese Untersuchung intensiv Bezug nimmt.

Frankreich

Die Durchführung von Wasserver- und Abwasserentsorgung durch private Unternehmen hat in Frankreich lange Tradition. Zwar sind rechtlich die Gemeinden für die Versorgungsaufgaben zuständig (vgl. Rothenberger 2003: 26). Meist wird die Aufgabe jedoch privaten Unternehmen übertragen, so dass heute ca. 80 % (gemessen an der städtischen Bevölkerung) der Wasserversorgung in privater und nur 20 % in öffentlicher Hand liegen. Im Bereich der Abwasserentsorgung beträgt die Relation 62 % zu 38 % (vgl. DAEI-METL 2002). Diese Aufteilung des Marktes zwischen privaten und öffentlichen Versorgern ist dabei bemerkenswert stabil, auch wenn in den vergangnen Jahren einzelne Städte (z.B. Grenoble) die Wasserversorgung – unter großem öffentlichen Interesse – wieder in einen öffentlich-rechtlichen Betrieb überführt haben.

Charakteristisch für das „französische Modell“ ist allerdings, dass neben öffentlicher Ver- und Entsorgung lediglich drei große private Unternehmen – Générale des Eaux (Veolia Water), Lyonnaise des Eaux (Ondeo, Suez group) und SAUR-

France (Bouygues group) – den Markt beherrschen. Das aktuell hohe Maß an Konzentration wurde mit der Übernahme von CISE durch SAUR im Jahr 1998 erreicht. Zwar sind neben den drei großen Versorgungsunternehmen weitere kleine am Mark aktiv, denen es in einzelnen Fällen auch gelungen ist, sich bei Ausschreibungen gegen die großen Konkurrenten durchzusetzen. Im Aggregat ist ihre Bedeutung allerdings gering. Auch von Seiten ausländischer Mitbewerber scheint die dominierende Stellung der großen privaten Versorger auf dem französischen Markt nicht ernsthaft bedroht.

Die dominierende Stellung der großen privaten Versorger gründet sich allerdings nicht auf feste, regional abgegrenzte Versorgungsgebiete.[14] Tatsächlich sind die Ver- und Entsorgungsunternehmen darauf angewiesen, mit den jeweiligen Kommunen Verträge abzuschließen um Ver- und Entsorgungsaufgaben übernehmen zu können. Die möglichen Vertragsbeziehungen zwischen Kommunen und Versorgungsunternehmen sind dabei potentiell vielgestaltig. Zum einen können unterschiedliche Dienstleistungen wie Ablesen der Wasserzähler, Instandhaltung der Anlagen, Betrieb von Klär- und Wasserwerken oder die Wasserversorgung von Großkunden, separat an unterschiedliche Vertragsnehmer vergeben werden. Zum anderen kann sich die Ausgestaltung der Verträge bezüglich der Verantwortlichkeit von Gemeinden und Versorgungsunternehmen unterscheiden. Dies gilt beispielsweise hinsichtlich der Finanzierung von Investitionen sowie des laufenden Betriebs, dem Eigentum an den Anlagen, dem Träger des unternehmerischen Risikos sowie der Vertragsdauer. Im Wesentlichen haben sich drei typische Vertrags- und damit Organisationsformen herausgebildet: „Consession“ (Konzession), „Affermage (Pachtvertrag bzw. Betreibermodelle) und „Gérance“ bzw. Management (Betriebsführungs- und Managementverträge)[15] (vgl. z.B. Schönbäck et al. 2003: 260-61).

Konzessionsverträge zeichnen sich durch eine lange Laufzeit aus, wobei das private Versorgungsunternehmen sowohl die Investitionen als auch den laufenden Betrieb finanziert und das volle unternehmerische Risiko trät. Typischerweise sind die Konzessionsverträge so ausgestaltet, dass das Versorgungsunternehmen der Kommune die Anlagen zum Vertragsende überträgt. Weit häufiger ist allerdings der Vertragstyp Affermage anzutreffen, der die gängigste Form der Beziehung von Kommune und Versorgungsunternehmen bildet. Im Gegensatz zum Konzessionsvertrag liegen bei Pachtverträgen das Eigentum an den Anlagen und deren Finanzierung bei der öffentlichen Hand. Das private Versorgungsunternehmen muss die Anlagen lediglich betreiben und instand halten und die dazu nötigen Investitionen vornehmen. Das unternehmerische Risiko des Pächters ist geringer als im Fall des Konzessionsvertrages, da das Gros der Investitionskosten nicht über Gebühren refinanziert werden muss, sondern von der Kommune getragen wird. Die Laufzeit der Verträge ist kürzer als im Fall von Konzessionsverträgen, die in-

---

[14] Wie sie in Deutschland im Bereich der Wasserwirtschaft nach wie vor existieren und auf dem deutschen Strommarkt vor dessen Liberalisierung die beherrschende Stellung einiger weniger zumindest teil-privater Versorger garantierten.

[15] Daneben repräsentieren „régie interéssé und „régie publique“ typische öffentliche Organisationsformen.

zwischen auf maximal 12 Jahr begrenzt wurde. Beim Managementvertrag (Gérance) übernimmt das private Unternehmen lediglich die Betriebsführung, sämtliche Investitionen werden von der öffentlichen Hand finanziert, die im Gegensatz zu Consession und Affermage auch die Wasserpreise festlegt. Das unternehmerische Risiko des privaten Partners ist daher vergleichsweise gering.

Obwohl das „französische Modell“ davon geprägt ist, dass private Unternehmen um Verträge konkurrieren, deren Abschluss Vorraussetzung dafür ist, Dienstleistungen der Wasserver- und Abwasserentsorgung in Gemeinden anbieten zu können, ist zumindest in der Vergangenheit die Wettbewerbsintensität auf dem französischen Wassermarkt als gering einzuschätzen. Als Hauptgründe dafür sind zum einen die teilweise extrem langen Vertragslaufzeiten zu nennen und zum anderen die in Hinblick auf ökonomische und technische Belange bestehende Informationsasymmetrie zwischen Versorgungsunternehmen und Kommunen, die letztere in eine sehr schwache Verhandlungsposition versetzte (Rothenberger 2003: 26).

In jüngerer Vergangenheit wurden allerdings mehrere gesetzgeberische Initiativen unternommen, um wettbewerbliche Strukturen zu stärken. 1993 wurden im sog. „Sapin-Gesetz“ erstmals Ausschreibungspflichten für Verträge zwischen Kommunen und Versorgungsunternehmen gesetzlich fixiert und stillschweigende Vertragserneuerungen untersagt. Zwei Jahre später wurde die Laufzeit von Konzessionsverträgen auf 20 Jahre – später auf 12 Jahre – begrenzt, nachträgliche Vertragsanpassungen durch die Kommunen ermöglicht und Konzessionsabgaben, die als Markteintrittsgebühr wirken, untersagt. Außerdem wurden auf mehr Transparenz zielende Reformen angestoßen. Insbesondere sind die Betreiber der Wasserver- und Abwasserentsorgung seit 1995 verpflichtet, den Kommunen jährlich Berichte über ihre Tätigkeiten vorzulegen, die von regionalen Aufsichtsgremien überprüft werden können. Daneben wurden von Seiten der Kommunen Anstrengungen unternommen, ihre eigene Kompetenz und damit ihre Verhandlungsposition gegenüber den großen Versorgungsunternehmen zu stärken. Schätzungen zufolge (vgl. Schönbäck 2003: 263) waren die Maßnahmen insoweit erfolgreich, als dass inzwischen etwa 15 % der Ausschreibungen in tatsächlichem Wettbewerb vergeben werden, zumindest regional neben den großen Drei, auch kleinere Anbieter[16] Fuß fassen konnten und es in diesen Gebieten zu teilweise deutlichen Verringerungen der Wasserpreise bzw. Abwassergebühren kam.

Charakteristisch für den französischen Sektor ist – gerade im Gegensatz zum deutschen Fall – dass es den großen französischen Versorgungsunternehmen in großem Umfang gelang, auf internationalen Wasserversorgungsmärkten Fuß zu fassen, auf denen sie heute eine dominante Stellung einnehmen. Auf dem Weg dorthin engagierten sich die großen französischen Versorger in einer ersten Phase während der 1960er und 1970er Jahre zunächst in Afrika und den USA. In den 1980ern eröffneten sich in Europa insbesondere in Groß-Britannien im Zuge der der dortigen Privatisierung der Wasserversorgung neue Märkte. Allerdings konnte Veolia 1999 sich im Zuge der Teilprivatisierung der Berliner Wasserbetriebe auch in Deutschland an einem großen Versorgungsunternehmen beteiligen. In den

[16] Z.B. Cholton in der Rhone-Alpen Region oder Ruas in Languedoc Roussillon.

1990er Jahren kamen schließlich als neue Märkte Asien, Lateinamerika aber auch Mittel- und Ost-Europa hinzu, wobei sich die französischen Versorger bei der Erschließung dieser Märkte verstärkter Konkurrenz nicht französischer Versorgungsunternehmen ausgesetzt sahen.

Das Engagement der großen Versorgungsunternehmen in der Dritten Welt, z.B. in den Metropolen Buenos Aires, Manila und Jakarta wurde anfänglich von vielerlei Seite, bsplw. der Weltbank, begrüßt, schien es doch eine Möglichkeit zu bieten, die in Schwellen- und Entwicklungsländern häufig völlig unzureichende Wasserversorgung und Abwasserentsorgung, auf privatwirtschaftlicher Basis zu verbessern und zu modernisieren. Letztlich erwiesen sich die Metropolen der Dritten Welt aber als für die französischen Wasserversorger problematische Märkte. So stellte es sich häufig als außerordentlich schwierig dar, bei der großen Gruppe von einkommensschwachen Nutzern der Wasserdienstleistungen die kalkulierten Gebühren zu erheben. In vielen Fällen wurden flächendeckend jegliche Zahlungen verweigert. Die großen Versorgungsunternehmen sahen sich daher in zahlreichen Fällen gezwungen, Verträge neu zu verhandeln, bsplw. Veolia in Argentinien (Provinz Tucumán) und Mexiko (Aguas Calientes). In Buenos Aires musste auf Druck der argentinischen Regierung die Tarifstruktur so modifiziert werden, dass niedrigere Einkommensgruppen i.d.R. einen geringeren und subventionierten Wasserpreis zahlen. Das Engagement in den Wassermärkten von Entwicklungsländern wird von den großen französischen Wasserversorgern daher inzwischen sehr viel kritischer eingeschätzt als in den 1990er Jahren. Suez und Veolia vollzogen 2002 den Schwenk in ihrer Unternehmensstrategie offiziell und kündigten an, ihre Investitionen in Zukunft auf entwickelte Länder konzentrieren zu wollen.

England und Wales

England und Wales dienen in der Diskussion um eine Veränderung rechtlicher und organisatorischer Rahmenbedingungen der Wasserwirtschaft häufig als Referenzpunkt. In keinem anderen europäischen Land wurden die Bemühungen um eine Privatisierung von Wasserver- und Abwasserentsorgung soweit vorangetrieben. Die Entwicklung zur heutigen Situation setzte in den frühen 1970er Jahren ein. Bis dahin lag die Verantwortung für Wasserver- und Abwasserentsorgung – ähnlich der Situation in Deutschland – bei lokalen Behörden, wobei die Leistungen entweder von öffentlichen Betreibern oder privaten Konzessionsunternehmen erbracht wurden (vgl. Schönbäck et al. 2003: 172). Im Jahr 1973 kam es zu einer grundlegenden Reform als durch den Water Act 1973 zehn regionale, an Flusseinzugsgebieten orientierte Wasserbehörden (Regional Water Authorities) gebildet wurden, auf die u.a. die Zuständigkeiten für Wasserversorgung und Abwasserbeseitigung übergingen. Diese wurden 1989 durch den Water Act 1989 privatisiert und zwar nicht im formellen, sondern im materiellen Sinne indem die Unternehmen als Aktiengesellschaften organisiert wurden, deren Anteile tatsächlich zwischen privaten gehandelt werden. Neben den Regional Water Authorities blieben auch nach der Privatisierung mehrere kleinere Versorgungsunternehmen bestehen, deren Aktivitäten sich allerdings auf die Wasserversorgung beschränken, die sie für etwa 25 % der Bevölkerung von England und Wales leisten. Die Zahl dieser kleinen Versorger hat sich seit der Privatisierung stetig auf inzwischen zwölf Unternehmen reduziert, die zum größten Teil von den großen französischen Versorgungsunternehmen übernommen wurden. Auch bei den ehemaligen regionalen Wasserbehörden kam es zu ausländischen Beteiligungen, bsplw. von Suez bei Northumbrian Water und – aus deutscher Sicht von besonderem Interesse – von RWE bei Thames Water Utilities. Trotz der überschaubaren Anzahl von Unternehmen variieren ihre Marktanteile erheblich. So entfallen 16,7 % der gesamten verkauften Wassermenge auf Thames Water als dem größten Wasserversorger, während der Anteil des kleinsten Versorgungsunternehmens Tendring Hundred Water Services nur 0,2 % beträgt (vgl. Schönbäck et al. 2003: 176-177).

Die Privatisierung von Versorgungsunternehmen, die über geschlossene Versorgungsgebiete verfügen und in hohem Maße Eigenschaften natürlicher Monopole aufweisen, wirft zwangsläufig die die Frage nach der ökonomischen Effizienz eines solchen Privatisierungsschrittes auf, kann unter diesen Bedingungen doch nicht mit Wettbewerb zwischen den Versorgern um Endkunden gerechnet werden. Auch der Wettbewerb um den Markt ist stark eingeschränkt, da die privatisierten Versorgungsunternehmen Konzessionen mit einer sehr langen Laufzeit von 25 Jahren erhielten, die folglich erst im Jahr 2014 auslaufen werden (vgl. Schönbäck et al. 2003: 157). Um zu verhindern, dass die Privatisierung lediglich in private Monopole mündet, die aufgrund fehlenden Wettbewerbs überhöhte Preise durchsetzen können, wurde neben Aufsichtsbehörden, die die Tätigkeit der Versorgungsunternehmen in Hinblick auf Trinkwasserqualität und Gewässerschutz überwachen, mit dem Office of Water Services (OFTWAT) eine Behörde geschaffen, die eine wirtschaftliche Kontrolle ausübt. Wichtigstes Regulierungsinstrument ist die Überprüfung der Wasserpreise. Grundlage dazu bilden von den Unternehmen vorzulegende Bewirtschaftungspläne die u.a. die Betriebskosten und notwendige Investitionen aufführt. Allerdings genehmigt OFTWAT keine reinen „Kostenpreisen", d.h. den monopolistischen Versorger wird nicht unabhängig von seiner Effizienz Kostendeckung oder ein Gewinn zugesprochen. Vielmehr bestimmt die Regulierungsbehörde durch Vergleich der Bewirtschaftungspläne auf Basis der Kosten des Branchenbesten Preisobergrenzen, wobei ineffiziente Anbieter besonders strikte Auflagen erhalten. OFTWAT verfolgt damit das Ziel, in wettbewerbsfreien Monopolmärkten Wettbewerb in Form von „yardstick competition" zu simulieren, um so Anreize zu effizientem Wirtschaften zu setzen (vgl. Clausen u. Scheele 2003: 73).

In jüngerer Zeit wurden mit dem Competition Act 1998 über die „price cap" Regulierung hinaus weitere gesetzgeberische Anstrengungen unternommen, den Wettbewerb im Sektor zustärken. So wurde Großabnehmern von Wasser ermöglicht, ihren Versorger, trotz des Bestehens fester Versorgungsgebiete, zu wechseln. An den Grenzen der Versorgungsgebiete wurde Versorgungsgebiets übergreifende Wasserversorgung ermöglicht, wobei die Kosten des dafür nötigen konkurrierenden Leitungsbaus allerdings der Kunde zu tragen hat, so dass diese Wettbewerbsoption nur in Ausnahmefällen Bedeutung erlangen dürfte. Außerdem wurden die rechtlichen Vorraussetzungen für Durchleitungswettbewerb verbessert. Allerdings sind die Netzzugangsbedingungen auch nach 1998 so restriktiv, dass über Durchleitung zustande kommender Wettbewerb im Markt auch in England und Wales keine nennenswerte Rolle spielt (vgl. Schönbäck et al. 2003: 156-157). Während sich das System einer privatisierten Wasserwirtschaft in England und Wales etabliert hat und auch nach der Änderung der politischen Machtverhältnisse in der zweiten Hälfte der 1990er Jahre nicht grundsätzlich in Frage gestellt wurde,[17] ging von einigen Wasserversorgern Initiativen aus, das System grundlegend zu verändern. Die Reformvorschläge zielen darauf ab, die wasserwirtschaftliche Infrastruktur in gemeinnütziges Eigentum zu überführen und die Aktivitäten der privaten Versorger auf den Betrieb der Anlagen zu beschränken, und orientieren sich damit am französischen Modell. Als Hintergrund dieser Reformbestrebungen kann die striktere Regulierungspraxis der jüngsten Vergangenheit gesehen werden, die die Profitabilität vieler Versorgungsunternehmen reduzierte, so dass es für einige aus individuell betriebswirtschaftlicher Sicht vorteilhaft erscheinen mag, sich von der aufgrund großen Investitionsbedarfs kostenintensiven Infrastruktur zu trennen.

In technischer und ökologischer Hinsicht werden die Leistungen der englischen Wasserwirtschaft zumindest aus deutscher Perspektive häufig kritisch beurteilt. So sind die Wasserverluste sehr viel höher als in Deutschland, was auf einen schlechteren Zustand der Leitungsnetze schließen lässt. Hohe Wasserverluste sind allerdings kein Charakteristikum des privatisierten englischen Wassermarktes, sondern waren bereits vor der Privatisierung typisch für den Sektor in England und Wales. Tatsächlich konnten die Wasserverluste im Rahmen des in den 1990er Jahren von OFTWAT durchgeführten Programms deutlich gesenkt werden. Auch im Abwasserbereich bestehen nach wie vor ökologische Probleme. In vielen Gebieten werden Vorgaben der Europäischen Union an die Abwasserbehandlung noch nicht erreicht. Trotzdem wurden seit den 1980er Jahren deutliche Verbesserungen der Ablaufwerte erzielt, außerdem wird die in der Vergangenheit verbreitete Praxis, Abwässer ungeklärt ins Meer einzuleiten, in Zukunft nicht mehr erfolgen (vgl. Schönbäck et al. 2003: 168).

Die Niederlande

Die Wasserwirtschaft der Niederlande ist traditionell öffentlich-rechtlich geprägt, wobei die rechtliche Verantwortung für die Trinkwasserversorgung bei den zwölf Provinzen liegt. Durchgeführt werden die Versorgungsleistungen allerdings nicht von den Provinzen selbst, sondern von ursprünglich mehreren Hundert Versorgungsunternehmen, deren Zahl bis Mitte der 1990er Jahre aber auf 37 gesunken war. Diese Versorger befanden sich überwiegend in öffentlichem Eigentum. 1998 wurden die Provinzen gesetzlich verpflichtet, die Trinkwasserversorgung effizienter zu organisieren. Die aus dieser gesetzlichen Vorgabe resultierende institutionelle Reform führte zu einer weiteren Konzentration auf nur noch 20 Wasserversorgungsunternehmen, die als Aktiengesellschaften organisiert sind und sich im Besitzt der Provinzen aber auch der Gemeinden befinden. Den neu entstandenen Versorgungsunternehmen wurde zudem ermöglicht, als Multi-Utility-Unternehmen auch die Versorgung mit Gas und Strom zu übernehmen. Eine dem engli-

[17] Allerdings wurde der Verbraucherschutz gestärkt.

schen Vorbild folgende Privatisierung der Wasserversorgung wurde nicht angestrebt.

Zur Verbesserung der Effizienz kommt im niederländischen System eine „sanfte Form" vergleichenden Wettbewerbs in Gestalt von Benchmarking besondere Bedeutung zu. Der Verband der niederländischen Wasserversorger VEWIN begann schon 1998 damit, ein Benchmarkingsystem aufzubauen, das zwar zunächst auf formeller Freiwilligkeit beruhte, an dem sich aber trotzdem alle Wasserversorger beteiligten.[18] Die Ergebnisse des Benchmarkings nach englischem Vorbild als Regulierungsgrundlage zu nutzen wird aktuell diskutiert (VEWIN 2004), bislang wurde allerdings versucht, allein über die Veröffentlichung der Ergebnisse und damit über „naming and shaming" Anreize für eine effiziente Leistungserbringung durch die Versorger schaffen.

Im Gegensatz zur Wasserversorgung liegt die Abwasserableitung in kommunaler Hand. Auch für diesen Bereich wurden in jüngster Zeit Benchmarkinginitiativen in Angriff genommen. Die Zuständigkeit für Abwasserreinigung liegt schließlich bei eigenen Behörden. Auch hier war die Entwicklung der vergangenen Jahrzehnte von einem dramatischen Konzentrationsprozess geprägt. Existierten in den 1950er Jahren noch – ähnlich dem deutschen Fall – mehrere Tausend sog. „Waterschappen", die die Abwasserbehandlung durchführen, hat sich ihre Zahl inzwischen auf 27 reduziert (vgl. Schönbäck et al. 2003: 395-409).

Österreich

In Österreich sind Wasserver- und Abwasserentsorgung – vergleichbar dem deutschen Fall – Aufgaben der Gemeinden. Auch die Organisationsformen, in denen diese Aufgaben betrieben werden, ähneln mit Regie- und Eigenbetrieben sowie Wasserverbänden und Genossenschaften auf der öffentlich-rechtlichen Seite des Spektrums sowie unterschiedlichen privatrechtlichen Konstruktionen der Situation in Deutschland (vgl. Schönbäck et al. 2003: 23). Die starke Stellung der Gemeinden führt auch in Österreich zu einer sehr zersplitterten Marktstruktur mit mehreren Tausend oft sehr kleinen Wasserversorgern. Im Gegensatz zu Deutschland ist in Österreich die formelle Privatisierung im Abwasserbereich weiter fortgeschritten als im Bereich der Wasserversorgung. Dies gilt insbesondere für die Behandlung von Abwasser wo die meisten großen Kläranlagen inzwischen privatrechtlich organisiert sind. Modelle formeller Privatisierung wurden zwar von einzelnen Städten z.B. Innsbruck gewählt und fanden große öffentliche Beachtung, aus einer gesamt-österreichischen Perspektive spielt formelle Privatisierung jedoch nach wie vor eine untergeordnete Rolle.

Die Betrachtung wasserwirtschaftlicher Versorgungsdienstleistungen als hoheitliche Aufgaben hat den Sektor in Österreich bis in jüngste Vergangenheit vor Wettbewerb geschützt. Allerdings spiegelt sich in dem verstärkten Auftreten privatrechtlicher Organisationsformen ein gestiegener Effizienz- und Kostendruck auf die Versorger wieder. Das gleiche gilt für die inzwischen auch in Österreich

[18] Inzwischen ist die Teilnahme verpflichtend.

verbreiteten Benchmarkinginitiativen, die allerdings auf freiwilliger Basis nur bedingt als Form vergleichenden Wettbewerbs interpretiert werden können.

2.1.7 Zusammenfassung

Im vorangegangenen Abschnitt wurden wichtige Entwicklungstrends für die deutsche Wasserwirtschaft beschrieben, vor deren Hintergrund das Innovationsgeschehen in diesem Wirtschaftsbereicht analysiert werden soll. Innovationen werden häufig durch Wandelereignisse im Unternehmensumfeld ausgelöst. Die Diskussion um Wettbewerb ist in diesem Zusammenhang ein wesentliches Ereignis, stellt die Öffnung für mehr Wettbewerb doch eine wesentliche Änderung für die deutsche Wasserwirtschaft dar. Um mögliche Entwicklungstrends für die Liberalisierungsdebatte aufzuzeigen wurden daher zuerst theoretisch mögliche Wettbewerbsoptionen aufgezeigt, um dann tatsächlich verwirklichte Markt- bzw. Wettbewerbsordnungen in anderen europäischen Ländern zu betrachten. Dabei ergab sich ein sehr heterogenes Bild. Während in England und Wales sowie den Niederlanden weitgehende Schritte in Richtung auf eine stärker wettbewerbliche Orientierung der Wasserwirtschaft unternommen wurden, können in Frankreich und insbesondere Österreich – das dem deutschen Fall am stärksten ähnelt – bislang nur erste Schritte auf diesem Weg beobachtet werden können.

Tatsächlich hat sich die Diskussion um eine Liberalisierung der deutschen Wasserwirtschaft inzwischen beruhigt. Zu einer grundsätzlichen Revision des rechtlichen Rahmens ist es nicht gekommen und ein solcher kann für die nähere Zukunft auch nicht erwartet werden. Trotzdem besteht eine Reihe von Wettbewerbsoptionen, die keinen radikalen Umbau des gesetzlichen Rahmens bedürfen und zu Effizienzsteigerungen führen könnten. So ist in Deutschland seit Jahren ein Wandel hin zu privatrechtlichen Organisationsformen zu beobachten. Dieser ist in der Wasserversorgung deutlich weiter vorangeschritten als in der Abwasserentsorgung. Mit diesem Wandel ist die Hoffnung verbunden, zusätzliche unternehmerische Aktivitäten mit dem Ziel einer effizienteren Leistungserbringung auszulösen. Allerdings zeigt der Vergleich mit anderen europäischen Ländern insbesondere Frankreich, das privates Engagement notwendigerweise zu qualitativ besseren und effizienteren Problemlösungen führt.

2.2 Grundstrukturen des deutschen Wasserwirtschaftsrechts

Gegenstand und Objekt der Betrachtung des Forschungsverbundes AquaSus ist derjenige Teil der deutschen Wasserwirtschaft[19], welcher auch als Siedlungswasserwirtschaft[20] umschrieben wird. Da selbst dieser Bereich so umfassend ist, dass er den Rahmen der Betrachtung sprengen würde, wurden hiervon wiederum nur die Teilbereiche Wasserversorgung und Abwasserentsorgung näher betrachtet.[21]

Es liegt auf der Hand, dass dieser in Deutschland über Jahrhunderte hinweg gewachsene Bereich nicht nur durch die Historie, klimatische, geographische und hydrogeologische Rahmenbedingungen, technische und finanzielle Möglichkeiten, gesellschaftspolitische Usancen und föderale Verwaltungsstrukturen geprägt wird, sondern auch und gerade durch die rechtlichen Rahmenbedingungen und die in diesem Bereich tätigen Akteure (Nisipeanu 1999a). Da diese zugleich den Rahmen und die Bedingungen für Innovationen abstecken, sind diese Aspekte den hierauf aufbauenden Hypothesen und empirischen Untersuchungen sowie den daraus gezogenen Schlussfolgerungen vorangestellt.

2.2.1 Wasserrecht in der Bundesrepublik Deutschland

Eine aus heutiger Sicht nennenswerte nationale Gesetzgebung für den Bereich der Gewässer und der Gewässerbenutzungen lässt sich in Deutschland bis in das 19. Jahrhundert hinein zurückverfolgen (Seiler 1976): Die seinerzeitige Rechtslage war jedoch sehr unübersichtlich, da jeder Teilstaat eigene Vorschriften erließ und

---

[19] Als „Wasserwirtschaft" wird nach DIN 4049 die zielbewusste Ordnung aller menschlichen Einwirkungen auf das ober- und unterirdische Wasser verstanden. Diese Zielsetzungen verändern sich durchaus im Laufe der Zeit – wie sich an den textlichen Veränderungen des § 1a WHG in den verschiedenen WHG-Novellen ablesen lässt. Nach dem 1971 verabschiedeten Umweltprogramm des Bundes ist Ziel der Wasserwirtschaft, den Wasserhaushalt so zu ordnen, dass das ökologische Gleichgewicht der Gewässer gewahrt oder wieder hergestellt wird, die einwandfreie Wasserversorgung der Bevölkerung und der Wirtschaft gesichert ist, gleichzeitig aber auch alle anderen Wassernutzungen, die dem Gemeinwohl dienen, auf lange Frist möglich bleiben. Mit „anderen" Wassernutzungen sind die Nutzung der Gewässer als Erholungs- und Freizeitpotenziale, die Fischerei, die Energiegewinnung (Aufstauen und Absenken), die Bewässerung landwirtschaftlicher Flächen und die Einleitung des benutzten Wassers (Abwassers) aus Gemeinden und gewerblichen Betrieben gemeint. Bei der Abwassereinleitung besteht die Wassernutzung auch in der Inanspruchnahme der Selbstreinigung der Gewässer zum Abbau des nach der Abwasserbehandlung verbleibenden Restschmutzes.

[20] Die „Siedlungswasserwirtschaft" ist der Teil der Wasserwirtschaft, der sich mit dem gesamten Wasserkreislauf in besiedelten Gebieten befasst, also sowohl mit den ingenieurtechnischen Bereichen der Abwasserentsorgung und des Gewässerschutzes als auch mit der Abfallwirtschaft und dem Bodenschutz.

[21] Bereiche wie Gewässerausbau, Gewässerunterhaltung, Wasserkraftgewinnung, Stauanlagen etc. wurden mithin nicht untersucht.

diese auch nicht etwa in sachbezogenen Kodifikationen zusammenfasste[22]. Trotz ihrer thematischen und numerischen Vielfalt umfassten diese Regelungen nicht alle Segmente der heute zum Wasserrecht gezählten Gesetzesmaterie. Umfassendere Kodifikationen – wie etwa[23] das Preußische Wassergesetz von 1913 – entstanden erst um die seinerzeitige Jahrhundertwende, und selbst diese wurden von den Teilstaaten des Deutschen Reichs erlassen und nicht vom Gesamtstaat selbst. Es gab damit lange Zeit keine in ganz Deutschland geltenden einheitlichen Anforderungen an Gewässerbenutzungen.

2.2.2 Verteilung der Gesetzgebungskompetenzen

Von dieser Aufgabenverteilung auf die Teilstaaten und von dieser grundsätzlichen Alleinzuständigkeit der Länder ging zunächst auch das 1949 geschaffene Grundgesetz[24] aus, bis sich in der nachfolgenden Zeit des stürmischen Wiederaufbaues der Bundesrepublik Deutschland zeigte, dass man mit einer solchen Rechtszersplitterung den anstehenden Aufgaben nicht gerecht werden konnte. Diese Erkenntnis führte zur Schaffung einer zwar inhaltlich begrenzten, jedoch verfassungsrechtlich abgesicherten Rahmen-Gesetzgebungskompetenz des Bundes (Bundesrepublik Deutschland als Gesamtstaat) in Artikel 75 GG[25]; daneben stehen jedoch nach der sog. Wiedervereinigung mittlerweile 16 Normgeber auf der Ebene der Bundesländer und Stadtstaaten mit divergierenden Rechtssetzungsakten. Diese Rechtszersplitterung sowie die zeitlich und inhaltlich unterschiedliche Ausfüllung der bundesrahmenrechtlichen Vorschriften lässt einen sachlichen Bedarf an einer umfassenderen Gesetzgebungskompetenz des Bundes wie auch an einer stärkeren Verzahnung des Wasserrechts mit anderen Umweltgesetzen[26] immer stärker hervortreten: Bundesweit agierende Unternehmen stoßen immer wieder auf den Befund unterschiedlicher landesrechtlicher Anforderungen und behördlicher Handhabungen bei identischen Sachverhalten und werden dadurch in ihrem Investitionsverhalten gebremst; gleiches gilt für ausländische Investoren. Dieser Bedarf wird dadurch verstärkt, dass das nationale Recht der Bundesrepublik Deutschland seit Gründung der Europäischen Gemeinschaft mehr und mehr auch

---

22 Hierzu sei beispielhaft auf § 399 Preußisches Wassergesetz (PrWG) hingewiesen, der 79 alte Gesetze, Verordnungen und Einzelvorschriften aufhob, die bis zum Erscheinen des PrWG im Jahr 1913 in Preußen galten.

23 Weitere Wassergesetze gab es etwa in Bayern (1852), Oldenburg (1868), Braunschweig (1876), Hessen (1887), Baden-Baden (1899–1913), Württemberg (1900), Bayern (1907), Sachsen (1909), Mecklenburg-Schwerin (1928) und Thüringen (1932).

24 Grundgesetz für die Bundesrepublik Deutschland (GG), vom 23.5.1949 (BGBl. I S. 1), zuletzt geändert durch Gesetz (z.g.d.G.) zur Änderung des GG, vom 26.7.2002 (BGBl. I S. 2863).

25 Näher hierzu: Peine 2000: 916ff.

26 Insbesondere wäre ein für alle Umweltmedien gleiches Anlagenzulassungsrecht wünschenswert. Näher dazu siehe die im Rahmen des Verbundprojektes AquaSus vorgenommenen Betrachtungen von Nisipeanu u. Thomzik 2004a: 167ff. sowie Nisipeanu u. Thomzik 2004b.

von Verordnungen und Richtlinien der Europäischen Gemeinschaft (EG) bzw. der Europäischen Union (EU) determiniert wird. Hierdurch schrumpft zugleich der landesrechtliche Gestaltungsspielraum auf einen solchen marginalen Umfang, dass ein Festhalten an historischen Kompetenzen zu unproduktiven Gesetzgebungsverfahren sowie zu Rechtsunsicherheiten bei den Normadressaten führt. Hinzu kommt die nicht termingerechte Umsetzung der EG-Richtlinien.

Gesetzgebung der Europäischen Gemeinschaft

Dieser Eindruck wird dadurch bestätigt, dass Verordnungen der EG/EU bereits für alle Gemeinschaftsbürger bereits unmittelbar geltende Wirkung haben: Es bedarf weder bundesrechtlicher noch landesrechtlicher Umsetzungsakte (Lecheler 2000).

Richtlinien der EG/EU – wie z.B. die Kommunalabwasserrichtlinie[27] oder die Wasserrahmenrichtlinie[28] – bedürfen zwar der normativen Umsetzung durch den Mitgliedsstaat in das nationale Recht. Setzt der Mitgliedsstaat die Richtlinie jedoch nicht termingerecht um, kann sich der Gemeinschaftsbürger – soweit die betreffende Europäische Richtlinie Regelungen enthält, die gerade zu seinem Schutz bestimmt sind – gleichwohl unmittelbar auf diese Richtlinie berufen (Beutler et al. 2001).

Trotz der Vielfalt derartiger Richtlinien im Bereich der Wasserwirtschaft und der Bemühungen um eine umfassende europäischen Wasserpolitik existiert bislang trotz der seit dem Jahr 2001 geltenden Wasserrahmenrichtlinie noch keine umfassende europarechtliche Kodifikation, so dass nach wie vor ein nationaler Regelungsraum und Regelungsbedarf besteht. Aus diesem Grunde gelten nach wie vor nationale Besonderheiten. Entsprechendes ergibt sich aus der Existenz völkerrechtlicher oder supranationaler Vereinbarungen mit spezifischen Gewässerschutzintentionen.

Gesetzgebung des Bundes

Gemäß den verfassungsrechtlichen Vorgaben im Grundgesetz (Art. 75 GG[29]) steht dem Bund als Gesamtstaat für den Bereich der Gewässerbewirtschaftung lediglich eine Rahmen-Gesetzgebungskompetenz[30] zu. Diese Kompetenz ermöglicht zwar –

---

[27] Richtlinie 91/271/EWG des Rates über die Behandlung von kommunalem Abwasser, vom 21.5.1991 (ABl. EG vom 30.5.1991 Nr. L 135 S. 40), z.g.a. 29.9.2003 (ABl. EU vom 31.10.2003 Nr. L 284 S. 1).

[28] Richtlinie 2000/60/EG des Europäischen Parlaments und des Rates zur Schaffung eines Ordnungsrahmens für Maßnahmen der Gemeinschaft im Bereich der Wasserpolitik, vom 23.10.2000 (ABl. EG vom 22.12.2000 Nr. L 327 S. 1), z.g.a. 20.11.2001 (ABl. EG vom 15.12.2001 Nr. L 331 S. 1).

[29] *„(1) Der Bund hat das Recht, unter den Voraussetzungen des Artikels 72 Rahmenvorschriften für die Gesetzgebung der Länder zu erlassen über: ... 4. ... den Wasserhaushalt; Artikel 72 Abs. 3 gilt entsprechend. (2) Rahmenvorschriften dürfen nur in Ausnahmefällen in Einzelheiten gehende oder unmittelbar geltende Regelungen enthalten."*

[30] Versuche, dem Bund durch eine Änderung des Grundgesetzes eine konkurrierende Gesetzgebungskompetenz für eine Vollregelung des Wasserhaushalts zu geben – vgl. die

mit Zustimmung des Bundesrates als Länderkammer – Regelungen, die unmittelbar vollziehbar sind, setzt jedoch andererseits voraus, dass den Bundesländern ein eigenständiger Normsetzungsraum verbleibt, den diese z.B. durch ihre Landeswassergesetze ausfüllen können.

Auf dieser Grundlage hat der Bund im Jahr 1957 das Gesetz zur Ordnung des Wasserhaushalts (Wasserhaushaltsgesetz – WHG)[31] sowie im Jahr 1976 das Gesetz über Abgaben für das Einleiten von Abwasser in Gewässer (Abwasserabgabengesetz – AbwAG)[32] erlassen; beide sind in der Folgezeit mehrfach novelliert worden.

Auf das WHG gestützt existieren einige Rechtsverordnungen[33], wie etwa die Verordnung über Anforderungen an das Einleiten von Abwasser in Gewässer (Abwasserverordnung)[34] aus dem Jahr 1997 oder die Grundwasserverordnung[35].

Neben dem WHG und den darauf gestützten Rechtsverordnungen bestehen in der Bundesrepublik Deutschland zahlreiche andere bundesrechtliche Regelungen, die zwar systematisch in das Wasserrecht gehören, jedoch aus historischen, kompetenziellen oder rechtspolitischen Gründen in anderen Gesetzeswerken geregelt sind:

- die Trinkwasserverordnung[36] findet ihre Rechtsgrundlage im Lebensmittel- und Bedarfsgegenständegesetz sowie im Infektionsschutzgesetz,
- die Beseitigung der Abwässer aus der Viehhaltung ist im Düngemittelrecht sowie im Kreislaufwirtschafts- und Abfallrecht geregelt,
- die Beseitigung von Grubenwässern ist im Bergrecht geregelt, und
- das Erfordernis einer geordneten entwässerungstechnischen Erschließung von baulichen Anlagen findet seine rechtliche Grundlage im Baurecht.

Spezielle Gewässerschutzvorschriften finden sich ferner im Waschmittel- und Reinigungsmittelrecht, im Ölschadensrecht, im Chemikalienrecht und Atomrecht.

---

entsprechenden Gesetzentwürfe in BT-Drucks. V/3515, VI/1298 und 7VII/887 –, sind am Widerstand der Länder gescheitert.

[31] Gesetz zur Ordnung des Wasserhaushalts (WHG), vom 27.7.1957 (BGBl. I S. 1110), in der Fassung der Bekanntmachung vom (i.d.F.d.B.v.) 19.8.2002 (BGBl. I S. 3245), zuletzt geändert durch Gesetz vom (z.g.d.G.v.) 6.1.2004 (BGBl. I S. 2).

[32] Gesetz über Abgaben für das Einleiten von Abwasser in Gewässer (AbwAG), vom 13.9.1976 (BGBl. I S. 2721), i.d.F.d.B.v. 3.11.1994 (BGBl. I S. 3370), z.g.d.G.v. 9.12.2004 (BGBl. I S. 3332). Ausführlich dazu: Nisipeanu 1997.

[33] Derartige Rechtsverordnungen sind vom Grundgesetz (Art. 80 GG) ausdrücklich zugelassene materielle Gesetze, die von Ministerien (Exekutive) auf Grund ausdrücklicher und inhaltlich umgrenzter einfachgesetzlicher Ermächtigung erlassen werden.

[34] Verordnung über Anforderungen an das Einleiten von Abwasser in Gewässer (Abwasserverordnung – AbwV), i.d.F.d.B.v. 17.6.2004 (BGBl. I S. 1108/2625).

[35] Verordnung zur Umsetzung der Richtlinie 80/68/EWG des Rates vom 17.12.1979 über den Schutz des Grundwassers gegen Verschmutzung durch bestimmte gefährliche Stoffe, vom 18.3.1997 (BGBl. I S. 542).

[36] Verordnung über die Qualität von Wasser für den menschlichen Gebrauch (TrinkwV 2001), vom 21.5.2001 (BGBl. I S. 959), z.g.d.VO.v. 25.11.2003 (BGBl. I S. 2304).

Indirekte Schutzforderungen ergeben sich aus dem Immissionsschutzrecht, dem Bauplanungsrecht sowie dem Kreislaufwirtschafts- und Abfallgesetz. Auch das Strafgesetzbuch enthält in § 324 StGB eine spezifische Vorschrift zum Schutz der Gewässer.

Ergänzt wird das Bundeswasserwirtschaftsrecht durch organisatorische Vorgaben (§ 18 a WHG: grundsätzliche verursacherunabhängige Zuweisung der Pflicht zur Abwasserbeseitigung an Körperschaften des öffentlichen Rechts, d.h. insbesondere an Gemeinden, Städte und Wasserverbände) und organisationsrechtliche Handreichungen im Wasser- und Bodenverbandsgesetz sowie durch eine bislang gegebene Steuerfreiheit der öffentlichen („hoheitlichen") Abwasserbeseitigung. Das Bundesrecht räumt den Bundesländern überdies ein, organisatorische Sonderregelungen bei der Abwasserbeseitigung bis hin zu einer materiellen Privatisierung vorzunehmen (§ 18 a Abs. 2 a WHG).[37]

Abgerundet, aber nicht abgeschlossen wird der bundesrechtliche Regelungsbereich vom Gesetz über die Umweltverträglichkeitsprüfung (UVPG)[38], welches auch bestimmte Wasserentnahmen, Abwassereinleitungen und Behandlungsanlagen verfahrensrechtlich reglementiert.

Gesetzgebung der Länder

Sämtliche 16 Bundesländer[39] der Bundesrepublik Deutschland haben Landeswassergesetze und sonstige wasserrechtliche Vorschriften erlassen, die sich in ihren Regelungsgegenständen, in ihrem Regelungsgehalt und in ihrer Regelungsintensität z.T. erheblich unterscheiden. Zwar füllen alle diese Landeswassergesetze den vom (Bundes-) WHG geschaffenen Rahmen aus, ergänzen diesen jedoch um spezifische Regelungen aus dem Bereich des Wasserrechts oder aus Bereichen mit einem sachlichen Bezug hierzu. So finden sich dort u.a. Regelungen über das Eigentum an Gewässern, Deiche, Gewässerunterhaltung, verfahrensrechtliche Regelungen und abwasserabgabenrechtliche Ausführungsvorschriften. Zu einem Teil haben die Bundesländer die das engere Wasserwirtschaftsrecht flankierenden Regelungen in separaten Gesetzen und Rechtsverordnungen normiert, wie etwa in Zuständigkeits-, Deich- und Indirekteinleiterverordnungen, Umsetzungsverordnungen betreffend Richtlinien des Rates der EG/EU etc.. In einigen Ländern finden sich Sondergesetze für die Organisation der Abwasserbeseitigung in Wasserverbänden (z.B. Ruhrverbandsgesetz in Nordrhein-Westfalen) oder als Anstalt des öffentlichen Rechts (Berlin, Hamburg). Subsidiär zu allen Landeswassergesetzen (= Sonderordnungsrecht) gelten die allgemeineren Vorschriften des (Polizei- und) Ordnungsrechts sowie des jeweiligen Verwaltungsverfahrensgesetzes.

Ein gravierendes inhaltliches Auseinanderfallen der föderalistisch geprägten Landeswassergesetzgebung soll durch einen institutionalisierten Zusammen-

---

[37] Auch dazu ausführlich: Nisipeanu 1998 sowie Nisipeanu 1999b.

[38] Gesetz über die Umweltverträglichkeitsprüfung (UVPG), i.d.F.d.B.v. 5.9.2001 (BGBl. I S. 2350), z.g.d.G.v. 24.6.2004 (BGBl. I S. 1359).

[39] Dieser Begriff umfasst neben den Flächenländern auch die Städte Hamburg, Bremen und Berlin.

schluss der Obersten Landeswasserbehörden in der Länderarbeitsgemeinschaft Wasser (LAWA) eingegrenzt werden.

Kommunale und verbandliche Rechtsetzung

Auf kommunaler Ebene bestehen ein Regelungsbedarf und eine hierauf begrenzte Normsetzungsbefugnis gegenüber den Benutzern der öffentlichen Wasserversorgungs- und Abwasserentsorgungsanlagen. Dieser Bedarf wird durch vereinheitlichte Regelungen über die Wasserversorgung[40] und durch uneinheitliche[41] Regelungen in Ortssatzungen über die Abwasserbeseitigung abgedeckt sowie durch Gebühren- und Beitragsregelungen (i.V.m. Kommunalabgabengesetzen der Länder) zur Refinanzierung der kommunalen Aufwendungen flankiert.

Technische Normierungen

Es gehört zu den Besonderheiten des Technik- und Umweltrechts – und damit auch des Wasserrechts –, dass seine tatsächlichen Rahmenbedingungen ebenso wie die eingesetzten technischen Lösungsmöglichkeiten in einem permanenten Wandel begriffen sind. Dieser Wandel ist dynamischer und komplexer als dass die Gesetzgebung ihm zeitlich und inhaltlich auch nur annähernd folgen könnte. Das deutsche Recht enthält deshalb offene, ausfüllungsbedürftige Formulierungen – sog. unbestimmte Rechtsbegriffe –, die einerseits einen Gesetzesvollzug ermöglichen, der auf diese Besonderheiten des Technik- und Umweltrechts Rücksicht nimmt, aber andererseits gleichwohl eine gerichtliche Kontrolle zulassen (Ossenbühl 1998).

Zur Ausfüllung dieser unbestimmten Rechtsbegriffe wird auf den Sachverstand der beteiligten Kreise zugegriffen, der sich in privaten Organisationen findet, denen die Fachleute aus dem jeweiligen Technikbereich angehören. Zumeist dokumentiert sich dieser Sachverstand in sog. technischen Normungen[42], von denen für den Abwassersektor insbesondere die Arbeitsblätter, Merkblätter und Arbeitsberichte der Abwassertechnischen Vereinigung e.V. (heute: Deutsche Vereinigung für Wasserwirtschaft, Abwasser und Abfall e.V. ATV-DVWK bzw. DWA) von praktischer Bedeutung sind. Daneben finden sich technische Normungen etwa des Deutschen Industrie- und Normungsausschusses (DIN), des Vereins Deutscher Ingenieure (VDI) sowie der europäischen Normgebungsinstanzen (CEN). Diese

---

[40] Verordnung über Allgemeine Bedingungen für die Versorgung mit Wasser (AVBWasserV), vom 20.6.1980 (BGBl. I S. 750), z.g.d.VO.v. 5.4.2002 (BGBl. I S. 1250). Ein entsprechender Verordnungsentwurf existiert auch für den Bereich der Abwasserbeseitigung.

[41] Lediglich von den kommunalen Spitzenverbänden in Zusammenarbeit mit den zuständigen Landesministerien erarbeitete Mustersatzungen bewirken gewisse Gemeinsamkeiten derartiger Satzungen.

[42] Dieser Begriff umfasst private Richtlinien, Normen, Regeln, Anleitungen, Vorschriften, Arbeits- und Merkblätter. Im Umweltschutz haben sie eine große Nähe zu Verwaltungsvorschriften und zur Rechtsordnung. Technische Regeln gibt es zur Luftreinhaltung, Wasser/Abwasser, Lärm/Erschütterungen, Boden/Bodenschutz, Abfall und produktorientierte Normung.

technischen Normungen haben in der Praxis eine sehr große Bedeutung, erlangen jedoch ihre rechtliche Relevanz erst über ihre sog. administrative Einführung in entsprechenden Erlassen der zuständigen Ministerien oder im tatsächlichen Vollzug der vorgenannten unbestimmten Rechtsbegriffe (Brennecke 1996).

2.2.3 Inhaltliche Struktur der Wassergesetzgebung

Versucht man, die inhaltliche Struktur des bundesdeutschen Wasserrechts (im engeren Sinne) zu skizzieren, so lassen sich vier Bereiche unterscheiden:

- Gewässergüte- und -mengenbewirtschaftung,
- Gewässerschutz und
- Regelung des Wasserabflusses.

Hinzu zählen lassen sich auch die Bereiche

- Trinkwassergewinnung und
- Abwasserentsorgung.

Gewässergüte- und -mengenbewirtschaftung

Die haushälterische Gewässerbewirtschaftung nach Menge und Güte erfolgt auf der Grundlage einer ordnungsrechtlichen Kontrolle über die Gewässer durch das grundsätzliche Verbot jeder Gewässerbenutzung mit Erlaubnisvorbehalt, durch ökonomische Instrumente, sowie durch planerische Instrumente:

Erlaubnisvorbehalt für Gewässerbenutzungen

Die durch § 2 WHG abverlangte hoheitliche Zulassung für jede Gewässerbenutzung (§ 3 WHG) ist in verschiedenen Gestalten möglich. Sie reichen von der bereits durch den Gesetzgeber erlaubten, und damit von einem verwaltungsbehördlichen Erlaubnisbedarf freigestellten Gewässerbenutzung für wasserwirtschaftlich unbedeutsame, typischerweise auf den Eigenbedarf bezogenen Maßnahmen des Gemeingebrauchs, Anliegergebrauchs und Eigentümergebrauchs (§§ 15, 17a, 23–25, 32a, 33 WHG, LWG NW[43]) über die einfache Erlaubnis (§ 7 WHG) – die ggf. durch besondere verfahrensrechtliche Anforderungen nach dem Umweltverträglichkeitsprüfungsgesetz (UVPG) oder inhaltliche Anforderungen nach § 7a WHG i.V.m. Abwasserverordnung näher ausgestaltet werden – bis hin zur in einigen Bundesländern vorgesehenen gehobenen Erlaubnis (vgl. § 25a LWG NW) oder gar zur eigentumsgleichen Bewilligung (§ 8 WHG).

Jede dieser Gewässerbenutzungszulassungen wird von der Einhaltung spezifischer Vorgaben („*Wohl der Allgemeinheit*") abhängig gemacht, die sich z.B. bei Abwassereinleitungen in sehr ausdifferenzierten wasserrechtlichen Anforderungen niederschlagen (§ 7 a WHG und Abwasserverordnung). Allen diesen Zulassungs-

[43] Hier ist beispielhaft das Landeswassergesetz des Landes NRW angeführt: Wassergesetz für das Land Nordrhein-Westfalen (LWG NW), i.d.F.d.B.v. 25.6.1995 (GV.NW. S. 926), z.g.d.G.v. 25.9.2001 (GV.NW. S. 708).

tatbeständen ist wegen des in § 2 WHG verankerten repressiven Verbots mit Erlaubnisvorbehalt gemeinsam, dass auf sie – anders als etwa in § 6 BImSchG mit seinem präventiven Vorbehalt für Genehmigungen im Geltungsbereich des § 2 BImSchG[44] geregelt – kein Rechtsanspruch besteht, sondern lediglich ein Anspruch auf fehlerfreie Prüfung des Zulassungsantrags (Breuer 2004).

Ökonomische Instrumente

An ökonomischen Instrumenten sind neben der im gesamten Bundesgebiet erhobenen Abwasserabgabe für die Einleitung von Abwasser in Gewässer (AbwAG) die in einigen Bundesländern erhobenen Entgelte für die Wasserentnahme[45] zu nennen. Hierneben bestehen haftungsrechtliche Regelungen (§ 22 WHG) als finanzielle Restriktion für unzulässige gewässergefährdende Tätigkeiten.

Zu den ökonomischen Instrumenten lassen sich im vorliegenden Zusammenhang auch ordnungswidrigkeitenrechtliche und strafrechtliche Sanktionen rechnen. Die schärfste ökonomische Sanktion kann aber die gänzliche Untersagung der Gewässerbenutzung sein.

Planungsinstrumentarien

Eine Gewässerbewirtschaftung, welche nachvollziehbar, vorhersehbar und den gesetzlichen Zielvorgaben folgend durchgeführt werden soll, muss sich von einer singulären, punktuellen Betrachtung einzelner Gewässerbenutzungstatbestände lösen und ganze Gewässersysteme und deren präferierten Nutzungen in den Blick nehmen. Diese Aufgabe erfüllen die Planungsinstrumentarien des WHG und deren landesrechtlichen Konkretisierungen.

---

44 „…1. die Errichtung und den Betrieb von Anlagen, 2. das Herstellen, Inverkehrbringen und Einführen von Anlagen, Brennstoffen und Treibstoffen, Stoffen und Erzeugnissen aus Stoffen nach Maßgabe der §§ 32 bis 37, 3. die Beschaffenheit, die Ausrüstung, den Betrieb und die Prüfung von Kraftfahrzeugen und ihren Anhängern und von Schienen-, Luft- und Wasserfahrzeugen sowie von Schwimmkörpern und schwimmenden Anlagen nach Maßgabe der §§ 38 bis 40 und 4. den Bau öffentlicher Straßen sowie von Eisenbahnen, Magnetschwebebahnen und Straßenbahnen nach Maßgabe der §§ 41 bis 43."

45 Siehe etwa Schleswig-Holstein: Gesetz über die Erhebung einer Grundwasserentnahmeabgabe (GruWAGSLH), vom 14.2.1994 (GVOBl. Schl.-H. S. 141) sowie das Gesetz über die Erhebung einer Abgabe auf die Entnahme von Wasser aus oberirdischen Gewässern (Oberflächenwasserabgabegesetz – OWAG), vom 13.12.2000 (GVOBl. Schl.-H. S. 610).

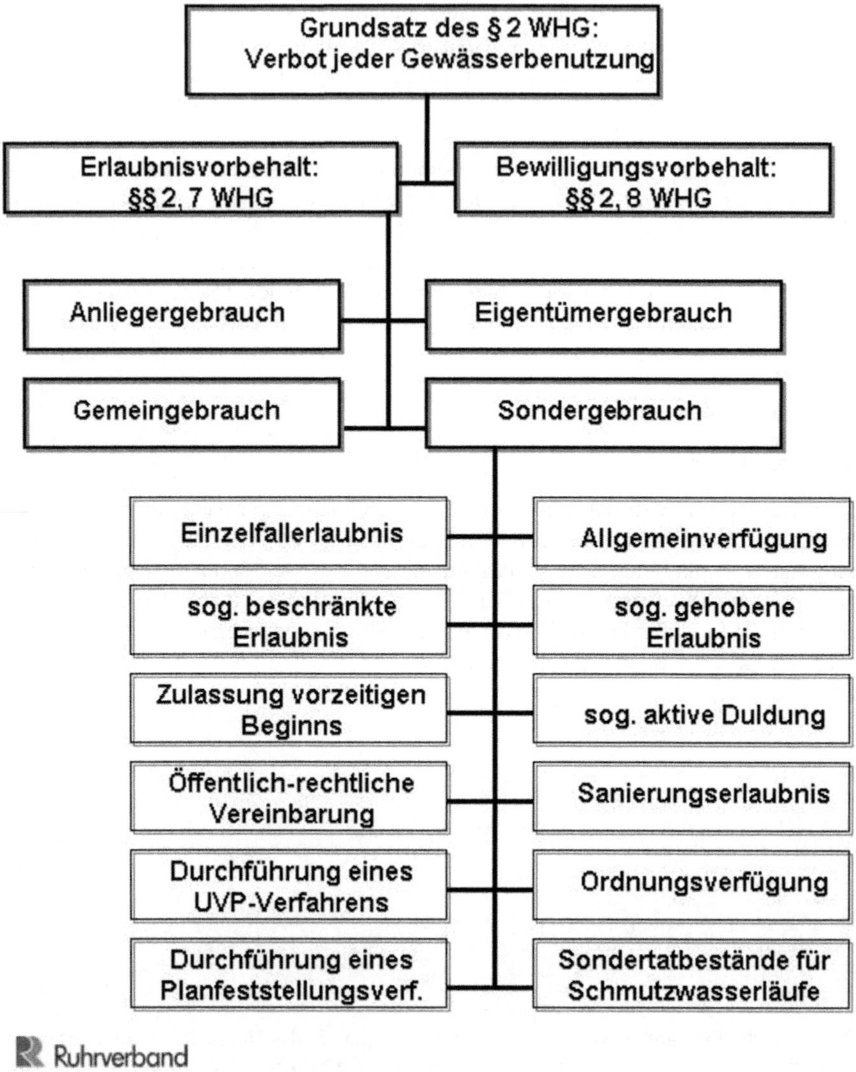

Abb. 6. Zulassungstatbestände für Gewässerbenutzungen

Gewässer sind spätestens seit der nationalen Umsetzung der europäischen Wasserrahmenrichtlinie nach Flussgebietseinheiten zu bewirtschaften. Das hierfür benötigte wasserwirtschaftliche Planungsinstrumentarium ist ausdifferenziert in das wasserwirtschaftliche Maßnahmenprogramm (§ 36 WHG), den Bewirtschaftungsplan (§ 36 b WHG) sowie die zur Planungsabsicherung eingeführte Veränderungssperre (§ 36 a WHG). Dieses Instrumentarium bedarf der landesrechtlichen Ausfüllung und Umsetzung.

Die sog. Planfeststellung gehört nicht zu den planerischen Instrumenten in diesem Sinne, sondern stellt eine durch einige Landeswassergesetze eingeräumte verfahrensrechtliche Besonderheit für spezifische Gewässerbenutzungen mit ausgeprägter Öffentlichkeits- und Behördenbeteiligung und strenger Formalisierung dar, die eine höchstmögliche Gewähr für die inhaltliche Richtigkeit der begehrten Verwaltungsentscheidung herbeiführen soll. Auf der Grundlage solcher Planfeststellungsverfahren erlassene Entscheidungen sind nur unter erschwerten Bedingungen angreifbar.

Gewässerschutz

Über diese anthropozentrische haushälterische Bewirtschaftung der Gewässer der Menge und Güte nach gibt es auch noch einen zunehmend ökologischer definierten Gewässerschutz, der seit einiger Zeit zusätzlich von dem Gebot der Nachhaltigkeit determiniert wird (UBA-Texte 14/99, 25/99). Dieser wird in Deutschland in das vorhandene System des Wasserrechts eingebunden, indem das vorhandene Instrumentarium an neuen Schutzzielen ausgerichtet wird (vgl. § 1 a WHG), ansonsten aber grundsätzlich beibehalten wird.

Der von § 1a WHG[46] angestrebte Schutz der Gewässer wird einerseits neben dem repressiven Verbot mit Erlaubnisvorbehalt für jede Gewässerbenutzung (§§ 2, 3 WHG) durch den Zulassungsbedarf von (der Gewässerbenutzung vorgelagerten oder zur Wassergefährdung führenden) Anlagen ergänzt (Details ergeben sich aus den Landeswassergesetzen). Andererseits tritt neben diesen eher reaktiven, abwehrenden und auf Antragstellungen Dritter angewiesenen Gewässerschutz nach Maßgabe der Konkretisierung der Wasserrahmenrichtlinie ein gestalterischer Gewässerschutz, welcher durch geeignete Maßnahmen die natürliche Gestalt und Funktion der Gewässer wieder herstellen und zivilisatorisch bedingte Überformungen der Gewässer auf ein vertretbares Maß zurückdrängen will.

Hierneben treten wiederum ökonomische und planerische Instrumente sowie Sanktionsandrohungen.

---

[46] „(1) Die Gewässer sind als Bestandteil des Naturhaushalts und als Lebensraum für Tiere und Pflanzen zu sichern. Sie sind so zu bewirtschaften, dass sie dem Wohl der Allgemeinheit und im Einklang mit ihm auch dem Nutzen Einzelner dienen, vermeidbare Beeinträchtigungen ihrer ökologischen Funktionen und der direkt von ihnen abhängenden Landökosysteme und Feuchtgebiete im Hinblick auf deren Wasserhaushalt unterbleiben und damit insgesamt eine nachhaltige Entwicklung gewährleistet wird. …“

Intention und Gegenstand des Gewässerschutzes

Während die traditionelle Gewässerbewirtschaftung von der Intention einer Sicherung quantitativ und qualitativ hinreichender Wassermengen für die Nutzung durch den Menschen geprägt war, relativiert (und erweitert) das neuere Wasserrecht diese Intention hin zu einem mehr ökologisch geprägten und auf Nachhaltigkeit ausgerichteten Gewässerschutz:

Gewässer sind als Bestandteil des Naturhaushalts und als Lebensraum für Tiere und Pflanzen zu sichern (§ 1a WHG). Dabei geht der gesetzliche Schutz seit einigen Jahren stärker auf die ökologischen Funktionen der Gewässer und der direkt von ihnen abhängenden Landökosysteme und Feuchtgebiete im Hinblick auf deren Wasserhaushalt ein und will damit insgesamt eine nachhaltige Entwicklung gewährleisten.[47] Das Schutzobjekt „Gewässer" ist somit mehr als der bloße Wasserkörper.

Genehmigungsbedarf für Anlagen

Die zur Wasserversorgung und zur Abwasserbeseitigung benötigten Anlagen unterscheiden sich zwar in Funktion und technischer Ausgestaltung, nicht jedoch in der rechtlichen Betrachtung. Beide bedürfen grundsätzlich einer Bau- und Betriebsgenehmigung[48].

Abwasseranlagen bedürfen nach den bundesrechtlichen Vorgaben (§§ 18b, 18c WHG) zwar nur dann einer behördlichen Zulassung, wenn es sich um spezifische, UVP-pflichtige Abwasserbehandlungsanlagen handelt. Die Länder haben gleichwohl nahezu alle Abwasseranlagen und Abwasserbehandlungsanlagen unter einen grundsätzlichen[49] Genehmigungsvorbehalt gestellt. Lediglich bei der Zulassung von Kanalisationsnetzen bestehen verfahrensrechtliche Zulassungsvereinfachun-

---

[47] Die Wasserrahmenrichtlinie enthält neue Gesichtspunkte und Ansätze, welche die zukünftige Gewässerbewirtschaftung in Deutschland prägen werden; insbesondere sind Gewässer flussgebietsbezogen zu bewirtschaften, d.h. das gesamte Gewässer mit seinen Zuflüssen. Dabei sind die hydrologischen Bedingungen maßgebend, nicht mehr Verwaltungs- oder Staatsgrenzen. Die 10 Flussgebietseinheiten, die in Deutschland liegen oder an denen Deutschland beteiligt ist, sind Donau, Rhein, Maas, Ems, Weser, Elbe, Eider, Oder, Schlei/Trave und Warnow/Peene. Maßgebliches Kriterium für die Beurteilung des Gewässerzustandes sind nicht mehr die chemischen und physikalischen Parameter, sondern die Gewässerökologie, vor allem die Gewässerfauna und -flora. Die Instrumente zur Erreichung eines guten Gewässerzustandes sind Maßnahmenprogramme, die einen Bestandteil der Bewirtschaftungspläne darstellen und an die Kommission zu übermitteln sind. Beide Instrumente müssen national und international koordiniert werden, um eine kohärente Gewässerbewirtschaftung in einem Flussgebiet zu gewährleisten.

[48] Siehe für die Wasserversorgung. § 43 Abs. 2 Bad-Württ. LWG: „Wasserversorgungsanlagen sind nach den allgemein anerkannten Regeln der Technik herzustellen, zu unterhalten und zu betreiben." sowie für die Abwasserbeseitigung § 58 Abs. 1 LWG NW: „Bau, Betrieb und wesentliche Änderung einer Abwasserbehandlungsanlage bedürfen der Genehmigung durch die zuständige Behörde."

[49] Zu einer Ausnahmeregelung von diesem Grundsatz siehe etwa die nrw Rechtsverordnung über die Freistellung von Abwasserbehandlungsanlagen von der Genehmigungspflicht (FreistVO), vom 20.2.1992 (GV.NW. S. 100).

gen (Anzeigepflicht oder Genehmigungsfiktion durch Zeitablauf) sowie bei bestimmten, typenmäßig oder der Bauart nach anderweit zugelassenen Anlagen.

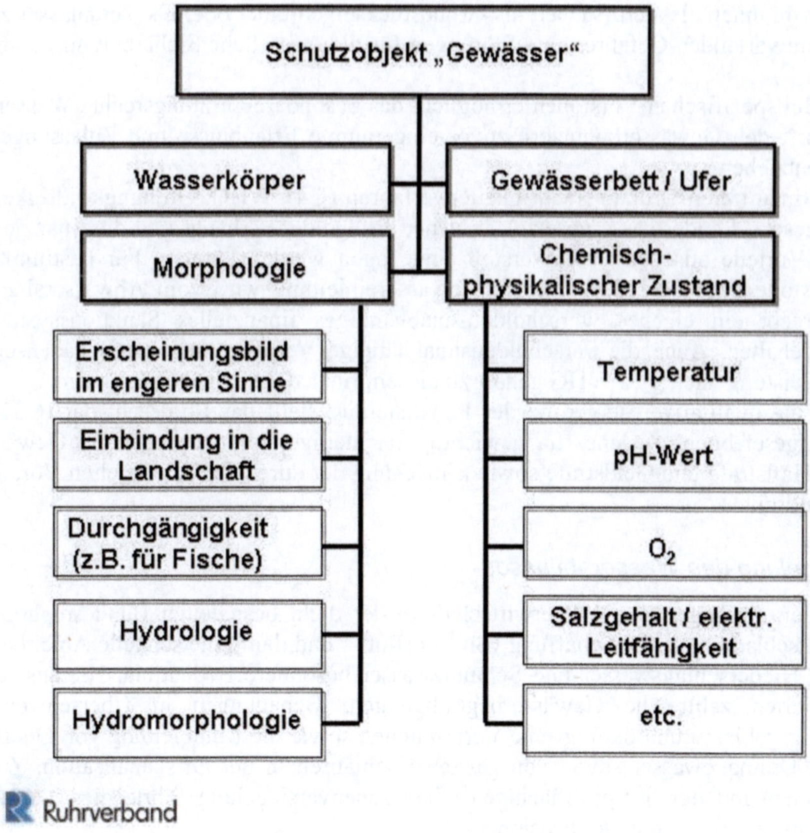

Abb. 7. Schutzobjekt „Gewässer"

Planerische Maßnahmen des Gewässerschutzes

An besonderen planerischen Instrumenten für den Gewässerschutz hält das WHG neben den rahmenrechtlichen Vorgaben für Maßnahmenprogramme (§ 36 WHG), Veränderungssperren (§ 36 a WHG) und Bewirtschaftungspläne (§ 36 b WHG), die Ausweisung von Wasserschutzgebieten (§ 19 WHG) vor; dies wird durch Landesrecht ausgefüllt und konkretisiert. Hinzu treten besondere Vorschriften für den Gewässerausbau (§ 31 WHG) und die Gewässerunterhaltung (§§ 28 – 30 WHG).

Sanktionen und Pönalisierung zum Schutz der Gewässer

Für den Fall der Zuwiderhandlung gegen die vorgenannten Schutzregelungen werden vielfältige Sanktionsandrohungen vorgehalten. Solche ergeben sich aus dem allgemeinen Polizei- und Ordnungsrecht der Länder, welches Störern aufgibt, die von ihnen als Verursacher, als Grundstückseigentümer oder als Veranlasser zu verantwortenden Gefahren und Störungen für die öffentliche Sicherheit auszuräumen.

Bei spezifischen Verstößen ermöglicht das besondere Ordnungsrecht „Wasserrecht", den Gewässerbenutzern zuvor eingeräumte Erlaubnisse und Zulassungen zu entziehen.

Hinzu treten Ordnungswidrigkeitenverfahren (§ 41 WHG, Ordnungswidrigkeitengesetz, Landeswassergesetze), in denen Bußgelder verhängt und die finanziellen Vorteile aus dem Normverstoß eingezogen werden können. Für bestimmte Verstöße gegen die Befugnis zur Abwassereinleitung wird vom Abwasserabgabenrecht ein eigenes, verschuldensunabhängiges finanzielles Sanktionssystem vorgehalten. Auch die verschuldensunabhängige Verpflichtung zur Schadensersatzleistung nach § 22 WHG gehört zu diesem finanziellen Sanktionssystem.

Eine qualitative Steigerung der Pönalisierung stellt das Strafrecht dar (§ 324 Strafgesetzbuch), welches für gewichtige nachteilige Veränderungen der Gewässer Haftstrafe und Geldstrafe sowie Einziehung der durch die Tat erzielten Vorteile androht.

Regelung des Wasserabflusses

In den Anfängen der Wasserwirtschaft in der dicht besiedelten Bundesrepublik Deutschland hatte die Schaffung von „Vorflut"[50] und damit die schnelle Ableitung von Niederschlagswasser und Schmutzwasser besondere Bedeutung. Hieraus resultierten zahlreiche Gewässerbegradigungen, Bebauungen in Überschwemmungsgebieten und ökologische Verarmungen sowie die Mitableitung von Quell- und Drainagewasser sowie von ganzen Bachläufen in der Ortskanalisation. Zusammen mit der der großflächigen Oberflächenversiegelung führte dies u.a. zu Hochwassergefahren und Erosionen.

Vor diesem Hintergrund wurden im neueren Wasserrecht Regelungen für einen gefahrlosen und zugleich ökologisch verträglichen Wasserabfluss erlassen. Diese lassen sich systematisieren in Regelungen für den Hochwasserschutz, für die Sicherung der (Substanz der) Gewässer) und für einen Ausgleich der Wasserführung:

---

[50] D.h.: Möglichkeit des Wassers und Abwassers durch ein natürliches Gefälle oder nach einer technischen Hebung z.B. in einem Hebewerk abzufließen, was natürliche Vorflut bzw. künstliche Vorflut genannt wird (siehe DIN 4045). Ein oberirdisches Gewässer, bei dem ein solcher Abfluss möglich ist, wird Vorfluter genannt.

Hochwasserschutz

Der Hochwasserschutz soll durch die Ausweisung von Überschwemmungsgebieten (§ 32 WHG) gewährleistet werden wie auch durch Schaffung von Hochwasserschutzraum in etwaigen Stauanlagen (Talsperren; Hochwasserrückhaltebecken). Hinzu tritt seit einiger Zeit die Forderung nach ortsnaher Versickerung von Niederschlagswasser, um durch eine Retention im Untergrund die Niederschlagswasserabflüsse zu verzögern. Durch die Verwaltung kann zudem im Einzelfall angeordnet werden, dass die Einleitung von Niederschlagswasser in leistungsschwache Vorfluter nur dann erfolgen darf, wenn zuvor eine Retention, Verzögerung und Vergleichmäßigung auf den natürlichen Abfluss vorgenommen wurde (§ 4 WHG).

Abflusssicherung und Ausgleich der Wasserführung

Deutschland ist dicht besiedelt; z.B. beträgt die durchschnittliche Bevölkerungsdichte in Nordrhein-Westfalen rd. 500 Einwohner/km². Die dadurch bedingte starke Versiegelung erzeugt in den Gewässern kurzfristige, aber hohe Abflussspitzen. Diese Abflussspitzen sollen nach neueren wasserwirtschaftlichen Vorstellungen im Idealfall so ausgeglichen werden, wie es einem Abfluss in den Einzugsgebieten ohne Versiegelung entspräche. Dazu werden neben Maßnahmen der Entsiegelung und (natürlichen[51]) Retention im Untergrund Hochwasserrückhaltebecken (HRB) und Regenrückhaltebecken (RRB) sowie in den Kanalisationsnetzen weitere Regenbecken und/oder Stauraumkanäle vorgehalten. Grundlage von Planung und Betrieb dieser Anlagen sowie der Entwässerungsanlagen der Kommunen sind sog. Niederschlags-Abfluss-Modelle (NAM) für sämtliche Teileinzugsgebiete, die ständig überarbeitet und angepasst werden müssen.

Die Sicherung des Abflusses im Gewässer wird juristisch durch eine Reglementierung aller baulichen und sonstigen Anlagen in Überschwemmungsgebieten sowie in und an Gewässern gewährleistet. Diese Regelungen haben für Rohrleitungen noch eine zusätzliche Regelung erfahren (§§ 28 – 30 WHG). Hinzu treten Regelungen über den Ausgleich der Wasserführung (LWG) sowie Verfahrensanforderungen für den Gewässerausbau (§ 31 WHG, UVPG).

Ausgleich der Wasserführung

Neben diesem mittelbaren Ausgleich der Wasserführung durch Verhinderung oder zeitliche Verzögerung von zu hohen Abflussspitzen gibt es auch noch einen unmittelbaren Ausgleich der Wasserführung durch Aufhöhung der Abflussmenge in niederschlags- und abflussarmen Zeiten. Typischerweise werden solche Maßnahmen dort durchgeführt, wo auch in diesen niederschlags- und abflussarmen Zeiten eine Mindestwasserführung[52] gewährleistet sein muss, um wasserwirtschaftlich

---

[51] Durch sog. Mulden-Rigolen-Systeme werden solche Effekte künstlich herbeigeführt.

[52] Siehe § 2 Abs. 2 (nrw) Ruhrverbandsgesetz: *„In der Ruhr ist der Abfluß ... so zu regeln, daß das täglich fortschreitende arithmetische Mittel aus fünf aufeinanderfolgenden Tageswerten, des Abflusses an jedem Querschnitt der Ruhr unterhalb des Pegels Hattingen einen Wert von 15 m³/s und am Pegel Villigst einen Wert von 8,4 m³/s nicht unterschrei-*

präferierte Nutzungen wie z.B. die Trinkwassergewinnung sicherzustellen. Zu diesem Zweck werden Wasserreservoire, insbesondere Talsperre, errichtet und so betrieben, dass sie in den niederschlagsreichen Zeiten die Abflussspitzen brechen und Wasser zurückhalten, hingegen in den niederschlagsarmen Zeiten das so bewirtschaftete Gewässer auffüllen.

Trinkwassergewinnung

Die Gewinnung und Herstellung von Trinkwasser wird nur zu einem Teil im Wasserrecht geregelt, zu einem anderen Teil im Lebensmittel- und Seuchenhygienerecht:

Zulassung der Wasserentnahme

Das wasserrechtliche Erfordernis einer vorherigen behördlichen Zulassung (§ 2 WHG) zur Wasserentnahme für Zwecke der Trinkwasserversorgung gilt grundsätzlich in gleicher Weise wie für die Einleitung des benutzten Wassers, da es sich auch hierbei um eine Gewässerbenutzung nach § 3 Abs. 1 WHG handelt.

Allerdings hält das Bundesrecht wegen der besonderen Bedeutung der Trinkwassergewinnung neben der „normalen“ Erlaubnis ein besonderes Rechtsinstitut für die behördliche Zulassung bereit, welches den hohen Rang dieser spezifischen Benutzung widerspiegelt: die Bewilligung nach § 8 WHG. Diese ist neben einem umfänglicheren Verwaltungsverfahren (und der davon vermuteten besseren Sachverhaltsermittlung und -bewertung) vor allem durch die Einräumung einer nahezu eigentumsgleichen Rechtsposition gekennzeichnet. Wegen der Komplexität und der Dauer des hierfür durchzuführenden Verwaltungsverfahrens, aber auch wegen der hierdurch bedingten Einschränkung des wasserwirtschaftlichen Bewirtschaftungsermessens tendieren viele Wasserbehörden dazu, als Alternative hierzu eine sog. gehobene Erlaubnis oder sogar nur eine einfache Erlaubnis anzubieten. Dies muss keinen Widerspruch zu der z.T. an das preußische Wasserrecht angelehnten gesetzlichen Konzeption aus der Nachkriegszeit sein. Denn unter der Geltung des Grundgesetzes und insbesondere unter der Geltung des dortigen Willkürverbots (Art. 3 GG) kann auch eine „normale“ Erlaubnis nicht ohne triftigen Grund aufgehoben werden, und garantiert andererseits auch eine Bewilligung keinen unbegrenzten Schutz vor Aufhebung einer solchen Zulassung.

Schutz der Wassergewinnungsgebiete

Die öffentliche Trinkwasserversorgung ist auf qualitativ und quantitativ unbeeinträchtigte Rohwasservorkommen angewiesen. Da die nutzbaren Grund- und Oberflächenwasservorkommen vielfältigen Gefährdungen ausgesetzt sind – z.B. intensive Flächennutzungen und technisches oder menschliches Versagen –, kann der allgemeine, flächendeckende Gewässerschutz nicht alle Gefahren für die Gewäs-

---

tet. Der niedrigste Tageswert des Abflusses soll unterhalb des Pegels Hattingen 13 m³/s und am Pegel Villigst 7,5 m³/s nicht unterschreiten. ....“

ser ausschließen. Zum besonderen Schutz der Wassergewinnung und staatlich anerkannter Heilquellen können deshalb Wasserschutzgebiete festgesetzt werden.

Hierfür hält das Bundesrecht die Möglichkeit eines planerischen Schutzes der Wassergewinnung (-sanlagen) durch die Ausweisung entsprechender Schutzgebiete bereit (§ 19 WHG) und ermöglicht bei punktuellen Gewässerbenutzungen einen präventiven Schutz der Trinkwassergewinnung durch allgemeine Einleiteverbote (Grundwasserverordnung[53]) oder durch erhöhte Anforderungen an Gewässerbenutzungen (§ 7 a Abs. 1 S. 2, § 6 WHG).

Das Landesrecht flankiert dies durch zusätzliche Rechtsvorschriften, von denen hier neben den Ausführungsvorschriften für die Ausweisung von Wasserschutzgebieten (vgl. §§ 14ff. LWG NRW) die (nrw) Gewässerqualitätsverordnung[54] ebenso hervorgehoben sein sollen wie Qualitätsanforderungen an das zur Trinkwasserversorgung vorgesehene Wasser (vgl. § 47 LWG NRW).

Trinkwasseraufbereitungs- und -versorgungsanlagen

Anlagen für die Versorgung mit Trink- oder Brauchwasser, die dem allgemeinen Gebrauch („öffentliche Wasserversorgung") dienen, sind nach Maßgabe des Wasserrechts mindestens nach den allgemein anerkannten Regeln der Technik zu errichten und zu betreiben. Darüber hinaus sind die Aufbereitungsanlagen für die öffentliche Trinkwasserversorgung nach dem Stand der Technik zu errichten und zu betreiben, wenn die Beschaffenheit des zur Trinkwasserversorgung gewonnenen Wassers (Rohwasser) dies im Einzelfall und bezogen auf bestimmte Inhaltsstoffe und Eigenschaften erfordert (vgl. § 48 LWG NRW).

Anforderungen an das Produkt der Trinkwasserversorgung

Die anschließende Versorgung der Bevölkerung und der Industrie mit Trinkwasser ist hingegen nicht mehr im Wasserrecht im engeren Sinne geregelt, sondern im Lebensmittel- und Bedarfsgegenständegesetz sowie im Infektionsschutzgesetz und der darauf gestützten Trinkwasserverordnung[55]. Dort finden sich z.B. auch Regelungen über die bei der Trinkwasserherstellung gemäß § 11 TrinkwV zugelassenen Aufbereitungsstoffe und Desinfektionsverfahren sowie Maßnahmenwerte für Stoffe im Trinkwasser während befristeter Grenzwertüberschreitungen (§ 9 Abs. 6 – 8 TrinkwV).

---

[53] Verordnung zur Umsetzung der Richtlinie 80/68/EWG des Rates vom 17.12.1979 über den Schutz des Grundwassers gegen Verschmutzung durch bestimmte gefährliche Stoffe, vom 18.3.1997 (BGBl. I S. 542).

[54] Verordnung über Qualitätsziele für bestimmte gefährliche Stoffe und zur Verringerung der Gewässerverschmutzung durch Programme (GewQV), vom 1.6.2001 (GV.NW. S. 227).

[55] Verordnung über die Qualität von Wasser für den menschlichen Gebrauch (TrinkwV 2001), vom 21.5.2001 (BGBl. I S. 959), z.g.d.VO.v. 25.11.2003 (BGBl. I S. 2304) i.V.m. Verordnung über den Übergang auf das neue Trinkwasserrecht, vom 20.12.2002 (BGBl. I S. 4695).

Abwasserbeseitigung

Quasi die Kehrseite der Trinkwassergewinnung stellt die Wiedereinleitung des benutzten Wassers als Abwasser dar. Damit sich diese eng miteinander verbundenen Gewässerbenutzungen nicht gegenseitig ausschließen, gelten besondere Anforderungen an Abwassereinleitungen. Sofern gerade aus Sonderinteressen der Trinkwasserversorger darüber hinausgehende Anforderungen gestellt werden sollen, können die Wasserbehörden dies davon abhängig machen, dass sich die Wasserversorger an den (über § 6 Abs. 1 WHG hinausgehenden) Mehraufwendungen beteiligen (vgl. § 55 Abs. 2 Satz 2 LWG NRW).

Die für die Abwasserbeseitigung maßgeblichen Rechtsvorschriften finden sich über zahlreiche bundes- und landesrechtliche Vorschriften verstreut. Es lassen sich materielle Anforderungen an die Art und Weise der Abwasserbeseitigung von formellen Anforderungen unterscheiden, welche festlegen, welche juristischen oder natürlichen Personen zur Abwasserbeseitigung berechtigt und verpflichtet sein sollen.

Materielle Anforderungen

Grundsätzlich lässt sich nach der Philosophie des deutschen Abwasserrechts[56] zwischen obligatorischen emissionsseitigen Anforderungen an die Abwasservermeidung, -verminderung und -behandlung (sog. Mindestanforderungen[57]) und darüber hinausgehenden, immissionsseitig begründeten zusätzlichen Anforderungen (sog. weiter gehende Anforderungen) unterscheiden. Die Rechtsgrundlagen hierfür finden sich in § 7 a Abs. 1 S. 1 WHG – welcher als Mindestanforderung den Stand der Technik festlegt und diesen in § 7 a Abs. 5 WHG nebst Anhang 2 zum WHG definiert – und der zu seiner Konkretisierung von der Bundesregierung erlassenen Abwasserverordnung mit ihren zahlreichen, abwasserherkunftsbezogenen Anhängen.

56 Ausführlich: Nisipeanu 1991.

57 Allerdings entsprechen diese Mindestanforderungen in aller Regel bereits den europäischen Maximalforderungen. Hingewiesen sei insoweit etwa auf die Umsetzung der Richtlinie 91/271/EWG des Rates über die Behandlung von kommunalem Abwasser vom 21. Mai 1991 in den Kommunalabwasserverordnungen der Länder sowie im Anhang 1 zur Abwasserverordnung

Abb. 8. Stand der Technik i.S.d. § 7a Abs. 1 WHG (Mindestanforderungen)

Anforderungen an Abwasserdirekteinleitungen

Welche materiellen Anforderungen an Abwasserdirekteinleitungen gestellt werden, lässt sich recht gut an einem Vorschriftentwurf zum nordrhein-westfälischen Landeswassergesetz[58] aufzeigen, dessen Text insoweit verallgemeinerungsfähig ist und auf alle Bundesländer übertragen werden kann:

„Abwassereinleitungen... dürfen nur erlaubt werden, wenn und soweit sie
1. *den in einem Maßnahmenprogramm ... festgelegten Vorgaben,*
2. *den sich aus 7a Abs. 1 des Wasserhaushaltsgesetzes ergebenden Anforderungen,*
3. *den auf der Grundlage des § 2 a*[59] *in einer Verordnung festgelegten Umweltqualitätsnormen für den Zustand der Gewässer,*
   entsprechen und
4. *Abwasseranlagen errichtet und betrieben werden, die die Einhaltung der Anforderungen für dieses Abwasser nach den Nummern 2 und 3 sicherstellen und der ordnungsgemäßen Erfüllung der Abwasserbeseitigungspflicht dienen.§ 6 des Wasserhaushaltsgesetzes und § 2*[60] *dieses Gesetzes bleiben unberührt."*

Es treten mithin neben die emissionsseitig obligatorisch abverlangten Anforderungen aus § 7 a Abs. 1 Satz 1 WHG weitere Anforderungen, die ihren tatsächlichen und rechtlichen Grund in besonderen Nutzungen, Planungen oder Gefährdungen der in Anspruch zu nehmenden Gewässer haben.

Anforderungen an Abwasserindirekteinleitungen

Für nicht direkt in ein Gewässer erfolgende sondern zunächst eine öffentliche (oder quasi-öffentliche[61]) Abwasseranlage zur Abwasserableitung, -behandlung und anschließenden Direkteinleitung nutzende Abwassereinleitungen (sog. Indirekteinleitungen) gelten zusätzlich zu den bundesrechtlichen (vgl. § 7 a Abs. 4 WHG)

---

58 LT-Drucks. NRW 13/6222, § 52 Abs. 1 (S. 38).

59 „Die oberste Wasserbehörde erlässt durch Rechtsverordnung die zur Durchführung von bindenden Beschlüssen der Europäischen Gemeinschaft erforderlichen Vorschriften, um die Gewässer nach Maßgabe der in § 2 genannten Ziele zu bewirtschaften, ..."

60 „Die Gewässer sind nach den Grundsätzen und Zielen der §§ 1a, 25a bis 25d und 33a des Wasserhaushaltsgesetzes und damit so zu bewirtschaften, dass sie dem Wohl der Allgemeinheit und im Einklang mit ihm auch dem Nutzen Einzelner dienen. Sie sind als Bestandteil des Naturhaushalts und als Lebensraum für Pflanzen und Tiere zu sichern. Dabei sind Beeinträchtigungen ihrer ökologischen Funktionen und der direkt von ihnen abhängigen Landökosysteme und Feuchtgebiete im Hinblick auf den Wasserhaushalt zu vermeiden. In Verantwortung gegenüber zukünftigen Generationen ist insgesamt eine nachhaltige Entwicklung und ein hohes Schutzniveau für die Umwelt insgesamt, unter Berücksichtigung der Erfordernisse des Klimaschutzes, zu gewährleisten. Mögliche Verlagerungen von nachteiligen Auswirkungen von einem Schutzgut auf ein anderes sind dabei zu berücksichtigen. ..."

61 Siehe auch dazu die Novelle des LWG NRW mit dem dort geplanten § 59 für sog. Industrieparks und gemeinschaftlich genutzte gewerblich-industrielle Entwässerungssysteme.

und landesrechtlichen (vgl. §§ 59, 59a LWG NRW) Vorschriften kommunalrechtliche Regelungen sowie ggf. private Geschäftsbedingungen.

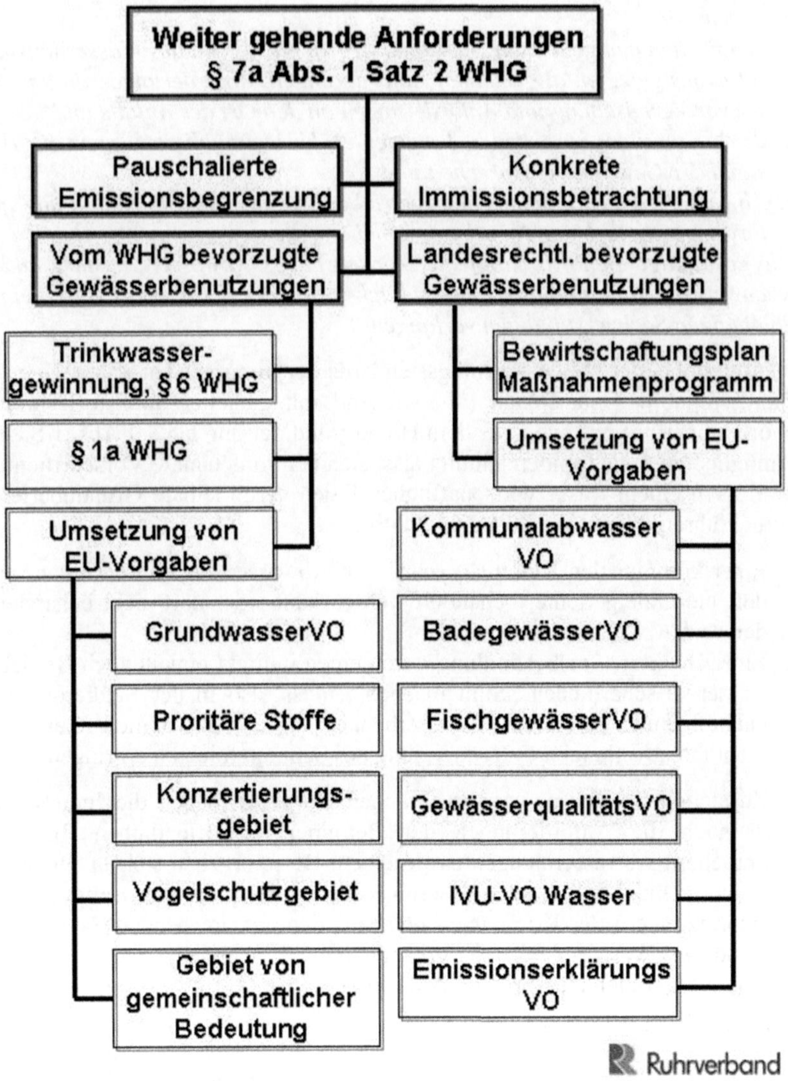

Abb. 9. Weitergehende Anforderungen an Abwassereinleitungen

Auch für die bundes- und landesrechtlichen Anforderungen an Indirekteinleitungen lässt sich eine verallgemeinerungsfähige Vorschrift aus dem Entwurf einer Novelle des LWG NRW entnehmen[62]:

"Indirekteinleitungen in öffentliche Abwasseranlagen dürfen nur genehmigt werden, wenn sie

1. den für den maßgeblichen Herkunftsbereich nach § 7 a des Wasserhaushaltsgesetzes festgelegten allgemeinen Anforderungen, Anforderungen an das Abwasser vor Vermischung und Anforderungen an den Ort des Anfalls und
2. den ... in einer Verordnung festgelegten Umweltqualitätsnormen für den Zustand der Gewässer entsprechen und
3. Abwasseranlagen errichtet und betrieben werden, die die Einhaltung der Anforderungen nach den Nrn. 1 und 2 sicherstellen.

Die zuständige Behörde kann die Vorlage eines Abwasserkatasters und einen Nachweis der Einhaltung des maßgeblichen Standes der Technik durch einen unabhängigen Sachverständigen verlangen."

Angesichts der hohen Leistungsstandards der kommunalen Kläranlagen in der Bundesrepublik Deutschland (überwiegend mit gezielter Stickstoff- und Phosphorelimination) wie auch vor dem Hintergrund der durch § 7 a Abs. 1 S. 4 WHG ermöglichten Teilstrombetrachtung lässt sich der vorgenannte Vorschriftentext auf zwei auch einem wasserwirtschaftlichen Laien vermittelbare Grundüberlegungen zurückführen (Nisipeanu 2004a u. 2004b):

1. Einer kommunalen Kläranlage darf kein Abwasser zugeführt werden, welches dort nicht zielgerichtet behandelt werden kann oder dort nicht behandelt werden darf.
2. Eine Abwasser(vor)behandlung durch einen indirekt einleitenden Betrieb muss wasserwirtschaftlichen „Sinn machen", muss also in der Saldierung mit der nachfolgenden zentralen Abwasserbehandlung eine tatsächlich relevante (weil rechtlich abverlangbare) Reduzierung der Schmutzfrachten erbringen.

Zusätzlich zu diesen wasserrechtlichen Vorgaben haben die Indirekteinleiter auch noch die Anforderungen der Betreiber der öffentlichen (bzw. quasiöffentlichen) Abwasseranlagen zu beachten. Diese ergeben sich im Regelfall aus den sog. technischen Ortsentwässerungssatzungen (sowie den Beitrags- und Gebührensatzungen) der Kommunen oder aus den entsprechenden Satzungen etwa vorhandener Wasser-/Abwasserverbände bzw. den allgemeinen Geschäfts- und Benutzungsbedingungen privater Anlagenbetreiber.

Anforderungen an Abwasseranlagen

Nachdem auf diese Weise festgelegt ist, welche quantitativen und qualitativen Anforderungen an die Abwasserdirekt- oder -indirekteinleitung gestellt werden, hat sich der jeweilige Abwassereinleiter zu fragen, ob er diese Vorgaben durch organisatorische Vorkehrungen erreichen kann (z.B. Kreislaufführung, Surrogat von Trinkwasser durch Niederschlagswasser, Austausch von Rohrstoffen und Hilfs-

[62] LT-Drucks. NRW 13/6222, § 59 Abs. 2 (S. 50).

stoffen) oder durch Entsorgung der problematischen Abwässer auf dem Weg der Abfallentsorgung – z.B. in chemisch-physikalische Abfallbehandlungsanlagen (Nisipeanu 2004c) – oder aber durch den Bau und Betrieb eigens darauf ausgerichteter Abwasseranlagen.

Gemäß den terminologischen Vorgaben des § 18 a Abs. 1 S. 3 WHG („... *Sammeln, Fortleiten, Behandeln, Einleiten, Versickern, Verregnen und Verrieseln von Abwasser sowie das Entwässern von Klärschlamm in Zusammenhang mit der Abwasserbeseitigung*"), werden auch die hierfür benötigten Abwasseranlagen systematisiert:

- Anlagen zum Sammeln und Fortleiten von Abwasser werden als Kanäle oder Kanalisationsnetze bezeichnet und unterliegen in aller Regel nur einer Anzeigepflicht oder vereinfachten Genehmigungspflicht,
- Anlagen zur Abwasserbehandlung werden bundesrechtlich nur in den Fällen des § 18 c WHG (= UVP-pflichtige Anlagen), landesrechtlich jedoch in aller Regel einem behördlichem (Einzel-)Genehmigungsbedarf unterstellt; Ausnahmen davon werden durch Landesrechte lediglich in den Fällen begründet, in denen Abwasserbehandlungsanlagen wegen ihrer geringen Größe, wegen ihrer einfachen Bauart oder wegen einer ansonsten geringen Bedeutung von einer (Einzel-)Genehmigungspflicht freigestellt werden oder aber, weil sie bereits eine anderweitige Zulassung bekommen haben (Typengenehmigung, Bauartzulassung, Bauproduktzulassung), sowie in den Fällen, in den das Landesrecht ein Anzeigeverfahren für ausreichend hält oder aber gar ein Planfeststellungsverfahren für zulässig oder notwendig erklärt (z.B. bei UVP-Pflichtigkeit oder bei Verbandsvorhaben), (Nisipeanu 1996).
- Die Einleitebauwerke bedürfen wegen ihrer Lage am/im Gewässer sowie im gesetzlichen Überschwemmungsgebiet einer Genehmigung.
- Anlagen zum Versickern, Verregnen und Verrieseln bedürfen in der Regel wegen ihrer einfachen Bauart nur einer Anzeige.
- Anlagen zum Entwässern von Klärschlamm (Faulräume, Kammerfilterpressen etc.) könnten sowohl nach Abfallrecht/Immissionsschutzrecht als auch nach Wasserrecht genehmigt werden. Wegen der Sachnähe zur Abwasserbeseitigung, der örtlichen Nähe zur übrigen Abwasserbehandlungsanlage wie auch wegen der Rückeinbindung der bei dieser Schlammbehandlung anfallenden Abwässer in die sonstige Abwasserbehandlung zählt das Wasserrecht auch diese Anlagen zu den Abwasserbehandlungsanlagen.

Gemeinsam ist diesen wasserrechtlichen Anlagenzulassungen, dass sie anders als Zulassungen nach dem BImSchG nur eine eng begrenzte Bündelungswirkung haben, mithin auch noch andere Genehmigungen eingeholt werden müssen, bevor mit der baulichen und betrieblichen Umsetzung begonnen werden darf.

Gemeinsam ist diesen wasserrechtlichen Anlagengenehmigungen aber auch, dass sie trotz bisweilen großem und langwierigem Genehmigungsaufwand nur eine geringe Aussagekraft haben. Denn die Wasserbehörde übernimmt mit ihrer Anlagengenehmigung keine Garantie für z.B. die Statik der Anlage, die hydraulische Bemessung der Anlage etc.

Die Details dieser Anzeigen und Genehmigungen sind in den Bundesländern sehr unterschiedlich geregelt und unterliegen zudem einer ständigen Veränderung; gleiches gilt für die Bestimmung der für die Prüfung und Erteilung solcher Anlagenzulassungen zuständigen Behörden.

Formelle Anforderungen an die Abwasserbeseitigung

Nicht nur wegen der Komplexität der vorgenannten Rechtsmaterie sondern auch, weil die Planung, die Errichtung und der Betrieb der dafür benötigten Anlagen besondere Fachkunde und Zuverlässigkeit erfordern, begründet das Abwasserrecht besondere Verantwortungs- und Handlungszuständigkeiten.

Im Grundsatz geht das Abwasserrecht dabei von einer verursacherunabhängigen Abwasserbeseitigungspflicht von Körperschaften des öffentlichen Rechts aus (§ 18 a Abs. 2 WHG), welche von den Länder dafür geeigneten Trägern zugewiesen wird: typischerweise sind dies die Gemeinden und Städte bzw. – soweit vorhanden – Abwasserverbände. Hiervon gibt es zahlreiche Ausnahmeregelungen zu Gunsten bzw. zu Lasten der Abwasserproduzenten.

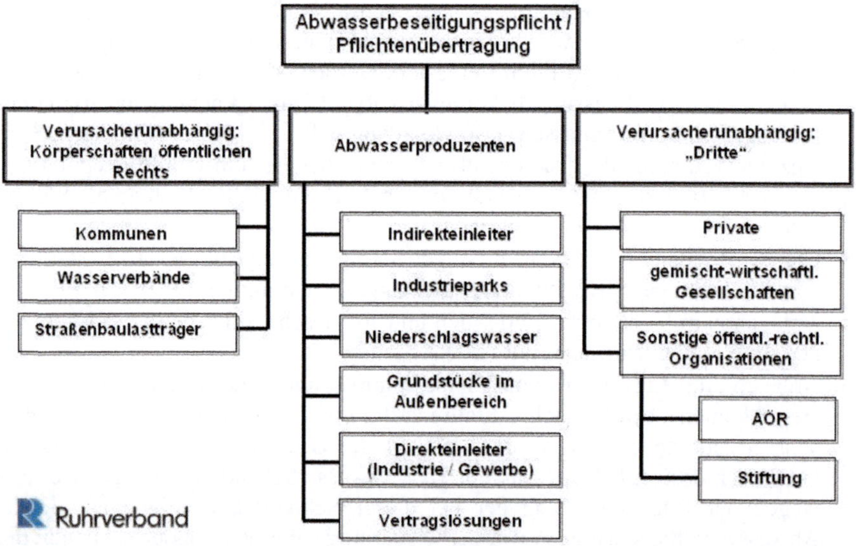

Abb. 10. Pflichtenzuweisung bei der Abwasserbeseitigung

Eine Übernahme der Abwasserbeseitigungspflicht durch beliebige Dritte (sog. Privatisierung) ist jedoch gemäß § 18 a Abs. 2 a WHG) nur nach Maßgabe des Landesrechts unter Beachtung der vom Bundesrecht hierfür aufgestellten Voraussetzungen möglich. Bislang haben von diesem Angebot nur Sachsen, Sachsen-Anhalt und Baden-Württemberg Gebrauch gemacht.

2.2.4 Der administrative Vollzug des Wasserrechts

Der administrative Vollzug des Wasserrechts liegt bis auf wenige Ausnahmen (Bundesschifffahrtsverwaltung) aus verfassungsrechtlichen Gründen bei den Bundesländern. Diese schaffen nicht nur das anzuwendende Verwaltungsverfahrensrecht sondern halten auch die Wasserwirtschaftsverwaltungen vor.

Verwaltungsverfahren

Da sich das Bundesrecht bis auf wenige Ausnahmen (vgl. §§ 4, 5, 7 WHG) verwaltungsverfahrensrechtlicher Regelungen für das Wasserrecht enthält, schaffen entweder die Landeswassergesetze entsprechende Verfahrensregelungen oder es kommt zur subsidiären Anwendung der Landes-Verwaltungsverfahrensgesetze; bisweilen wird zusätzlich auch noch auf Regelungen in den allgemeinen ordnungsbehördlichen Vorschriften (Polizei- und Ordnungsrecht) zurückgegriffen. Hier finden sich z.B. Vorschriften über Zuständigkeit, Antragsverfahren und Form der Verwaltungsentscheidung.

Verwaltungsorganisation

Aus föderalen Gründen unterscheiden sich die jeweiligen Landesverwaltungen sowie die Kompetenzverteilung innerhalb dieser Verwaltungen erheblich. Die meisten Bundesländer halten eine grundsätzlich zweistufige Verwaltungsorganisation bestehend aus Unteren und Obersten Wasserbehörden bereit; die Funktion der unteren Wasserbehörde nehmen dabei die Landkreise und die kreisfreien Städte wahr, oberste Wasserbehörde ist das jeweils für den Umwelt- und Gewässerschutz zuständige Landesministerium. In den Flächenstaaten mit einer zusätzlichen dezentralen Verwaltungsinstanz (Bezirksregierung) – z.B. Nordrhein-Westfalen – nimmt diese Behörde als sog. Mittelinstanz die Funktion einer dazwischen geschalteten Oberen Wasserbehörde wahr. Hierneben existieren in mehreren Bundesländern noch spezielle, unmittelbar der fachlichen Weisung von Landesbehörden unterstellte Fachbehörden (Staatliche Ämter für Wasserwirtschaft, Staatliche Umweltämter etc.), mit unterschiedlichen Funktionen im Bereich der Wasserwirtschaft, sowie einige zentrale Landeseinrichtungen (z.B. Landesamt für Umweltschutz, Landesumweltamt etc.) mit eher wissenschaftlich ausgeprägten, vollzugsbegleitenden Funktionen.

Die sachliche Aufgabe „Vollzug des Wasserrechts“ wird derzeit in aller Regel an politischen Grenzen (Gemeinde, Landkreis, Regierungsbezirk) orientiert örtlich zugewiesen; die hierarchische Aufgabenverteilung orientiert sich an der landespolitischen und landesrechtlichen Gewichtung der jeweils wahrzunehmenden Aufgabe. Zukünftig wird jedoch der Einfluss der Europäischen Wasserrahmenrichtlinie mit ihrer Präferenz zu tatsächlichen Gewässereinzugsgebieten dazu führen, dass Flusseinzugsgebiete und -teileinzugsgebiete stärker als bisher zum Kriterium der Begründung von Behördenzuständigkeiten gemacht werden.[63]

[63] Dieser Zustand lag in den 5 neuen Bundesländern in der Zeit der DDR bereits vor und wurde nach der sog. Wende aufgegeben.

Auch der Vollzug des Abwasserabgabenrechts ist nicht in jedem Bundesland Behörden derselben hierarchischen Stellung zugewiesen, sondern nimmt auf landesrechtliche Besonderheiten Rücksicht. In einigen Ländern sind dafür die Landesumweltämter (z.B. NRW und Brandenburg) zuständig, in anderen wird diese Aufgabe auf der Ebene der Mittelinstanz (Bezirksregierung) wahrgenommen (z.B. Sachsen), wo eine solche fehlt, auf der Ebene der Kreise bzw. kreisfreien Städte (z.B. Schleswig-Holstein).

2.3 Die Akteure der Wasserwirtschaft

Neben den oben dargestellten rechtlichen Rahmenbedingungen der Wasserwirtschaft sind vor dem Hintergrund der vorliegenden Untersuchung die Akteure, also die natürlichen und juristischen Personen, welche die Gewässerbewirtschaftung vorzunehmen haben oder sonst beeinflussen, von besonderer Bedeutung. Grundsätzlich sind hier die Gesetzgeber, nichtstaatliche Normsetzer sowie sonstige an den Normsetzungsverfahren Beteiligte, aber auch die ausführenden Organe, private Akteure auf dem Wasserwirtschaftsmarkt und die rechtsprechenden Kontrollinstanzen zu nennen. Im Folgenden wird sich jedoch die Darstellung auf die Charakterisierung derjenigen Akteure beschränkt, die im weiteren Verlauf der Analyse von zentraler Relevanz sind.

2.3.1 Gesetzgeber und sonstige Normsetzungsinstitutionen

Besondere Bedeutung für den Bereich der Wasserwirtschaft kommt denjenigen Akteuren zu, welche die rechtlichen Rahmenbedingungen aufstellen, also den Normgebern sowie denjenigen, welche auf die Normsetzung institutionalisiert oder sonst Einfluss nehmen.

Damit sind nicht nur die nationalen Normsetzungsorganisationen gemeint. Denn weil neben das nationale Recht zunehmend das sog. supra- und internationale Umwelt- (vgl. Burhenne et al. 1982: 663) bzw. Wasserrecht tritt, sind auch deren Normgeber zu beachten. Relevant sind demzufolge für die Schaffung des deutschen Wasserrechts insbesondere:

- die Europäische Union,
- die Bundesrepublik Deutschland, d.h. der „Bund“,
- die föderalen Glieder der Bundesrepublik Deutschland, d.h. die „Länder“,
- die Kommunen,
- private Akteure,
- private Normsetzungs- und Interessenwahrungsinstitutionen sowie
- private nationale nichtregierungsamtliche Organisationen[64], sog. Umweltverbände.

[64] Hierfür findet sich auch die Bezeichnung „NGOs“ (non gouvernemental organisations).

Europäische Union

Von der EU erlassene Vorschriften prägen nicht nur immer intensiver die nationale Gesetzgebung und den nationalen Vollzug sondern erlangen bereits in ihren Entwurfsfassungen erhebliche praktische Bedeutsamkeit (Beutler et al. 2001; Lecheler 2000). Das europäische Recht lässt sich systematisieren in: primäres EU-Recht, insbesondere die römischen Verträge von 1957[65], deren Änderung in der Einheitlichen Europäischen Akte von 1986[66], der Maastricht-Vertrag von 1992[67], sowie der Amsterdam-Vertrag[68].; sekundäres EU-Recht, insbesondere Verordnungen (Art. 189 Abs. 2 EGV), Richtlinien (Art. 189 Abs. 3 EGV), Entscheidungen (Art. 189 Abs. 4 EGV) sowie Empfehlungen und Stellungnahmen (Art. 189 Abs. 5 EGV), wobei durch Art. 130 s Abs. 3 EGV zugelassene umweltpolitische Aktionsprogramme das gemeinschaftsrechtliche Vorgehen systematisieren und strukturieren und neue politische Ziel vorgeben; und schließlich sonstiges EG-Recht, insbesondere die Rechtsprechung des Europäischen Gerichtshofes (EuGH).

Diese unübersichtlichen Rechtsquellen bilden zusammen die Gesamtheit des geschriebenen und ungeschriebenen Gemeinschaftsrechts, welches jeder neu der Gemeinschaft beitretende Mitgliedsstaat vollständig übernehmen und gegen sich gelten lassen muss.

Bundesrepublik Deutschland

Wie schon die Aufnahme der Rahmengesetzgebungskompetenz für die Wasserwirtschaft in das Grundgesetz und die nachfolgende Verabschiedung des Wasserhaushaltsgesetzes, seiner Novellen und Ausführungsvorschriften dokumentiert, kommt dem Bund eine herausragende Stellung bei den Akteuren des Wasserwirtschaft zu. Daran wird sich auch durch den zunehmenden Einfluss der Europäischen Union auf die nationale Gesetzgebung wegen des bislang dafür bestehenden nationalen Umsetzungsbedarfs zunächst nichts ändern. Der Bundesstaat handelt durch seine Organe, von denen neben der Bundesregierung als Verordnungsgeber und Entwurfsverfasser von Gesetzen der Deutsche Bundestag als Gesetzgebungsorgan besonders hervorzuheben ist. Aber auch der Bundesrat hat ein eigenes Initiativrecht für Bundesgesetze und macht davon im Wasserrecht und Abwasserabgabenrecht bisweilen Gebrauch.

---

65 Vertrag zur Gründung der Europäischen Wirtschaftsgemeinschaft (EWGV*)*, vom 25.3.1957 (BGBl. II S. 753, 766).

66 Einheitliche Europäische Akte (EEA), vom 17./28.2.1986 (BGBl. II S. 1102; ABl. der EG 1987, L 169/1), i.d.F. des Europäischen Unionsvertrages vom 7.2.1992 (BGBl. II S. 1253/1295).

67 Vertrag über die Europäische Union – EUV (Maastricht-Vertrag), vom 7.2.1992 (BGBl. II S. 1253), geändert durch Beitrittsvertrag vom 24.6.1994 (BGBl. II S. 2022).

68 Der am 2.10.1997 in Amsterdam unterzeichnete Vertrag zur Änderung des Vertrags über die Europäische Union, der Verträge zur Gründung der Europäischen Gemeinschaften sowie einiger damit zusammenhängender Rechtsakte ist entsprechend seinem Art. 14 II am 1.5.1999 in Kraft getreten, da die letzte Ratifikationsurkunde am 30.3.1999 hinterlegt wurde (BGBl. II S. 296).

Bundestag und Bundesregierung werden in diesen Aktivitäten durch bundeseigene Institutionen und Einrichtungen unterstützt und begleitet, insbosondere durch den Sachverständigenrat für Umweltfragen (SRU) und das Umweltbundesamt (UBA).

Die Länder (Gliedstaaten, Föderalstaaten)

Nicht nur wegen ihrer Einflussnahme auf die Bundesgesetzgebung über ihre Mitgliedschaft im Bundesrat kommt den 16 Bundesländern im Bereich der Wasserwirtschaft große Bedeutung zu. Denn sie haben in diesem Bereich der bloßen Rahmengesetzgebungskompetenz des Bundes eigenständige Ausfüllungs- und Ausführungskompetenzen und können darüber hinaus auch andere Sachgebiete mit Bezug zum Wasserwirtschaftsrecht in ihren Landeswassergesetzen regeln (z.B. Eigentum an Gewässern, Zwangsrechte, Zuständigkeiten).

Wassergesetzgebung in den dreizehn Ländern und drei Stadtstaaten der Bundesrepublik

Von diesem Recht auf Landesgesetzgebung im Bereich des Wasserrechts haben alle Bundesländer Gebrauch gemacht. Deren wasserrechtliche Vorschriften – Gesetze, Verordnungen und Ausführungserlasse (Verwaltungsvorschriften) – sind dabei stets im Kontext mit den bundesrechtlichen Vorgaben zu sehen, da sie deren rahmenrechtlichen Vorgaben ausfüllen und ergänzen.

Organisatorische Kooperationen der Länder

Diese Ausdifferenzierung und Verteilung von Kompetenzen und Zuständigkeiten bedingt zahlreiche Schnittstellen zwischen dem Bund und den Ländern insbesondere in den Bereichen, in denen dem Bund eine weit reichende Gesetzgebungsgewalt und eine nur sehr geringe Exekutivzuständigkeit[69] zukommt, während die Länder umgekehrt über (praktisch[70]) relativ geringe Legislativbefugnisse verfügen, jedoch über umfangreiche Verwaltungszuständigkeiten.

Eine institutionalisierte Kommunikation zwischen den Ländern und eine Abstimmung derer Interessen dienen der Verringerung der sich aus solchen Schnittstellen ergebenden Umsetzungshindernisse. Andererseits lebt der Föderalismus vom Grundsatz „So viel Vielfalt wie möglich; Vereinheitlichung nur dort und soweit, wie es nötig ist."

Vor diesem Hintergrund wurden Koordinierungsgremien etabliert, insbesondere die Ministerpräsidentenkonferenz, die Umweltministerkonferenz und der Ständiger Bund-/Länder-Abteilungsleiterausschuss (StALA) für Umweltfragen.

Zum diesem Netzwerk gehören zahlreiche weitere Gremien. Besondere Bedeutung für die Wasserwirtschaft hat allerdings die Länderarbeitsgemeinschaft Wasser (LAWA), eine nicht in die Hierarchie und Systematik der Wasserwirtschaftsverwaltung einbezogene, nicht rechtsfähige Institution, in der die für Wasserwirt-

---

[69] Diese Konstellation führt zu dem Effekt, über eine hohe bundesrechtliche Normierungsdichte den landesrechtlichen Vollzug determinieren zu wollen.

[70] Die wesentlichen Vorgaben kommen von der europäischen Union sowie aus dem Bundesrecht.

schaft und Wasserrecht zuständigen Obersten Landesbehörden im Sinne einer Koordinierung des Landesvollzugs zusammenarbeiten. Sie wurde 1956 als Zusammenschluss der für die Wasserwirtschaft und das Wasserrecht zuständigen Ministerien der Bundesländer der Bundesrepublik Deutschland gebildet. Ziel der LAWA ist es, auftauchende wasserwirtschaftliche und wasserrechtliche Fragestellungen gemeinsam zu erörtern, Lösungen zu erarbeiten und Empfehlungen zur Umsetzung zu initiieren. Darüber hinaus werden aktuelle Fragen im nationalen, supranationalen und internationalen Bereich aufgenommen, auf breiter Basis diskutiert und die Ergebnisse in die entsprechenden Organisationen eingebracht.

Innerhalb der Wasserwirtschaft ist die LAWA das auf Bundesebene entscheidende Gremium, wenn es gilt, den wasserrechtlichen Vollzug in den Ländern abzustimmen und die Interessen der Länder auf dem Gebiet der Wasserwirtschaft nach außen zu vertreten.

Vielfach wird bei Beratungen in den Ausschüssen des Bundesrates und des Bundestages auf die Stellungnahmen der LAWA zurückgegriffen. Um dem Bund bereits frühzeitig einen Einblick in die Arbeit der LAWA zu geben und diesen über die in der LAWA ablaufenden Entscheidungsprozesse zu informieren, nehmen an den regulären LAWA-Sitzungen Vertreter des Bundes teil. Auch in den Arbeitsgruppen und Arbeitskreisen der LAWA arbeiten Vertreter des Bundes mit, soweit dies erforderlich ist. Der Vorsitz in der LAWA wechselt alle zwei Jahre. Die Arbeitsergebnisse und Beschlüsse, welche die LAWA fasst, werden jeweils in Berichtsjahren zusammengefasst und veröffentlicht.

Kommunen und kommunale Gebietskörperschaften

Aus verschiedenen Gründen kommt den Kommunen und kommunalen Gebietskörperschaften als Akteuren der Wasserwirtschaft besondere Bedeutung zu: Sie sind Adressaten wasserrechtlichen Pflichtenzuweisungen („Abwasserbeseitigungspflicht") und in deren Ausführung in aller Regel auch örtlicher Träger der öffentlichen Abwasserbeseitigung sowie bisweilen auch selbst (d.h. ohne gesellschaftsrechtliche Ausgliederungen in Stadtwerke GmbH/AG) Träger der öffentlichen Wasserversorgung. In beiden Funktionen haben sie ein öffentlich-rechtliches bzw. ein privatrechtliches Regelungsregime zu dem Vorteilhabenden/Verursacher und letztlichen Kostenträger zu gestalten. In beiden Funktionen sind sie zudem Mittler zwischen staatlichem Wasserrecht und dem Bürger sowie der Industrie, die die dafür erforderlichen Mittel aufzubringen haben, und damit zugleich auch Adressat von Bürgerunwillen bei nicht plausiblen Anforderungen.

Kommunen (Gemeinden, Städte, Kreisfreie Städte)

Die Kommunen, also die Gemeinden, Städte und ggf. Zusammenschlüsse von diesen (etwa nach den Landesgesetzen über kommunale Zusammenarbeit oder nach dem Wasserverbandsgesetz), sind in ihrer Funktion[71] als kommunale Gebietskör-

[71] Dies dient der Abgrenzung von Aufgabenwahrnehmungen durch die sog. großen oder kreisfreien Städte, die quasi im Wege der Organleihe auch (Untere) Wasserbehörden beherbergen, die unter ihrem Namen und Briefkopf (*„Der Landrat"*) tätig werden.

perschaften selbst nicht in den unmittelbaren staatlichen Vollzug des Wasserrechts eingebunden. Sie sind aber Träger zahlreicher wasserwirtschaftlicher Aufgaben wie etwa der Wasserversorgung, Abwasserbeseitigung und Gewässerunterhaltung, haben also diese Aufgaben tatsächlich durchzuführen, zu organisieren und zu finanzieren.

Zudem sind sie auch in der Lage, für die Wahrnehmung hoheitlicher Aufgaben einseitig Recht zu setzen („Ortsentwässerungsrecht", „Entwässerungssatzung") und einseitig hoheitlich mit Titelfunktion – d.h. ohne vorherige Anrufung der Gerichte – ihre Kosten durch (kommunalabgaberechtliche) Festsetzungen[72] geltend zu machen und durch eigenes Personal ggf. auch zwangsweise beizutreiben.

Landkreise

Landkreise sind flächendeckend zusammengesetzte untere unechte Gemeindeverbände zur Selbstverwaltung der überörtlichen öffentlichen Angelegenheiten kantonaler Gemeinwesen zur Unterstützung der angehörigen Gemeinden durch Erledigung derjenigen örtlichen Angelegenheiten, die deren Leistungskraft übersteigen, sowie zur Fremdverwaltung der ihnen vom Staat übertragenen Angelegenheiten (z.B. als Untere Wasserbehörde). Sie sind Gebietskörperschaften mit Gebietshoheit. Die Landkreise stehen organisatorisch auf der gleichen Stufe wie die sog. Kreisfreien Städte.

Kommunale Zweckverbände und kommunale Zusammenschlüsse

Neben diese staatliche Wasserwirtschaftsverwaltung sowie die selbstverwalteten Gebietskörperschaften des öffentlichen Rechts treten weitere Träger der Wasserwirtschaftsverwaltung, nämlich die Wasserverbände als freiwillige oder pflichtige Zusammenschlüsse von Aufgabenträgern, Vorteilhabenden und Erschwerern.

Zu den Organisationsformen interkommunaler Zusammenarbeit gehört neben dem Wasser- und Bodenverband sowie privatrechtlich konstituierten Gemeinschaftsunternehmen der Gemeinden der kommunale Zweckverband.[73] Zweckverbände sind rechtsfähige zusammengesetzte, mittelbare Bundkörperschaften zur Selbstverwaltung enumerativ oder speziell zugewiesener Gesamtaufgaben.[74]

Der Zweckverband i.S.d. Gesetze über die kommunale Gemeinschaftsarbeit (GkG) ist eine Körperschaft des Öffentlichen Rechts, die der gemeinsamen Wahrnehmung einzelner, bestimmter kommunaler Aufgaben dient. Ein solcher Verband verwaltet seine Angelegenheiten im Rahmen der Gesetze in eigener Verantwortung. Wegen des Zusammenschlusses hierarchisch bislang gleichberechtigter Träger der Aufgabe „Abwasserbeseitigung" findet man in Anlehnung an die betriebswirtschaftliche Terminologie („Querverbund") hierfür bisweilen den Terminus „Längsverbund".

[72] Anschlussbeitragsbescheide sowie Benutzungsgebührenbescheide.

[73] Ausführlich: Oebbecke 1982 sowie Oebbecke 1984.

[74] Wolff et al. 2000.

Der sog. Freiverband beruht dabei auf einem freiwilligen Zusammenschluss von Gemeinden und Gemeindeverbänden;[75] daneben ist jedoch auch ein zwangsweiser Zusammenschluss auf Grund aufsichtsbehördlicher Verfügung zur Erfüllung von Pflichtaufgaben möglich. Der Zweckverband kann natürliche Personen und private Dritte als Mitglieder haben.

Verfassung und Verwaltung des Zweckverbandes richten sich nach dem jeweiligen GkG, ansonsten nach einer vom Zweckverband zu erlassenden und von der Aufsichtsbehörde zu genehmigenden Verbandssatzung: Typischerweise sehen diese als Organe des Zweckverbandes eine Verbandsversammlung und einen Verbandsvorsteher (Verbandsvorsitzenden) vor. Ihren Finanzbedarf decken die Zweckverbände durch eine Umlage bei den Verbandsmitgliedern.

Wasserverbände nach dem Wasser- und Bodenverbandsgesetz

Eine besondere Organisationsform der interkommunalen Zusammenarbeit gerade für die Aufgabe der Abwasserbeseitigung ist der Wasser- und Bodenverband auf der Grundlage des Wasserverbandsgesetzes[76]. Ein auf dieser Grundlage gegründeter Verband ist eine Körperschaft des öffentlichen Rechts, der das Recht zur Selbstverwaltung eingeräumt ist.

Ein solcher Verband unterscheidet sich von dem kommunalen Zweckverband dadurch, dass das Zweckverbandsrecht im Grundsatz von der Mitgliedschaft von Gebietskörperschaften ausgeht, als Verbandsmitglieder eines Wasser- und Bodenverbandes jedoch von vornherein auch natürliche Personen und andere juristische Personen als Gebietskörperschaften in Betracht kommen (§ 4 WVG). Im Übrigen hat er auch einen anderen, tatbestandlich eingeengten Aufgabenzuschnitt und Anwendungsbereich (§ 2 WVG).

Das WVG regelt nur die inneren Verhältnisse des Wasser- und Bodenverbandes, enthält also keine materiellen Regelungen für das Aufgabengebiet „Abwasserbeseitigung“; es ist ein reines Organisationsgesetz. Wesentliche Grundlage für einen nach den Vorgaben des WVG konstituierten Verband ist die Verbandssatzung, welche die Rechtsverhältnisse des Verbandes und die Rechtsbeziehungen zu den Verbandsmitgliedern im Einzelnen regelt. Organe des Verbandes sind in aller Regel die Verbandsversammlung (Versammlung der Verbandsmitglieder) und der Vorstand, an Stelle der Verbandsversammlung ist ein Verbandsausschuss denkbar. Ähnlich wie beim kommunalen Zweckverband kann ein Verband nach dem WVG auf der Grundlage freiwilliger Zustimmung der Beteiligten gegründet werden; daneben ist eine (zwangsweise) Gründung von Amts wegen möglich (§§ 7, 10 WVG).

Die Verbandsmitglieder sind verpflichtet, dem Verband zur Erfüllung seiner Aufgaben Beiträge zu leisten (Verbandsbeiträge); solche können in Gestalt von

---

75 Ein solcher Verband könnte seine konstitutive Rechtsgrundlage für den Bereich der Abwasserbeseitigung aber auch in einer vertraglichen Kooperation nach Maßgabe des § 53 Abs. 6 LWG NW oder vergleichbaren landeswasserrechtlichen Grundlagen finden.

76 Gesetz über Wasser- und Bodenverbände (Wasserverbandsgesetz – WVG), v. 12.2.1991 (BGBl. I S. 405), z.g.d.G.v. 15.5.2002 (BGBl. I S. 1578).

Geld (Geldbeiträge) oder in Gestalt von Sachen, Werken oder anderen Leistungen (Sachbeiträge) erbracht werden (§ 28 WVG).

Wasserverbände durch Sondergesetz

Eine nordrhein-westfälische[77] Besonderheit stellt die Existenz zahlreicher sondergesetzlicher Wasser- und Abwasserverbände dar. Diese Verbände sind selbstverwaltete Körperschaften des öffentlichen Rechts. Sie haben bei aller historischer Individualität seit Beginn der 1990er Jahre vergleichbare, an Aktiengesellschaften angelehnte Strukturen: Verbandsversammlung, Verbandsrat und hauptamtlicher Vorstand sowie Arbeitnehmermitbestimmung.

Die Existenz dieser Verbände findet letztlich ihre sachliche Berechtigung in den gleichen sachorientierte Gedanken (Kostenminimierung und effektivere Aufgabenwahrnehmung), die schon für den Zweckverband und für den Wasser- und Bodenverband herangezogen werden. Auf Grund ihrer historischen Tradition haben die älteren dieser Verbände in der Vergangenheit zusätzlich den Genossenschaftsgedanken verwirklicht. Dieser Aspekt gewinnt unter dem Gebot der optimierten Nutzung begrenzter Ressourcen heute ebenso neue Bedeutung wie wegen der europarechtlichen Präferenz für flusseinzugsgebietsbezogene Gewässerbewirtschaftung.

Diese sondergesetzlichen Verbände bieten zusätzliche Besonderheiten dadurch, dass sie rechtlich in der Lage sind, für Kommunen nicht bloß tatsächlich Aufgaben der Abwasserbeseitigung wahrzunehmen, sondern zusätzlich zu den ihnen ohnehin bereits durch das Landeswassergesetz zugewiesenen Aufgaben der Abwasserbehandlung auch noch weitere wasser- und abwasserspezifische Aufgaben der Kommunen und Anderer juristisch als eigene zu übernehmen (z.B. eigenverantwortliche Erstellung und Betrieb von kommunalen Kanalisationsnetzen[78]).

Der Erfolg dieser Verbände lässt sich volks- und betriebswirtschaftlich begründen. Zwar können wirtschaftliche Beziehungen sowohl über Märkte (= Fremdbezug) als auch über Eigenfertigung organisiert werden. Dabei sind aber Märkte – wie sie etwa durch die sondergesetzlichen Verbände konstituiert werden – besonders leistungsfähig, wenn es um wiederkehrende Leistungen (hier: Bau und Betrieb von Abwasseranlagen) zwischen denselben Partnern geht. Denn beide Partner müssen nur ihre eigenen Erfahrungen zu Rate ziehen, wenn sie sich entschieden haben, ob sie eine Leistungsbeziehung aufrechterhalten wollen oder sich mit entsprechenden Übergangskosten an einen anderen Partner wenden wollen. Wasser- und Abwasserverbände bauen und betreiben eine Vielzahl von gleichartigen Wasser- und Abwasseranlagen, so dass sie neben einer sehr ausgeprägten fachlichen Kompetenz auch den erforderlichen Marktüberblick und Kenntnis von den angemessenen Preisen haben.

[77] Vergleichbares besteht im Saarland – Gesetz über die Gründung des Abwasserverbandes Saar (Abwasserverbandsgesetz – AVG), v. 23.8.1993 (Saarl. Amtsbl. S. 926, ber. 1994, S. 5) – sowie faktisch in Berlin (Anstalt des öffentlichen Rechts).

[78] Ausführlich: Nisipeanu 2005.

Privatrechtlich konstituierte Körperschaften

Die vorgenannten öffentlich-rechtlichen Körperschaften können sich zur Wahrnehmung ihrer Aufgaben privatrechtlicher Organisationen und Organisationsformen bedienen; sind dabei aber aus verfassungsrechtlichen Gründen weiterhin an bestimmte öffentlich-rechtliche Zwänge gebunden.

Stadtwerke

Typischerweise bedienen sich Kommunen und Landkreise zur Wahrnehmung ihrer Aufgaben im Bereich der Daseinsvorsorge sog. Stadtwerke. Diese können zwar als Regiebetrieb oder Eigenbetrieb organisiert sein, also als unselbständiger oder lediglich begrenzt selbständiger Teil der Kommunalverwaltung.

Diese Stadtwerke können aber auch von vornherein privatrechtlich organisiert oder in privatrechtliche Organisationen überführt werden. Da das finanzielle Wagnis der öffentlich-rechtlichen Körperschaften jedoch begrenzt sein muss, kommen nur privatrechtliche Organisationsformen des Gesellschaftsrechts in Betracht, die diesem Erfordernis durch eine auf das eingesetzte Eigenkapital begrenzte Haftung Rechnung tragen, also eine GmbH oder eine Aktiengesellschaft. Zudem ist das Handeln derartiger privater Gesellschaften der öffentlichen Hand auf gesetzlich vorgesehene Zwecke sowie regelmäßig auf den örtlichen Zuständigkeitsbereich der Körperschaft („Gemeindegebiet“) beschränkt.

Eine Beteiligung Dritter – seien es andere öffentliche Aufgabenträger oder aber Private – an derartigen privatrechtlich organisierten Stadtwerken ist grundsätzlich zulässig, unterliegt aber bei der Gesellschafterstellung von Privaten besonderen vergaberechtlichen Regularien („Ausschreibung“), sofern es mittelbar oder unmittelbar um vergaberechtlich relevante Aufgabenstellungen geht (z.B. Kanalisationsbetriebsführung). Nach der neueren Rechtsprechung des EuGH[79] ist in einem solchen Verhältnis zwischen gemischt-wirtschaftlicher privater Gesellschaft und kommunalem Gesellschafter kein sog. In-house-Geschäft möglich.

Wasserversorgungsbetriebe

Wasserversorgungsbetriebe sind in aller Regel privatrechtlich organisiert. Sie unterliegen der Umsatzsteuerpflicht (mit privilegiertem Steuersatz für Lebensmittel) und haben damit zugleich die Möglichkeit des sog. Vorsteuerabzugs. Sie haben dann bei ihren Tätigkeiten handelsrechtliche und gesellschaftsrechtliche Vorgaben zu beachten. Im Regelfall sind auch derartige privat organisierte Wasserversorgungsgesellschaften kommunal beherrscht oder haben zumindest kommunale Gesellschafter.

Abwasserentsorgungsbetriebe

Hingegen sind Abwasserentsorgungsbetriebe in aller Regel öffentlich-rechtlich organisiert, sei es als Regiebetrieb oder Eigenbetrieb, als Verband oder als Anstalt des öffentlichen Rechts. Da die hoheitliche Abwasserbeseitigung umsatzsteuerfrei ist, genießt diese Art der Organisation nicht die Möglichkeit des sog. Vorsteuerab-

---

79 EuGH, Urteil vom 17.1.2005 (Halle).

zugs. Wenn die gewaltigen Investitionstätigkeiten für zentrale Kanalisierung, Kläranlagenausbau und Niederschlagswasserbehandlungsanlagen einen vorläufigen Abschluss gefunden haben werden, wird die seit langem diskutierte Einführung der Steuerpflicht in diesem Bereich sicherlich auch wieder vom Gesetzgeber diskutiert werden.

Privatrechtlich konstituierte Normsetzungs- und Interessenwahrnehmungsinstitutionen

Eine Besonderheit des technischen Umweltschutzrechts stellt die Beteiligung der betroffenen und sonst interessierten Kreise an der Rechtssetzung und an der Rechtsanwendung dar, indem von privaten Normsetzungsinstitutionen entwickelte technische Regeln über sog. unbestimmte Rechtsbegriffe (Regel der Technik, Stand der Technik) rechtliche Relevanz erhalten. An dieser technischen Normgebung beteiligen sich z.B.

- Vereinigung für Abwasser, Abfall und Gewässerschutz (ATV-DVWK/DWA),
- DIN,
- BWK,
- Bundesverband der deutschen Gas- und Wasserwirtschaft e.V. (BGW), Verein Deutscher Ingenieure (VDI)

2.3.2 Die staatliche Wasserwirtschaftsverwaltung

Zu den Besonderheiten einer juristisch und technisch so stark determinierten sowie zunehmend im Brennpunkt politischen, ökonomischen und ökologischen Interesses stehenden Umweltverwaltung wie der Wasserwirtschaftsverwaltung gehört deren komplexe organisatorische Ausdifferenzierung in Wasserbehörden, Fachdienststellen und sonstige mit dem Vollzug der Wassergesetze betraute Behörden. Zum anderen gehört dazu eine hierarchische und funktionsbezogene Verteilung der Aufgaben sowie der zur effektiven Aufgabenwahrnehmung erforderlichen Kompetenzen[80] (i.S.v. Eingriffs- und Regelungsbefugnissen) und der hierauf abstellenden sachlichen, instanziellen und örtlichen Zuständigkeitszuweisung.

Bundes-Wasserwirtschaftsverwaltung

Aus verfassungsrechtlichen Gründen (Art. 83, 84 GG) ist der Vollzug des Wasserwirtschaftsrechts – auch und gerade des Bundeswasserwirtschaftsrechts (WHG) – Ländersache. Deshalb enthält sich hier der Bund jeglicher Zuständigkeitsregelung und unterhält auch keine eigene Wasserwirtschaftsverwaltung. Es besteht lediglich eine Bundeschifffahrtsverwaltung. Ambitionen des Bundes, eigene wasserwirtschaftliche Verwaltungszuständigkeiten zu begründen, sind letztlich vom BVerfG zurückgewiesen worden.[81]

[80] Näher zur dogmatischen Abgrenzung der Begriffe Aufgabe, Befugnis, Zuständigkeit, Kompetenz und Zweck siehe Nisipeanu 1989.

[81] BVerfG, Urteil vom 30.10.1962, BVerfGE 15, S. 1ff.

Der Bund geht indes davon aus (vgl. Art. 84 Abs. 3 GG[82]), dass das Bundesrecht von den Ländern vollzogen wird und dass dafür dort Verwaltungszuständigkeiten begründet werden.[83]

Landes-Wasserwirtschaftsverwaltung

Demzufolge obliegt es allein den Bundesländern, das Wasserwirtschaftsrecht nicht nur des eigenen Landes sondern auch das des Bundes tatsächlich umzusetzen, es zu „vollziehen".

Trotz vieler Gemeinsamkeiten ergeben sich hier doch landesspezifische Besonderheiten. Wegen der Vielzahl der Bundesländer und wegen des ständigen Wandels der tatsächlichen, politischen und rechtlichen Rahmenbedingungen kann diese Darstellung nicht mehr als eine Momentaufnahme sein und zudem ohne Anspruch auf Vollständigkeit.

Unmittelbare und mittelbare Landesverwaltung

Eine erste wesentliche Weichenstellung besteht dabei in der politischen Entscheidung des jeweiligen Landesparlaments, wie stark sich das Land selbst beim Vollzug des Wasserrechts unmittelbar engagieren oder aber auf selbstverwaltete Körperschaften öffentlichen Rechts zurückgreifen will. Das ist die Frage nach der Aufgabenzuweisung an die unmittelbare oder mittelbare Landesverwaltung:

- Unmittelbare Landesverwaltung wird typischerweise durch Behörden wahrgenommen, welche neben einer Rechtsaufsicht auch einem fachlichen Weisungsrecht der vorgesetzten Stellen unterstehen.
- Mittelbare Landesverwaltung erfolgt hingegen durch zwar öffentlich-rechtliche konstituierte, jedoch nur einer Rechtsaufsicht unterfallende Körperschaften, Stiftungen und Anstalten des öffentlichen Rechts, welche in der Regel selbstverwaltet sind und sich selbst finanzieren müssen.[84]

---

82 „Die Bundesregierung übt die Aufsicht darüber aus, daß die Länder die Bundesgesetze dem geltenden Rechte gemäß ausführen. Die Bundesregierung kann zu diesem Zwecke Beauftragte zu den obersten Landesbehörden entsenden, mit deren Zustimmung und, falls diese Zustimmung versagt wird, mit Zustimmung des Bundesrates auch zu den nachgeordneten Behörden."

83 Gleichwohl enthält sich der Bund nicht jedweder administrativer Aufgaben im Bereich der Wasserwirtschaft: So nimmt das BMU über Subventionen Einfluss auf die Technik der Abwasserbeseitigung. Das UBA determiniert über Forschungsvorhaben und Öffentlichkeitsarbeit die Entwicklung der Abwassertechnik und des Abwasserrechts. Die Bundesanstalt für Gewässerkunde nimmt gewässerkundliche Maßnahmen an den Bundeswasserstraßen vor. Das BMWi nimmt über die Beauftragung von wissenschaftlichen Gutachten – z.B. über die ökonomischen und ökologischen Folgen einer Marktöffnung im Bereich der Wasserversorgung und Abwasserentsorgung – Einfluss auf unternehmerische und organisatorische Fragen der Wasserwirtschaft etc.

84 Beispielhaft dafür sei auf die nordrhein-westfälischen Wasserwirtschaftsverbände hingewiesen, welche zu einem großen Teil auf Eigeninitiative der betroffenen Kommunen, Wasserversorger und Industrie (zum Teil sogar in Gestalt von privaten Vereinen) ent-

Gegenstand der Vollzugszuständigkeiten

Die vorrangige Rolle in diesem komplexen System der mit dem Vollzug der Wassergesetze sowie der Gewässerbewirtschaftung betrauten Behörden und Institutionen nehmen dabei die Wasser(wirtschafts)behörden wahr, d.h. die als regelungsbefugt konstituierten Behörden der staatlichen Wasserwirtschaftsverwaltung. Sie haben vordringlich zwei Aufgaben:

- die (Gewässerbenutzungs-) Aufnahmeüberwachung und
- die (Gewässerbenutzungs-) Ausübungsüberwachung.

Einerseits erteilen oder versagen sie Gewässerbenutzungserlaubnisse und Anlagengenehmigungen. Andererseits kontrollieren sie, ob Gewässerbenutzungen sowie der Bau und Betrieb von wasserrechtlich zu beurteilenden Anlagen befugt erfolgen und sich dabei im Rahmen der erteilten Erlaubnisse und Befugnisse halten. Art. 68 Abs. 1 Satz 1 BayWG[85] umschreibt dies und erläutert die dafür benötigte Funktion (Art. 68 Abs. 1 Satz 2 BayWG[86]). Das nrw Landeswassergesetz umschreibt diese ordnungsrechtliche Überwachungsfunktion mit gleicher Intention, wenn auch etwas umfänglicher (§ 116 LWG NW[87]). Ein anderer Aspekt ist die Gefahrenvorsorge (vgl. § 82 Abs. 1 Satz 1 Nr. 2 Bad-WürttWG)[88].

Daneben gibt es aber auch noch eine anders geartete Gewässeraufsicht, die man eher als unter Vorsorgeaspekten durchgeführte ressourcenbezogene Erhebung, Auswertung und Darstellung der wasserwirtschaftlichen Grundlagen bezeichnen

---

standen sind und durch den Landesgesetzgeber mit ihren Sondergesetzen einen besonderen Status in der Wasserwirtschaft erlangt haben. Näher dazu: Nisipeanu 2000b; Grünebaum u. Nisipeanu 1998: 229ff.

85 *„Die Gewässeraufsicht überwacht die Erfüllung der nach dem Wasserhaushaltsgesetz und diesem Gesetz bestehenden oder auf Grund dieser Gesetze begründeten öffentlich-rechtlichen Verpflichtungen. ...“* Siehe etwa auch §§ 67 S. 1 BlnWG, 64 Abs. 1 HmbgWG, 90 Abs. 1 M-VLWG, 60 NdsWG, 93 Rh-PfWG, 83Abs. 1 SaarlWG, 62 S-A LWG, 83 Schl-H LWG.

86 *„Die technische Gewässeraufsicht ... – überwacht die Gewässer sowie die sie beeinflussenden Anlagen und Nutzungen stichprobenartig, objektbezogen und nach pflichtgemäßem Ermessen (Gewässer- und Anlagenüberwachung).“*

87 *„Aufgabe der Gewässeraufsicht ist es, 1. die Gewässer und ihre Benutzung, 1 a. die Indirekteinleitungen, 2. die Beschaffenheit des Rohwassers für die öffentliche Trinkwasserversorgung, 3. die Wasserschutzgebiete, 4. die Überschwemmungsgebiete, 5. die Talsperren und Rückhaltebecken, 6. die Deiche, 7. die Anlagen, die unter das Wasserhaushaltsgesetz, dieses Gesetz oder die dazu erlassenen Vorschriften fallen, zu überwachen. ...“*

88 *„Die Wasserbehörde und die technische Fachbehörde haben ... 2. auf dem Gebiet der Wasserwirtschaft von dem einzelnen und dem Gemeinwesen Gefahren abzuwehren, durch die die öffentliche Sicherheit oder Ordnung bedroht wird, und Störungen der öffentlichen Sicherheit oder Ordnung zu beseitigen, soweit es im öffentlichen Interesse geboten ist.“* Siehe auch §§ 64 Abs. 2 Hmbg WG, 74 Abs. 1 Hess WG, 90 Abs. 2 MV LWG, 84 Abs. 1 ThürWG.

kann (vgl. § 19 Abs. 1 LWG NW)[89]: sog. gewässerkundlicher Dienst (siehe Art. 68 Abs. 1 Satz 2 BayWG[90]).

Wasserbehörden

Diese wasserwirtschaftlichen Aufgaben sind nach den Landeswassergesetzen der jeweils „zuständigen Behörde", der „Wasserbehörde", zugewiesen. Welche Behörde dies im Einzelfall ist, muss dem Landesrecht entnommen werden. Im konkreten Einzelfall ist deshalb jeweils dreierlei zu fragen:

- Welcher Behörde ist die Aufgabe „Vollzug des Wasserrechts" zugewiesen (sachliche Zuständigkeit)?
- Welche Behörde ist (als im Instanzenzug oberste, obere, untere Wasserbehörde bzw. Fachdienststelle) instanziell zuständig?
- Welche (sachlich und instanziell zuständige) Behörde ist örtlich zuständig?

Die Antworten hierauf ergeben sich entweder aus dem jeweiligen Landeswassergesetz, dem allgemeinen Polizei- und Ordnungsrecht, dem Landes-Verwaltungsverfahrensgesetz oder eigenständigen Zuständigkeitsverordnungen.

Ergänzt werden diese staatlichen Wasserwirtschaftsverwaltungen durch eigenständige Fachbehörden mit Bezeichnungen wie „Staatliche Umweltämter" oder „Wasserwirtschaftsämter" sowie durch Landesumweltämter als Oberbehörden außerhalb des wasserbehördlichen Instanzenzuges.

Sonderregelungen bestehen bei Planfeststellungsverfahren (vgl. § 75 Abs. 1 VwVfG NW) auf Grund derer Konzentrationswirkung[91], bei atomrechtlichen Verfahren (vgl. § 7 Abs. 2 Nr. 6 sowie § 9 Abs. 2 Nr. 6 AtomG), wie unter Umständen auch bei Baugenehmigungsverfahren (vgl. § 70 Abs. 1 S. 1 BauO NW einerseits sowie § 70 Abs. 2 S. 2 BauO NW[92] andererseits). Hingegen ersetzt die immissionsschutzrechtliche Genehmigung gemäß § 13 Satz 1 BImSchG keine nach wasserrechtlichen Vorschriften erforderliche Genehmigung.

Sämtliche Zuständigkeitsregelungen sollen die Funktionsfähigkeit der Wasserwirtschaftsverwaltung durch eine klare Aufgaben- und Kompetenzverteilung gewährleisten: Doppelt-Bearbeitungen, Überhaupt-nicht-Bearbeitungen sowie sog. inner- und zwischenbehördliche Reibungsverluste sollen vermieden werden; kurz-

---

89 Aus den anderen Bundesländern siehe etwa §§ 82 S. 1 Nr. 1Bad-WürttWG, 23 Abs. 1 S. 1 BbgWG, 54 BremWG, 52 NdsWG, 21 Rh-PfWG, 10 SächsWG, 54 Abs. 1 S-A LWG.

90 *„Die technische Gewässeraufsicht ermittelt die für die Wasserwirtschaft notwendigen Daten und Grundlagen (gewässerkundliches Meßwesen), errichtet und betreibt die dazu dienenden Meß- und Untersuchungseinrichtungen."*

91 Durch die Planfeststellung wird die Zulässigkeit des Vorhabens einschließlich der notwendigen Folgemaßnahmen an anderen Anlagen im Hinblick auf alle von ihm berührten öffentlichen Belange festgestellt; neben der Planfeststellung sind andere behördliche Entscheidungen, insbesondere öffentlichrechtliche Genehmigungen, Verleihungen, Erlaubnisse, Bewilligungen, Zustimmungen und Planfeststellungen nicht erforderlich.

92 »Sie (scil.: die Baugenehmigung) lässt aufgrund anderer Vorschriften bestehende Verpflichtungen zum Einholen von Genehmigungen, Bewilligungen, Erlaubnissen und Zustimmungen oder zum Erstatten von Anzeigen unberührt."

um: Vollzugsdefizite sollen organisatorisch verhindert werden. Diese angestrebte klare Zuständigkeits- und Kompetenzverteilung weist in ihrer konkreten Ausgestaltung indes zwei Schwachpunkte auf:

- die lediglich auf das Landesgebiet beschränkte Gesetzgebungs- bzw. Regelungskompetenz des Landesgesetzgebers,
- gleichwohl eintretende Doppelbearbeitungen sowie Reibungsverluste in wasserrechtlichen Verfahren bei wasserwirtschaftlich potenten Gewässerbenutzern (große Betriebe, Wasserverbände), die allein durch die technische Ausgestaltung ihrer beabsichtigten Gewässerbenutzung die wasserbehördliche Zuständigkeit beeinflussen können.

Besonderheit bestehen bei einer sog. Gefahr im Verzug. In einem solchen Fall hat diejenige Ordnungsbehörde, die als erste von dieser Gefahr Kenntnis erlangt und zur Gefahrausräumung nicht die zuständige Behörde erreichen kann, eine sog. Eilzuständigkeit, auf Grund derer sie die Gefahr ausräumen darf. Im Übrigen gilt in derartigen Fällen die für alle Ordnungsbehörden geltende allgemeine Ermächtigung des Polizei- und Ordnungsrechts zum Erlass von Verwaltungsakten („Ordnungsverfügung"); vgl. § 138 LWG NRW[93].

Nicht einbezogen in das System der Behörden und Fachdienststellen der Wasserwirtschaftsverwaltung sind die Fischereibehörden und etwaige Landesanstalten für Fischerei. Die Aufgaben derartiger Behörden sind allein auf das Fischereiwesen bezogen und beschränkt.

Gleichfalls nicht einbezogen in das System der Behörden und Fachdienststellen der Wasserwirtschaftsverwaltung sind die Landschaftsbehörden, obwohl sich eine Vielzahl von Gewässerbenutzungen wegen der dafür benötigten Anlagen im und am Gewässer unmittelbar auch auf landschafts- und naturschutzrechtliche Belange auswirkt. Entsprechendes gilt für etwaige Landwirtschaftsbehörden/Landwirtschaftskammern.

2.3.3 *Private Wasserwirtschaft*

Neben dieser staatlichen Wasserwirtschaftsverwaltung hat sich bislang lediglich für den Bereich der Wasserversorgung eine ausgeprägte private Wasserwirtschaftsindustrie[94] etabliert, welche diesen Bereich der Daseinsvorsorge nicht lediglich nach kaufmännischen und fiskalischen Aspekten betreut sondern besondere Sorgfalt auf die Versorgung der Bevölkerung mit dem Lebensmittel „Trinkwasser" legt. Dieses besondere Interesse zeigt sich z.B. in der Ausweisung von Wasserschutzgebieten sowie in freiwilligen Vereinbarungen mit der Landwirt-

---

[93] „Die Wasserbehörden und die Staatlichen Umweltämter sind Sonderordnungsbehörden. Die ihnen nach dem Wasserhaushaltsgesetz und diesem Gesetz obliegenden Aufgaben gelten als solche der Gefahrenabwehr. Ihre Befugnisse zur Gefahrenabwehr auf Grund allgemeinen Ordnungsrechts bleiben unberührt."

[94] Siehe dazu die Informationsschrift des BMU 2001.

schaft und Anderen, um potentiell grundwassergefährdende Maßnahmen zu reduzieren.

Im Bereich der Abwasserentsorgung hat sich in Deutschland bislang noch keine auch nur annähernd flächendeckende private Struktur entwickelt. Abgesehen von einigen privaten Betriebsführern und Anlagenbetreibern verhindert die fehlende Umsetzung der durch das Bundesrecht eingeräumten Verantwortungsprivatisierung (§ 18 a Abs. 2 a WHG) ein dbzgl. privates Engagement (Nisipeanu 1998). Andere sehen die Ursache hierfür in der umsatzsteuerlichen Belastung der nichthoheitlichen Abwasserbeseitigung sowie in nicht geklärten finanziellen Risiken bei der Abwälzung einer etwa erhöhten Abwasserabgabe. Banaler ist vielleicht die Erklärung, dass die Erlössituation eines privaten Anlagenbetreibers trotz wesentlich höherer Kostenrisiken nicht besser ist als die eines bloßen Betriebsführers.

2.3.4 Sonstige Akteure der Wasserwirtschaftsverwaltung

Bereits bei der Normsetzung ist der jeweilige Gesetzgeber zur Herstellung von Akzeptanz sowie zur Vermeidung unsinniger oder sonst verfehlter Normsetzung darauf angewiesen, sog. Träger öffentlicher Belange an der Normgebung zu beteiligen („Anhörungsverfahren“, „Hearings“, „Gutachtenaufträge“, informelle Befragungen“, etc.). Hierdurch wird der Sachverstand der betroffenen Kreise (über deren sog. Lobby, d.h. die Standesorganisationen und Interessenvertretungen) erschlossen und durch diese Art der Beteiligung dem Demokratieprinzip in einer besonderen Facette Rechnung getragen.

Diese betroffenen Kreise beschränken ihre Aktivitäten jedoch nicht darauf, abzuwarten, ob sie an staatlichen Normgebungsverfahren beteiligt werden, sondern sie entwickeln auf vielerlei Weise eigene Aktivitäten in quasi privaten Normgebungsverfahren.

Der Grund dafür liegt nicht nur in dem sog. Subsidiaritätsprinzip, wonach sich staatliche Aktivitäten auf die Bereiche beschränken sollen, in denen die Gesellschaft ihre Belange nicht selbst ordnungsgemäß wahrnehmen kann. Der Grund dafür liegt vielmehr auch darin, dass trotz der hier nur skizzierten Vielfalt und Vielzahl von Rechtsvorschriften die Anwendung und tatsächliche Umsetzung des Umweltrechts in vielfältiger Weise auf technische Standards und Normungen angewiesen ist, die sich rechtstechnisch als Konkretisierung unbestimmter Rechtsbegriffe unter Zuhilfenahme statischer oder dynamischer Verweisungen auf außerrechtliche Normungen darstellt. Denn diese Standards werden nur zu einem geringen Teil durch öffentlich-rechtliche oder gar gesetzliche Regelungen festgelegt, sondern überwiegend durch die Bezugnahme auf den vorhandenen Sachverstand privatrechtlicher Institutionen oder der betroffenen Kreise.

Die öffentlich-rechtliche (staatliche) Festlegung administrativer Umweltstandards erfolgte im (Ab-)Wasserrecht deshalb lange Zeit (und auch heute noch) durch Verwaltungsvorschriften, die privatrechtliche Festlegung erfolgt durch technische Normenwerke; die tägliche Praxis bewegt sich etwa in der Mitte.

Nicht unproblematisch stellt sich die Inbezugnahme privaten Sachverstandes dar, wenn die technischen Regeln privatrechtlicher Normenverbände im Wege einer Verweisung herangezogen werden, z.B. das Deutsche Institut für Normung (DIN), der Verein Deutscher Ingenieure (VDI), der Verband Deutscher Elektrotechniker (VDE), der Deutsche Verein der Gas- und Wasserfachmänner (VDGW) und vor allem die Abwassertechnische Vereinigung (ATV-DVWK; inzwischen: DWA). Denn zwar arbeiten in den Gremien dieser Verbände Sachverständige sowie an der technischen Normung interessierte Kreise mit und sind andererseits die Normfindungsverfahren formalisiert und mit Beteiligungsmöglichkeiten versehen; dass aber alle beteiligten Interessen eine hinreichende Berücksichtigung erfahren, ist bei keiner dieser Vereinigungen institutionell abgesichert („pseudodemokratische Willensbildung ohne gesetzliche Legitimation“).

Die so produzierten technischen Standards werden deshalb nicht in jedem Fall bereits auf Grund ihres Inhalts oder auf Grund des Verfahrens, in dem sie zustande gekommen sind, akzeptiert. Sie bedürfen aus diesem Grunde grundsätzlich der Inkorporation in Rechtsvorschriften, wenn sie eine – wie auch immer geartete – rechtliche Verbindlichkeit erlangen sollen. Damit erlangen sie dann aber andererseits den Rechtscharakter und die Verbindlichkeit der sie inkorporierenden Vorschrift. In allen übrigen Fällen spricht für ihre inhaltliche Richtigkeit nur eine widerlegliche Vermutung („Rechtscharakter einer Fachveröffentlichung“).

2.3.5 Die Rechtsprechung

Der Vollständigkeit halber sei auch die Bedeutung der Rechtsprechung für die Wasserwirtschaft erwähnt. Diese bringt Rechtssicherheit und Rechtseinheitlichkeit bei der Anwendung unklarer Rechtsvorschriften und insbesondere bei der Ausfüllung unbestimmter Rechtsbegriffe.

3 Innovationssysteme in der Wasserwirtschaft

Das folgende Kapitel gibt Auskunft über den theoretisch-konzeptionellen Ansatz des Projektes AquaSus sowie die daraus abgeleiteten Hypothesen zum Verhältnis von Rahmenbedingungen und nachhaltigen Innovationen.

Dabei sind mehrere Theorieansätze aus der Innovationsforschung einerseits sowie die theoretische Diskussion und empirische Vorinformationen um das Problem der Nachhaltigkeit in der Wasserwirtschaft andererseits so miteinander zu verbinden, dass eine systematische Ableitung der in AquaSus zu prüfenden zentralen Hypothesen erkennbar wird.

Im Mittelpunkt steht die Erläuterung des Konzeptes der Innovationssysteme als Referenzsystem für die Erklärung von Einflussgrößen auf Innovationsprozesse, die Beleuchtung verschiedener Arten von Innovationssystemen, die wiederum einen jeweils spezifischen Zugang zum Untersuchungsobjekt erschließen, sowie eine kurze Skizze der Bestimmungsfaktoren betrieblicher Umweltinnovationen.

Daran anschließend wird aus den verschiedenen Theorieelementen ein Ordnungsraster für die systematische Beschreibung von möglichen Einflussgrößen auf die Genese und Umsetzung von Innovationen in der Wasserwirtschaft entwickelt, aus dem wiederum Ausschnitte für die Ableitung der in AquaSus untersuchten Hypothesen tiefergehend beschrieben werden.

3.1 Innovation und Innovationssysteme

3.1.1 Begriff und Konzept der Innovationssysteme

In der Innovationsforschung hat sich seit Ende der 1980er/Anfang der 1990er Jahre das Konzept der Innovationssysteme („systems of innovation") als neuer Ansatz für die Erklärung und Analyse von Innovationsfragestellungen herausgebildet (Endquist 1997b: 1) Dabei handelt es sich nicht um eine Innovationstheorie, sondern vielmehr um einen „[...] *Ordnungsrahmen für die Einzelelemente einer Theorie der Innovation.*" (Spielkamp 1997: 8)[95] (Edquist 1997: 28) bezeichnet den An-

[95] Die Problematik der Entwicklung einer eigenständigen Innovationstheorie ist für die Fragestellung der vorliegenden Arbeit nicht von zentraler Bedeutung und wird im Fol-

satz als konzeptionellen Rahmen („*conceptual framework*"), der als eine Art „Schleppnetz" („*wide trawl*") darauf abzielt, alle wichtigen Einflussfaktoren für Innovationen sowie deren Wirkungszusammenhänge zu erfassen, um Innovationsprozesse beschreiben, verstehen und beeinflussen zu können.(vgl. Edquist 1997: 2).

Der Begriff geht auf Freeman zurück, der Ende der 1980er Jahre das Konzept der Nationalen Innovationssysteme in die Innovationsdiskussion brachte: „*The network of institutions in the public and private sectors whose activities and interactions initiate, import, modify and diffuse new technologies may be described as ‚the national system of innovation'.*" (Freeman 1987: 1) Seitdem haben sich zahlreiche Wissenschaftler, u.a. (Lundvall 1988; Lundvall 1992a; Porter 1991; Nelson 1993; Patel u. Pavitt 1994; OECD 1997b), in theoretischen und empirischen Arbeiten mit (nationalen) Innovationssystemen auseinandergesetzt, um das Verständnis des Gesamtkontextes von Generierung, Diffusion, Adaption und Verwertung neuer Technologien und neuen Wissens weiterzuentwickeln.

Systeme werden beschrieben durch ihre Elemente und die Beziehungen zwischen den einzelnen Elementen (Lundvall 1992b: 2; Kuhlmann 1999: 12). Die Definition von Metcalfe verdeutlicht diesen Zusammenhang für (nationale) Innovationssysteme: „*A national system of innovation is that set of distinct institutions which jointly and individual contribute to the development and diffusion of new technologies and which provides the framework within which governments form and implement policies to influence the innovation process. As such it is a system of interconnected institutions to create, store and transfer knowledge, skills and artefacts which define new technologies.*" (Metcalfe 1995: 462f.)

Elemente von Innovationssystemen sind danach die an Innovationen beteiligten „Institutionen"; dazu zählen einerseits Organisationen wie Unternehmen, Forschungseinrichtungen, Universitäten, Beratungsagenturen, Patentbüros, (technologische) Dienstleistungsunternehmen, Vermittlungs-/Transfereinrichtungen etc. (Nelson u. Rosenberg 1993: 9ff.; Pleschak u. Sabisch 1996: 36). Andererseits umfasst der Begriff „Institutionen" aber auch die Wirtschaftsordnung und das Rechtssystem mit ihren Normen und gesetzlichen Regelungen, das Finanzsystem, das System der Aus- und Weiterbildung, den Ausbildungsstand und den Mobilitätsgrad der Bevölkerung, die Kommunikationsinfrastruktur etc., die als maßgebliche Einflussfaktoren auf die Richtung und Geschwindigkeit von Innovationen bzw. Innovationsprozessen einwirken. Charakteristisch ist das zugrunde liegende Verständnis von Innovation als Ergebnis der Erzeugung neuer Technologien/neuen Wissens und/oder der Neu-Kombination bekannter Technologien bzw. bestehenden Wissens und der Transformation in wirtschaftlich verwertbare Produkte und Verfahren (Edquist 1997: 16).[96]

---

genden nicht weiter behandelt. Zu diesem Themenbereich (vgl. u.a. Grupp 1997: 49-97; Weckwerth 1999; Sundbo 1999).

96 Der Innovationssystem-Ansatz beschränkt sich nicht auf technologische Innovationen, sondern schließt organisatorische Innovationen mit ein (Edquist 1997b: 23f.).

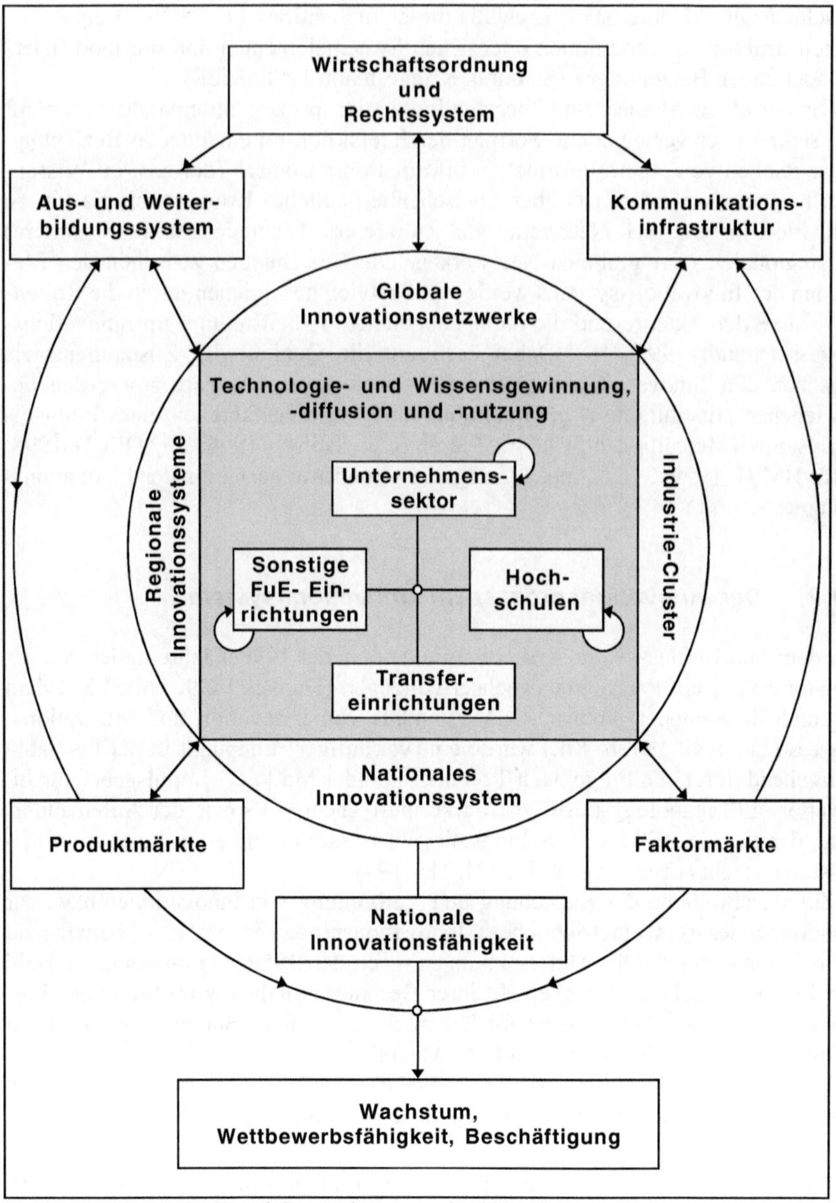

Quelle: OECD 1998: 62 und Gerstenberger et al. 1999: 13.

Abb. 11. Grundstruktur nationaler Innovationssysteme

Die Technologie- und Wissensgewinnung, -diffusion und -nutzung findet in dem komplexen Beziehungsgeflecht der am Innovationsprozess beteiligten Institutionen, d.h. durch die individuellen und gemeinsamen Innovationsaktivitäten der verschiedenen Akteure, statt. Ergebnis dieser Innovationsaktivitäten ist eine neue Systemstruktur mit veränderten oder neuen Systemelementen und mit modifizierten oder neuen Beziehungen (Staudt u. Kriegesmann 1998: 356f.).

Die einzelnen Akteure sind über den Innovationsprozess miteinander verknüpft und stehen über verschiedene Formen der Interaktion miteinander in Beziehung. Diese reichen von einem informellen Informationsaustausch (der z.B. im Wissenschaftssystem verbreitet ist) über (zwischenbetriebliche) Kooperation bis hin zu Industrie-Clustern (z.B. Netzwerke von Zulieferern, Herstellern und Abnehmern) und regionalen oder globalen Netzwerken. Die Beziehungen zwischen den Elementen des Innovationssystems werden maßgeblich beschrieben durch die Rollenzuweisung der Akteure und die daraus abgeleitete Arbeitsteilung im Innovationsprozess (Staudt 1996: 4f.). Dabei bestimmt die Qualität des Zusammenspiels zwischen den Innovationsaktivitäten der verschiedenen Akteure sowie den beschriebenen „Institutionen" die Funktions- und Leistungsfähigkeit eines Innovationssystems (Metcalfe 1995: 464f.; Pleschak u. Sabisch 1996: 36; OECD 1998: 60ff.; BMBF 1999: 34f.). Abb. 11 zeigt die Grundstruktur nationaler Innovationssysteme.

3.1.2 Der Innovationsprozess im Innovationssystem

Mit dem Innovationssystem-Ansatz wurde Anfang der 1990er Jahre in der Innovationsforschung ein Paradigmenwechsel vollzogen (Dunkel 1999: 36.).[97] Mit dem zugrunde liegenden systemischen Verständnis von Innovation und Innovationsprozess (Lundvall 1992b: 8ff.) wurde ein (vorläufiger) Endpunkt in der bis dahin weitgehend durch die Frage nach Technik und/oder Markt als Impulsgeber für Innovationen (Technology-push- vs. Market-pull-Theorien) sowie der Aufeinanderfolge der einzelnen Phasen des Innovationsprozesses dominierten Innovationsdiskussion erreicht (Bredeweg et al. 1994: 189-194).

Zur Beschreibung der Entstehung und Verbreitung von Innovationen bzw. zur Abbildung des (einzelbetrieblichen) Innovationsprozesses wurde – vorwiegend auf der Basis empirischer Untersuchungen – seit den 1950er Jahren eine Vielzahl von Prozessmodellen entwickelt. In ihrer Bestandsaufnahme zum Stand der Forschung zum Innovationsprozess im Unternehmen stellen (Staudt u. Auffermann 1996: 47-66.) allein 93 unterschiedliche Modelle dar.[98]

Rothwell unterscheidet nach der historischen Entwicklung der Modelle vor dem Hintergrund veränderter Märkte fünf Generationen (Rothwell 1993: 25ff.):[99]

---

97 Die systemische Betrachtung von Innovationen wurde jedoch schon bereits Mitte der 1970er Jahre in die Diskussion eingebracht (vgl. u.a. Pfeiffer u. Staudt 1975; Ropohl 1979).

98 Eine Beschreibung verschiedener Modelle zum Innovationsprozess – auch in ihrer historischen Entwicklung – findet sich außer in Staudt u. Auffermann 1996: 19ff., u.a. bei Forrest 1991; Schmoch et al. 1996: 87ff.

99 Rothwell stützt sich bei seiner Systematisierung auf die Ergebnisse empirischer Studien zur Erfolgsfaktorenforschung (vgl. auch Rothwell 1992). Trotz eingeschränkter Aussagekraft (zur kritischen Auseinandersetzung mit der Erfolgsfaktorenforschung vgl. Staudt

- die erste Generation: Technology-Push (1950er bis Mitte der 1960er Jahre),
- die zweite Generation: Need-Pull (zweite Hälfte der 1960er Jahre),
- die dritte Generation: Coupling Model (1970er Jahre),
- die vierte Generation: Integrated Model (1980er Jahre) und
- die fünfte Generation: Systems Integration and Networking Model (SIN) (1990er Jahre).

Die Diskussion über die unterschiedlichen Modelle und Generationen von Innovationen und Innovationssystemen wurde in der Literatur zur Innovationsforschung zunächst von der Frage dominiert, ob das verfügbare technische Know-how – die so genannte „Supply"- oder „Technology-push"-Hypothese – oder ob bestehende Marktchancen – die sog. „Demand"- oder „Market-pull"-Hypothese einen stärkeren Einfluss auf das Innovationsverhalten von Unternehmen haben (Modelle der 1. und. 2. Generation) (Hemmelskamp 1999: 72) Die „Technology-push"-Hypothese geht von der Annahme aus, dass in Unternehmen entwickelte Technologien oder entwickelter wissenschaftlicher Erkenntnisfortschritt die Antriebskräfte bei der Schaffung von Veränderungen sind. Dieser so genannte potenzialorientierte bzw. autonome Induktionsmechanismus kennzeichnet den Wandel des Angebots an Problemlösungen, d.h. die Entwicklung z.B. neuer Produkte, Verfahren oder Organisationsstrukturen, für die Anwendungsbereiche (zu lösende Probleme, zu deckende Bedarfe) gesucht bzw. geschaffen werden müssen.

Die „Demand-pull"-Hypothese hingegen geht davon aus, dass vor allem Nachfragefaktoren aus dem privaten und/oder öffentlichen Bereich die Innovationsaktivitäten determinieren. Diese so genannte bedarfsorientierte Induktion resultiert aus einem Wandel von Nachfrage- bzw. Bedarfsverhältnissen, d.h. hier werden für neu entstandene Bedarfe bzw. Probleme Problemlösungen gesucht (Pfeiffer u. Staudt 1975: 1943ff.).

Mittlerweile scheint Konsens zu bestehen, dass sowohl angebots- als auch nachfrageseitig Faktoren auf das betriebliche Innovationsverhalten wirken (Modelle der 3. und 4. Generation) (Cleff u. Rennings: 1999: 192). Mit dem Modell der fünften Generation entwirft Rothwell eine Vision für die 1990er Jahre. Das diesem Modell zugrunde liegende Verständnis von Innovation als Netzwerk-Prozess, der als integrierter Entwicklungsprozess (idealtypisch) in enger Zusammenarbeit der unternehmensinternen Funktionsbereiche mit Kunden, Zulieferern und Unternehmen derselben Wertschöpfungsstufe abläuft, markiert bereits die Entwicklung in Richtung des komplexeren Innovationssystem-Ansatzes.

Grundlegende Veränderungen im internationalen Wettbewerb – u.a. bestimmt durch zunehmende Globalisierung und rasante Fortschritte in den Informations- und Kommunikationstechnologien – führten Ende der 1980er/Anfang der 1990er

u. Kriegesmann 1993) geben die Modelle der ersten bis vierten Generation die vorherrschende Tendenz im jeweils zugeordneten Zeitraum wieder. Dem gegenüber repräsentiert das Modell der fünften Generation ein konzeptionelles Modell Rothwells für die 1990er Jahre. Zu einer ausführlicheren Darstellung der Entwicklung und weiteren Modellen vgl. z.B. Forrest 1991; Staudt u. Auffermann 1996; Schmoch et al. 1996: 87ff.; Padmore et al. 1998: 607ff.

Jahre zu einem Umbruch in der Diskussion zum Prozess der technischen Entwicklung (Staudt 1996: 2f.; Meyer-Krahmer 1999: 48). Dieser Umbruch zeigte sich vor allem in tief greifenden Veränderungen im Umfeld des Aufbaus, der Vermittlung, Nutzung und Weiterentwicklung von Wissen als *„unverzichtbare Voraussetzung für Innovationen“* (Arbeitskreis „Innovation und Wissensbildung” 1994: 1) bzw. wichtigstem Produktionsfaktor verbunden mit der sich abzeichnenden Entwicklung der hochindustriealisierten Länder zu sog. Wissensgesellschaften („knowledge-based-economies“) (OECD 1996: 229-256; Willke 1998: 162ff.; Heidenreich 2000; Bleicher 2002).

Zentralen Einfluss auf die einschlägigen Forschungsgebiete haben die Arbeiten von Gibbons et al., die diese Veränderungen als Übergang auf eine neue Art der Wissensproduktion beschreiben (Gibbons et al. 1994).[100] Dieser neue Modus der Gewinnung und Umsetzung wissenschaftlich-technologischen Wissens (sog. Modus 2) ist gegenüber den *„eher traditionellen, „linearen“, fachbezogenen, internen Formen der Wissensgewinnung“* (Gibbons 1992: 21.) (Modus 1) vor allem durch folgende Merkmale gekennzeichnet (Gibbons 1992: 22ff.; Gibbons et al. 1994: 3ff.):

- **Wissensgewinnung im Anwendungszusammenhang**
  Die Anwendung wissenschaftlicher Erkenntnisse dient in erster Linie der Lösung praktischer – z.B. wirtschaftlicher und/oder sozialer – Probleme, verbunden mit einer stärkeren Interaktion zwischen Wissenschaft und Problemstellung. Die Grenzen zwischen Wissenschaft und Technologie sowie reiner und angewandter Wissenschaft verwischen dabei zunehmend.

- **Transdisziplinarität**
  Die Wissensgewinnung erfolgt fachübergreifend (transdisziplinär) und multinational bzw. global. Die Transdisziplinarität führt nicht nur Experten unterschiedlicher Fachgebiete zusammen, sondern bindet diese in einen Problem- bzw. Anwendungszusammenhang ein. Damit wird von Beginn an eine gezielte, sowohl theoretische als auch praktische Steuerung der Forschungsarbeiten sichergestellt.

- **Heterogenität**
  Die Wissensgewinnung wird nicht von einer zentralen Stelle geplant oder koordiniert. Modus 2 ist vielmehr charakterisiert durch eine wachsende Zahl potenzieller Orte für die Wissensgewinnung (u.a. Hochschulen, „Denkfabriken“) und unterschiedlichen Verbindungen zwischen diesen Orten (z.B. elektronisch, informell).

- **Organisatorische Vielfalt**
  Arbeitseinheiten zur Gewinnung von Wissen des Modus 2 sind weniger stark institutionalisiert. Arbeitsgruppen und Teams bilden sich zeitlich befristet, lö-

[100] Fast zeitgleich hat der Arbeitskreis „Innovation und Wissensbildung” im Auftrag des BMBF eine umfassende Analyse des Wissensaufbaus, der Vermittlung und Nutzung sowie der Weiterentwicklung von Wissen durchgeführt und zentrale Problembereiche herausgearbeitet (vgl. Arbeitskreis „Innovation und Wissensbildung“ 1994).

sen sich wieder auf – wenn ein Problem gelöst ist – und/oder formieren sich wieder neu, wenn neue Probleme gelöst werden sollen. An der Wissensgewinnung sind unterschiedlichste Organisationen bzw. Organisationseinheiten beteiligt (u.a. Unternehmensnetzwerke, multinationale Unternehmen, staatliche Einrichtungen).

Dieses Verständnis eines wissensbasierten Innovationsprozesses führt zu einer fast vollständigen Abkehr von den traditionellen (linearen) Modellen der Technologie- und Wissensproduktion und der daraus resultierenden – z.T. über lange Zeiträume gewachsenen – Arbeitsteilung und den Zusammenarbeitsformen der an der Entstehung und Verbreitung von Innovationen beteiligten Akteure (Hohn 1999: 2).

Das Konzept der Innovationssysteme überführt das oben dargestellte Verständnis des Prozesses der Technologie- bzw. Wissensgewinnung, -diffusion und -nutzung („Modus 2") in einen integrierten Ansatz zur Erfassung, Analyse und Gestaltung von Innovationsprozessen, der die beschriebenen Veränderungen durch folgende Kernbestandteile bzw. Charakteristika berücksichtigt (Lundvall 1992b: 8ff. ; Soete u. Arundel 1993: 29ff.; Edquist 1997: 15ff.; Smith 1998: 60ff.):

- Wissen ist die fundamentale Ressource moderner Volkswirtschaften, Innovation ist ein Lernprozess, in dem neues Wissen generiert und/oder bekanntes Wissen auf neue Weise kombiniert und in wirtschaftlich verwertbare Produkte und Prozesse umgesetzt wird.

- Wissensgewinnung und -umsetzung ist ein nicht-linearer, interaktiver Prozess, in den gleichzeitig eine Vielzahl unterschiedlicher Akteure auf allen Stufen des Innovationssystems eingebunden ist.

- Die einzelnen Elemente (d.h. Institutionen i.S. von Akteuren und Rahmenbedingungen) des Innovationssystems stehen in einem wechselseitigen Abhängigkeitsverhältnis zueinander und beeinflussen sich gegenseitig.

- Innovationen bzw. der interaktive Lernprozess werden wesentlich durch innovationsunterstützende Institutionen (z.B. öffentliche Forschungslabors, Technologiepolitik) beeinflusst.

- Der Innovationssystem-Ansatz ist ein konzeptioneller Rahmen, der aufgrund seiner offenen Gestaltung geeignet ist, die Dynamik von Innovationsprozessen und -systemen (z.B. Wechsel von Elementen, Veränderungen in den Beziehungen) zu erfassen.

Mit dem veränderten Verständnis des Innovationsprozesses ist auch ein Wandel der institutionellen Strukturen einschließlich neuer Formen der Kooperation der verschiedenen Innovationsakteure verbunden.

Bezüglich der (Gestaltung der) Zusammenarbeit der verschiedenen Akteure bzw. Akteursgruppen im Innovationsprozess – Universitäten/Wissenschaft, Unternehmen und Staat/Politik – bzw. zur Ansteuerung von Innovationssystemen wird vor diesem Hintergrund in der Innovationsforschung derzeitig das sog. Triple-

Helix-Modell diskutiert (vgl. Abb. 12) (Etzkowitz u. Leydesdorff 1997 ; Etzkowitz u. Leydesdorff 2000 ; Leydesdorff 2000).

Dieses Modell stellt vor allem auf den Aspekt ab, dass die Grenzen zwischen dem öffentlichen und privaten Sektor, zwischen Wissenschaft und Technologie sowie zwischen Universitäten und Unternehmen zunehmend fließend sind und sich die Beziehungen zwischen den Akteuren zu Netzwerken entwickeln (Leydesdorff 2000: 243). Die Überschneidungen der einzelnen Bereiche in der „Dreifach-Spirale" erzeugen innovative (Infra-)Strukturen, an deren Schnittstellen Netzwerke und hybride Organisationen entstehen, in denen die unterschiedlichen Akteure durch Verhandlungen und Definition von Projekten Problemlösungsprozesse ansteuern. Dadurch sind die Lösungsansätze für Innovationen nicht mehr im Vorhinein vorgegeben bzw. synchronisiert; es werden vielmehr Probleme generiert, die von den Teilnehmern zu lösen sind. Durch diese (Modell-)Vorstellung soll vor allem der Dynamik von Innovationssystemen Rechnung getragen werden, da nicht nur die Beziehung Wissenschaft-Wirtschaft-Politik betrachtet wird, sondern über die Netzwerkbeziehungen auch Rückkopplungen – und damit dynamische Veränderungen – aus den einzelnen Sektoren Berücksichtigung finden (Etzkowitz u. Leydesdorff 2000: 111ff.). Einen entscheidenden Vorteil der Triple-Helix-Konfiguration sieht Leydesdorff darin, dass durch den rekursiven Selektionsprozess sog. lock-in-Effekte vermieden werden, die dann entstehen (können), wenn sich durch die Abstimmung von nur zwei Bereichen bestimmte Entwicklungspfade (sog. „Trajektorien") herausbilden, die die Verfolgung anderer möglicher Problemlösungsansätze ausschließen (vgl. Leydesdorff 2000: 252ff.).

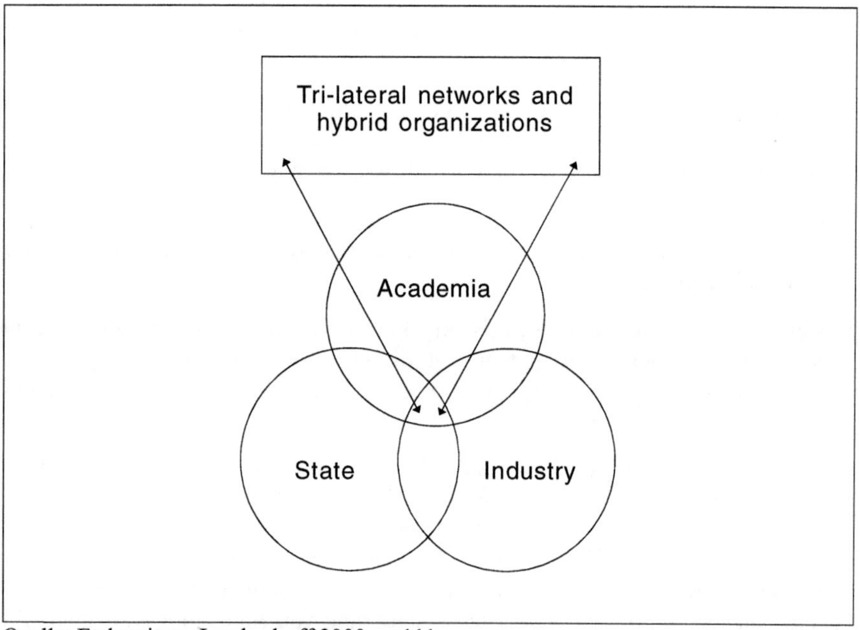

Quelle: Etzkowitz u. Leydesdorff 2000, p. 111.

Abb. 12. Das Triple-Helix-Modell der Beziehung von Wissenschaft, Wirtschaft und Politik

3.1.3 Arten von Innovationssystemen

Das Konzept der Innovationssysteme hat seinen Ursprung in der Betrachtung der nationalen Ebene (Balthasar 1998: 45) und auch die Mehrzahl der Arbeiten zu Innovationssystemen beschäftigt sich mit der Analyse und dem Vergleich nationaler Innovationssysteme (vgl. hierzu beispielhaft Nelson 1993). Entsprechend dem breiten Interesse an Innovationssystemen sowie vor dem Hintergrund der wissenschaftlichen Diskussion über die Probleme der Grenzen bzw. Abgrenzung nationaler Innovationssysteme haben sich über die nationale Dimension hinaus weitere Formen von Innovationssystemen herausgebildet, die entweder eine Eingrenzung (regional, lokal) bzw. Ausweitung (supranational, global) auf dem geographischen Level oder eine sektorale Differenzierung (z.B. technologisch bzw. nach Branchen) vornehmen (Edquist 1997: 11f.; Smith 1998: 71f.). Will man darüber hinaus die Innovationsentwicklungen und -wirkungen entlang von Stoffströmen analysieren und zu erklären versuchen, so sind die räumlichen und technologischen Abgrenzungen zu Gunsten einer stoffstromorientierten Sichtweise auf Innovationssysteme aufzubrechen.

Regionale Innovationssysteme

Bereits seit Mitte der 1980er Jahre bemühte man sich, die Regionalpolitik, die traditionell auf das räumliche Ausgleichsanliegen, d.h. die Schaffung möglichst gleichwertiger Lebensbedingungen gerichtet war, um eine gezielte Unterstützung von FuE und Unternehmensgründungen zu ergänzen (Klemmer 1992: 593). Die sog. innovationsorientierte Regionalpolitik zielte darauf ab, regionale Innovationshemmnisse zu beseitigen und dadurch die Innovationsfähigkeit, d.h. die Fähigkeit einer Region, Innovationen hervorzubringen bzw. zu übernehmen, zu fördern (Ewers u. Brenck 1992: 309). Die Aktivitäten der innovationsorientierten Regionalpolitik unterstützten u.a. den Auf- bzw. Ausbau der technologischen Infrastruktur, z.B. Technologie- und Gründerparks. Die durch zahlreiche Untersuchungen über wachstumsstarke Regionen gestützte Vermutung, dass im Zuge der Globalisierung von Forschung, Entwicklung und Produktion die Bedeutung der Regionen zunimmt und sich für die Politik neue Handlungsspielräume eröffnen, führte dazu, dass Anfang der 1990er Jahre Regionalforscher die Ergebnisse regionalpolitischer Analysen zum Konstrukt der regionalen Innovationssysteme zusammenführten (Cooke u. Morgan 1994; Cooke 1998: 2). Untersuchungen zu den Determinanten regionaler Innovationsaktivitäten machten die Bedeutung regionaler Netzwerke von Unternehmen, Universitäten und intermediären Einrichtungen (z.B. Innovationsberatungs- und Transferstellen) sowie die Rolle der Innovationsinfrastruktur zur Unterstützung des (interregionalen) Technologie- und Wissenstransfers für die Regionalentwicklung deutlich (Herdzina u. Nolte 1995: 87; Braczyk u. Heidenreich 1998).

Die Betonung der besonderen Bedeutung regionaler Innovationsnetzwerke hat auch in Deutschland dazu geführt, dass seit Mitte der 1990er Jahre regionale Aspekte als Bezugsebene in der Technologie- und Innovationspolitik stärkere Berücksichtigung finden (Cooke 1998: 5f.; Voelzkow 1998: 13ff.). Dohse spricht in diesem Zusammenhang von einer Neuorientierung der Technologiepolitik in Deutschland, die er in Umkehrung zur „innovationsorientierten Regionalpolitik" als „regionenorientierte Innovationspolitik" bezeichnet (Dohse 1999: 3). Die bekanntesten Förderansätze sind dabei der BioRegio- sowie der InnoRegio-Wettbewerb (Dohse 2000; BMBF 1998: 129; BMBF o.J.). Eine wichtige Zielsetzung dieser regional-orientierten Förderansätze ist die Verbesserung der Zusammenarbeit der Akteure und des Technologietransfers, der für die Entwicklung von Regionen – bis auf die lokale Ebene – von großer Bedeutung ist (Grabow 1989; Osterhoff 2000).

Technologische Systeme

Im Gegensatz zur Diskussion über die geographische Abgrenzung von Innovationssystemen übertragen Carlsson u. Stankiewicz (1995) das dem Ansatz der nationalen Innovationssysteme zu Grunde liegende Verständnis auf technologische Systeme, die sie wie folgt definieren: „*A network of agents interacting in a specific economic/industrial area under a particular institutional infrastructure or a set of infrastructures and involved in the generation, diffusion and utilization of technology. Technological systems are defined in terms of knowledge/competence flows rather than flows of ordinary goods and services*" (Carlsson u. Stankiewicz 1995: 49). Zentrales Merkmal dieses Ansatzes ist der Fluss von Wissen bzw. Kompetenz: Technologische Systeme bestehen aus dynamischen „Wissens- und Kompetenz-Netzwerken", die sich zu sog. „*development blocs*" (Carlsson u. Stankiewicz 1995: 49), d.h. zu Firmen- und/oder Technologieclustern, weiterentwickeln können.

Von nationalen Innovationssystemen unterscheiden sich technologische Systeme vor allem in drei Richtungen (Carlsson 1994: 14f.):

- Technologische Systeme werden stärker über Technologien, d.h. technologische Anforderungen, den Grad der Abhängigkeit unterschiedlicher Akteure etc. definiert als über nationale Grenzen. Dabei können technologische Systeme sowohl national als auch regional (z.B. Silicon Valley) oder global sein (Carlsson u. Stankiewicz 1995: 49).
- Technologische Systeme unterscheiden sich von ihrer Charakteristik und ihrem Umfang her von Technologiegebiet zu Technologiegebiet innerhalb eines Landes. Beispielsweise weichen die Zahl der Akteure und ihre Vernetzung, die Infrastruktur, die geographische Konzentration oder der Grad der Internationalisierung zwischen verschiedenen Technologiegebieten voneinander ab (Carlsson 1994: 14).[101]

[101] Zur Spezifität des Entwicklungsverlaufes unterschiedlicher Technologien vgl. u.a. das Beispiel der Biotechnologie und der Künstlichen Intelligenz in Gebhardt u. Giesecke 1997.

- Der Ansatz der technologischen Systeme legt – im Gegensatz zum Konzept der Nationalen Innovationssysteme[102] – eine stärkere Betonung auf mikroökonomische Aspekte, d.h. z.B. die Rolle ökonomischer Kompetenz[103] sowie Wissens-Netzwerke. Damit rückt – im Gegensatz zur Generierung und Verbreitung von Wissen im nationalen Innovationssystem – die Betrachtung von Adoption und Nutzung von Technologien stärker in den Mittelpunkt der Betrachtung (Carlsson u. Stankiewicz 1995: 49).

Die Dimensionen zur Charakterisierung von technologischen Systemen leitet Carlsson aus Untersuchungen zu verschiedenen Technologiegebieten ab. Danach können zur Beschreibung technologischer Systeme folgende Charakteristika herangezogen werden (Carlsson 1994: 16.):[104]

- Aktueller Entwicklungsstand der zu Grunde liegenden Technologien, d.h. Phase im (Technologie-)Lebenszyklus,
- Zukünftiges (Entwicklungs-)Potenzial der Technologien,
- Kompetenz der Kunden bzw. Anwender,
- Zusammenarbeit mit Kunden und Lieferanten,
- Kompetenz der Lieferanten,
- Industrielle Forschung und Entwicklung,
- Wissenschaftliche Infrastruktur,
- FuE-Politik bzw. Innovationsförderung,
- Intermediäre Einrichtungen, die eine „Brückenfunktion" bei Aufbau und Pflege der Zusammenarbeit zwischen den Akteuren im System sowie der Verbreitung von Know-how einnehmen,
- Lücken bzw. Schwächen im System (z.B. Mängel in der Forschungskapazität der wissenschaftlichen Infrastruktur),
- Kompensationsmechanismen zum Ausgleich von Lücken bzw. Schwächen (u.a. durch die o.g. intermediären Einrichtungen).

Mit der eingenommenen Perspektive und den o.g. Beschreibungsmerkmalen versucht der Ansatz der technologischen Systeme die Spezifität unterschiedlicher Technologien zu berücksichtigen sowie neben technischen auch nicht-technischen Einflussfaktoren auf den Innovationsprozess einzubeziehen.

Stoffstromorientierte Innovationssysteme

Im Rahmen der Nachhaltigkeitsdebatte wird häufig die Forderung gestellt, dass innerhalb der durch die Region beschriebenen geographischen Einheit in einer nachhaltigen Wirtschaft die Stoffflüsse geschlossen werden müssen, verbunden

[102] Hierbei liegt der Schwerpunkt auf der Untersuchung der Kontakte von Unternehmen, Wissenschaft und Politik auf der Makroebene (vgl. Balthasar 1998: 45).

[103] Carlsson spezifiziert diese „economic competence" über die vier Komponenten: Selektionsfähigkeit, Organisationsfähigkeit, technische Fähigkeit und Lernfähigkeit (vgl. Carlsson 1994: 15).

[104] Dabei bezieht sich Carlsson auf Untersuchungen zur Situation in Schweden.

mit der Forderung an die Wirtschaft, ihre unternehmerische Zielsetzung, Logistik der Rohstoffe und Produkte an diese Gegebenheiten anzupassen (Regionalisierung des Wirtschaftens) (Flatz 1996: 112). Begründet wird dies u.a. damit, dass viele der in die wirtschaftlichen Austauschprozesse einbezogenen Stoffe, vor allem aber die als Sekundärrohstoffe in den Kreislauf zurückgeführten Stoffe, sich nur sinnvoll im regionalen Kontext weiterverarbeiten lassen und sich auch räumliche Besonderheiten der Ressourcenverfügbarkeit und der ökologischen Tragfähigkeit sinnvoll berücksichtigen lassen (Fichter et al. 1999: 198ff.). Insofern ist diese Debatte eng mit dem Konzept der nationalen und insbesondere regionalen Innovationssysteme verknüpft.

Wesentlich ist dabei, die Region nicht als politisch verfasste geographische Einheit zu begreifen, sondern über das Geflecht wirtschaftlicher, sozialer und auch ökologischer Beziehungen zu definieren. So wird die politisch, über Kammerbezirke o.ä. definierte Wirtschaftsstruktur einer Region i.d.R. nur ein eingeschränktes Bild der tatsächlichen, auf Basis der Transaktionsbeziehungen ermittelten erweiterten Wirtschaftsstruktur wiedergeben.

Dies bedeutet, dass stoffstromorientierte Innovationssysteme nicht unbedingt an raumgeographischen oder an technologischen „Grenzen" halt machen. Die für einen Stoffstrom relevanten Innovationssysteme ergeben sich vielmehr als Schnittmenge mehrerer Innovationssysteme entlang des betrachteten Stoffstroms (vgl. Abb. 13).

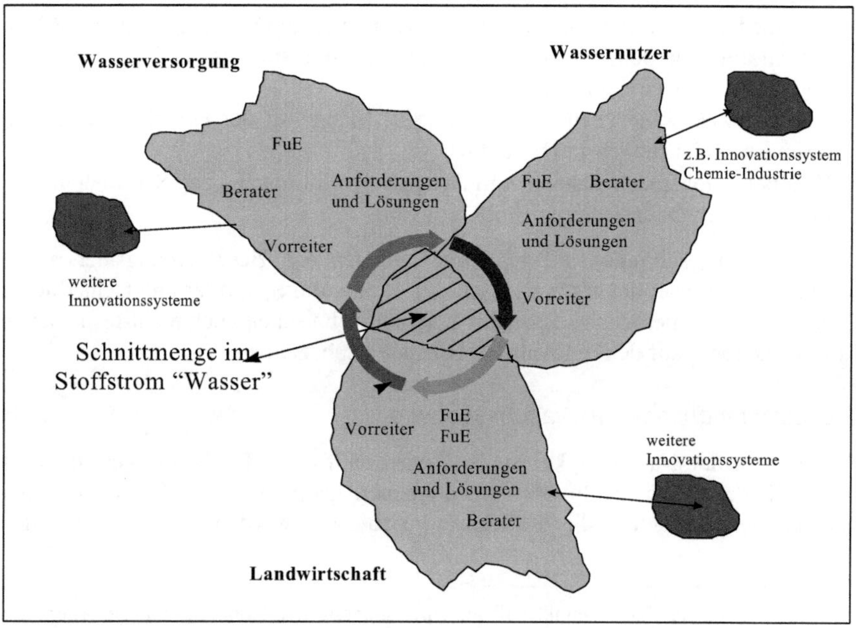

Abb. 13. Verschränkung von Innovationssystemen am Beispiel Wasser

Dabei können stoffstromorientierte Innovationsnetzwerke in Abhängigkeit des Erkenntnisinteresses

- geographisch (regional, national, international; z.B. die Wasserversorgung in einer Region)[105],
- technologisch (z.B. Technologien der Abwasserbehandlung),
- branchenspezifisch (z.B. Stoffstrom Wasser in der Papierindustrie) oder
- stoffstromstufenspezifisch (Innovationssysteme der Rohstoffgewinnung, Produktion/Versorgung, Distribution, Nutzung, Entsorgung)

abgegrenzt werden.

3.2 Entwicklung eines Such- und Ordnungsrasters zur Hypothesenbildung

Die Analyse der Determinanten von Innovationen zum nachhaltigen Wirtschaften basiert – wie bereits skizziert – auf dem sog. (Nationalen) Innovationssystem-Ansatz (Nelson 1993; Lundvall 1988, 1993). Dieser kombiniert eine systemische und institutionenökonomische Sichtweise und betont, dass innovierende Unternehmen und Organisationen nicht in einem (institutionellen) Vakuum agieren, sondern ihr Verhalten von ihrer institutionellen Umgebung (sektorbezogene Regulierung, Umweltpolitik etc.) sowie ihren Beziehungen zu anderen Akteuren im Innovationssystem abhängt. Weiter geht der Ansatz von der empirischen Beobachtung aus, dass Innovationen typischerweise im Zusammenspiel verschiedener Akteure erfolgen und nicht ausschließlich innerhalb der eigenen hierarchischen Strukturen (Edquist 1997: 1ff.; Nooteboom 2000: 916; OECD 2002: 14). Damit kann erwartet werden, dass die Entstehung und Diffusion von Innovationen im Allgemeinen nicht von einzelnen, sondern mehreren Faktoren determiniert ist, von denen z.B. umweltpolitische Maßnahmen nur eine Einflussgröße darstellen (Jänicke et al. 2000: 132).

Zusammenfassend zeichnet sich die Methodik dadurch aus, dass

- der gesamte Innovationsprozess betrachtet wird,
- die verschiedenen als wichtig erscheinenden Akteure sowie
- deren spezifische institutionelle Rahmenbedingungen in die Analyse einbezogen werden (Balzat 2002: 9ff.).

Folgt man diesem neueren Verständnis von Innovationssystemen als Summe von Innovationsinstitutionen bzw. -organisationen, ihren Kompetenzen, Anreizstrukturen und Verflechtungen, und verknüpft dieses mit den Ergebnissen der Diskussion über Innovationsdeterminanten, so können die Akteure und Bestimmungsfaktoren bzw. Rahmenbedingungen für Innovationen (zum nachhaltigen

---

[105] Vgl. hierzu bspw. die aktuellen Forschungs- bzw. Modellprojekte im Rahmen des BMBF-Förderschwerpunktes „Regionales Wirtschaften“ unter http://www.nachhaltig.org.

Wirtschaften) dabei mit nachfolgenden Ebenen bzw. Deskriptoren spezifiziert werden (vgl. Abb. 14).

Die Herangehensweise in AquaSus focussiert dabei auf ein Innovationssystem „Wasser“ (mit mehreren Innovationssubsystemen), welches sich aus verschiedenen Akteuren (Mikroebene) konstituiert und von verschiedenen Rahmenbedingungen (Meso- und Makroebene) beeinflusst wird. Dies bedeutet, dass die akteursorientierte Perspektive und damit die Mikroebene, d.h. insbesondere die Unternehmen bzw. deren Innovationsaktivitäten, den Ausgangspunkt der Forschungsarbeiten bildet.

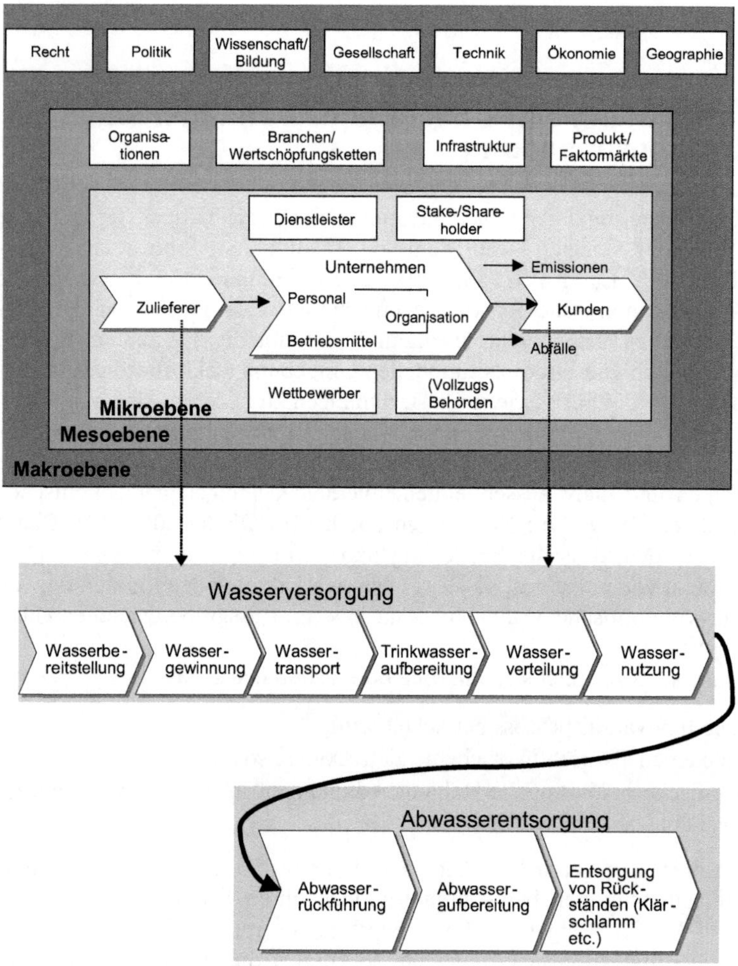

Abb. 14. Allgemeines Such- und Ordnungsraster

Übertragen auf den Untersuchungsgegenstand „Stoffstrom Wasser“ bedeutet dies für die Ableitung entsprechender Hypothesen, dass zur Bearbeitung der unterschiedlichen Fragestellungen unterschiedliche Schnitte durch das skizzierte allgemeine Such- und Ordnungsraster zu ziehen sind.

Für jede Stufe dieser Wertschöpfungskette sind zur weiteren Konkretisierung des Innovationssystems dabei etwa folgende Fragen zu beantworten:

1. Welche nachhaltigen Innovationen[106] sind in den vergangenen Jahren auf den einzelnen Stufen der Wertschöpfungskette diffundiert bzw. werden erwartet/entwickelt?
2. Welche (unternehmens-)internen[107] Bestimmungsfaktoren waren dafür ausschlaggebend?
3. Welche (unternehmens-)externen Bestimmungsfaktoren haben diese Entwicklung positiv oder negativ beeinflusst?
4. Welche Faktoren auf der Meso- und Makroebene haben förderlich oder hinderlich gewirkt?
5. Welche Modifikationen in den internen, externen sowie Meso- und Makrokontextbedingungen sind erforderlich, um die Genese und Umsetzung von nachhaltigen Innovationen in der Wasserwirtschaft zu stimulieren?

Nachfolgend werden zur weiteren Präzisierung dieser Fragen die unterschiedlichen Innovationsdeterminanten diskutiert, die Einfluss auf das (betriebliche) Innovationsverhalten und damit auch auf die Entstehung und Diffusion von Umweltinnovationen bzw. nachhaltigen Innovationen in der Wasserwirtschaft haben können. Da Innovationen komplexe Systementwicklungen sind, in denen gewachsene Unternehmenskonfigurationen von Input-Faktoren, eingesetzten Betriebsmitteln, Strukturen und Prozessen, Mitarbeiterpotenzialen und Leistungsangeboten mit ihren sehr spezifischen Beziehungen und Abhängigkeiten neu formiert werden, ist es im Einzelfall jedoch äußerst schwierig, ex-ante Aussagen über die Wirkung von Bestimmungsfaktoren betrieblichen Innovationsverhaltens zu treffen (Hemmelskamp 1996: 24). Welche Faktoren mit Bezug auf Innovationen in den Bereichen der Wasserversorgung und Abwasserentsorgung von besonderer Relevanz sind, wird im Weiteren zunächst systematisch eingegrenzt und im empirischen Teil des Verbundprojektes „AquaSus" überprüft.

Bevor diese Anreicherung des theoretisch-konzeptionellen Modells mit empirischen Vorab-Informationen geleistet wird, sollen jedoch die Zusammenhänge des über die theoretischen Bezüge zum Innovationssystem-Konzept abgeleiteten Ordnungsrasters für mögliche Bestimmungsfaktoren für Innovationen in der Wasserwirtschaft mit dem Problembereich der Nachhaltigkeitsbewertung von Innovationen erläutert werden. Hierzu werden die externen Bestimmungsfaktoren (sog. Innovationstreiber oder „Driving force indicator") in ihrem Zusammenspiel mit spezifischen Eigenschaften der Innovationsakteure (sog. intervenierende Variablen wie Organisationsform, Unternehmensgröße) und in ihrem Einfluss auf die

[106] Also Innovationen, die sowohl ökonomische, ökologische und soziale Vorteile auf Dauer erbringen

[107] Genaugenommen müsste man fragen, welche organisationsinternen und -externen Bedingungen ausschlaggebend waren, um das Analyseschema auch auf nicht-erwerbswirtschaftliche Organisationen in der Wasserwirtschaft beziehen zu können.

Genese und Diffusion von Innovationen (Output-Variablen) sowie deren Nachhaltigkeitswirkungen skizziert (vgl. Abschnitt 3.3). Dieses Modell dient im Weiteren dann zur Ableitung entsprechender Hypothesen (vgl. Abschnitt 3.5).

3.3 Abbildung des Innovationssystem-Ansatzes

3.3.1 Überführung des modelltheoretischen Ansatzes in ein Indikatorensystem

Gegenstand von AquaSus ist im Kern die Untersuchung der Frage, inwieweit und welche Rahmenbedingungen welchen Einfluss auf die Genese und Umsetzung von nachhaltigen Innovationen in der Wasserwirtschaft haben, verbunden mit der Frage, wie die Rahmenbedingungen zu verändern sind, damit nachhaltige Innovationen in diesem Sektor entstehen. Im Rahmen des Projekts AquaSus wird zunächst ein umfassendes Indikatorensystem konzipiert, um mögliche Einflüsse von Rahmenbedingungen auf die Genese in nachhaltigen Innovationen zu erfassen. Anschließend wird die Analyse auf eine Auswahl von forschungsleitenden Hypothesen zugespitzt, die im empirischen Teil der Studie anhand unterschiedlicher Befunde und über den Einsatz unterschiedlicher Methoden geprüft werden.

Für die Forschungsfrage relevante Hypothesen richten sich üblicherweise auf Kausalbeziehungen zwischen abhängigen und unabhängigen Variablen, d.h. im hier betrachteten Zusammenhang auf die Frage, ob bestimmte Rahmenbedingungen fördernd oder hemmend für die Genese von Innovationen wirken, oder aber keinen Einfluss haben. Dabei von monokausalen Beziehungen auszugehen, wird dem komplexen Entstehungsprozess von Innovationen aber in keiner Weise gerecht. Seit FIU I (Klemmer et al. 1999) steht daher im Bereich der Forschung über den Einfluss von Rahmenbedingungen auf nachhaltiges Wirtschaften die sog. Multi-Impuls-These im Zentrum des Interesses, die der Überlegung Rechnung trägt, dass unterschiedliche Einflussfaktoren das Innovationsgeschehen gleichzeitig und gemeinsam bestimmen können. AquaSus folgt bei der Formulierung diesem Theorieverständnis (Hennig 2004: 10) und trägt ihm auch in den empirischen Anwendungen Rechnung, indem überwiegend multivariate Methoden verwendet werden. Erweitert wird der theoretische Rahmen über die Berücksichtigung von sog. Intervenierenden Variablen. Durch diese wird abgebildet, dass Rahmenbedingungen Ihren Einfluss auf die Genese von Innovationen in der Regel nicht unmittelbar entfalten, sondern über und in Interaktion mit anderen z.B. unternehmensinternen Faktoren wirken, die durch die intervenierenden Variablen erfasst werden.

Führt man sich den in Abschnitt 3.2 entwickelten modelltheoretischen Ansatz vor Augen, so dürfte es angesichts der komplexen Rahmenbedingungen (vgl. Abb. 14) sowie möglicher intervenierender Vorgänge und Zustände im Innovationssystem Wasser klar sein, dass die Hypothesenbildung nicht auf einige wenige Indikatoren (verstanden als operationalisierte Variablen des interessierenden hypothetischen Zusammenhangs) rekurrieren kann, sondern sich eines relativ breit ausdifferenzierten Systems von Indikatoren bedienen muss.

Das im Rahmen von AquaSus entwickelte Indikatorensystem (Clausen u. Hafkesbrink 2004) stellt vor diesem Hintergrund den Versuch dar,

1. die komplexen Zusammenhänge zwischen verschiedenen Rahmenbedingungen (driving forces) des Innovationssystems abzubilden,
2. die Bedeutung von intervenierenden Variablen für das Innovationssystem aufzuzeigen,
3. den Output des Innovationssystems (im Sinne von Innovationen) zu beschreiben (Output-Indikatoren: welche Innovationen sind entstanden mit welchen deskriptiven Eigenschaften?) und zu bewerten (Impact-Variablen: führen die Innovationen zu einer Orientierung auf nachhaltige Wasserwirtschaft?),
4. die (kumulativen) Wirkungen der Rahmenbedingungen im Zusammenspiel mit den intervenierenden Variablen auf die Outputs des Innovationssystems zu erfassen,

um daraus Anhaltspunkte für die Ableitung der forschungsleitenden Hypothesen im Rahmen von AquaSus zu gewinnen.

In diesem Zusammenhang werden als Driving force Variablen (Input-Variablen bzw. exogene Variablen) diejenigen Indikatoren des Innovationssystems bezeichnet, die vom jeweils betrachteten Akteur nicht oder nur äußerst indirekt beeinflusst werden können (Marktgröße, Kundenwünsche, naturräumliche Begebenheiten, EU-Regulierung etc.). Als intervenierende Variablen werden diejenigen Indikatoren des Innovationssystems bezeichnet, die unmittelbar bzw. direkt durch die Innovationsakteure (hier in erster Linie Unternehmen der Wasserwirtschaft) beeinflusst werden können (Unternehmensgröße, Kooperationsverhalten etc.).

Das Indikatorensystem dient insofern in zweifacher Weise als Hilfsmittel im Forschungsprozess:

- Erstens dient es in der frühen heuristischen Phase des Forschungsprozesses dazu, einen Bezugsrahmen für die Hypothesenbildung bereit zu stellen, der ein möglichst großes heuristisches Potenzial besitzt, d.h. es erlaubt, über die Visualisierung der generellen Zusammenhänge zwischen Rahmenbedingungen, intervenierenden Variablen und Output-Variablen im Innovationssystem daraus interessierende – möglicherweise auch gegensätzliche – Hypothesen abzuleiten (Kubicek 1977).
- Zweitens dient das Indikatorensystem in einer späten Phase des Forschungsprozesses dazu, die über die empirischen Befunde zusammengetragenen Ergebnisse zu den Hypothesenprüfungen einer zusammenfassenden Bewertung zugänglich zu machen, indem die Ergebnisse sozusagen „auf einen Blick“ dargestellt werden können.

3.3.2 Übersicht über das Indikatorensystem AquaSus

Das Grundmodell des Indikatorensystems AquaSus hat vereinfacht folgende Struktur, wobei die Ausfüllung der Matrix mit unterschiedlichen Graustufen an dieser Stelle nur der Illustration des Darstellungskonzeptes dient. Die empirische Analyse ausgewählter Aspekte des Modells, die auf die Quantifizierung einzelner Zellen der Matrix zielt erfolgt in Kapitel 4:

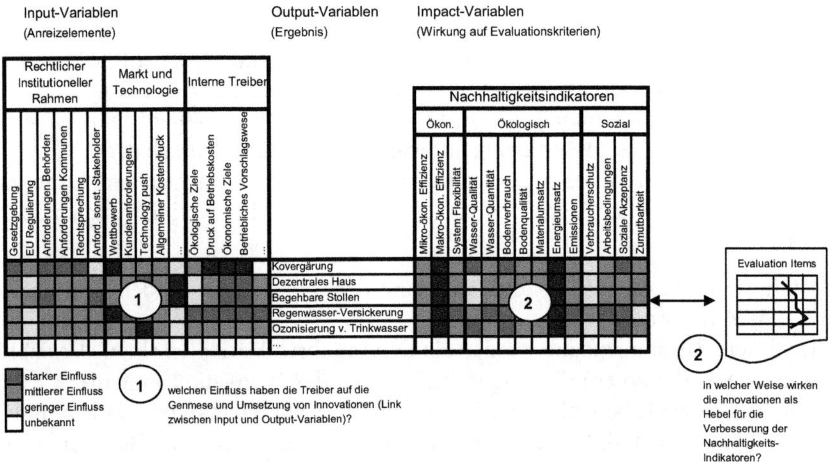

Abb. 15. Vereinfachte Struktur des AquaSus-Indikatorensystems

Abb. 15 verdeutlicht zunächst im Überblick die Gesamtzusammenhänge zwischen den Input-Variablen (=> Innovationstreiber; unabhängige Variable), den Output-Variablen (=> Innovationen, abhängige Variable 1. Ordnung) und den Impact-Variablen (=> Auswirkungen auf Nachhaltigkeitskriterien, abhängige Variable 2. Ordnung), ohne zunächst auf intervenierende Variablen einzugehen. Die Innovationstreiber[108] sind systematisiert im Hinblick auf deren Zuordnung zu den Bereichen

- Rechtlicher und institutioneller Rahmen,
- Markt und Technologie sowie
- sonstige Treiber.

Außer von (rechtlichen) Rahmenbedingungen werden Technologiewahl und Innovationsverhalten von Wasserver- und Abwasserentsorgern von weiteren Faktoren wie die natürlichen Gegebenheiten in ihren Ver- bzw. Entsorgungsgebieten mitbestimmt. So hängt beispielsweise von der Topographie ab, ob es in der Abwasserrückführung aufgrund fehlender natürlicher Gefälle einer Druck- oder Vakuumentwässerung bedarf. Ein weiterer Einflussfaktor stellt das Vorkommen na-

[108] Ein Überblick über die Bedeutung der einzelnen Treiber sowie deren Zusammenwirken erfolgt in Abschnitt 3.3.3.

türlicher Ressourcen dar. Das quantitative Wasserdargebot in Deutschland gilt insgesamt als ausreichend, wenngleich es einige Ballungsgebiete bzw. Regionen gibt, in denen örtliche Vorkommen mittels Fernversorgung ergänzt werden.

In folgender Tabelle sind die im Grundmodell verwandten Innovationstreiber des Innovationssystems Wasser zusammenfassend wiedergegeben und mögliche Problembereiche erläutert:

Tabelle 7. Innovationstreiber in der Wasserwirtschaft und ihre möglichen Problemlagen

	intentionale Merkmale	Anreizelemente	Problembereiche/relevante Aspekte des Treibers
Gesetzgebung	Wasserrecht, Verbandsrecht, Lebensmittelrecht, AVB, Abgabenrecht, Trinkwasserverordnung, Ortsrecht, Kommunalrecht, Gemeindeverordnung, Abfallrecht, Düngemittelrecht, Grundsatz der ortsnahen Versorgung, Produktrecht (z.B. Stoffverbote wie etwa für Phosphate), Pflanzenschutzmittelrecht, § 22 Wasserhaushaltsgesetz i.V.m., Landesregelung zur Festlegung von Wasserschutzgebieten, Steuerrecht	Verbote, Gebote, Grenzwerte, Schwellenwerte	Kollisionen von unterschiedlichen Regelungen an der Schnittstelle „Wasser" (z.B. steuerliche Ungleichbehandlung von Wasser und Abwasser, Direkteinleiterverordnung versus Trinkwasserverordnung hinsichtlich der Grenzwerte für Stickstoff bzw. Nitrate (13mg/l versus 50mg/l, Abfallrecht versus Wasserrecht zum Thema Kovergärung); Struktur des öffentlichen Dienstrechts als Innovationshemmnis, Struktur und Zuständigkeiten (unterschiedliche Zuständigkeiten von EU, Bund und 16 Ländern, mangelnde Bundeszuständigkeit für Wasser z.B. im Abfallbereich), Strategien, Normen und Werte (hauptsächliche Orientierung am Ordnungsrecht, mangelnde Orientierung an marktwirtschaftlichen Anreizsystemen, z.B. wie CO_2 Zertifikate), Kompetenz (z.B. mangelndes Know-how der Politik, Diskussion um unbestimmte Rechtbegriffe
EU Regulierung	IVU-Richtlinie, Wasserrahmenrichtlinie	Verbote, Gebote, Grenzwerte, Schwellenwerte	Überfüllung der EU-Rahmenrichtlinien im Rahmen der Umsetzung in Deutschland (siehe Stickstoff-Emissionen)
Anforderungen Behören	Vollzug, Kontrolle	Beratung, Compliance, Strafen etc.	(Vollzugs)Behörden (z.B. kartellrechtliche Preisaufsicht, fehlende Anreizmechanismen zur Weckung von Kreativität, Rotationsprinzip in den Behörden verhindert Kompetenzbildung auf Dauer, hemmende bürokratische Mechanismen; nicht vorhandene Unterstützungsbehörde auf Bundesebene); Ministerien und nachgeordnete Behörden (z.B. Meinungsbildung des BMWi versus BMU im Bereich Liberalisierung), Kollisionen zwischen Umweltbundesamt, Landesumweltämter, nachgeordnete Baubehörden
Anforderungen Kommunen			
Anforderungen sonst. Stakeholder	Kompetenzen, Normen, Werte		langfristiger Einfluss des Bildungsniveaus auf Differenzierung der Wasserwirtschaft, historische Stichworte: „Römische Wasserwirtschaft", Hamburg vor 200 Jahren „aus Hygieneerfahrungen gelernt", seit 15 Jahren, „grüne Gedanken" im Wasserrecht auf Erhaltung von Flora und Fauna ausgerichtet, vorher: rein funktionale Bewirtschaftung von Wasser nach Menge und Güte; allgem. Konsumentenpräferenzen und Verhaltensdispositionen (Grundeinstellungen im Umgang mit der Ressource Wasser, Bewusstseinsbildung durch hohes Bildungsniveau „Spartaste am WC ist im Kopf")
Rechtsprechung			uneinheitliche Rechtsprechung
öffentliche Förderung	Förderungsprogramme, Struktur des Wissenschafts- und Bildungssystems, Normen und Werte, Kompetenz der Beteiligten		Förderungsprogramme (Förderbedingungen der EU fördern den Export von herkömmlichen Mainstreams großer Anlagen in die Beitrittsländer, keine dezentrale integrierte Technik, dadurch Nachteile bei kleinen Anbietern), Struktur des Wissenschafts- und Bildungssystems (z.B. fehlende berufsbezogene Qualifikation von öffentlichen Bediensteten im Bereich der Wasserwirtschaft, keine Fachleute insbesondere im Bereich der KMU-Wasserwirtschaft); Normen und Werte (z.B. zu starke Technikorientierung, keine klare Trennung von Technikempfehlungen und rechtlichen Vorgaben, Aufeinanderprallen von Ingenieursmeisterschaft und politischen Entscheidungen z.B. bei Fragen von Investitionen); Kompetenz (mangelnde Qualifikation der Entscheider vor Ort, institutionelle Arrangements bei der Willensbildung mit strukturkonservativem Muster z.B. in der Beratung von Kommunen)

Tabelle 7. (Fortsetzung)

	intentionale Merkmale	Anreizelemente	Problembereiche/relevante Aspekte des Treibers
Wettbewerb/ Marktfaktoren	Wirtschaftsordnung, Wettbewerbsregeln, Liberalisierung, Regionsspezifika, Wirtschaftswachstum, Einkommenshöhe, Konkurrenzsituation	Preise, natürliche Monopole, öffentliches Preisrecht	Monopolisierung des Abwasserbereichs zugunsten der Kommunen, Wasserversorgung: Natürliche Monopole durch Rechtsvorschriften abgesichert, Wettbewerb ist nur „theoretisch", öffentliches Preisrecht „AVB Wasser" (Gewinn machen ist erlaubt, muss aber genehmigt werden), Rechtsverordnung zur Regelung der Kundenbeziehungen im Bereich der Wasserversorgung, sofort vollstreckbare Titelfunktion der Wasserrechnung dämpft Innovationen, starker Trend zur Konzentration insbesondere im Bereich der Versorgung, retardierende Wirkung von bestehenden Anlagen (Stichwort Trajectorien und „sunk costs"), Verdrängung von „kleinen" Wasserversorgern, da Zusicherung der Versorgung bzw. Qualität z.T. nicht gehalten werden kann, Auswirkungen der grundsätzlichen Finanzierung der Wasserwirtschaft bzw. der Netze (in Frankreich über Grundbesitzabgaben, in Deutschland über Wasserpreise); (Automisierung der Strukturen in Deutschland, keine Systemanbieter in Deutschland, anders: Vivendi oder Compagnie General Des Eaux in Frankreich, deutsche Anbieter dezentraler Wassertechnik können ihre Innovationen in Deutschland nicht umsetzen)
Kundenanforderungen	Wasserqualität, Wasserquantität	Wasserqualität, Wasserquantität	keine Differenzierung zwischen Wasserqualitäten mit Blick auf die Nutzung
Technology Push	Pfadabhängigkeiten, Reifegrad und Verfügbarkeit, Leistungsfähigkeit	Leistungsfähigkeit, Reifegrad und Verfügbarkeit	Pfadabhängigkeiten aus Technologie-Trajectorien und deren Lebenszyklus (z.B. Netzstrukturen aus natürlichen Monopolen und dadurch zementierte Ver- und Entsorgungsstrukturen); Reifegrad und Verfügbarkeit einzelner Techniken sowie von Verbundsystemen (z.B. Marktreife von Techniken zur Kunststoffauskleidung von Rohrleitungssystemen, Systeme begehbarer Kanalisationen, die aber aus z.B. ökonomischen Gründen nicht diffundieren etc.); Leistungs- und Integrationsfähigkeit einzelner Techniken (z.B. Chlorierung versus Ozonierung, Beschichtung von Druckbehältern etc.), Stand der Technik im Abwasserbereich per staatliche Vorschrift geregelt über Anhänge zur Abwasserverordnung, regelmäßige Fortschreibung dieser Verordnung unter Einbindung der LAWA und von Fachverbänden (z.B. VCI), Wasserversorgung: kein Stand der Technik, sondern Grenzwertfestlegungen z.B. im Lebensmittelrecht und in der Trinkwasserverordnung)
Kostendruck	Kosten	Kosten	Kostenbindung im Netzbetrieb, Entfernungsabhängigkeit der Transportkosten
Gesundheitssicherung	Wasserqualität	Gesundheitssicherung	Kollisionen von unterschiedlichen Regelungen an der Schnittstelle „Wasser" (z.B. steuerliche Ungleichbehandlung von Wasser und Abwasser, Direkteinleiterverordnung versus Trinkwasserverordnung hinsichtlich der Grenzwerte für Stickstoff bzw. Nitrate (13 mg/)
naturräumliche Gegebenheiten	geographischer Aufbau, Vorkommen und Verfügbarkeit von Wasser	Topographie, Vorkommen	geographischer Aufbau, Topographie, Beschaffenheit, Strukturen etc.: starker Innovationstreiber, z.B. Bodenfilter; Vorkommen/Verfügbarkeit natürlicher Ressourcen: „viel Wasser – wenig Sorgfalt, wenig Wasser – viel Sorgfalt" (z.B. Hamburg – Verbot von privaten Autowäschen)
Information/öffentliche Meinung	Kompetenzen, Normen und Werte, Konsumentenpräferenzen	veröffentlichte Meinung	Kompetenzen, Normen und Werte (langfristiger Einfluss des Bildungsniveaus auf Differenzierung der Wasserwirtschaft, historisches Stichwort: „Römische Wasserwirtschaft", Hamburg vor 200 Jahren „aus Hygieneerfahungen gelernt", seit 15 Jahren „grüne Gedanken" im Wasserrecht auf Erhaltung von Flora und Fauna ausgerichtet, vorher: rein funktionale Bewirtschaftung von Wasser nach Menge und Güte); allgem. Konsumentenpräferenzen und Verhaltensdispositionen (Grundeinstellungen im Umgang mit der Ressource Wasser, Bewusstseinsbildung durch hohes Bildungsniveau „Spartaste am WC ist im Kopf")

In Anlehnung an Clausen u. Rothgang 2004.

Als Output-Variablen sind in der Abb. 15 einzelne Innovationen[109] aufgeführt in Form von zunächst neuen Technologien (z.B. Co-Vergärung, begehbare Stollen etc.). Diese Innovationen umfassen nicht nur technische Neuerungen, sondern können auch organisatorische oder institutionelle Neuerungen einschließen, wie z.B. die Einführung von Tools im Rahmen von Management-Innovationen (z.B. Benchmarking-Methoden oder der verstärkte Einsatz von Marketing-Methoden).[110]

Als Impact-Variablen sind die dem Dreisäulen-Prinzip folgenden Nachhaltigkeitsindikatoren[111] unter den Aspekten ökonomische, ökologische und soziale Indikatoren aufgeführt.

Mit dem so beschriebenen einfachen Indikatorensystem und durch die unterstellten Zusammenhänge ist bereits die Genese von Basis-Fragestellungen wie folgt möglich:

- Welchen Einfluss haben die Treiber jeweils einzeln und/oder in Kombination mit anderen Treibern auf die Genese und Umsetzung von Innovationen in der Wasserwirtschaft (Frage 1 in Abb. 15)?
- In welcher Weise wirken die auf den Weg gebrachten Innovationen als Hebel für die Verbesserung der Nachhaltigkeitsindikatoren (Frage 2 in Abb. 15)?

Dieser heuristische und in Teilen theoretische Bezugsrahmen[112] kann zur Genese von forschungsleitenden Hypothesen nun vorab mit empirischen oder theoretischen Vorinformationen gefüllt werden, um dessen heuristisches Potenzial möglichst weitgehend anzureichern.[113]

Aus der Beschreibung und Bewertung der einzelnen Indikatoren können Wenn-Dann-Aussagen konstruiert werden, deren Richtung und Stärke als Erwartungsgröße (ex-ante) oder als Ergebnisgröße (ex-post), d.h. z.B. als Befund einer empirischen Untersuchung, in die jeweiligen Zellen der Matrix eingetragen werden können.[114]

Im Hinblick auf die Wirkung der Treiber ist zu berücksichtigen, dass zwischen den Treibern Interdependenzen bestehen können. So sind z.B. Gesetzgebung und Rechtsprechung unmittelbar miteinander verknüpft, „allgemeiner Kostendruck“

---

[109] Die in AquaSus anhand dieses Indikatorensystems untersuchten Innovationen sind in Tabelle 11 aufgelistet.

[110] Vgl. ausführlicher Clausen u. Rothgang 2004; diese wurden in Abb. 15 aus Gründen der Übersichtlichkeit nicht explizit erwähnt.

[111] Zu den Nachhaltigkeitsindikatoren vgl. vertiefend Abschnitt 3.4.2.

[112] Es handelt sich um einen in Teilen theoretischen Bezugsrahmen, da auf verschiedene Theorieelemente der Innovationsforschung bzw. der Institutionentheorie zurückgegriffen wird.

[113] Vgl. hierzu das nachfolgende Kapitel zur Beschreibung der Bestandteile des Indikatorensystems und zur Beschreibung der Ableitung der forschungsleitenden Hypothesen.

[114] Die unterstellten oder (vorläufig) bestätigten Zusammenhänge werden zunächst aus Gründen der Übersichtlichkeit und zur Komplexitätsreduktion mit einer qualitativen Skala bewertet. Die Aufnahme bzw. Nutzung komplexerer auch quantitativer Bewertungen der Zusammenhänge sind freilich ebenso möglich, z.B. die Nutzung von Korrelationsanalysen.

als marktbezogener Treiber kann sich unmittelbar oder mittelbar durch eine Verschärfung ordnungsrechtlicher Vorgaben verändern etc. Insofern ist z.B. die Kumulationswirkung der Treiber zu berücksichtigen. „On this background cumulative intensity describes the way, whether a regulation works alone or jointly together with other policy instruments, and if there are reinforcement, acceleration, diminuishing or contra-productive effects of joint legislative contexts that increases burden on innovation actors in a certain direction." (Hafkesbrink u. Halstrick-Schwenk 2005)

3.3.3 Erweiterung des Grundmodells um intervenierende Variablen

Wie bereits angedeutet, ist die Wirklichkeit von Kausalzusammenhängen zwischen verschiedenen Variablen des Innovationssystems mit Blick auf Interdependenzen zwischen unterschiedlichen rechtlichen und institutionellen Rahmenbedingungen (wie EU-Regulierung, nationale Gesetzgebung, Rechtsprechung, Anforderungen der Stakeholder, Marktfaktoren etc.) und den Output-Variablen (= technische, organisatorische, personelle Innovationen) in der Regel durch zusätzliche intervenierende d.h. unternehmensinterne Variablen beeinflusst, also Faktoren wie bsplw. Unternehmensgröße, Organisationsform, Eigentümerstruktur, Kooperationsverhalten, Kompetenzen etc. der beteiligten Akteure. Diese Variablen haben häufig einen nicht unerheblichen Einfluss auf die Wahrnehmung und Verarbeitung von Veränderungen in dem durch alternative Konstellationen oder Ausprägungen von Innovationstreibern charakterisierten Anreizsystem der Akteure.

Folgende Abbildung zeigt das erweiterte Indikatorensystem AquasSus, ergänzt um verschiedene Aspekte der Bewertung von Treibern, der Bedeutung intervenierender Variablen sowie der Bewertung von Aspekten der Nachhaltigkeit im Innovationssystem Wasser:

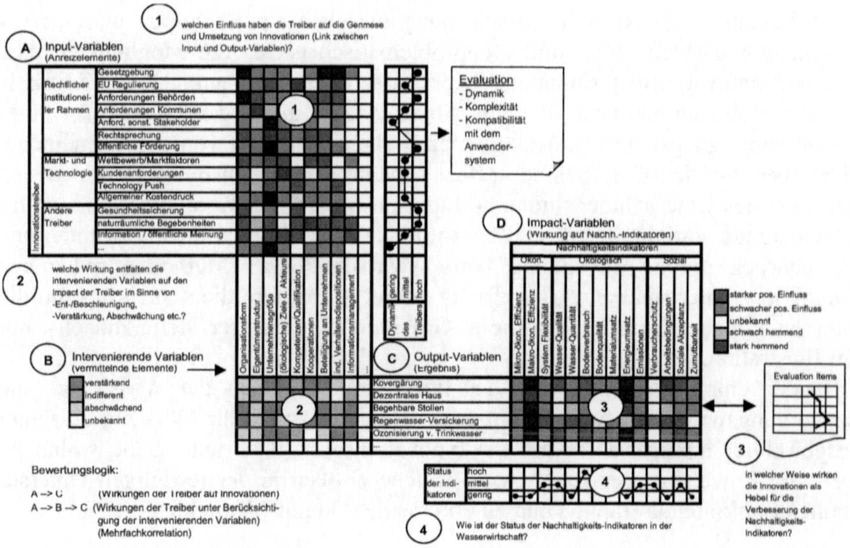

Abb. 16. Erweiterung des Indikatoren-Grundmodells AquaSus um intervenierende Variablen

Das Indikatorensystem ist gegenüber Abb. 15 um folgende Aspekte erweitert:

- Bewertung der Dynamik und Komplexität einzelner Treiber mit Auswirkungen auf das Innovationssystem Wasser (Frage 1),
- Bedeutung von intervenierenden Variablen als vermittelnde Größen der Auswirkungen von externen Treibern auf die Genese und Umsetzung von Innovationen (Frage 2),
- Bewertung der Nachhaltigkeit des Innovationssystems (Frage 4).

In dem erweiterten Grundmodell ist die Hypothesenbildung bereits komplexer, da neben den Rahmenbedingungen (Innovationstreiber) zusätzlich Nebenbedingungen zu den intervenierenden Variablen einbezogen werden müssen. Das grundsätzliche Format der Hypothesenbildung verläuft nach dem Modell in Abb. 16 wie folgt:

Die Innovation C tritt auf, wenn A.1 (Gesetzgebung z.B. im Bereich des Ordnungs- oder Abgabenrechts) eine bestimmte Ausprägung annimmt (z.B. Verschärfung eines Grenzwertes für Stickstoffemissionen) und mit A.2 (Anforderung der Behörden, z.B. konsequente Kontrollmaßnahmen im Rahmen des Vollzugs der Gesetzgebung) zusammentrifft, und im Verbund mit B.3 (intervenierende Variable Unternehmensgröße), die eine bestimmte Ausprägung annimmt (z.B. Großunternehmen mit mehr als 2000 Mitarbeitern) Einfluss auf C ausübt. Innovation C übt unter diesen Bedingungen eine starke positive Hebelwirkung auf die Verbesserung der Nachhaltigkeitsindikatoren D.2 und D.9 sowie eine schwach positive Hebelwirkung auf die Indikatoren D.4 und D.6 aus (vgl. beispielhaft Abb. 16).

Zu beachten ist, dass die Unterscheidung zwischen Input-, Output- und intervenierenden Variablen nicht immer unproblematisch ist, da die Möglichkeit, dass Akteure Innovationsdeterminanten beeinflussen von der betrachteten Zeitskala und der Betrachtungsebene abhängt. So kann z.B. die Organisationsform eines Wasserversorgungsunternehmens in spezifischen Fällen nur von den Gemeinden, nicht aber von den Unternehmen selbst gewählt werden. Insofern würde es sich aus Sicht des Unternehmens um eine Input-, aus Sicht der Kommune um eine intervenierende Variable handeln. Ebenso lassen sich Informationen gewinnen und Kostendruck durch Anwendung betriebswirtschaftlicher Methoden reduzieren (langfristig „intervenierend", kurzfristig „Input"). Insofern dient auch das um die intervenierenden Variablen erweiterte Grundmodell an dieser Stelle zunächst nur zur Illustration.

In den empirischen Analysen des Innovationsverhaltens der Wasserver- und -entsorgungswirtschaft (vgl. im einzelnen Kapitel 4) wird die Wirkung einzelner ausgewählter Inputvariablen auf die Innovationsaktivitäten untersucht, wobei jeweils im Einzelnen spezifiziert wird, welche Größen in der jeweiligen Untersuchung als erklärende (Input-) und zu erklärende (Output-) Variablen dienen.

3.3.4 Erweiterung des Grundmodells um Akteursvariablen

Allgemein werden die institutionellen Bedingungen von verschiedenen Ebenen von der Europäischen Union, über den Bund und die Länder bis hin zu den Kommunen entweder unmittelbar oder über ein hierarchisches Zusammenwirkungen der jeweiligen Akteure gesetzt. Dies kann zu Überschneidungen oder sogar zu Kollisionen unterschiedlicher Regelungen führen, welche möglicherweise innovationshemmende Wirkungen entfalten. Beispielhaft hierfür sind die steuerliche Ungleichbehandlung der Wasserver- und Abwasserentsorgung, unterschiedliche Grenzwerte für Stickstoff bzw. Nitrate in der für Direkteinleiter geltenden Abwasserverordnung und der Trinkwasserverordnung (13mg/l versus 50mg/l) sowie die Gestaltung bzw. Handhabung der Schnittstellen des Abfall- und des Wasserrechts in Hinblick auf die Co-Vergärung.

Für die Koordinierung wasserrechtlicher und -wirtschaftlicher Maßnahmen auf gleicher horizontaler Ebene spielen neben Institutionen wie der Länderarbeitsgemeinschaft Wasser (LAWA) und verschiedener „Fluss-Arbeitsgemeinschaften" Fachverbände wie die Deutsche Vereinigung des Gas- und Wasserfaches e.V. (DVWK) und die Deutsche Vereinigung für Wasserwirtschaft, Abwasser und Abfall e.V. (ATV-DVWK) eine herausragende Rolle. Mit Hilfe von zahlreichen Arbeitsgruppen und Arbeitsblättern definieren sie über unbestimmte Rechtsbegriffe wie „allgemein anerkannte Regeln der Technik" oder „Stand der Technik" faktisch Normen und tragen so erheblich zur Diffusion von Methoden und Techniken in der Wasserwirtschaft bei. Ihre Normen und Regeln können als „soft law" angesehen werden.

Ebenso wie die Rahmenbedingungen von mehreren Akteuren gestaltet werden, sind für die wasserwirtschaftlichen Forschungs- und Entwicklungsaktivitäten unterschiedliche (Bundes-) Ministerien bzw. Fachbehörden wie das Umweltbundesamt, aber auch die LAWA und die Fachverbände maßgeblich. Die Fachverbände stellen wie eine Reihe regelmäßiger Konferenzen ein wichtiges Bindeglied zwischen Hochschulen, spezialisierten Forschungsinstituten und der Praxis dar.

Eine der zentralen Ausgangsthesen für AquaSus ist vor diesem Hintergrund, dass Innovationen zum nachhaltigen Wirtschaften entlang des Stoffstromes Wasser insbesondere dann generiert werden, wenn die beeinflussbaren Kontextbedingungen, d.h. insbesondere der Regelungskontext, daraufhin modifiziert werden, dass eine Abstimmung des Akteursverhaltens entlang diesem Stoffstrom unter dem Leitbild der nachhaltigen Entwicklung gefördert wird. Weiterhin ist es Ausgangsthese, dass insbesondere institutionelle Arrangements zur Genese von übergreifenden Problemlösungen in der Wasser- und Abwasserwirtschaft geeignet sind, derzeit verdeckte Potenziale für Innovationen zum nachhaltigen Wirtschaften freizusetzen.

Das Innovationssystem „Wasser" aus Akteurssicht kann vor diesem Hintergrund in vereinfachter Form zunächst wie folgt abgebildet werden:

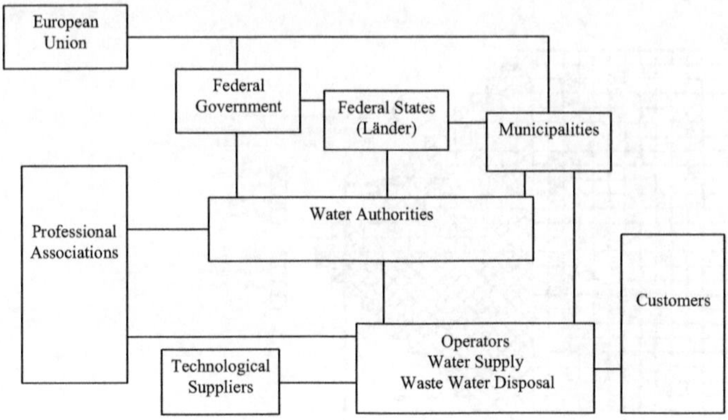

Quelle: Clausen u. Rothgang 2004

Abb. 17. Innovationssystem Recht Wasser aus Akteurssicht

Kernakteure des Systems sind die Wasserver- und Abwasserentsorgungsunternehmen, die direkt mit den Verbrauchern sowie mit Technologie- und anderen Serviceprovidern verbunden sind. Die Betreiber von Wasserver- und Abwasserentsorgungsanlagen stehen unter mehr oder minder direkter Kontrolle der Kommunen sowie einer sektorspezifischen- und Umweltregulierung, die darüber hinaus noch von anderen Institutionen beeinflusst wird (vgl. Abb. 17).

> *„For the most part, water management policy is subject to public bodies on the federal state and municipality level. The legal regulations are enforced by governmental water and environmental authorities, and supplemented by norms set by professional associations. Against the background of the sustainability concept and the underlying understanding of innovations it seems to be useful to widen that circle of players*

and to regard, for example, consumer protection organisations, too. Between consumers and operators there is a kind of double user-producer relation in the context of water management. On the one hand, users play a role as consumers of drinking water, process water or other product variants. On the other hand, there is a non-market relation between water suppliers and users who are also consumers of environmental quality. Thus, not only water suppliers should be regarded as users, but also other players who use different functions of water resources. Farmers, for example, fertilize their fields and affect the quality of groundwater and surface water." (Clausen u. Rothgang 2004: 153).

In einer zusätzlichen Erweiterung des Grundmodells werden daher die komplexen Akteursvariablen im Sinne von Akteursinteressen in die Hypothesenbildung einbezogen. Abb. 18 gibt einen Überblick über das auf diese Weise erweiterte Indikatorensystem:

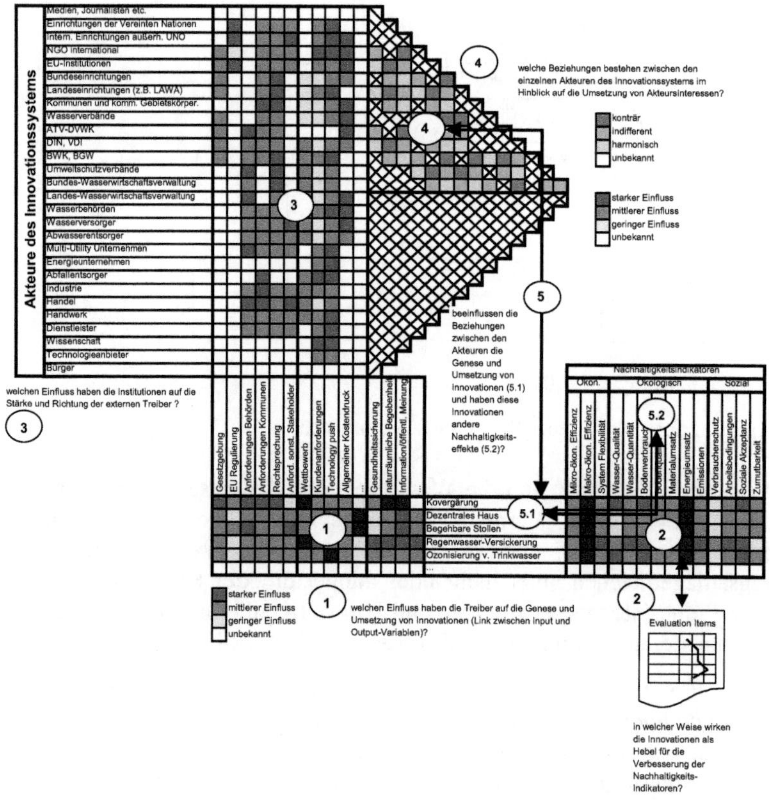

Abb. 18. Erweiterung des Indikatoren-Grundmodells AquaSus um Akteursvariablen. Bewertungen nur beispielhaft, ohne empirischen oder theoretischen Bezug und Beleg.

Abb. 18 verdeutlicht eine komplexe mögliche Beeinflussung von Innovationen innerhalb des Innovationssystems durch unterschiedliche Akteursinteressen, zum einen

- über die aktive Beeinflussung von Gesetzgebungsverfahren via Lobbyarbeit und Mitwirkung in Anhörungsverfahren (Frage 3 in der Abbildung),
- eine direkte oder indirekte Beeinflussung der Genese und Umsetzung von Innovationen (Frage 5 in der Abbildung) in Abhängigkeit von den Beziehungen zwischen den Akteuren (Frage 4 in der Abbildung).

Aus den auf diese Weise erfassbaren Akteurskonstellationen und ihren Interessen ergeben sich für die empirische Arbeit interessante Hypothesenansätze, die in der vorliegenden Studie zu einer Generalhypothese über den Einfluss des Kooperationsverhaltens der Innovationsakteure auf Innovationen gebündelt werden (vgl.Abschnitt 3.5.2).

3.4 Ein Indikatorensystem zu Bewertung von Innovationen

3.4.1 Indikatoren zur Beschreibung der Innovationen in der Wasserwirtschaft

Die Beschreibung einzelner technologischer Innovationen in der Wasserwirtschaft folgt in AquaSus einem einheitlichen Deskriptorenschema, welches mit Unterstützung durch eine Expertenbefragung während der heuristischen Phase entwickelt wurde.

Wesentliches Kennzeichen der Deskription und Ziel der Erfassung dieser Innovationen über Indikatoren ist es, eine Auskunft über die Komplexität der Innovation gemessen an unterschiedlichen Indikatoren zu erhalten. Hierzu wurde ein Indikatorenraster entworfen. Es enthält Indikatoren zur Beschreibung der

- Art der Innovation (Produkt, Prozess, Organisation)
- technischen Innovationshöhe
- Risiken
- Umsetzungsbedingungen im Hinblick auf die Anzahl zu beteiligender Akteure
- betroffenen Akteure
- betroffenen Umweltmedien
- Verwertungsaspekte
- Stofftrennung
- Zeitfenster der Adaption und Diffusion
- notwendigen Änderungen im rechtlichen Rahmen bzw. sonstigen Voraussetzungen zur Umsetzung der Innovation.

Für die genannten Deskriptoren wurde eine jeweils individuelle Skala zur Erfassung der einzelnen Innovationen erstellt, die den jeweiligen Deskriptor eindeutig kennzeichnet. Abschnitt 4.2 gibt einen Überblick über die Ergebnisse der Vorab-Expertenbefragung.

Die Erfassung der Innovationen erfolgt in der Weise, dass für die einzelnen Technologien eine „Fieberkurve" erstellt wird, die die Ausprägungen der Deskriptoren visualisieren:

<table>
<tr><th>Deskriptor</th><th colspan="12">Ausprägungen</th></tr>
<tr><td>Innovationsart (Bereiche)
- Produktinnovation
- Prozessinnovation
- organisatorische Innovation</td><td colspan="4">Innovation
mit Änderung in 1 Bereich</td><td colspan="4">Innovation
mit Änderung in 2 Bereichen</td><td colspan="4">Innovation
mit Änderung in 3 Bereichen</td></tr>
<tr><td>Technische Innovationshöhe</td><td colspan="4">Inkrementelle Verbesserung einer Funktion</td><td colspan="4">Inkrementelle Verbesserung mehrerer Funktionen</td><td colspan="4">Sprungverbesserung mit Wechsel des Technologiepfades</td></tr>
<tr><td>Risiko und Unsicherheit der Umsetzung für innovierenden Akteur</td><td colspan="4">gering</td><td colspan="4">mittel</td><td colspan="4">hoch</td></tr>
<tr><td>Anzahl der für die Umsetzung der Innovation zu beteiligenden Akteure</td><td colspan="3">keine</td><td colspan="3">gering,
einstufig</td><td colspan="3">mittel,
mehrstufig, vertikal oder horizontal</td><td colspan="3">hoch,
mehrstufig, vertikal und horizontal</td></tr>
<tr><td>Anzahl der von der Innovation Betroffenen</td><td colspan="3">keine</td><td colspan="3">wenige Akteure</td><td colspan="3">mehrere Akteure</td><td colspan="3">viele Akteure</td></tr>
<tr><td>Betroffene Umweltmedien
- Gewässer,
- Boden,
- Luft,
- Abfall.</td><td colspan="3">ein Medium</td><td colspan="3">zwei Medien</td><td colspan="3">drei Medien</td><td colspan="3">vier Medien</td></tr>
<tr><td>Berücksichtigung der Verwertung bei der Ausrichtung der Stoffströme</td><td colspan="3">nicht integriert
(Stoffhandling unabhängig v. Verwertung)</td><td colspan="3">gering integriert
(Stoffhandling berücksichtigt Verwertungsverfahren)</td><td colspan="3">mittel integriert
(gezieltes Stoff-handling im Hinblick auf mögliche Verwertung)</td><td colspan="3">hoch integriert
(eindeutige Ausrichtung des Stoffhandlings auf ein konkretes Verwertungsverfahren)</td></tr>
<tr><td>Stofftrennung</td><td colspan="3">keine Stofftrennung</td><td colspan="3">geringe Stofftrennung</td><td colspan="3">mittlere Stofftrennung</td><td colspan="3">komplette Stofftrennung</td></tr>
<tr><td>Zeitfenster der Adaption</td><td colspan="3">kurzfristig
(< 3 Jahr)</td><td colspan="3">mittelfristig
(3-8 Jahre</td><td colspan="3">längerfristig
(9-20 Jahre)</td><td colspan="3">langfristig
(> 20 Jahre)</td></tr>
<tr><td>Zeitfenster der Diffusion</td><td colspan="3">kurzfristig
(< 3 Jahr)</td><td colspan="3">mittelfristig
(3-8 Jahre</td><td colspan="3">längerfristig
(9-20 Jahre)</td><td colspan="3">langfristig
(> 20 Jahre)</td></tr>
<tr><td colspan="13">Notwendige Änderungen im Innovationssystem bzw. Voraussetzung zur Umsetzung der Innovation</td></tr>
<tr><td>Rechtlicher Rahmen</td><td colspan="3">nicht notwendig</td><td colspan="3">einzelne Vorschriften</td><td colspan="3">mehrere Vorschriften</td><td colspan="3">komplexe, vielfältige Regeländerungen</td></tr>
<tr><td>Politische Flankierung</td><td colspan="3">nicht notwendig</td><td colspan="3">gering</td><td colspan="3">mittel</td><td colspan="3">hoch</td></tr>
<tr><td>Notwendiger Wissenstransfer zu den beteiligten Akteuren</td><td colspan="3">nicht notwendig, Wissen vorhanden</td><td colspan="3">gering, nur Ergänzung vorhandenen Wissens</td><td colspan="3">mittel, anspruchsvolle Problemstellung mit neuen Elementen</td><td colspan="3">hoch, sehr anspruchsvolle, in wesentlichen Teilen neue Problemstellung</td></tr>
<tr><td>Schaffung von gesellschaftlicher Akzeptanz für die Innovation</td><td colspan="3">nicht notwendig</td><td colspan="3">einzelne Gruppen</td><td colspan="3">mehrere Gruppen</td><td colspan="3">alle Akteure</td></tr>
<tr><td>(Technischer) Anpassungsbedarf im System als Folge der Innovation</td><td colspan="3">nicht notwendig</td><td colspan="3">einzelne Technologien an Schnittstellen</td><td colspan="3">mehrere Technologien über direkte Schnittstellen hinaus</td><td colspan="3">komplette Umstellung auf allen Stufen</td></tr>
</table>

Steigende Komplexität →

Abb. 19. Deskriptorenraster zur Beschreibung von technischen Innovationen

Dabei wird unterstellt, dass Innovationen mit einer Fieberkurve, die im Wesentlichen rechts in der Skala abgebildet ist, eine hohe Komplexität aufweisen und vice versa. Die Beschreibung ausgewählter technischer Innovationen mit Hilfe des dargestellten Deskriptorenrasters erfolgt in Abschnitt 4.2.

3.4.2 Nachhaltigkeitsindikatoren für die Wasserwirtschaft

Als ein wichtiger Ausgangspunkt, um das Leitbild für die Wasserwirtschaft zu konkretisieren, kann das Kapitel 18 der Agenda 21 gelten, welche 1992 auf der Konferenz der Vereinten Nationen verabschiedet wurde. Dort wird als oberstes Ziel der Bewirtschaftung von Süßwasserressourcen die „gesicherte Bereitstellung von Wasser in angemessener Menge und guter Qualität" formuliert.[115]

Hervorgehoben werden zudem der sektorübergreifende Charakter der Wasserwirtschaft sowie die Bedeutung des Wasserdargebots für die sozio-ökonomische Entwicklung und die unterschiedlichen Nutzungsformen für Gewässer. Die Bewirtschaftung soll integriert und auf der Ebene von Gewässereinzugsgebieten oder von Teilen von Gewässereinzugsgebieten erfolgen. Analog sieht auch die EU-Wasserrahmenrichtlinie[116] in Flussgebietseinheiten die Haupteinheit für die Bewirtschaftung, wodurch zwar bisherige Strukturen nicht unbedingt aufzugeben, wohl aber zu überprüfen und ggf. anzupassen sein dürften. Auch gehört zu den Zielen der EU-Wasserrahmenrichtlinie die „Förderung einer nachhaltigen Wassernutzung auf Grundlage eines langfristigen Schutzes der vorhandenen Ressourcen" (Art. 1).

Nun bewirkt freilich allein ein Bekenntnis zum Leitbild einer nachhaltigen Entwicklung nicht viel, vielmehr stellt sich – wie generell bei (nicht nur) diesem Leitbild und seinen Implikationen für die verschiedenen Politikbereiche – die Frage, wie es operationalisiert werden soll. Vor wenigen Jahren stellten Drewes und Weigert (1998: 700) noch fest, in der deutschen Wasserwirtschaft überwiege „bisher die Überzeugung, dem Leitbild einer nachhaltigen Entwicklung aufgrund der einzuhaltenden strengen gesetzlichen Vorgaben und dem Auftrag zu einer langfristigen Sicherstellung der Trinkwasserversorgung bereits nachgekommen zu sein."[117]

Zumindest in Bezug auf die Konkretisierung ökologischer Aspekte des Leitbilds, weniger jedoch in Bezug auf seine ökonomische und soziale Dimension, wurden inzwischen jedoch gewisse Fortschritte erzielt. So formulierten Kahlenborn/Kraemer (1999: 25ff.) im Auftrag des Umweltbundesamtes neun Prinzipien einer nachhaltigen Wasserwirtschaft (vgl. Tabelle 8).

---

[115] Der vollständige Text der Agenda 21 ist online unter der Adresse http://www.agrar.de/ agenda/ abrufbar.

[116] Richtlinie 2000/60/EG vom 23. Oktober 2000 zur Schaffung eines Ordnungsrahmens für Maßnahmen der Gemeinschaft im Bereich der Wasserpolitik, veröffentlicht am 22.12.2000 im Amtsblatt der Europäischen Gemeinschaften L 327/1.

[117] Diese Beurteilung steht durchaus im Einklang mit vielen der Selbsteinschätzungen durch die Wasserwirtschaft, die im Kontext der Diskussionen um das vom Bundeswirtschaftsministerium in Auftrag gegebene Gutachten von Ewers et al. 2001 abgegebenen wurden. Einen ähnlichen Grundtenor wiesen bereits die Reaktionen auf den im Auftrag der Weltbank erstellten Bericht von Briscoe 1995 über die Leistungsfähigkeit der deutschen Wasserwirtschaft auf (z.B. Barraqué 1998).

Tabelle 8. Prinzipien einer nachhaltigen Wasserwirtschaft

Nachhaltigkeitsprinzip	Wesentliche Aussage*
Regionalitätsprinzip	Regional orientierte Bewirtschaftung von Wasserressourcen, Vermeidung überregionaler negativer externer Effekte Praxis: Definition von Region insbesondere nach ökologischen (hydrologischen) Kriterien
Integrationsprinzip	Wasser ist als Einheit und in seinem Nexus mit den anderen Umweltmedien zu bewirtschaften. Integrierte Betrachtung ökologischer, sozialer und ökonomischer Anforderungen des Leitbilds einer nachhaltigen Entwicklung
Verursacherprinzip	Verursachungsgerechte Zuordnung der Kosten der Nutzung von Wasserressourcen
Kooperations- und Partizipationsprinzip	Nachhaltige Entwicklung als gemeinsame Aufgabe von Staat und Gesellschaft, Mitwirkung in Entscheidungsprozessen
Ressourcenminimierungsprinzip	Verminderung des Ressourceneinsatzes und verstärkter Einsatz regenerativer natürlicher Ressourcen
Vorsorgeprinzip	Maßnahmen mit hohem Schadenspotenzial und/oder -risiko sollen unterlassen werden Praxis: Minimierungsgebot der Trinkwasserverordnung
Quellenreduktionsprinzip	Freisetzungen von Schadstoffen sollen am Ort ihres Entstehens unterbunden werden, d.h. möglichst nicht mit End-of-pipe-Maßnahmen angegangen werden.
Reversibilitätsprinzip	Folgen wasserwirtschaftlicher Maßnahmen sollen möglichst umkehrbar sein.
Intergenerationsprinzip	Berücksichtigung der Interessen der Folgegenerationen.

Quellen: Kahlenborn/Kraemer (1999: 25ff.), UBA (2001: 108ff.). – *Eigene Interpretation.

Diese Prinzipien stellen stark auf die Bewirtschaftung natürlicher Ressourcen ab und können im Wesentlichen auf das Verursacher- und Vorsorgeprinzip der Umweltpolitik und die vier sog. Managementregeln einer nachhaltigen Entwicklung zurückgeführt werden (Enquête-Kommission 1994: 42ff.).

Entsprechend diesen Richtlinien sollte sich der Wasserverbrauch an der natürlichen Regenerationsrate orientieren. Zumeist sollen jedoch natürliche Ressourcen weniger um ihrer selbst in bestimmter Weise bewirtschaftet werden, sondern einer anthropozentrischen Sicht folgend wegen der Absicht, ihre nutzenstiftenden Funktionen zu erschließen. Mit Blick auf die öffentliche Versorgung mit Trinkwasser dürfte das bisherige oberste Ziel, nämlich Trinkwasser in einwandfreier Qualität und ausreichender Quantität (Versorgungssicherheit) bereitzustellen, weiterhin bestehen bleiben.[118] Weitere Zielsetzungen können sich z.B. auf die Erholungsfunktion von Gewässern oder auf die Funktion der Aufnahme von Schadstoffen beziehen. Beide können zu Nutzungskonflikten mit der Trinkwassergewinnung führen, indem z.B. für die Trinkwassergewinnung der Zugang zu Uferzonen von Flüssen gesperrt wird oder die Düngung von Feldern durch die Landwirtschaft externe Effekte hervorruft. Analog kann sich eine Absenkung des Grundwasserspiegels infolge der Trinkwassergewinnung negativ auswirken. Voraussetzung für eine nachhaltige Wasserwirtschaft ist deshalb zunächst, den Stellenwert der Inanspruchnahme der verschiedenen Funktionen von Wasserressourcen zu bewerten und offen zu legen.

Auf der Grundlage der Managementrichtlinien wurden weitere Grundregeln formuliert (vgl. nochmals Tabelle 8), die zumindest teilweise von unterschiedlichen Organisationen wie z.B. Umweltbundesamt (Brackemann et al. 2001: 108-110) und der Berufsvereinigung der ATV-DVWK (ATV-DVWK 2001) übernommen wurden. Einige dieser Grundregeln wie z.B. die vorbeugenden Regeln und Präventionsregeln sind bereits heute für die deutsche Wasserpolitik von wesentlicher Bedeutung. Insbesondere kommt dem Regionalprinzip eine hohe Bedeutung zu durch Aufnahme dieses Grundprinzips in das Wasserhaushaltsgesetz (WHG), und zwar durch die Verpflichtung, die Bedürfnisse der allgemeinen Wasserversorgung vorwiegend durch lokale Ressourcen zu bedienen (§ 1 Abs. 3 WHG).

Obwohl diese Grundprinzipien verglichen mit den allgemeinen Managementregeln bereits ein detaillierteres Bild über die Bewertungsfragen der Nachhaltigkeit liefern, bleiben dennoch einige Fragestellungen unbeantwortet. Insbesondere fällt auf, dass die formulierten Grundprinzipien über die formulierten ökologischen Regeln hinaus nur sehr unscharf auf die beiden anderen Aspekte des „Dreisäulensystems der Nachhaltigkeit" im Sinne ökonomischer und sozialer Aspekte Bezug nehmen. Bis heute sind in Deutschland alle Maßnahmen der Reduzierung von Verschmutzungen und zum Grundwasserschutz dem übergeordneten Ziel der Sicherung einer hohen Trinkwasserqualität untergeordnet worden (Ministerium für Umwelt und Verkehr Baden Württemberg 2000; Niedersächsisches Umweltministerium 2002).

Insbesondere ökonomische Aspekte wie Kosteneffizienz spielten bisher eine untergeordnete Rolle im Bereich des Wassermanagements. Erst in jüngster Zeit ist eine verstärkte Diskussion über angemessene Maßnahmen zur Verbesserung der ökonomischen Leistungsfähigkeit von Betrieben der Wasserwirtschaft zu beobachten (vgl. WRc/Ecologic 2002; Ewers et al. 2001; Brackemann et al. 2000). Zwar hat dies noch nicht zu substanziellen Veränderungen im Regelungskontext dieses Sektors und zu Veränderungen im Wettbewerb zwischen den Akteuren ge-

[118] So haben eine einwandfreie Wasserqualität und Versorgungssicherheit in den Leitbildern einer zukunftsfähigen Wasserversorgung der Bundesländer Baden-Württemberg und Niedersachsen oberste Priorität (Ministerium für Umwelt und Verkehr 2000: 6; Niedersächsisches Umweltministerium 2002: 9). Die für Niedersachsen formulierten Grundsätze bauen explizit auf denen des Umweltbundesamtes auf.

führt; die verstärkte Aufmerksamkeit kann jedoch als erstes Indiz für einen neuen Definitionsprozess der Ziele von Wassermanagement angesehen werden.

Ebenso unscharf verhält es sich im Hinblick auf soziale Aspekte der Nachhaltigkeit: So wird in den Grundprinzipien zwar der Grundsatz der Interessenberücksichtigung im intergenerationellen Kontext formuliert, eine konkrete Operationalisierung etwa über eine stärkere Umsetzung des Partizipationsprinzips (wie etwa in der Wasserrahmenrichtlinie formuliert) und damit angesprochene Fragen der sozialen Akzeptanz und der aktiven Einbindung der Öffentlichkeit im Rahmen der Umsetzung der Wasserrahmenrichtlinie bleibt hingegen den Mitgliedstaaten überlassen (ENGREF et al. 2003: 94).

Mit dem Leitbild einer nachhaltigen Entwicklung werden darüber hinaus üblicherweise normative Vorstellungen über Verteilungsprobleme bezüglich einer intergenerationellen sowie einer intragenerationellen Gerechtigkeit angesprochen (vgl. Klemmer 1999: 435ff.). Die Forderung nach intergenerationellen Gerechtigkeit führt im Kern zu der Frage nach dem in der langfristigen Perspektive angemessenen Umgang mit dem sog. natürlichen Kapital, d.h. den regenerativen und nicht-regenerativen natürlichen Ressourcen sowie allen Funktionen, die von der Ökosphäre direkt oder indirekt für Menschen erfüllt werden. Die Dimension intragenerationeller Gerechtigkeit steht in engem Zusammenhang mit dem entwicklungspolitischen Handlungsbedarf aufgrund drängender Armut in vielen Ländern, spielt aber auch innerhalb von Volkswirtschaften, auch von wirtschaftlich hoch entwickelten, eine Rolle. So werden im Allgemeinen als grundlegende Zieldimensionen einer nachhaltigen Entwicklung gleichermaßen ökologische, ökonomische und soziale Anforderungen genannt (vgl. z.B. Atkinson et al. 1997: 2; Fues 1998: 45f.). Dieser Dreiteilung folgt insbesondere auch das Indikatorenprogramm der UN-Kommission für nachhaltige Entwicklung (vgl. Eurostat 1997; Fues 1998: 75ff.), das eine Vielzahl sog. Driving force-, State- sowie Response-Indikatoren in Hinblick auf eine nachhaltige Entwicklung benennt.

Unter nachhaltige Innovation werden – wie bereits ausgeführt – im vorliegenden Vorhaben Neuerungen im Bereich von Produkten, Prozessen, Organisations- oder Verhaltensweisen oder von Institutionen verstanden, welche dazu beitragen, mit dem Leitbild einer nachhaltigen Entwicklung verbundene Ziele besser als zuvor zu erreichen. Weil von einer Innovation mehrere Dimensionen einer nachhaltigen Entwicklung tangiert werden können, bedarf es einer Abwägung/Saldierung positiver und negativer Zielbeiträge, um gesamtwirtschaftlich sinnvolle von gesamtwirtschaftlich nicht wünschenswerten Innovationen unterscheiden zu können.

Unter einer nachhaltigen Innovation könnte nun eine Innovation im oben beschriebenen Sinne verstanden werden, mit der Ziele einer nachhaltigen Entwicklung, deren Erreichungsgrad mittels Nachhaltigkeitsindikatoren im Idealfall korrekt abgebildet wird, in einem höheren Maße bzw. zu einem günstigeren Kosten-Nutzen-Verhältnis verwirklicht werden. Da die Ziele einer nachhaltigen Entwicklung nicht (sämtlich) mit denen einzelner Wirtschaftseinheiten zusammenfallen müssen, kann der Fall eintreten, dass einzelwirtschaftlich vorteilhafte Innovationen als gesamtwirtschaftlich negativ bewertet werden. Ursächlich kann nicht nur Marktversagen (insbesondere aufgrund negativer externer Effekte) sein, sondern z.B. auch, dass gesamtwirtschaftliche Ziele wie das der Vollbeschäftigung oder einer geringen Spreizung der personellen Einkommensverteilung nicht unmittelbar Bestandteil einzelwirtschaftlicher Zielsetzungen sind.[119] Sofern also kein System vollkommener Märkte besteht oder nicht nur allokative Ziele vorliegen, stellt sich das Problem der Abwägung/Saldierung der Wirkungen einer (nachhaltigen) Innovation auf ökologische, ökonomische und soziale Aspekte. Dies ist freilich mit erheblichen Bewertungsproblemen verbunden.[120] Erfolgt die Messung deshalb nicht über einen aggregierten Indikator, sondern (auch) mit Hilfe von physischen Indikatoren, ist es wichtig, möglichst genau die Wirkungszusammenhänge nicht nur zwischen Driving force-, State- und Response-Indikatoren, sondern auch zwischen Indikatoren der verschiedenen Dimensionen und der verschiedenen Handlungsfelder zu kennen (vgl. Spangenberg u. Bonniot 1998; Radke 1999: 190ff.; Fues 1998: 71, 143ff.).

Um dies zu erreichen, wurden die Systematisierung der Nachhaltigkeitsindikatoren im Rahmen des AquaSus-Indikatorensystems zunächst an den drei Dimensionen ökonomischer, ökologischer und sozialer Nachhaltigkeit orientiert, wobei für die einzelnen Dimensionen differenzierte Einzelindikatoren gebildet wurden. Eine Zuordnung der Indikatoren zu den Nachhaltigkeitsprinzipien der Wasserwirtschaft ist in Abb. 20 vorgenommen, wobei die hauptsächlichen Zuordnungen (starker Zusammenhang) mit schwarz, die übrigen Zuordnungen mit einem vermuteten schwächeren Zusammenhang mit grau gekennzeichnet wurden.

Die Abbildung veranschaulicht, dass insbesondere das Vorsorge-, das Quellenreduktions- und das Reversibilitätsprinzip sich in operationaler Weise in den sozialen Indikatoren des Schutzes des Menschen sowie seiner Lebensumstände widerspiegeln.

Das Prinzip der Ressourcenminimierung dürfte sich insbesondere operationalisieren über dessen Wirkungen auf Kosten, aber auch auf die ökologischen Ressourcen. Die Beteiligung von Nutzern, Planern, politischen Entscheidungsträgern und der weiteren Öffentlichkeit an der wasserwirtschaftlichen Planung und Bewirtschaftung gehört auch zu den Maßnahmen, die in Kap. 18 der Agenda 21 genannt werden, um die 1992 auf der Konferenz der Vereinten Nationen international beschlossenen Nachhaltigkeitsziele für die Wasserwirtschaft zu erreichen. Das hierauf zielende Kooperationsprinzip und die Beteiligung Betroffener dürfte mittel- bis langfristig insbesondere Auswirkungen auf die Systemflexibilität sowie die gesellschaftliche Akzeptanz haben.

---

[119] Als Beispiel kann eine quasi-arbeitsvermehrende technische Innovation, welche bei gleichem Outputniveau einen geringeren Einsatz des Faktors Arbeit erfordert, genannt werden. Zwar mögen Unternehmen eine Art gesellschaftlicher Verantwortung haben, doch muss diese in marktwirtschaftlichen Systemen im Zweifelsfall hinter dem originär unternehmerischen Ziel, der Erwirtschaftung von Gewinnen, zurücktreten.

[120] Dies zeigen die Diskussionen über Konzepte „schwacher" oder „starker" Nachhaltigkeit (vgl. für einen diesbezüglichen Überblick z.B. Ayres et al. 1998 und Gutés 1996) sowie über die hiermit zusammenhängende Frage, inwieweit physische und/oder monetäre Indikatoren verwendet werden sollten.

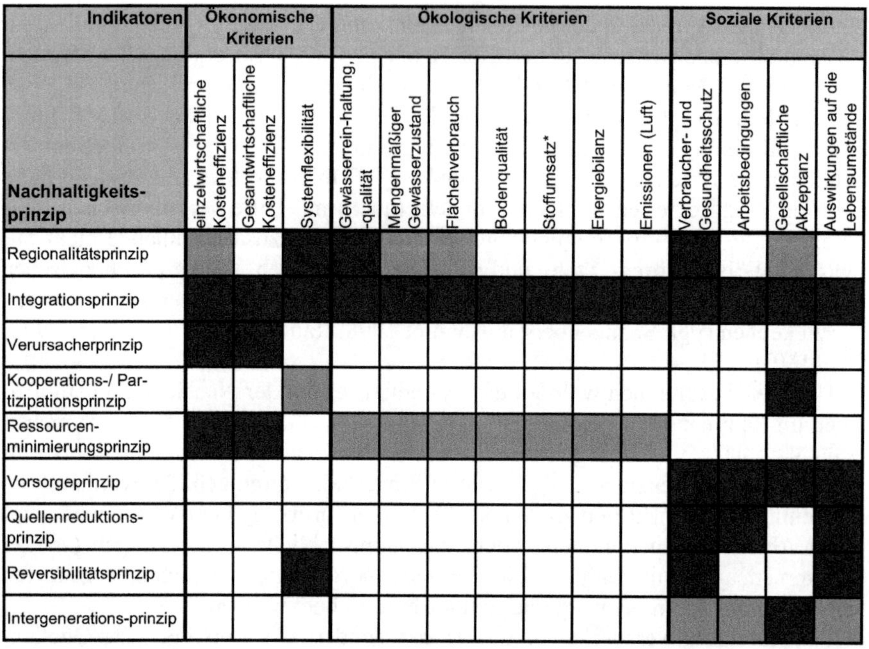

Abb. 20. Zuordnung von Nachhaltigkeitsindikatoren zu den Nachhaltigkeitsprinzipien in der Wasserwirtschaft

Das Integrationsprinzip hat – in seiner konsequenten Umsetzung – sicher den weitreichendsten Hebel auf die einzelnen Nachhaltigkeitsaspekte: die verstärkte integrierte Betrachtung ökologischer, sozialer und ökonomischer Anforderungen des Leitbilds einer nachhaltigen Entwicklung in der Wasserwirtschaft dürfte zu einem Ausgleich von gesellschaftlichen, ökologischen und wirtschaftlichen Interessen führen.

Das Regionalitätsprinzip schließlich dürfte sich insbesondere in konkreten Gestaltungsfragen der Systeme vor Ort, d.h. im Hinblick auf Fragen der Wirtschaftlichkeit und Systemflexibilität, aber auch in Bezug auf die Behandlung von Fragen des Verbraucher- und Gesundheitsschutzes sowie der Akzeptanz regional Betroffener widerspiegeln.

Zur Bewertung der einzelnen Nachhaltigkeitswirkungen der in Frage stehenden Innovationen sind im Indikatorensystem vor dem geschilderten Hintergrund Bewertungsitems aufgenommen worden, die eine Charakterisierung der Innovationen anhand der unterschiedlichen Indikatoren zu ökonomischen, ökologischen und sozialen Wirkungsaspekten ermöglicht. Diese Bewertungsitems sind wie folgt operationalisiert worden:

Deskriptor	Ausprägungen				Definitionen
Ökonomische Kriterien					
Wirtschaftlichkeit ist einzelwirtschaftlich ...	nicht gegeben	neutral	gering	hoch	Mikroökonomisches Kosten-Nutzen-Verhältnis
Gesamtwirtschaftliche Kosteneffizienz ...	wird reduziert	bleibt gleich	wird verbessert		Makroökonomisches Kosten-Nutzen-Verhältnis
Systemflexibilität wird...	reduziert	neutral	erhöht		Anpassungsfähigkeit an veränderte Rahmenbedingungen
Ökologische Kriterien					
Gewässerreinhaltung, -qualität	vermindert	potenziell gefährdet	neutral, unverändert	verbessert	Schadstofffreiheit des Systems
Mengenmäßiger Gewässerzustand	vermindert	potenziell vermindert	unverändert	verbessert	Qualität des verfügbaren Wassers
Flächenverbrauch	steigt	unverändert	sinkt		Inanspruchnahme von lokalen und regionalen Flächen
Bodenqualität	sinkt	bleibt gleich	steigt		Güte des Bodens
Stoffumsatz*	steigt	bleibt unverändert	sinkt		Verbrauch an natürlichen Ressourcen im Sinne einer LCA
Energiebilanz	verschlechtert	bleibt unverändert	verbessert		Verhältnis von eingesparter zu aufgewendeter Energie
Emissionen (Luft)	steigen	bleiben unverändert	sinken		Ausbringung von Luftschadstoffen
Soziale Kriterien					
Verbraucher- und Gesundheitsschutz	reduziert	potenziell gefährdet	neutral	verbessert	Direkter persönlicher Schutz der Menschen sowie deren Gesund-heit
Arbeitsbedingungen	verschlechtert	unverändert	verbessert		Unmittelbare Bedingungen der Erwerbstätigkeit
Gesellschaftliche Akzeptanz	(organisierter) Widerspruch	geringe Akzeptanz	hohe Akzeptanz	(organisierter) Zuspruch	Verhalten der Bevölkerung im Hinblick auf die Annahme der Innovation
Auswirkungen auf die Lebensumstände von Kunden/ Anwohnern/ Bevölkerung	unzumutbar (massiver Eingriff in die Lebens-umstände)	zumutbar (Änderung der Lebensumstände sozial akzeptabel)	positive Änderung der Lebensumstände (z.B. Wegfall von Geruchsbelästigungen)		Folgen für die unmittelbar und mittelbar von der Innovation Betroffenen
	Positive (wünschenswerte) Entwicklungsrichtung für den Indikator →				

* Stoffumsatz im Sinne einer LCA = Menge an Umweltverbrauch

Abb. 21. Bewertungsitems zur Nachhaltigkeitsbewertung

Für jeden Indikator wurde eine darauf abgestellte qualitativ-verbale Skala entwickelt, um im Rahmen der Befragung mögliche Interpretationsspielräume möglichst gering zu halten. Bewertet wurde mit dieser Matrix jeweils eine einzelne Innovation bzw. deren Folgen für die Ausprägung der jeweiligen Nachhaltigkeitsindikatoren.

Die Skalierung der einzelnen Nachhaltigkeitsindikatoren wurde so aufgebaut, dass in der Formatvorlage der Bewertungsmatrix eine einheitliche normativ wünschenswerte Entwicklungsrichtung für alle verwendeten Indikatoren sichtbar festgelegt werden konnte. Dementsprechend würden sich Profile aus vorgenommenen Bewertungen, die sich im rechten Teil des Bewertungsbogens bündeln, stark positiv auf die Nachhaltigkeit auswirken und umgekehrt. D.h., auch bei dieser Fieberkurve gilt: Je weiter die Kurve nach rechts liegt, desto umfangreicher tragen die dahinter stehenden Innovationen zu einer Verbesserung der Nachhaltigkeitsindikatoren bei. Ausgewählte Ergebnisse aus der Expertenbefragung hierzu werden in Abschnitt 4.2 vorgestellt.

Mit den erwarteten (ex-ante) bzw. vorläufig bestätigten (ex-post), d.h. auf Grund von Befragungen und Experteneinschätzungen vorgenommenen Bewertungen in den einzelnen Deskriptoren können im Indikatorensystem die Bewertungen zur Hebelwirkung der einzelnen Innovationen in Bezug auf Verbesserungen der Nachhaltigkeitsindikatoren in den Zellen der Matrix vorgenommen werden.

Im Hinblick auf die in AquaSus durchgeführten quantitativen empirischen Untersuchungen konnte – soweit als Ausblick auf spätere Ausführungen (vgl. Abschnitt. 4.2) – dieser spezielle Teil der Beurteilung nicht umfassend für jede behandelte Innovation durchgeführt werden, hätte dies doch den Rahmen der Analyse gesprengt.[121] Insofern basieren die weiter unten präsentierten Bewertungen auf den Einschätzungen der befragten Experten und sind als solche nicht repräsentativ.[122]

Dies gilt auch für den letzten Aspekt der Bewertung der Nachhaltigkeit: Unabhängig von einer Beurteilung möglicher oder tatsächlicher Hebelwirkungen einzelner Innovationen für die Verbesserung der Nachhaltigkeitsindikatoren ist in dem Indikatorensystem auch konzeptionell eine Bewertung der Ausprägung dieser Nachhaltigkeitsindikatoren (im Sinne eines komparativ-statistischen Vergleiches) angelegt. Hierzu ist der Systemzustand des Innovationssystems – gemessen an den dargestellten Indikatoren und etwa bezogen auf einzelne betrachtete Ausschnitte oder Ebenen des Innovationssystems – im Hinblick auf die einzelnen ökonomischen, ökologischen und sozialen Indikatoren – zu bewerten. Dies kann mit Hilfe qualitativ-verbaler Skalierungen – wie im Beispiel des Indikatorenmodells – oder auch mit Hilfe metrischer oder quantitativer Messgrößen geschehen, d.h. dies ist von der gewählten Methode und den Messgrößen abhängig.

Im Rahmen des Projekts AquaSus war keine umfassende derartige quantitative Messung der Nachhaltigkeit des Innovationssystems Wasser vorgesehen. Auf Ba-

---

[121] So ist etwa die detaillierte Abfrage dieser Aspekte im Rahmen der empirischen Breitenbefragung nicht möglich gewesen, da dies den Fragebogen im Hinblick auf Umfang und Komplexität bei weitem gesprengt hätte.

[122] Hier ist ein erheblicher weiterer Forschungsbedarf für die nächsten Jahre zu sehen.

sis des vorgestellten Indikatorensystems wurde jedoch eine Expertenbefragung durchgeführt, die qualitative Ergebnisse insbesondere zu den Nachhaltigkeitswirkungen einzelner Innovationen liefert. Darüber hinaus eignet sich das Indikatorenmodell für die Strukturierung weitergehender Untersuchungen. Beispielweise in dem Sinne, dass für ausgewählte Fragestellungen und Hypothesen eine quantitative Messung durchgeführt werden kann und die hier zunächst qualitativ eingeschätzte Hebelwirkung durch die Beurteilung der quantitativen Veränderung von Nachhaltigkeitsindikatoren präzisiert werden kann.

3.5 Ableitung forschungsleitender Hypothesen und Erkenntnisinteressen

Im Folgenden wird das heuristische Potenzial des Indikatorenmodells zur Ableitung der forschungsleitenden Erkenntnisinteressen Hypothesen nutzbar gemacht. Diese werden im folgenden Einzelnen diskutiert:

3.5.1 Bewertung der Nachhaltigkeitseffekte einzelner Innovationen

Unmittelbar aus den Überlegungen des vorangegangenen Abschnitts ergibt sich ein Forschungsinteresse an der Bewertung der Nachhaltigkeitswirkungen einzelner Innovationen.[123] Die Kenntnis über Nachhaltigkeitseffekte ist eine wichtige Entscheidungsgrundlage für die verschiedenen Akteure des Innovationssystems. Die Stimulierung der Diffusion einer Innovation lohnt vor allem dann, wenn eine Innovation vom Markt nicht angenommen wird, jedoch eine sehr hohe Nachhaltigkeitswirkung zu erwarten ist. Aufgrund der unmittelbaren Verknüpfung mit dem in Abschnitt 3.4 dargestellten Indikatorensystem wurde bereits dort die Operationalisierung dieses Erkenntnisinteresses für die empirische Analyse skizziertet, so dass an dieser Stellen nicht erneut auf diesen Aspekt eingegangen wird.

3.5.2 Zentrale Hypothesen zur Genese von Innovationen

Das in Abschnitt 3.2 vorgestellte Modell zeigt auf theoretisch abstrakter Ebene einen Vielzahl möglicher für die Genese von Innovationen relevanter Beziehungen zwischen verschiedenen Variablen des Innovationssystems auf. Alle diese Beziehungen umfassend empirisch zu untersuchen und möglichst zu quantifizieren, stellt für ein einzelnes Forschungsprojekts allerdings eine nicht zu bewältigende Aufgabe dar. Im Rahmen des Projekts AquaSus wurde daher ein Vorgehen gewählt, das sehr breite Spektrum relevanter Einzelfragen – ausgehend von den als zentral erkannten Nachhaltigkeitsdefiziten und aktuellen Entwicklungen in der heutigen Wasserwirtschaft – auf eine überschaubare Zahl von fünf zentralen

[123] Zu den Ergebnissen der Expertenbefragung in Hinblick auf Nachhaltigkeitswirkungen ausgewählter Innovationen in der Wasserwirtschaft vgl. Abschnitt 4.2.

Hypothesen zu verdichten, die einer intensiven empirischen Analyse zugeführt werden können. Im Weiteren wird die Bedeutung der ausgewählten Einzelfragen dargestellt und ihre Herleitung aus dem Innovationssystemmodell erläutert:

Umweltpolitik als wesentliche Determinante für Innovationen

Bereits anhand der Ausführungen des Abschnitts 2.2 wird deutlich, dass es sich bei der deutschen Wasserwirtschaft um eine in vielfältiger Weise regulierte Industrie handelt, deren Aktivitäten bis hin zur Ausgestaltung technischer Details rechtlich normiert werden. Besondere Bedeutung kommt wegen der hohen Umweltrelevanz der Ressource Wasser dabei der Umweltpolitik und deren zentrale Ausgestaltung in Form des Umweltrechts zu. Umweltpolitik und Umweltrecht stellen damit unweigerlich eine wichtige Rahmenbedingung für die Akteure der deutschen Wasserwirtschaft dar. Dementsprechend gehen Umweltpolitik und Umweltrecht an prominenter Stelle als Input bzw. exogene Variablen in die Modellierung des Innovationssystems Wasserwirtschaft ein (vgl. Abb. 18), erscheint es doch nahe liegend, dass Umweltpolitik und Umweltrecht auch auf das Innovationsgeschehen in der Wasserwirtschaft Einfluss ausüben sollten. Die Hypothese, dass Umweltpolitik eine wichtige Determinante von Innovationen darstellt, scheint somit auf der Hand zu liegen.

Zusätzliche Nahrung erhält diese These durch den Blick zurück in die Vergangenheit. Eine einfache zeitliche Gegenüberstellung von einerseits wichtigen umwelt- und wasserrechtlichen Neuerungen sowie (umwelt)politischen Diskussionsthemen und andererseits zentralen Innovationen in der Wasserwirtschaft während der vergangenen 40 Jahre (vgl. Abb. 22) legt die Ableitung dieser These für die Gegenwart nahe. Die Gegenüberstellung verdeutlicht, dass Compliance-Anforderungen mit gesetzlichen Vorgaben mit erhöhten Innovationsanstrengungen für eine Verbesserung insbesondere ökologischer Nachhaltigkeitskriterien einhergehen.[124]

Trotz dieser augenfälligen Korrelation des (vermuteten) Innovationstreibers Umweltpolitik und Umweltrecht sowie der beobachteten Innovationsaktivitäten ist der Zusammenhang zwischen beiden Größen aber keineswegs trivial. Zum einen belegt ihr zeitliches Zusammentreffen keinen ursächlichen Zusammenhang. Andere Innovationstreiber können durchaus einen weit stärkeren Einfluss auf die Genese und Diffusion der beobachteten Innovationen entfalten haben, was in Bezug auf andere Sektoren durch viele empirische Untersuchungen gestützt wird. Zudem reagiert die Umweltpolitik mit neuen Vorgaben erst dann, wenn die technische Machbarkeit belegt ist. Folglich sollte die Umweltpolitik in erster Linie beschleunigend auf die flächendeckende Einführung von Neuerungen wirken, weniger jedoch auf die eigentliche Invention.

[124] Im Abschnitt 4.6 und 7.1.2 finden sich detaillierte Ausführungen zum Zusammenhang zwischen der Formulierung neuer Vorgaben und der Einführung von Neuerungen anhand ausgewählter Beispiele.

	1960-1976	1976-1986	1986-1996	1997-2002	ab 2002
Umweltpolitik	WHG und Landeswassergesetze Kommunale Abwasserbeseitigungspflicht nach BundesseuchenG Ordnungsrechtliche Begrenzung der Abwassereinleitung Landeszuschüsse für Kläranlagen- und Kanalbau	AbwAG (1976/1981) Abgabe für Schmutz- und Niederschlagswasser Kommunale Abwasserbeseitigungspflicht nach §18a WHG und LandeswasserG Strafverfahren gegen Bürgermeister Mindestanforderungen an Abwassereinleitungen: a.a.R.d.T. gemäß Abwasserrahmen VwV und Anhänge Abwasserbeseitigungskonzepte im LWG	5. Novelle WHG; Mindesanforderung an Abwasserdirekteinleitung: a.a.R.d.T. bzw. St.d.T (für gefährliche Abwässer), § 7a WGH Anforderungen an Indirekteinleitungen Anforderungen an P- und N-Elimination KommunalabwasserVO EigenkontrollVO Umweltverträglichkeitsprüfungsgesetz	6. Novelle WHG: Mindestanforderung an Abwasserdirekteinleitung: Stand der Technik AbwasserVO und Anhänge Erste Wasserentnahmeentgelte der Länder TA Siedlungsabfall: Ende der Klärschlammdeponierung TrinkwasserVO: 50 mg/l NO_3 Möglichkeit der Privatisierung	EU Wasserrahmenrichtlinie 7. Novelle WHG; 16 neue Landeswassergesetze Umsetzung IVU-Richtlinie und UVP-Änderungsrichtlinie Liberalisierungsdiskussion Verschärfung der kommunalen Kassenlage Forderung nach „1:1-Umsetzung“ – kein kostenträchtiger deutscher Sonderweg bei der Umsetzung von EU-Richtlinien
Innovationen	Reglementierung von Gewässerbenutzung Kanalisierung der Innenstädte Beginn des Kohlenstoffabbaus Kanal- und Kläranlagenbau nach Maßgabe der Bundes- und Landeskassenlage	Ausweisung von Trinkwasserschutzgebieten „Bescheidumstellung“: Aktualisierung aller Abwassereinleitungserlaubnisse Kanalisierung städtischer Randbereiche Kläranlagenerweiterungen wegen zusätzlicher Anschlüsse Beginn der Mischwasserbehandlung	Kooperation Wasserversorger – Landwirtschaft Außenbereichskanalisierung bzw. Kleinkläranlagenbau im Außenbereich Kläranlagenumbau für Nährstoffelimination (Nebeneffekt: optimierter Kohlenstoffabbau) Kanalinspektion; Kanalsanierung Bau von RÜBs und SKs Erste private Betriebsführer	Schließung von Wasserwerken im ländlichen Raum Etablierung alternativer Kanalisierungsmethoden und Kanalmaterialien Beginn von Benchmarking und Qualitätsmanagement Neuordnung der Geschäftsfelder der Ver- und Entsorger	Integrierter Umweltschutz Privatisierung im Bereich der Wasserversorgung Bestandserfassung aller Gewässer Beginn der Flussgebietsbewirtschaftung Bewirtschaftungspläne und Maßnahmenprogramme

Abb. 22. Zeitliche Gegenüberstellung der Einführung umweltrechtlicher Neuerungen und Innovationen in der Wasserwirtschaft

Des Weiteren ist nicht auszuschließen, dass, selbst wenn einige wichtige Innovationen durch die umweltpolischen Rahmenbedingungen angestoßen wurden, andere durch Umweltpolitik gehemmt wenn nicht verhindert wurden, und das Verhältnis zwischen beiden daher als ambivalent zu betrachten wäre. Schließlich können sich die Nachhaltigkeitswirkungen durch umweltpolitische Vorgaben induzierte Innovation durchaus als problematisch erweisen. So ist selbst bei Innovationen, die eindeutig auf Verbesserungen der Nachhaltigkeit im Hinblick auf die ökologische Dimension zielen, nicht garantiert, dass diese nicht zu Verschlechterungen im Bereich der ökonomischen oder sozialen Nachhaltigkeitsindikatoren führen.

Vor dem Hintergrund dieser Überlegungen wird sich die empirische Auseinandersetzung mit der Hypothese, dass Umweltpolitik eine wesentliche Determinante für Innovationen darstellt, keineswegs darauf beschränken, nach Belegen für die Rolle von Umweltpolitik als Innovationstreiber suchen, sondern ebenfalls ihre Rolle als mögliches Innovationshemmnis thematisieren. Auch werden die Analysen darauf eingehen, ob umweltpolitisch induzierte Innovationen, die auf ökologische Verbesserungen zielten, unerwünschte Nebeneffekte auf die anderen Dimensionen der Nachhaltigkeit entfalteten.

Verbesserte Abstimmung von Akteuren befördert eine nachhaltige Wasserwirtschaft

Wie bereits aufgezeigt, werden im Innovationssystemansatz die Beziehungen zwischen den Elementen des Innovationssystems maßgeblich beschrieben durch die Rollenzuweisung der Akteure und die daraus abgeleitete Arbeitsteilung im Innovationsprozess (Staudt 1996: 4ff.). Dabei bestimmt die Qualität des Zusammenspiels zwischen den Innovationsaktivitäten der verschiedenen Akteure sowie zwischen diesen und den Rahmenbedingungen des Innovationssystems im Wesentlichen dessen Funktions- und Leistungsfähigkeit (vgl. Metcalfe 1995: 464f.; Pleschak u. Sabisch 1996: 36; OECD 1998: 60ff.; BMBF 1999: 34f.). Akteursnetzwerke werden in der neueren Innovationsforschung als Instrumente des Wandels angesehen, insbesondere im Kontext von Systeminnovationen und der Nachhaltigkeitsdiskussion (vgl. DIW 2004). Aus aktuellen Forschungsprojekten des BMBF geht hierzu die These hervor, dass zur Umsetzung insbesondere von Umwelt- und Nachhaltigkeitsinnovationen neue Unternehmensstrategien zwischen Kooperation und Konkurrenz wie auch neue Governance-Ansätze (Institutionen auf der Mesoebene, Clustermanagement, kooperativer Politikstil) förderlich sind (z.B. Jänicke 2000.).

Die Thesen zu der Abstimmungsproblematik von Akteuren des Innovationssystems in AquaSus folgen unmittelbar dem zu Grunde liegenden methodisch-konzeptionellen Innovationssystem-Ansatz (vgl. Kapitel 3). Im Fokus steht, dass die Institutionen/Akteure im Wesentlichen über ein Zusammenwirken und natürlich auch individuell zur Entwicklung und Diffusion von Neuerungen beitragen. Abb. 23 zeigt unter Aufgriff der Modellbildung (vgl. Abschnitt 3.3.1) die Akteure des Innovationssystems und deren möglichen Einfluss auf externe Treiber. Im Beziehungsfeld zwischen den Akteuren sind mögliche Konflikte abgetragen. Die Fragen, die im Mittelpunkt stehen, sind dabei:

- Haben die Beziehungen zwischen den Akteuren einen maßgeblichen Einfluss auf Richtung und Stärke der Treiber?
- Haben die Beziehungen (konträr, indifferent etc.) einen Einfluss auf die Genese und Umsetzung von Innovationen?
- Sind diese Innovationen in diesem Fall nachhaltiger?

Die Fragen der Abstimmung zwischen den Innovationsakteuren haben unterschiedliche Dimensionen, u.a.:

1. in welchen Bereichen wäre durch eine bessere Abstimmung unter den Akteuren d. Innovationssystems eine verbesserte Nachhaltigkeit der Innovationen zu erzielen?
   a. in Abstimmungen von Gesetzgebungsinstanzen aus unterschiedlichen Rechtsregimen (Abfallrecht – Wasserrecht – Baurecht – etc.)
   b. auf verschiedenen Ebenen des Rechtssystems (EU, Bund, Land, Kommune, Vollzugsbehörden)
   c. in unterschiedlichen regionalen Zuständigkeiten
2. Abstimmung von institutionalisierten Interessengruppen bei Formulierung, Umsetzung und Vollzug von Gesetzen (Effizienz von Kooperationsprinzipien im Umwelt- und Wasserrecht, Effizienz von Selbstverpflichtungen etc.)
   a. Abstimmung zwischen staatlichen und privaten Akteuren
   b. Politik – Unternehmen – Wissenschaft – Verbände – Behörden
   c. Abstimmung zwischen Privaten Akteuren (Unternehmen – Unternehmen der Wasserwirtschaft oder Unternehmen der Wasserwirtschaft mit anderen Unternehmen, bzw. Unternehmen – Wissenschaft etc.)
3. Welche Art der Abstimmung würde die Nachhaltigkeit verbessern?
   a. technologische Abstimmung (Zuschnitt der Technologien aufeinander in der Ver- und Entsorgungskette)
   b. planerische Abstimmung (wasserwirtschaftliche Rahmenpläne – Bewirtschaftungspläne – Maßnahmenpläne – Wasserschutzgebietsverordnungen – Ausbaupläne)
   c. Stoffstrom –Abstimmungen (Menge und Qualität der Versorgung gemessen an der Wassernutzung (industriell – urban) mit Auswirkungen auf die Bodenkultur etc.

Abb. 23 greift diese Überlegungen auf der Grundlage der komplexen Akteurskonfiguration in der Wasserwirtschaft nochmals systematisch dar.

In AquaSus können nicht alle diese Fragen empirisch überprüft werden. Als Ausschnitt aus dem Fragenkatalog und damit als forschungsleitendes Interesse für die Umsetzung von Nachhaltigkeitsinnovationen in der Wasserwirtschaft werden aus dem Spektrum dieser Fragen folgende zwei Hypothesen zur Akteursabstimmung weiterverfolgt:

- Eine verbesserte Abstimmung der Rechtsregime und eine stärkere Zusammenführung der verschiedenen Rechtsregime in ein medienübergreifendes Umweltrecht trägt zu einer verbesserten Genese und Umsetzung von Innovationen für nachhaltiges Wirtschaften in der Wasserwirtschaft bei.
- Eine verbesserte Abstimmung von Regelungsvorhaben mit den Zeitfenstern von Investitionszyklen trägt zu einer verbesserten Genese und Umsetzung von Innovationen für nachhaltiges Wirtschaften in der Wasserwirtschaft bei.

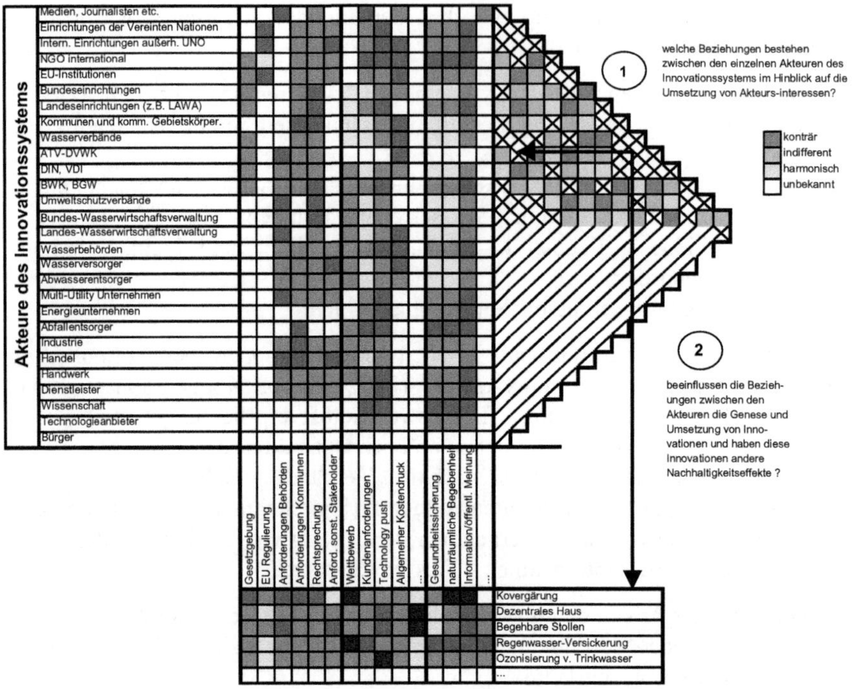

Abb. 23. Darstellung von Aspekten der Hypothese zur „Akteursabstimmung“

Die beiden zentralen Hypothesen betreffen damit die im Fragenkatalog behandelten Fragen der Abstimmung von Gesetzgebungsinstanzen aus unterschiedlichen Rechtsregimen (1a), der Abstimmung zwischen staatlichen und privaten Akteuren (2a) und der Fragen verbesserter planerischer Abstimmungen (3a).

Gezielte Förderung wettbewerblicher Elemente in der Wasserwirtschaft verändert das Innovationsverhalten

Wettbewerb als wichtiger Treiber im Innovationssystem Wasserwirtschaft

Innovationssystemsansätze im Allgemeinen sind charakterisiert durch die Berücksichtigung aller am Innovationsprozess beteiligten Institutionen, wobei der Institutionenbegriff sehr weit zu fassen ist. Insbesondere fallen darunter alle beteiligten Akteure aber auch der Ordnungsrahmen, der die Interaktionen der Akteure im Innovationsprozess moderiert.

Im betrachteten Sektor sind zahlreiche Akteure über eine Vielzahl unterschiedlicher Beziehungen verknüpft. Dabei spielten Marktbeziehungen zwar schon immer eine zentrale Rolle, so z.B. in der Beziehung von privaten Technologieentwicklern und den Versorgungsunternehmen, die diese Technologien nachfragen und schließlich zur Anwendung bringen. Daneben werden aber viele Akteursbeziehungen nicht über Märkte hergestellt. So wurde traditionell die Beziehung von

Versorgungs- bzw. Entsorgungsunternehmen und den Gebietskörperschaften typischerweise nicht als Marktbeziehung sondern als ordnungsrechtlich bestimmt interpretiert. In der ursprünglich dominanten Organisationsform des Regiebetriebs stellen sich Wasserver- und Abwasserentsorgung sogar als Teil der Gemeindeverwaltung dar. Da die verschiedenen Versorgungs- und Entsorgungsunternehmen zudem über geschützte Versorgungsbiete verfügen, stellen sich auch ihre Beziehung untereinander nicht als eine von um Märkte konkurrierender Wettbewerber, sondern vielmehr als fachlich, kollegiale Beziehung dar. Schließlich konnte die Beziehung von Kunden und Leistungserbringern zwar schon immer als Marktbeziehung interpretiert werden, die Marktform stellte sich als Monopol mit Kontrahierungszwang aber als weitgehend wettbewerbsfrei dar.

Vor dem Hintergrund des Innovationssystemansatzes kann daher eine verstärkte Bedeutung wettbewerblicher Elemente auch als Veränderung von Akteursbeziehungen interpretiert werden. Insbesondere werden infolge verstärkten Wettbewerbs Interaktionen zwischen am Innovationsprozess beteiligten Akteuren über Märkte abgewickelt werden, die zuvor keine Marktbeziehung darstellten. Dies gilt beispielsweise für das Verhältnis von Kommune und Versorger wenn die Wasserversorgung von einem Regiebetrieb zu einem privaten Betriebsführer übergeht. Gleichzeitig begegnen sich Unternehmen erst unter Wettbewerbsbedingungen als Konkurrenten in oder um Märkt, beispielsweise im Fall von Beteiligungswettbewerb. Außerdem wird sich der Charakter bestehender Marktbeziehungen unter Wettbewerb grundlegend ändern. So z.B. die Beziehung von Wasserversorgern und privaten Haushalten, wenn diese zwischen verschiedenen Anbietern wählen könnten. Schließlich können infolge eines veränderten stärker marktwirtschaftlich orientierten Ordnungsrahmens neue Akteure in das Innovationssystem eintreten, so z.B. ausländische Anbieter, die in den liberalisierten Wassermarkt eintreten

Neben den Interaktionsbeziehungen im Innovationssystem kann sich durch verstärkten Wettbewerb aber auch das Selbstverständnis und die Zielhierarchien einzelner Akteure verändern. Insbesondere wird unter Wettbewerbsdruck ökonomischer Effizienz höhere Bedeutung beigemessen und andere, z.B. ökologische Ziele möglicherweise in den Hintergrund treten. Unter Umständen wird es aber erst unter Wettbewerbsbedingungen als notwendig betrachtet, sich mit technischen oder organisatorischen Neuerungen auseinander zu setzen bzw. selbst Innovationsprozesse anzustoßen, könnten diese für den Erfolg im Wettbewerb doch von entscheidender Bedeutung sein.

Ein Übergang zu einem stärker marktwirtschaftlich orientierten Ordnungsrahmen wird somit sowohl über veränderte Ziele und Motive als auch über veränderte Beziehungen Verhaltensänderungen der am Innovationsprozess beteiligten Akteure auslösen. So werden Informationen z.B. über technische und organisatorische Neuerungen unter Marktbedingungen zu anderen Konditionen ausgetauscht, die Bedeutung verschiedener Innovationsprojekte anders bewertet, und Innovationsprojekte in anderen Akteurskonstellationen umgesetzt werden.

Aufgrund der zahlreichen betroffenen Akteure und der vielfältigen Interdependenzen, die zwischen ihnen bestehen, werden sich die Auswirkungen verstärkten Wettbewerbs auf das Innovationssystem aber sehr komplex gestalten. Ein umfassende empirische Erfassung aller Wirkungen und die Analyse aller Wirkungskanäle ist daher kaum zu leisten. Die empirische Untersuchung wird sich deshalb auf Effekte einzelner wettbewerblicher Elemente[125] auf das Innovationsverhalten zentraler Akteure im System konzentrieren. Als für die empirische Betrachtung wichtigste Akteure erscheinen insb. die Ver- und Entsorgungsunternehmen der Wasserwirtschaft, sind doch gerade sie Akteure, die bisher wenig Wettbewerb ausgesetzt waren. Sie werden von verstärktem Wettbewerb in besonderem Maße betroffen sein. Es bietet sich daher an, den zu erwartenden Zusammenhang zwischen Wettbewerb und Innovation in erster Linie für Ver- und Entsorgungsunternehmen der Wasserwirtschaft zu formulieren und empirisch zu überprüfen.

Die folgenden Ausführungen beschäftigen sich zum einen der erwarteten Form Zusammenhangs. Dazu wird die sowie die zentralen Aussagen der theoretischen und empirischen Literatur zum interessierenden Zusammenhang kurz zusammengefasst. Diskutiert wird aber auch der Gestaltungsspielraum für mehr Wettbewerb, der in der deutschen Wasserwirtschaft überhaupt besteht. D.h. es wird dargestellt was an wettbewerblichen Elementen überhaupt beobachtet werden kann Im Ergebnis dessen wird die Hypothese abgeleitet und deren geplante Operationalisierung im Rahmen der empirischen Überprüfung vorgestellt.

Der Gestaltungsspielraum zur Stärkung des Wettbewerbsgedankens und Konsequenzen für die einzelnen Dimensionen der Nachhaltigkeit

Die Ausführungen im Kapitel 2 belegen, dass sich seit Jahren ein organisatorischer Wandel in Form einer formalen Privatisierung in der Wasserwirtschaft beobachten lässt. Dieser Wandel räumt den Unternehmen mehr Entscheidungs- und Handlungsfreiheit ein. Unter anderem gestattet er auch eine aktive Teilnahme am Beteiligungswettbewerb. Anteilseigner können ihre Anteile an Dritte veräußern oder aber das formal privatisierte Unternehmen kann sich an anderen Versorgern beteiligen.

In der bisherigen Diskussion über die Konsequenzen einer Erhöhung der Wettbewerbsintensität wurden als positiver Aspekt vor allem die erwarteten betriebswirtschaftlichen Optimierungen und daraus ermöglichten Kostensenkungen betont. Ein systematischer und objektiver betriebswirtschaftlicher Beleg für diese Aussichten wurde bisher jedoch noch nicht erbracht. Als These hat die Erwartung jedoch weiterhin Bestand. Mit der stärkeren Betonung der ökonomischen Dimension des Nachhaltigkeitsziels kann aber eine Vernachlässigung der ökologischen Dimension einhergehen. Sofern der vom Gesetzgeber für den Betrieb vom Wasserver- und Abwasserentsorgung eingeräumte Gestaltungsspielraum bisher zu Gunsten einer stärkeren Betonung der ökologischen Dimension genutzt wurde, würde dies bei Erhöhung des Wettbewerbs ein Einsparpotenzial darstellen (siehe hierzu das Fallbeispiel „Ökologische Konsequenzen infolge wettbewerblicher Verhaltensweisen“ im Abschnitt 7.2.2 im Anhang). Anhand dieses Beispiels lässt sich verdeutlichen, dass aufgrund einer stärkeren Betonung ökonomischer Ziele eine freiwillige Unterschreitung der gesetzlichen Mindestanforderung in geringerem Umfang erfolgen kann. So könnte ein Abwasserbetreiber mit stärkerer Beach-

[125] Wird dagegen der Einfluss der Umweltpolitik betrachtet, sind analog einzelne umweltrechtliche Vorgaben als zentrale Impulse zu betrachten.

tung ökonomischer Ziele eine 15-fach höhere Ammoniumfracht in das Gewässer emittieren, als ein Betreiber mit Betonung ökologischer Ziele. Gesetzliche Vorgaben sind das Resultat technischer Möglichkeiten zur Erreichung gesetzter ökologischer Ziele. Diese beinhalten in der Regel einen Gestaltungsspielraum, d.h. die technischen Möglichkeiten werden nicht vollends ausgereizt. Dieser Spielraum dient dazu, auch bei zufälligen Abweichungen von Normwerten (z.B. aufgrund kurzfristig erhöhter Abwasserbelastung) die Einhaltung gesetzlicher Vorgaben zu ermöglichen.

Eine weitere Einengung des Gestaltungsspielraums ist nur dann realisierbar, wenn die auf dem Markt verfügbaren Technologien eine Erfüllung der Vorgaben auch bei zufälliger Abweichung von Normwerten ermöglicht. Anzunehmen ist, dass ökologisch orientierte Betreiber als erste die neuen Technologien einsetzen und sich unter Umständen sogar als Technologieführer hervortun. Mit verschärften Normen kann dann erreicht werden, dass auch Betreiber, die sich in geringerem Maße an ökologischen Zielen orientieren, zum Einsatz entsprechend vorhandener Techniken gezwungen werden. Problematisch an dieser Argumentationskette erscheint jedoch, dass unter verschärften Wettbewerb ökologisch orientierte Betreiber vermutlich in geringerem Maße die Möglichkeit haben, neue, ökologisch sinnvolle Techniken zur Anwendung zu bringen, so dass ihre Vorreiterrolle entfällt.

Veränderung der Innovationsaktivitäten durch mehr Wettbewerb

Es ist zu vermuten, dass die stärkere Ausrichtung der unternehmerischen Aktivitäten auf Effizienzsteigerungen aufgrund zunehmenden Wettbewerbs auch das Innovationsverhalten der Unternehmen beeinflussen wird. Es stellt sich die Frage, ob eine stärkere wettbewerbliche Orientierung zu mehr oder weniger Innovationsaktivitäten führt und ob auch die Innovationstätigkeiten stärker an ökonomischen Zielen zu Lasten ökologischer Ziele ausgerichtet werden. Organisatorischer Wandel in Form einer formalen Privatisierung und Teilnahme am Beteiligungswettbewerb fördern das unternehmerische Denken und räumen den Unternehmen mehr Handlungsfreiheit ein. Sie ermöglichen zudem die Bildung größerer Einheiten, wie er bereits in den letzten Jahren zu beobachten ist. Schließlich erhöht sich auch Druck auf die Unternehmen, Maßnahmen zur Steigerung der Effizienz zu ergreifen, um selbst im Beteiligungswettbewerb bestehen zu können. Insofern sind zwei Effekte zunehmenden Wettbewerbs auf das Innovationsverhalten zu diskutieren: Die zunehmende Größe der Unternehmen und die stärkere Betonung des Effizienzziels, welche als Schwächung der marktbeherrschenden Stellung interpretiert werden kann.

Es existiert eine umfangreiche, branchenübergreifende Literatur, die den Zusammenhang zwischen Unternehmensgröße und Marktstrukturen auf der einen und Innovationsaktivitäten auf der anderen Seite diskutiert. Der klassischen These Schumpeter's (1942) zu Folge innovieren größere Unternehmen überproportional mehr als kleine. Seiner Ansicht nach verfügen nur größere Unternehmen über ausreichende Ressourcen, um das Risiko umfangreicher FuE-Investitionen aufzunehmen. Nachfolgende Arbeiten anderer Autoren (u.a. Kamien u. Schwarz 1975) betonen dagegen einen U-förmigen Zusammenhang zwischen der Innovationsintensität und Größe. Als stilisierter Fakt gilt, dass große Unternehmen im Vergleich zu kleinen Firmen nicht überproportional zu ihrer Größe in FuE investieren (vgl. Cohen u. Klepper 1996; Klette u. Kortum 2002). Vereinzelt deuten einige Arbeiten jedoch auf einen U-förmigen Zusammenhang zwischen Größe und Innovationsintensität hin (vgl. z.B. Peters 2004).

Hinsichtlich der Bedeutung der Marktstrukturen für das Innovationsgeschehen existieren gegensätzliche Vorstellungen. Schumpeter (1942) betont in seiner zweiten These die positiven Effekte einer Monopolstellung bzw. hoher Marktmacht für die Innovationsaktivitäten. So ermöglicht die Monopolstellung die Durchführung von solchen Innovationsprojekten, die sich aus Unternehmenssicht unter Wettbewerbsbedingungen nicht lohnen. Die Marktmacht gestattet die Durchsetzbarkeit einer Innovation und die Aneignung der durch sie erzielten Erlöse. Arrow (1962) und Scherer (1967) vertraten als eine der ersten die Gegenthese, dass Unternehmen in Märkten mit hohem Wettbewerb mehr innovieren. Der Wettbewerbsdruck birgt die ständige Gefahr, Marktanteile aufgrund von Produktivitätsrückständen zu verlieren. Innovationsaktivitäten sind ein strategisches Instrument, die eigene Marktposition zu festigen bzw. weiter auszubauen.

Die Empirie liefert allerdings ein uneinheitliches Bild zur zweiten Hypothese Schumpeters. Bsplw. erhält Kraft (1989) für das deutsche verarbeitende Gewerbe eine positive Beziehung zwischen Branchenkonzentration und Innovationstätigkeit, Bundell et al. (1999) sowie Gottschalk u. Janz (2001) ermitteln genau das umgekehrte Ergebnis, d.h. zunehmender Wettbewerb belebt die Innovationsaktivität. Ausgehend von diesen Erkenntnissen testet Aghion et al. (2002) die These, eines invers-U-förmigen Zusammenhangs zwischen Wettbewerb und Innovationsaktivität. Seine Ergebnisse belegen einen solchen Zusammenhang. Bei wenigen Marktteilnehmern ist die Innovationsaktivität gering. Sie nimmt jedoch mit zunehmendem Wettbewerb, d.h. dem Markteintritt anderer Anbieter, zu. Nach Überschreiten eines kritischen Punktes der Wettbewerbsintensität sinkt die Innovationstätigkeit wieder. Die negativen Effekte zunehmenden Wettbewerbs (abnehmende Aneigbarkeit der durch die Innovationen erzielbaren Gewinne) übersteigen den positiven Effekt, der durch den Wettbewerbsdruck ausgeübt wird. Dieser Verlauf konnte auch bei Betrachtung einzelner Branchen beobachtet werden, wobei die Stärke des Zusammenhangs (flacher vs. steiler Verlauf) allerdings variiert.

Wenn die stilisierte invers-U-förmige Kurve für die deutsche Wasserwirtschaft zugrunde gelegt werden würde, wäre sie wegen der aktuell noch äußerst geringen Wettbewerbsintensität am linken und damit im aufsteigenden Teil zu lokalisieren. Eine Erhöhung der Wettbewerbsintensität würde dann zu einem Anstieg der Innovationsaktivitäten führen. Hintergrund ist, dass stärker als bisher Innovationen zum Zweck der langfristigen Senkung der Betriebskosten entfaltet werden, d.h. stärker an der ökonomischen Dimension des Nachhaltigkeitsziels ausgerichtet werden.

Hypothese 3a: Mehr Wettbewerb stimuliert Innovationstätigkeiten mit dem Ziel der Realisierung von Effizienzgewinnen.

Problematisch am skizzierten invers-u-förmigen Zusammenhang zwischen Wettbewerbsintensität und Innovationsaktivität ist, dass dieser auf der Annahme eines gewinnmaximierenden Unternehmens basiert. Wasserver- und Abwasserentsorgungsunternehmen können aber auch andere Ziele verfolgen. So steht es ihnen frei, mit der gewählten Technologie die vom Gesetzgeber vorgegebenen Grenzwerte einer maximalen Schadstoffbelastung im Trink- und Abwasser zu erfüllen oder deutlich zu unterschreiten. Eine deutliche Unterschreitung geht häufig einher mit der Entwicklung/dem Kauf einer vergleichsweise teueren Technologie. In dieser Konstellation würde die Erhöhung der Wettbewerbsintensität dazu führen, dass die Attraktivität der Unterschreitung eines Grenzwertes abnimmt. Die Erreichung ökonomischer Effizienzkriterien gewinnt an Bedeutung und der Monopolgewinn zur Finanzierung der Übererfüllung des ökologischen Ziels wird kleiner. Die Stärkung des Wettbewerbsgedanken sollte daher zu einer Vernachlässigung freiwilliger ökologischer Maßnahmen führen. Zusätzliche Kosten zum Erreichen einer deutlichen Unterschreitung der Grenzwerte werden „gespart", so dass nur solche Innovationen eingeführt werden, die den gesetzlichen Bestimmungen genügen.

Hypothese 3b: Mehr Wettbewerb führt zu einer Reduzierung von Innovationstätigkeiten mit dem Ziel der freiwilligen Erfüllung ökologischer Ziele.

Hinsichtlich des Umfangs der gesamten Innovationsaktivitäten ist der Zusammenhang auf Grund der gegenläufigen Effekte theoretisch nicht eindeutig bestimmt. Der Umfang der Innovationsaktivitäten würde mit zunehmender Wettbewerbsintensität nur dann zunehmen, wenn die zusätzlichen Innovationsaktivitäten der wettbewerblich orientierten Unternehmen die Innovationstätigkeiten „traditioneller" Unternehmen zur Übererfüllung von Grenzwerten übersteigen. Es gibt aber noch ein weiteres Argument dafür, dass der Zusammenhang unklar ist. Zunehmender Wettbewerb bleibt nämlich nicht ohne Konsequenzen für bestehende Akteursbeziehungen. Das Fallbeispiel „Veränderung der Zusammenarbeit bei mehr Wettbewerb" (siehe Abschnitt 7.2.1 im Anhang) zeigt auf, dass ein weniger kooperatives Verhalten beim informellen Erfahrungsaustausch zu erwarten wäre. Weniger innovative Unternehmen würden auf dem Weg des Erfahrungsaustausches in geringerem Umfang von Innovationen erfahren und den Anschluss an Innovationsführer verlieren. Unternehmen mit geringer Innovationsintensität sind gezwungen, andere Kanäle der Wissensabsorption zu nutzen, um ihre Wettbewerbsfähigkeit zu halten bzw. zu erhöhen. Darüber, ob sich die Innovationsaktivitäten, die Diffusion neuen Wissens infolge der geringeren Anreize eines kostenlosen Wissens- und Technologietransfers tatsächlich verringern, kann an dieser Stelle nur spekuliert werden. Die Vermutung, dass der Wegfall des kostenlosen Technologietransfers sicherlich nicht vollends durch das Nutzen anderer Kanäle ausgeglichen wird, erscheint aber zumindest plausibel.

Hypothese 3c: Der Zusammenhang zwischen Wettbewerb und Umfang der gesamten Innovationsaktivitäten ist aus theoretischer Sicht nicht eindeutig in seiner Richtung bestimmt.

Die Rolle von mehr Wettbewerb als Treiber für Innovation kann folglich nur empirisch beantwortet werden. Eingangs wurde bereits auf den engen Gestaltungsspielraum hingewiesen, den Wettbewerbsgedanken zu stärken. Dies erschwert es generell, positive Effekte eines zunehmenden Wettbewerbs zu identifizieren und ggf. zu messen. Zudem liegen für die empirische Überprüfung keine Angaben zu den Innovationsaktivitäten im Zeitverlauf vor. Eine Aussage zur Veränderung des Niveaus insgesamt kann daher nicht abgeleitet werden kann und es ist nur möglich zwischen stärker wettbewerblich orientierten Unternehmen und weniger stark wettbewerblich orientierten Unternehmen zu einem Zeitpunkt zu differenzieren.

Neben der wettbewerblichen Orientierung wird auch die Beziehung zwischen Unternehmensgröße und Innovation untersucht, so dass indirekte Konsequenzen einer möglichen Veränderung der Größenstruktur durch mehr Wettbewerb erörtert werden können. Bezüglich des Einflusses von mehr Wettbewerb auf die Akteursbeziehungen lässt sich anhand der partialanalytischen Betrachtung prüfen, ob weniger wettbewerblich orientierte Unternehmen aufgrund stärkeren Wettbewerbsdrucks stärker unter einem Mangel an technologischen Informationen leiden als wettbewerblich orientierte Unternehmen.

Medienübergreifende Umweltpolitik begünstigt Innovationen für eine nachhaltige Wasserwirtschaft

Das stoffstromorientierte Innovationssystem der Wasserver- und Abwasserentsorgung macht nicht an raumgeographischen oder an technologischen „Grenzen" halt. Die für den Stoffstrom „Wasser" relevanten Innovationssysteme ergeben sich vielmehr als Schnittmenge mehrerer Innovationssysteme und kreuzen zudem angrenzende Stoffströme und Regelungsregime wie die des „Abfalls". Als weiteres Kennzeichen von Innovationssystemen gilt, dass innovierende Unternehmen nicht in einem (institutionellen) Vakuum agieren, sondern ihr Verhalten von den Beziehungen zu anderen Akteuren im Innovationssystem sowie von den institutionellen Rahmenbedingungen (sektorbezogene Regulierung, Umweltpolitik etc.) abhängt. In Deutschland existieren eine Vielzahl von Rechtsregeln mit direktem und indirektem Bezug zum „Regelungstatbestand Wasser".[126] Als Destillat einer übergeordneten Umweltpolitik begründen diese Regelungen einen wesentlichen Teil der spezifischen Systembedingungen, unter denen Innovationen in der Wasserver- und Abwasserentsorgung entwickelt und umgesetzt werden.

Grundsätzlich können solche gesetzlichen und untergesetzlichen Regelungen als Systembedingungen jedoch gleichermaßen als Treiber oder Impulsgeber, mit denen Richtung und Ausmaß von Innovationen vorgegeben werden, wie auch als Barriere oder Nebenbedingungen, welche den Handlungsspielraum von innovie-

[126] Diese sind originär z.B. dem Wasserrecht (EU-Wasserrahmenrichtlinie, Wasserhaushaltsgesetz), allgemeinem Umweltrecht (IVU-Richtlinie), Lebensmittelrecht (Trinkwasserverordnung), Verbandsrecht, Kommunalrecht, Steuerrecht und dem Stoff- und Produktrecht (Düngemittel-, Pflanzenschutzmittelrecht) zugeordnet.

renden Akteuren beschränken, fungieren. Auf der einen Seite haben in der Vergangenheit bspw. Vorschriften über die Behandlung oder Beseitigung von Abwässern den unternehmerischen Handlungsspielraum als Nebenbedingung betrieblicher Innovationsaktivitäten eingeengt. Auf der anderen Seite induzieren Umweltschutzregelungen als Impulsgeber aber zugleich innovative Maßnahmen der Unternehmen – bspw. im Kontext der Begrenzung von Phosphor und Stickstoff in der Abwasserverordnung.

Das deutsche „Umweltrecht" ist allerdings kein klar abgegrenztes Rechtsgebiet, das in übersichtlicher Form vorliegt. Vielmehr setzt es sich bis dato aus einer Vielzahl von Gesetzen, Rechtsverordnungen und sonstigen Vorschriften zusammen, die sich regelmäßig nur den einzelnen Umweltbereichen widmen, d.h. einmedial ausgerichtet sind.

Akteure der Abwasserwirtschaft haben bei der Umsetzung von innovativen Lösungen deshalb nicht selten Gesetze aus unterschiedlichsten Regelungsbereichen zu berücksichtigen wie bspw. das Bundes-Immissionsschutzgesetz (BImSchG) oder das Kreislaufwirtschafts- und Abfallgesetz (KrW-/AbfG). Ein herausragendes Beispiel dafür ist die sog. Co-Vergärung (auch Co-Fermentation), welche zwei verschiedenen Regelungsregimen – dem Abfall- und dem Wasserrecht – unterliegt. Bei diesem Verfahren werden organische Inhaltsstoffe der in Abwasserbehandlungsanlagen anfallenden Klärschlämme zusammen mit Bioabfällen unter Luftabschluss zu Biogas umgewandelt.

Obwohl die bestehenden Kläranlagen eine solche gemeinsame Behandlung ermöglichen, ist das Verfahren in der Praxis bislang kaum umgesetzt. Als eine zentrale Barriere für eine flächendeckende Anwendung der Co-Fermentation werden die unklare Rechtslage im Grenzbereich zwischen Abwasser und Abfall bzw. der damit in Zusammenhang stehende behördliche Vollzug der entsprechenden Genehmigungsverfahren gesehen. In der Folge vermissen Kläranlagenbetreiber die nötige Planungssicherheit für eine entsprechende (Um-)Nutzung ihrer Faulbehälterkapazitäten. Da dem Konzept der Co-Fermentation jedoch ökologische und ökonomische Vorteile zugeschrieben werden und damit dem sog. Integrationsprinzip – d.h. der integrierten Betrachtung von Wechselwirkungen zwischen ökonomischen, ökologischen und sozialen Belangen – gerecht wird, ohne zugleich anderen Prinzipien einer nachhaltigen Wasserwirtschaft zuwiderzulaufen, bleiben damit auch Optionen zur Steigerung der Nachhaltigkeit in diesen Bereichen ungenutzt.

Es ist daher zu vermuten, dass eine medienübergreifende Umweltpolitik, d.h. eine Überwindung einmedialer Betrachtungsweisen durch eine entsprechende Ausgestaltung und Handhabung der gesetzlichen und untergesetzliche Regelungen die Umsetzung von Innovationen zum nachhaltigen Wirtschaften in Deutschland begünstigen kann.

Die Nachteile des bestehenden Systems und deren Verschärfung aufgrund zukünftiger Herausforderungen führen zu einer Lockerung der Pfadabhängigkeit

Im einführenden Abschnitt 2.1 wurden einige zentrale Merkmale des bestehenden Systems der Wasserver- und Abwasserentsorgung ausgeführt. In diesem Zusammenhang wurde bereits auf einige Schwächen hingewiesen, welche grundsätzlich die Entwicklung nachhaltiger technischer Lösungen stimulierten Zu den Schwächen des Systems zählen im Einzelnen:

- „Ressourcenverschwendung" aufgrund des „vermischenden" Systems, bei dem hochwertiges Wasser nur eine Transportfunktion übernimmt (Stichworte Regenwassernutzung, Urinseparation)
- Umweltbelastungen durch schadhafte Kanäle (Exfiltrationen in den umgebenden Untergrund und den Aquifer sowie Mischwasserabschläge in die Gewässer)
- Geringes Angebot an bedarfsorientierter Wasserqualität durch die kommunale Wasserversorgung
- Ungenügende Nutzung von Exportpotenzialen da das Konzept der Schwemmkanalisation nur bedingt exporttauglich ist
- Inflexibilität des bestehenden Systems, auf neue Herausforderungen adäquat zu reagieren, aufgrund hohen Kapitalstocks mit geringer Abschreibung
- zunehmende Kostenbelastungen aufgrund hohen Sanierungsbedarfs der öffentlichen Kanalisation, zusätzlich erschwert durch mangelnde spartenübergreifende Planung
- Medikamentenrückstände in unserem Wasserkreislauf, die potenziell Antibiotikaresistenzen implizieren können
- Höherer Betriebsaufwand für Versorgungs- und Entsorgungsleitungen aufgrund von Betriebsstörungen, die durch rückläufigen Trinkwasserverbrauch induziert werden (weniger Abwasser → Ablagerung eines Teils der Feststoffe im Kanalnetz → Betriebsstörung). Die Ausgaben nehmen vermutlich weiter zu, da demografische Veränderungen, Bevölkerungsrückgang und Entvölkerung einiger ländlicher Gebiete eine weitere Reduktion der Wassernutzung durch Privathaushalte erwarten lässt
- Mangelnde finanzielle Absicherung der umfangreichen Investitionsvorhaben aufgrund der prekären Hausaltssituation der Kommunen
- es mehren sich Anzeichen, dass die Expansion des herkömmlichen Wasserinfrastrukturkonzepts an konzeptionelle Grenzen stößt und es in seine Stagnationsphase kommt oder diese bereits erreicht hat.

Die aktuell bestehenden Schwächen des Systems werden in Zukunft vermutlich an Bedeutung gewinnen. Eine Verschärfung der Schwächen ergibt sich u.a. aus dem zunehmenden Einsatz wassersparender Technologien. Wassersparende Armaturen und Geräte sowie zunehmende Regenwassernutzung (z.B. für Toilettenspülung) schonen die Trinkwasserressourcen, führen andererseits aber auch zu einem erhöhten Betriebsaufwand für die zentralen Ver- und Entsorgungsleitungen. Eine weitere Verschärfung ergibt sich aus der absehbaren demografischen Entwicklung, dem Bevölkerungsrückgang und Entvölkerung der Innenstädte. Die vorhandenen Netze sind langfristig überdimensioniert, so dass sich zunehmend betriebliche und hygienische Probleme ergeben können. Folge der Schwächen des bestehenden Systems und seiner absehbaren Verschärfung ist, dass die die Kosten für den Erhalt des bestehenden Systems zunehmen. Dies sollte die Anreize erhöhen, die Entwicklung, Erprobung und Einführung alternativer Systeme zu stimulieren. Ausgehend von dieser Argumentation lässt sich folgende Hypothese ableiten: *„Die Nachteile des bestehenden Systems und deren Verschärfung aufgrund zukünftiger Herausforderungen führen zu einer Lockerung der Pfadabhängigkeit"*

4 Empirische Analyse

4.1 Vorgehen und Methodenmix

Im vorangegangen Abschnitt wurde das aus dem Innovationssystemansatz abgeleitete breite Erkenntnisinteresse auf sechs zentrale Aspekte verdichtet, die im besonderen Maß interessant und relevant erscheinen und einer empirischen Analyse zugeführt werden sollen. Der folgende Abschnitt skizziert das dabei verfolgte Vorgehen.

Aufgrund der Heterogenität der im empirischen Teil zu beantwortenden Forschungsfragen wurde es als wenig sinnvoll erachtet, an diese mit einer einheitlichen Methodik heran zu treten. Um adäquate Antworten auf die aufgeworfenen Fragen geben zu können, wurde daher ein Methodenmix zur Datengewinnung und Durchführung empirischer Analysen gewählt. Bei den angewandten Methoden handelt es sich im Einzelnen um

- Expertenbefragung und deren deskriptive Auswertung
- Fallbeispiele auf Basis einer Dokumenten- und Literaturanalyse
- Fallstudie „Co-Vergärung" auf Basis einer Dokumenten- und Literaturanalyse
- Fallstudie „Alternative Wasserinfrastruktursysteme" auf Basis einer Dokumenten- und Literaturanalyse
- Unternehmensbefragungen und deren deskriptive sowie ökonometrisch-statistische Auswertung

Die verwendeten Methoden unterscheiden sich in ihrer Ausrichtung erheblich. Die zwei durchgeführten Unternehmensbefragungen sind quantitativ ausgelegt und zielen auf eine ökonometrisch-statistische Auswertung der gewonnenen Daten. Dabei wird die Betrachtung auf das Innovationsverhalten von Ver- und Entsorgungsunternehmen – insbesondere unter den Rahmenbedingungen „Wettbewerbsordnung" und „rechtlicher Rahmen" – fokussiert und für diesen Fokus eine hohe Analysetiefe angestrebt.

Die Fokussierung auf das Innovationsverhalten von zwei – allerdings zentralen – Akteuren, schränkt aber die mögliche Breite der Untersuchung ein. Insbesondere bietet sich das Vorgehen aber nicht an, wenn Interaktionen von Akteuren des Innovationssystems im Zentrum des Interesses stehen. Neben die quantitativ ausgerichteten Unternehmensbefragungen treten daher qualitativ ausgerichtete empirische Methoden.

So wird im Rahmen der *Fallstudie Co-Vergärung* die Wirkung eines Aspektes des deutschen Umweltrechts auf das Innovationsgeschehen unter Berücksichtigung der komplexen Akteurskonstellation betrachtet. Auch bei diesem qualitativen Ansatz ist die angestrebte Analysetiefe hoch, wobei die Analysebreite – durch die Beschränkung auf einen beispielhaften Einzelfall – notwendigerweise gering bleibt. Eine natürliche methodische Ergänzung der Fallstudie stellen daher weitere *Fallbeispiele* dar, die in größerer Zahl und damit größerer Breite ebenfalls einzelne Aspekte des Innovationsgeschehens im Innovationssystem Wasserwirtschaft beispielhaft beleuchtet, wenn sie in der Analysetiefe auch nicht an eine echte Fallstudie heranreichen.

Schließlich ist die im Rahmen des Projekts durchgeführte Expertenbefragung als ein Hybrid von quantitativer und qualitativer Methode zu betrachten. Mit ihr wurde zum einen das Ziel verfolgt, Informationen systematisch zusammenzutragen und zu verdichten. Insofern zeigt die Expertenbefragung Züge eines quantitativen Vorgehens. Die Auswertung der gewonnen Informationen zielte aber in erster Linie auf eine qualitative Bewertung der Nachhaltigkeitswirkungen einzelner Innovationen. Dabei nimmt die Analyse eine zukunftsorientierte Perspektive ein, werden doch Expertenmeinungen bzgl. Innovationen aggregiert, die zumindest teilweise bislang noch keine Verbreitung in der deutschen Wasserwirtschaft gefunden haben. Damit grenzt sich die Expertenbefragung von den im Projekt durchgeführten Unternehmensbefragungen ab, die insbesondere das Innovationsverhalten von Ver- und Entsorgern betrachteten und damit eine vergangenheitsorientierte Perspektive einnahmen.

Ähnlich der Expertenbefragung nehmen auch die *Fallstudien zu alternativen Wasserinfrastruktursystemen* eine qualitative und zukunftsorientierte Betrachtungsweise ein. Hier wurde allerdings nicht der Weg der originären Datenerhebung gewählt, sondern die Ergebnisse durchgeführter Projekte für diese Studie nutzbar gemacht, wobei stärker die ingenieurswissenschaftliche Perspektive gewählt wurde.

Die methodisch unterschiedlichen Analysen zielen schwerpunktmäßig zwar auf jeweils eine der zu beantwortenden Forschungsfragen, sind dieser aber nicht exklusiv zugeordnet. Vielmehr werden, sofern sich dies anbietet, die gewonnenen Erkenntnisse auch zur Überprüfung weiterer Hypothesen herangezogen. Der Methodenmix gestattet die Verknüpfung der Vorteile jeder einzelnen Methode, so dass sich die Aussagekraft der eigenen Analysen insgesamt erhöht. So wird die vierte Hypothese „Medienübergreifende Umweltpolitik begünstigt Innovationen für eine nachhaltige Wasserwirtschaft“ im Rahmen einer Fallstudie untersucht. Diese geht jedoch über eine reine Behandlung der vierten Hypothese hinaus, und leistet ebenfalls Beiträge zur empirischen Überprüfung der Hypothesen zur ‚Bedeutung der Umweltpolitik’ sowie zur ‚Akteursabstimmung’. Die quantitativ ausgerichteten Unternehmensbefragungen bei Abwasserent- und Wasserversorgungsunternehmen dienen insbesondere der Überprüfung der dritten Hypothese „die Förderung wettbewerblicher Elemente in der Wasserwirtschaft verändert das Innovationsverhalten“ leisten aber ebenfalls Beiträge zur Analyse der ‚Bedeutung der Umweltpolitik für das Innovationsgeschehen’. Die zweite Hypothese „Eine verbesserte Abstimmung der Akteure fördert eine nachhaltige Wasserwirtschaft“

wird im Wesentlichen anhand ausgewählter Fallbeispiele untersucht. Die empirische Analyse der These „Hoher Sanierungsbedarf bei der Netzinfrastruktur lockere die Pfadabhängigkeit der deutschen Wasserwirtschaft und eröffne so Perspektiven für die Implementation alternativer Ver- und Entsorgungssysteme" stützt sich in erster Linie auf Fallstudien zu alternativen Wasserinfrastruktursystemen. Der entsprechende Abschnitt erhält damit den Charakter einer Betrachtung aktueller Entwicklungstrends und ihre möglichen Entwicklungsperspektiven. Schließlich dient eine qualitativ ausgerichtete schriftliche Expertenbefragung vor allem dazu, eine zukunftsorientierte Perspektive und Erkenntnisse über mögliche Nachhaltigkeitswirkungen von Innovationen zu gewinnen, die sich in historischen Daten noch nicht beobachten lassen. Tabelle 9 verdeutlicht den Erklärungsbeitrag der einzelnen Analysen zu den verschiedenen Erkenntnisinteressen.

Tabelle 9. Zuordnung der Erklärungsbeiträge der verschiedenen Analysen zu den verschiedenen Erkenntnisinteressen

	Expertenbefragung	Unternehmensbefragungen	Fallstudie zur Co-Vergärung	Fallbeispiele	Fallstudien zu alt. Wasserinfrastruktursystemen
Umweltpolitik stellt eine wesentliche Determinante für Innovationen dar	×	×	×		(×)
Eine verbesserte Abstimmung der Akteure fördert eine nachhaltige Wasserwirtschaft		(×)	×	××	
Die Förderung wettbewerblicher Elemente in der Wasserwirtschaft verändert das Innovationsverhalten	(×)	××			
Medienübergreifende Umweltpolitik begünstigt Innovationen für eine nachhaltige Wasserwirtschaft		×	××		
Die Nachteile des bestehenden Systems führen zu einer Lockerung der Pfadabhängigkeit					××
Bewertung der Nachhaltigkeitswirkungen spezieller Innovationen	××		×		

Anmerkung: (×), × und ×× bezeichnen jeweils einen eingeschränkten, einen substantiellen bzw. einen sehr starken Erklärungsbeitrag der jeweiligen empirischen Untersuchung zur jeweiligen Fragestellung.

In den folgenden Abschnitten 4.2 bis 4.7 werden die jeweils verwendete Methodik und die erzielten empirischen Ergebnisse für die Untersuchungen *Expertenfragung, Befragung von Abwasserentsorgern, Befragung von Wasserversorgern, Fallstudie zur Co-Vergärung, Fallbeispiele* und *Fallstudien zu alternativen Was-*

serinfrastruktursystemen einzeln detailliert erläutert und vorgestellt. Die Zusammenführung der Ergebnisse erfolgt unter dem Fokus der zentralen Erkenntnisinteressen und Hypothesen erfolgt anschließend in Kapitel 5.

4.2 Ergebnisse einer Expertenbefragung: Bewertung von Nachhaltigkeitseffekten

4.2.1 Methodik der Erhebung

Zur Hypothesenbildung wurde im vorliegenden Projekt ein Indikatorensystem entworfen, welches in Form von verschiedenen miteinander kommunizierenden Matrizen die wesentlichen zur Beurteilung von kausalen Zusammenhängen herangezogenen Indikatoren beinhaltet (vgl. Abschnitt 3.4).

Dieses Indikatorensystem wurde für die in AquaSus durchgeführten empirischen Erhebungen in unterschiedlicher Weise zur Operationalisierung herangezogen, d.h. in Form von Indikatoren und Messgrößen im Rahmen der Breitenbefragungen sowie in Expertengesprächen umgesetzt. Im Folgenden werden Ergebnisse anhand einer im Rahmen von AquaSus durchgeführten Expertenbefragung insbesondere zu folgenden Fragen der Nachhaltigkeitsbewertung präsentiert:

- welche Bedeutung besitzen einzelne Treiber für Innovationen und
- in welcher Weise erweisen sich diese Innovationen als Hebel für die Verbesserung der Nachhaltigkeit?

Hierzu waren verschiedene Aufgaben zu bearbeiten:

1. Abschätzung der Bedeutung einzelner Treiber für das Zustandekommen bzw. die Diffusion der einzelnen Innovationen,
2. Deskription der einzelnen Innovationen mit Hilfe eines geeigneten Rasters zur Beschreibung der Eigenschaften der Innovation,
3. Abschätzung der Auswirkungen auf die Nachhaltigkeitsindikatoren, d.h. inwieweit werden mit der Umsetzung der infrage stehenden Innovationen hinsichtlich der Ausprägungen der Nachhaltigkeitsindikatoren Verbesserungen oder gegebenenfalls Verschlechterungen erzielt.

Zu diesem Zweck wurde eine strukturierte Erhebung bei ausgewählten Experten der Wasserwirtschaft entwickelt, in deren Rahmen sich die jeweiligen Akteure detailliert anhand eines vorbereiteten Erhebungsrasters zu einzelnen Innovationen, deren Treiber und Rahmenbedingungen sowie deren Eigenschaften und Auswirkungen auf Nachhaltigkeitsindikatoren äußern konnten.

Angesichts der gewählten Stichprobe (n =12) und der auswertbaren Indikatorenprofile (i = 28) ist darauf hinzuweisen, dass die Ergebnisse keinen Anspruch auf Repräsentativität besitzen, sondern eher heuristischen Wert besitzen im Sinne weiterführender Hypothesenbildung zu den Nachhaltigkeitseffekten von Innovationen in der Wasserwirtschaft. Das methodische Vorgehen ist wie folgt zu beschreiben:

Sammlung von Vorab-Informationen

Um die genannten Aufgaben empirisch umzusetzen, wurden zunächst für die einzelnen interessierenden Zusammenhänge auf Basis von Literaturrecherchen sowie Workshops im Projektteam Vorab-Informationen gesammelt. Diese dienten als Grundlage für die strukturierte Erhebung bei Experten der Wasserwirtschaft, d.h. insbesondere zur Ausfüllung des Indikatorensystems und zur weiteren Operationalisierung der einzelnen Indikatoren. Für vier der ausgewählten Innovationen wurden vom Projektteam ausführliche Vorab-Informationen zu dem entwickelten Deskriptorenraster (Beschreibung der Komplexität der Innovation) und zu den vermuteten Nachhaltigkeitseffekten zusammengestellt. Diese Ergebnisse konnten vor dem Hintergrund der Expertenbefragung ausschnittsweise den empirischen Ergebnissen gegenübergestellt werden.

Skalierung der Indikatoren

Auf Basis der Vorinformationen wurden die im AquaSus-Indikatorensystem verwendeten Indikatoren jeweils einzeln skaliert. Für die Treiber-Indikatoren wurde eine Bedeutungseinschätzung mit der Skala „Gering-mittel-hoch" konzipiert, mit deren Hilfe die Experten eine Einschätzung zur Relevanz der jeweiligen Treiber für die Entwicklung bzw. die Diffusion der jeweils ausgewählten Innovation abgeben sollten.

Die Beschreibung der einzelnen Innovationen erfolgte zunächst durch Kurzcharakterisierung ihrer technischen und organisatorischen Eigenschaften. In einem zweiten Schritt wurde eine einheitliche Deskription der Innovationen anhand standardisierter Indikatoren vorgenommen, die über den Grad der Komplexität der Innovation Auskunft geben sollten, und zwar mit Hilfe folgender Deskriptoren:

- Art der Innovation (Produkt, Prozess, Organisation)
- technischen Innovationshöhe
- Risiken
- Umsetzungsbedingungen im Hinblick auf die Anzahl zu beteiligender Akteure
- betroffenen Akteure
- betroffenen Umweltmedien
- Verwertungsaspekte
- Stofftrennung
- Zeitfenster der Adaption und Diffusion
- notwendigen Änderungen im rechtlichen Rahmen bzw. sonstigen Voraussetzungen zur Umsetzung der Innovation

Hinter den Befragungen zur Komplexitätseinschätzung der jeweiligen Innovation steht im Rahmen des AquaSus Projektes zunächst die These, dass es einen ursächlichen Zusammenhang zwischen der Komplexität einer Innovation und deren Hebel für die Verbesserung der Nachhaltigkeit gibt. So wird allgemein angenommen, dass insbesondere Systeminnovationen ein hohes Potenzial für Verbesserungen der Nachhaltigkeit besitzen, diese aber aufgrund ihrer weit reichenden Veränderungen in den Markt- und Akteursbeziehungen sowie in technologischen Veränderungen eine hohe Komplexität besitzen, die deren Umsetzung schwierig macht (vgl. Hafkesbrink 2004 und die dort zitierte Literatur).

Auch für die Nachhaltigkeitsindikatoren wurden individuelle Skalierungen vorgenommen (vgl. Abschnitt 3.4). Die gewählten Skalierungen wurden so aufbereitet, dass die in die Erhebung einbezogenen Experten auf einer qualitativ-verbalen Skalierung für die einzelnen Indikatoren jeweils die Auswirkung einer Umsetzung der betreffenden Innovation eintragen konnten.

Erstellung und Aussendung von standardisierten Fragebögen

In einem zweiten Schritt wurden standardisierte Fragebögen erstellt, die einer Auswahl von 30 Experten zugeschickt wurden. Die Fragebögen enthielten insgesamt 2 Teile:

Teil 1: Bewertung einer Auswahl von 26 Einzelinnovationen im Hinblick auf deren Bedeutung für eine Nachhaltige Entwicklung in der Wasserwirtschaft

Teil 2: Detailbewertung einer Auswahl von maximal 4 Innovationen aus Teil 1 im Hinblick auf

- Bedeutung der Treiber für die Entwicklung und Diffusion der Innovation
- Beschreibung der ausgewählten Innovation anhand der festgelegten Deskriptoren
- Bewertung der ausgewählten Innovation durch die Nachhaltigkeitsindikatoren (Einschätzung der Experten zu ökonomischen, ökologischen und sozialen Wirkungen)

Die Fragebögen waren so ausgestaltet, dass die Experten durch einfaches Ankreuzen für jede der ausgewählten Innovation ein Profil über die drei verschiedenen Indikatorensets erstellen konnten. Die Auswertung dieser Profile erfolgt in Abschnitt 4.2.2.

Auswertung und Aggregation der Ergebnisse

Die Expertenbefragung wurde weitgehend standardisiert, per Fragebogen, teilweise mit fernmündlicher Unterstützung oder im direkten Gespräch unter Nutzung desselben Fragebogens durchgeführt. Befragt wurden insgesamt 12 Experten, die zu jeweils mehreren Innovationen ihre Einschätzung abgaben.

Insgesamt wurden 28 auswertbare Profile aus den Expertenbefragungen gewonnen, und zwar im Hinblick auf die folgenden Innovationen:

Tabelle 10. Anzahl der über die Expertenbefragung gewonnen Innovationsprofile

Äußerungen der Experten zu den Innovationen	Anzahl
Systemübergreifende Hausanschlüsse	1
Wasserwerksschlammbeseitigung und Kläranlagen	1
Regenwassernutzung im privaten Bereich	2
Regenwasserretention	2
Co-Vergärung	2
dezentrale Abwasserbehandlung	1
Membranbelebung	4
begehbare Leitungsgänge	2
Wasserver- und -entsorgungsautarkes Haus	2
Angebot von Brauch- und Trinkwasser	2
Grabenloser Leitungsbau	2
Alternative Sanitärkonzepte	5
Wasserspartechniken für den Privatbereich	2
Indikatorenprofile (i) =	28

Die Auswertung der Ergebnisse erfolgte durch Auszählung der Nennungen und Aggregation der Einzelprofile. Da hier Einschätzungen der Experten zu einzelnen Innovationen teilweise divergierten, wurden die unterschiedlichen Profile zu einem „Mittelwert" aggregiert.

4.2.2 Ergebnisse der Erhebung

Ergebnisse zur generellen Bedeutung der ausgewählten Innovationen für die Wasserwirtschaft

Folgende Tabelle zeigt auf Basis von 12 auswertbaren Fragebögen die Verteilung der Nennungen im Hinblick auf die generelle Bedeutung von Innovationen für die Wasserwirtschaft:

Zunächst ist festzuhalten, dass einige der aufgeführten Innovationen zum Zeitpunkt des Projektes als bereits implementiert anzusehen sind, damit ex-post Charakter besitzen (z.B. Ozonisierung von Trinkwasser, Oberflächenbehandlung von Rohinnenseiten zur Erhöhung der Schleppspannung, Regenwasserversickerung im öffentlichen Bereich, Regenwasserretention, Abwasserableitung – Modifizierte Trennsysteme, Sandfanggut-/Rechengutwäsche, Muffeninjektion, HD-Reinigungsdüsen, 360°-Kameras und Kunststoffrohre). Die für diese Innovationen abgegebenen Wertungen besitzen damit ebenfalls ex-post Charakter und dürften somit eher auf Erfahrungswerten beruhen, als hinsichtlich der verbleibenden „ex-ante Innovationen".

Tabelle 11. Bedeutung von Innovationen für die Wasserwirtschaft

Anzahl der Nennungen zur Bedeutung von Innovationen in der Wasserwirtschaft (n = 12) (i = 28)	wichtig	unwichtig	unbekannt
Wasserversorgung			
Ozonierung des Trinkwassers zur Entkeimung	5	1	
Systemübergreifende Hausanschlüsse (Mehrfachhausanschlüsse)	4	1	2
Wasserwerksschlammbeseitigung in Kläranlagen	3	3	
Verfahren zur grabenlosen Erneuerung von Blei- und spröden Graugussrohren („Burst Lining“)	6		
Oberflächenbehandlung von Rohrinnenseiten zur Erhöhung der Schleppsannung		4	2
Verfüllen von Kanalgräben mit flüssigen Bodensatzstoffen		2	4
Abwasserentsorgung			
Regenwassernutzung im privaten Bereich	5	1	
Regenwasserversickerung im privaten Bereich	4	2	
Regenwasserversickerung im öffentlichen Bereich	6		
Regenwasserretention	5		1
Abwasserableitung – modifizierte Trennsysteme	4	1	
CO-Vergärung	5	1	
Sandfanggut-/Rechengutwäsche	1	3	
Wärmerückgewinnung aus Abwässern	3	2	
Selbstabdichtende Rohrdichtungen	5	1	
Injektionsverfahren zur Abdichtung undichter Rohrverbindungen (Muffeninjektion)	4	1	1
HD-Reinigungsdüse mit integrierter Kamera zur Reinigungsoptimierung	2	3	
360°-Kamera zur Kanalinspektion	4	2	
Kunststoffrohre	3	2	
Membranbelebung	6		
Wasserver- und Abwasserentsorgung			
Begehbare Leitungsgänge für Ver- und Entsorgungsnetze	4	3	
Wasserver- und entsorgungsautarkes Haus	6		
Angebot von Brauch- und Trinkwasser	5	1	
Grabenloser Leitungsbau	5	2	
Alternative Sanitärkonzepte	5	1	
Wasserspartechnologien im privaten Bereich	5		

Auffällig ist, dass es bei ca. 50% der Innovationen eine eher einhellige Meinung über deren Bedeutung in der Wasserwirtschaft gibt (als „wichtig“ wurden z.B. Ozonisierung, Burst Lining, Regenwassernutzung im privaten Bereich, Regenwasserversickerung, Abwasserableitung, Co-Vergärung, Selbstabdichtende Rohrleitungen, Membranbelebung, Autarkes Haus, Differenzierte Produktangebote im Hinblick auf Brauch- und Trinkwasser, Alternative Sanitärkonzepte und Wasserspartechnologien qualifiziert), bei anderen sind sich die Experten offensichtlich eher uneinig (z.B. Wasserwerksschlammbeseitigung in Kläranlagen. Wärmerückgewinnung aus Abwässern, Begehbare Leitungsgänge etc.).

Einschränkend ist neben der geringen Fallzahl zu vermerken, dass die gewählte Skala bei dem unterschiedlichen Aggregationsniveau der Innovationen nur sehr holzschnittartige Ergebnisse im Hinblick auf einen Vergleich der Wertungen zu leisten vermag (z.B. „Sandfangwäsche" versus „Autarkes Haus"). Trotz dieser Einschränkung ist immerhin ein qualitativer Trend in der Bedeutungseinschätzung in Richtung integrierter Systeme auszumachen. Hier werden im Gegensatz zu den spezifischen Innovationen (nur Wasser bzw. Abwasser) mit Ausnahme der „begehbaren Leitungsgänge" alle Innovationen überwiegend und deutlicher als „wichtig" für die Wasserwirtschaft bewertet.

4.2.3 Ergebnisse zum Einfluss von Treibern auf die selektierten Innovationen

In nachfolgender Abb. 24 sind zunächst die Ergebnisse der Befragungen im Hinblick auf die Bedeutung von Treibern für Innovationen in der Wasserwirtschaft aufgeführt. Bei der Auswertung der Daten[127] fallen folgende grobe Trends auf:

- Internen Treibern, d.h. dem Streben nach ökologischen und ökonomischen Zielen, sowie dem Kostendruck, wird in Summe der stärkste Einfluss auf die Genese und Umsetzung von Innovationen in der Wasserwirtschaft zugesprochen, gefolgt von Markt- und Technologietreibern und Treibern aus dem Regelungsumfeld.
- Bis auf die Treiber „EU-Regelungen" und „Rechtsprechung" liegen alle abgefragten Treiber über dem „Mittel", d.h. werden als bedeutsam eingestuft. In der Abstufung der Bedeutung ergibt sich als Reihenfolge (1) Druck auf Betriebskosten, (2) Ökonomische Ziele, (3) Allgemeiner Kostendruck, (4) Ökologische Ziele, (5) Gesetzgebung, (6) Standardisierung, (7) Anforderungen der Behörden und (8) Technology Push. Es folgt mit einigem Abstand, obgleich immer noch als „bedeutsam" eingestuft, der Treiber „Kundenanforderungen und „Wettbewerb".
- In der Zusammenschau der Abb. 24 fällt auf, dass die Wertungen zu den marktlichen und internen Treibern für Innovationen in den mit dem Begriff „Systeminnovationen" zu fassenden Themen[128] deutlich gebündelter auftreten, als in den ‚Einzeltechnologien' der Wasserversorgung und Abwasserentsorgung. Hier spielen gesetzliche Regelungen als Treiber tendenziell eine größere Bedeutung. So zählen interne Treiber und Markt-/Technologietreiber für Systeminnovationen (Zeile 8-13 in Abb. 24) als bedeutsamer gegenüber Einzelinnovationen" aus dem Bereich der Wasserver- und Abwasserentsorgung.

---

[127] Zur Aggregation der Daten wurden die Äußerungen in der Skala mit Punktwerten bewertet (gering = 1, mittel = 2, hoch = 3) und ein Mittelwert gebildet.

[128] Innovationen mit lfd. Nr. 9-14 aus Abb. 24.

- Hingegen erweisen sich bis dato die Treiber aus dem Regelungsumfeld bei den Einzelinnovationen (Zeilen 1–7) insgesamt als bedeutsamer als bei den Systeminnovationen.

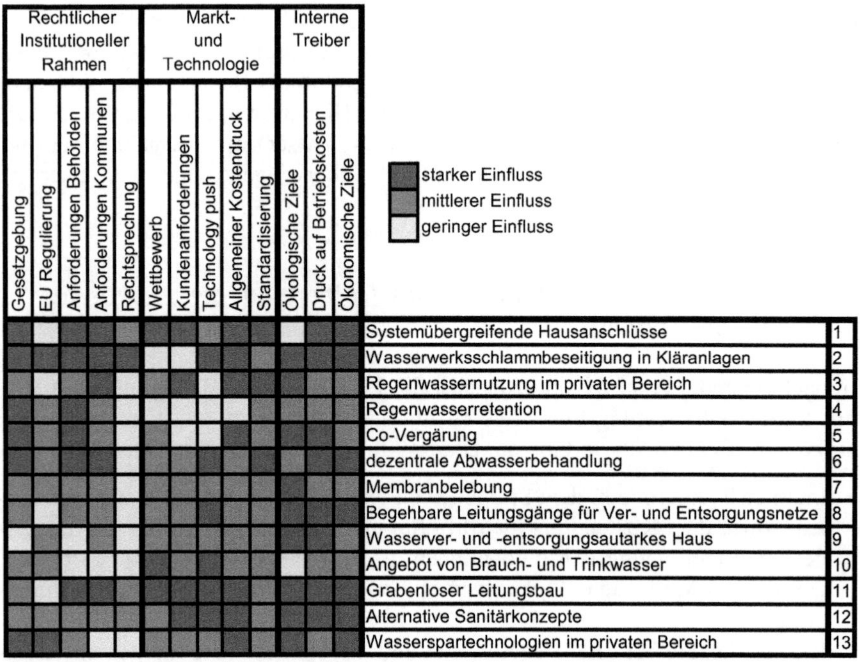

Übertragung der Punktwerte mit 0-1,5 = gering, >1,5-2,5 = mittel, >2,5-3 = stark

Abb. 24. Ergebnis der Vorab-Expertenbefragung zu den Einflüssen von Innovationstreibern (Übertragung der Punktbewertung in die Indikatorenmatrix)

Hieraus folgt zunächst als nahe liegende Hypothese, dass das Regelungsumfeld in der Wasserwirtschaft aufgrund seiner grundsätzlichen Konstruktion eher selektiv auf Einzeltechnologien treibenden Einfluss ausübt als kumulativ auf Systeminnovationen. Systeminnovationen werden dementsprechend weniger durch den Rechtsrahmen auf den Weg gebracht, da die Rechtslage häufig unklar ist, einzelne Systembestandteile möglicherweise gegen geltendes Recht verstoßen oder geltendes Recht die Systeminnovation schlicht nicht fordert. Dies wiederum nährt Argumente für ein medienübergreifendes Umweltrecht, das Inkompatibilitäten zwischen verschiedenen Rechtsregimen (z.B. Abfall- und Wasserrecht) aufheben will zugunsten einer problemorientierten Rechtslage.

Charakterisierung der selektierten Innovationen mit Hilfe des Deskriptorenrasters

Beispielhaft für die Verortung von Innovationen in dem Deskriptorenraster der Tabelle 11 sollen im Folgenden 4 der behandelten Innovationen stichwortartig weiter aufgeschlüsselt werden, und zwar die

a) Co-Vergärung
b) Ver- und Entsorungsautarkes Haus
c) begehbare Stollen für Ver- und Entsorgung
d) Regenwasserversickerung

Tabelle 12 fasst zunächst die Ergebnisse der Vorinformationen aus dem Projektteam im Hinblick auf die Deskriptoren zusammen:

Tabelle 12. Deskription ausgewählter Innovationen in AquaSus

Deskriptor		Co-Vergärung	Dezentrales Haus	Begehbare Stollen	Regenwasserversickerung
Ökonomische Kriterien	Einzelwirtschaftliche Kosteneffizienz	hoch (weil keine neuen Investitionen nötig sind, Deckungsbeiträge sind hoch)	hoch (insbesondere bei Neubauten wird Anschlussgebühr gespart)	hoch (weil und wenn vom Anlagenanbieter alle anderen Ver- und Entsorgungsträger zur Nutzung der Anlage gezwungen werden)	hoch (soweit Entwässerungsgebühren gespart werden können)
	Gesamtwirtschaftliche Kosteneffizienz	wird verbessert, kein Doppelinvest + geringerer Flächenverbrauch + geringerer Personalbedarf	wird reduziert, vorhandene kommunale Anlagen mit längerer Lebensdauer können nicht ausgelastet werden	wird verbessert, weil der Leitungsbetrieb und die Leitungskontrolle sowie der Leitungsaustausch stark vereinfacht wird („ad hoc“ ohne Bodenarbeiten und ohne Straßensperrung und ohne Sorge um kreuzende Leitungen anderer Ver- und Entsorgungsträger)	wird reduziert, weil bislang für die Niederschlagswasserableitung erstellte Anlagen nicht mehr im vorgesehenen Umfang genutzt werden
	Systemflexibilität	Reservekapazitäten können durch Co-Vergärung genutzt werden (gegenüber Ausgangszustand)	wird reduziert: wenn einmal dezentral, dann immer dezentral	wird erhöht, weil der Austausch von Leitungen und Rohren sehr kostengünstig und sehr schnell durchführbar wird	wird reduziert, sofern sich der bisherige Entsorger auf die verminderten Wassermengen einstellt, obwohl die privaten Versickerungsanlagen nicht hinreichend leistungsfähig sind

Tabelle 12. (Fortsetzung)

Ökologische Kriterien	Gewässerreinhaltung, -qualität	verbessert, weil gemeinsame Restschmutzfrachten gegenüber separater Behandlung verringert werden	verbessert, Wasserverbrauch geht tendenziell zurück	verbessert, weil sowohl Exfiltrationen von Abwasser als auch Infiltrationen von Grundwasser in die Abwasserleitungen verhindert wird	neutral, weil positive Effekte (Grundwasseranreicherung, Erhöhung der Mindestwassermenge in Fließgewässern und damit derer quantitaiver und qualitativer Leistungsfähigkeit) durch negative Effekte (Verseifung des Bodens, Schadstoffeinträge) aufgehoben werden können
	Mengenmäßiger Gewässerzustand	unverändert, weil Wassermenge gleich bleibt	verbessert: siehe vorheriger Punkt	verbessert, weil Infiltrationen verhindert und der Wasserverbrauch durch verringerte Rohrnetzverluste reduziert wird	verbessert, weil die Versickerung neben der Grundwasseranreicherung auch eine Erhöhung der Mindestwassermenge in Fließgewässern bewirkt
	Flächenverbrauch	sinkt, weil 2 Anlagen auf einer Fläche stehen	steigt, 3-5 m² /EW für Pflanzenkläranlagen mit vorgeschalteter mechanischer Klärung	sinkt, weil die Leitungen gebündelt werden, wobei die Bündelung regelmäßig in öffentlichen Straßen erfolgt	steigt, weil die private Niederschlagsentwässerung nicht mit einer Reduzierung der öffentlichen Abwasseranlagen einhergeht
	Bodenqualität	steigt: wenn über zusätzliche Substrate (Fasermaterial) des Bioab-falls die Entwässerbarkeit des Klärschlamms verbessert wird, sinkt der Bedarf an Zuschlagsstoffen, mit denen sonst die Entwässerbarkeit herbeigeführt wird; dies führt zu einer absoluten Verringerung der zu entsorgenden Klärschlamm-Mengen mit der Folge, dass die Bodenqualität steigt	steigt: weil organische Dünger dem Boden zugeführt werden	steigt, weil Exfiltrationen (Bodenkontamination) und Infiltrationen (Feinstoffeinträge durch ausgespülten Boden) unterbunden werden und durch den Wegfall von Bauarbeiten die entsprechenden Verfüllmaterialien nicht mehr benötigt werden	in der Bilanzierung unverändert, weil der Verseifung und Vernässung von Böden auf der einen Seite eine erhöhte Bodenfruchtbarkeit durch hinreichende Bodenfeuchte gegenüber steht
	Stoffumsatz*	sinkt, Verzicht auf 2. Anlage und dazu notwendiger Stoffumsatz, zu entsorgende Stoffströme bleiben freilich unverändert	sinkt, weil dezentrale Lösung	sinkt, weil wiederholte Bodenaushubarbeiten entbehrlich werden und andere (dünnwandigere) Materialien zum Einsatz kommen können	sinkt, weil Wasser nicht mehr über lange Strecken transportiert werden muss, bedarf es auch keiner dafür dimensionierten Rohrleitungen, Rückhaltebecken und Drosselorgane

Tabelle 12. (Fortsetzung)

Ökologische Kriterien	Energiebilanz	verbessert, Verzicht auf 2. Anlage gegenüber Kompostierung verbessert das Oberflächen-Volumen-Verhältnis (relativ gesehen weniger Fläche, wo Energie verloren geht)	unverändert	Verbessert sich, weil die Kontroll- und Erneuerungsarbeiten ohne Bodenbewegungen erfolgen können, bzw. die Erstverlegung mehrere separate Verlegungen entbehrlich macht; überdies kommt es zu weniger Verkehrsbehinderungen	bleibt unverändert
	Emissionen (Luft)	sinken, bei energetischer Nutzung der Faulgase ergibt sich eine mengenmäßige und qualitative Verbesserung von Luftemissionen	unverändert	sinken, weil wegen geringeren Einsatzes von Primärenergieträgern bei Erstellungs-, Kontroll- und Erneuerungsarbeiten sowie wegen abnehmender Verkehrsstaues auch die entsprechenden Abgase reduziert werden	bleibt unverändert
	Verbraucher- und Gesundheitsschutz	Verbesserung der Umwelthygiene durch geschlossenen Raum und anschließende Verbrennung der Gase (gegenüber Kompostierung, die „offen gesammelt wird")	neutral	verbessert durch reduzierten Austrag von Abwasser (Keime, Schadstoffe) in das Grundwasser	verbessert durch positive Beeinflussung des lokalen Klimas
Soziale Kriterien	Arbeitsbedingungen	unverändert, Arbeiter gehen in beiden Fällen mit fäulnisbildenden Stoffen um	verschlechtert, schlechterer Komfort	verbessert, weil die Anlagen leichter zugänglich, einfacher zu betreiben und einfacher zu kontrollieren sind	unverändert
	Gesellschaftliche Akzeptanz	Hohe Akzeptanz, da keine Belästigungen bei den Akteuren sowie Kostenvorteil	zumutbar	Hohe Akzeptanz wegen durchweg positiver Auswirkungen	Hohe Akzeptanz wegen prima facie nur positiver Auswirkungen

Tabelle 12. (Fortsetzung)

Soziale Kriterien	Auswirkungen auf die Lebensumstände von Kunden/ Anwohnern/ Bevölkerung	spielt keine Rolle, siehe vorgenannte Argumente		zumutbar, da Beeinträchtigungen nur in der Bauphase entstehen (die wiederum konzentrierter und kürzer ausfällt als bei einer Vielzahl von Ver- und Entsorgungsträgerbaustellen) und sofern die Einführung bei erstmaliger Anlegung aller Infrastrukturleitungen erfolgt oder aber sukzessiv gemeinsam mit Ersatzinvestitionen und Erneuerungen (bzw. bei ratierlicher Refinanzierung durch viele Kostenträger)	zumutbar, da Beeinträchtigungen nur in der Bauphase sowie bei fehlerhafter Planung/ fehlerhaftem Betrieb entstehen

Viele der in der Vorab-Information zusammengestellten Ergebnisse konnten durch die Expertenbefragung bestätigt werden. Bezogen auf die ausgewählten vier Einzelinnovationen und die hierzu gesammelten Vorinformationen der Projektgruppe sind folgende Abweichungen der Expertenurteile zu erwähnen, die – so die nahe liegende Vermutung – in erster Linie auf die institutionelle Einbindung der befragten Experten[129] zurückzuführen sind:

Hinsichtlich der Technologie „Co-Vergärung“ ergaben sich Abweichungen in der Einschätzung des Risikos für den innovierenden Akteur („gering“ versus „mittel“)[130], in der Einschätzung der Anzahl Betroffener („mehrere“ versus „viele Akteure“), in der Bewertung der Stoffstrennung („geringe“ versus „komplette Stofftrennung“), der Zeitperspektiven für Adaption und Umsetzung („kurzfristig“ versus „mittelfristig“) sowie in der Beurteilung von notwendigen Änderungen im Innovationssystem („einzelne“ versus „mehrere Vorschriften“), höhere politische Flankierung und Notwendigkeit der Schaffung gesellschaftlicher Akzeptanz bei einzelnen Gruppen.

Im Hinblick auf das „Ver- und Entsorgungsautarke Haus“ ergaben sich lediglich Abweichungen im Hinblick auf die Einschätzung der Unsicherheit („gering“ versus „hoch“) und in der Beurteilung von notwendigen Änderungen im Innovationssystem („keine Änderung im Rechtsrahmen“ versus „mehrere Vorschriften“;

[129] Akteure aus dem Wissenschaftssystem, Praktiker, Verbandsakteure antworten erwartungsgemäß vor dem Hintergrund ihrer institutionellen Einbindung, so dass selbst bei einer bloßen Deskription einer Technologie (mit weitgehendem Verzicht auf normative Wertmaßstäbe) unterschiedliche Meinungen auftreten.

[130] Die im Folgenden dargestellten paarweisen Angaben beziehen sich jeweils auf 1. Angabe = Vorinformation, 2. Angabe = Einschätzung aus der Expertenbefragung.

„geringer“ versus „anspruchsvoller Wissenstransfer“; „einzelne“ versus „mehrere zu ändernde Technologien an den Schnittstellen“).

Zu den „begehbaren Leitungsgängen“ lagen die Meinungen eher weiter auseinander: so wurde gegenüber der Vorfeldrecherche die Innovation von den befragten Experten im Profil durchschnittlich eine Kategorie komplexer eingestuft (Parallelverschiebung des Innovationsprofils nach rechts).

Bei der „Regenwasserretention“ ergaben sich ebenfalls deutliche Abweichungen in der Einschätzung („Änderung in drei Bereichen“ versus „Änderung in 1 Bereich“), im Risiko („Mittleres“ versus „Geringes Risiko“), in der Beurteilung der Integration von Stoffströmen mit Blick auf die Verwertung („gering integriert“ versus „mittel integriert“), in der Einschätzung der Adaption („kurzfristig“ versus „langfristig“). Zusätzlich wurde in der Erhebung ein größerer Handlungsbedarf im Hinblick auf notwendige Änderungen im Innovationssystem formuliert (z.B. hinsichtlich zu ändernder Vorschriften, notwendiger politischer Flankierung, Wissenstransfer, Schaffung gesellschaftlicher Akzeptanz).

4.2.4 Bewertung von Nachhaltigkeitswirkungen der selektierten Innovationen

Für die in Tabelle 13 aufgeschlüsselten Nachhaltigkeitsindikatoren hat die Sammlung der Vorab-Informationen folgende Ergebnisse für die ausgewählten Innovationen erbracht:

Tabelle 13. Bewertung ausgewählter Innovationen in AquaSus (Vorab-Informationen)

Deskriptor		Co-Vergärung	Dezentrales Haus	Begehbare Stollen	Regenwasser-versickerung
Ökonomische Kriterien	Einzel-wirtschaftliche Kosteneffizienz	hoch (weil keine neuen Investitionen nötig sind, Deckungsbeiträge sind hoch)	hoch (insbesondere bei Neubauten wird Anschlussgebühr gespart)	hoch (weil und wenn vom Anlagenanbieter alle anderen Ver- und Entsorgungsträger zur Nutzung der Anlage gezwungen werden)	hoch (soweit Entwässerungsgebühren gespart werden können)
	Gesamt-wirtschaftliche Kosteneffizienz	wird verbessert, kein Doppelinvest + geringerer Flächenverbrauch + geringerer Personalbedarf	wird reduziert, vorhandene kommunale Anlagen mit längerer Lebensdauer können nicht ausgelastet werden	wird verbessert, weil der Leitungsbetrieb und die Leitungskontrolle sowie der Leitungsaustausch stark vereinfacht wird („ad hoc“ ohne Bodenarbeiten und ohne Straßensperrung und ohne Sorge um kreuzende Leitungen anderer Ver- und Entsorgungsträger)	wird reduziert, weil bislang für die Niederschlagswasserableitung erstellte Anlagen nicht mehr im vorgesehenen Umfang genutzt werden

Tabelle 13. (Fortsetzung)

Ökologische Kriterien	Systemflexibilität	Reservekapazitäten können durch Co-Vergärung genutzt werden (gegenüber Ausgangszustand)	wird reduziert: wenn einmal dezentral, dann immer dezentral	wird erhöht, weil der Austausch von Leitungen und Rohren sehr kostengünstig und sehr schnell durchführbar wird	wird reduziert, sofern sich der bisherige Entsorger auf die verminderten Wassermengen einstellt, obwohl die privaten Versickerungsanlagen nicht hinreichend leistungsfähig sind
	Gewässerreinhaltung, -qualität	verbessert, weil gemeinsame Restschmutzfrachten gegenüber separater Behandlung verringert werden	verbessert, Wasserverbrauch geht tendenziell zurück	verbessert, weil sowohl Exfiltrationen von Abwasser als auch Infiltrationen von Grundwasser in die Abwasserleitungen verhindert wird	neutral, weil positive Effekte (Grundwasser-anreicherung, Erhöhung der Mindestwassermenge in Fließgewässern und damit derer quantitaiver und qualitativer Leistungsfähigkeit) durch negative Effekte (Verseifung des Bodens, Schadstoffeinträge) aufgehoben werden können
	Mengenmäßiger Gewässerzustand	unverändert, weil Wassermenge gleich bleibt	verbessert: siehe vorheriger Punkt	verbessert, weil Infiltrationen verhindert und der Wasserverbrauch durch verringerte Rohrnetzverluste reduziert wird	verbessert, weil die Versickerung neben der Grundwasseranreicherung auch eine Erhöhung der Mindestwassermenge in Fließgewässern bewirkt
	Flächenverbrauch	sinkt, weil 2 Anlagen auf einer Fläche stehen	steigt, 3-5 m^2 /EW für Pflanzenkläranlagen mit vorgeschalteter mechanischer Klärung	sinkt, weil die Leitungen gebündelt werden, wobei die Bündelung regelmäßig in öffentlichen Straßen erfolgt	steigt, weil die private Niederschlagsentwässerung nicht mit einer Reduzierung der öffentlichen Abwasseranlagen einhergeht
	Bodenqualität	steigt: wenn über zusätzliche Substrate (Fasermaterial) des Bioab-falls die Entwässerbarkeit des Klärschlamms verbessert wird, sinkt der Bedarf an Zuschlagsstoffen, mit denen sonst die Entwässerbarkeit herbeigeführt wird; dies führt zu einer absoluten Verringerung der zu entsorgenden Klärschlamm-Mengen mit der Folge, dass die Bodenqualität steigt	steigt: weil organische Dünger dem Boden zugeführt werden	steigt, weil Exfiltrationen (Bodenkontamination) und Infiltrationen (Feinstoffeinträge durch ausgespülten Boden) unterbunden werden und durch den Wegfall von Bauarbeiten die entsprechenden Verfüllmaterialien nicht mehr benötigt werden	in der Bilanzierung unverändert, weil der Verseifung und Vernässung von Böden auf der einen Seite eine erhöhte Bodenfruchtbarkeit durch hinreichende Bodenfeuchte gegenüber steht

Tabelle 13. (Fortsetzung)

	Stoffumsatz	sinkt, Verzicht auf 2. Anlage und dazu notwendiger Stoffumsatz, zu entsorgende Stoffströme bleiben freilich unverändert	sinkt, weil dezentrale Lösung	sinkt, weil wiederholte Bodenaushubarbeiten entbehrlich werden und andere (dünnwandigere) Materialien zum Einsatz kommen können	sinkt, weil Wasser nicht mehr über lange Strecken transportiert werden muss, bedarf es auch keiner dafür dimensionierten Rohrleitungen, Rückhaltebecken und Drosselorgane
	Energiebilanz	verbessert, Verzicht auf 2. Anlage gegenüber Kompostierung verbessert das Oberflächen-Volumen-Verhältnis (relativ gesehen weniger Fläche, wo Energie verloren geht)	unverändert	Verbessert sich, weil die Kontroll- und Erneuerungsarbeiten ohne Bodenbewegungen erfolgen können, bzw. die Erstverlegung mehrere separate Verlegungen entbehrlich macht; überdies kommt es zu weniger Verkehrsbehinderungen	bleibt unverändert
	Emissionen (Luft)	sinken, bei energetischer Nutzung der Faulgase ergibt sich eine mengenmäßige und qualitative Verbesserung von Luftemissionen	unverändert	sinken, weil wegen geringeren Einsatzes von Primärenergieträgern bei Erstellungs-, Kontroll- und Erneuerungsarbeiten sowie wegen abnehmender Verkehrsstaues auch die entsprechenden Abgase reduziert werden	bleibt unverändert
Soziale Kriterien	Verbraucher- und Gesundheitsschutz	Verbesserung der Umwelthygiene durch geschlossenen Raum und anschließende Verbrennung der Gase (gegenüber Kompostierung, die „offen gesammelt wird“)	neutral	verbessert durch reduzierten Austrag von Abwasser (Keime, Schadstoffe) in das Grundwasser	verbessert durch positive Beeinflussung des lokalen Klimas
	Arbeitsbedingungen	unverändert, Arbeiter gehen in beiden Fällen mit fäulnisbildenden Stoffen um	verschlechtert, schlechterer Komfort	verbessert, weil die Anlagen leichter zugänglich, einfacher zu betreiben und einfacher zu kontrollieren sind	unverändert
	Gesellschaftliche Akzeptanz	Hohe Akzeptanz, da keine Belästigungen bei den Akteuren sowie Kostenvorteil	zumutbar	Hohe Akzeptanz wegen durchweg positiver Auswirkungen	Hohe Akzeptanz wegen prima facie nur positiver Auswirkungen

Tabelle 13. (Fortsetzung)

Auswirkungen auf die Lebensumstände von Kunden/ Anwohnern/ Bevölkerung	spielt keine Rolle, siehe vorgenannte Argumente		zumutbar, da Beeinträchtigungen nur in der Bauphase entstehen (die wiederum konzentrierter und kürzer ausfällt als bei einer Vielzahl von Ver- und Entsorgungsträgerbaustellen) und sofern die Einführung bei erstmaliger Anlegung aller Infrastrukturleitungen erfolgt oder aber sukzessiv gemeinsam mit Ersatzinvestitionen und Erneuerungen (bzw. bei ratierlicher Refinanzierung durch viele Kostenträger)	zumutbar, da Beeinträchtigungen nur in der Bauphase sowie bei fehlerhafter Planung/fehlerhaftem Betrieb entstehen

Die Tendenzaussagen auf Basis der Vorab-Informationen über die Nachhaltigkeitseffekte der ausgewählten Innovationen spiegeln sich überwiegend auch aus der Expertenbefragung wieder. Folgende Tabelle verdeutlicht die über die Expertenbefragung gewonnenen Tendenzaussagen zu den Nachhaltigkeitswirkungen der ausgewählten Innovationen:

Alle in Tabelle 14 in schwarz abgetragenen Pfeile entsprechen eindeutigen Tendenzaussagen der befragten Experten (alle Pfeile mit jeweils 0°, 90°-Richtung positiv oder negativ). Die schwarzen Pfeile mit 30° oder 45° Neigungen entsprechen einem Mittelwert von zwei oder mehreren unterschiedlichen aber nicht gegenläufigen Einschätzungen der Experten zu dem jeweiligen Indikator. Die grauen Pfeile markieren ebenfalls Mittelwerte, die allerdings aus konträren Einschätzungen der Experten zustande gekommen sind (d.h. Mittelwert aus positiven und negativen Einschätzungen). Diese Wertungen spiegeln wiederum unterschiedliche Meinungen der Experten zu den Auswirkungen wieder, die ebenfalls an den institutionellen Kontext der Akteure gekoppelt sein dürften.

Im Vergleich zu den Vorab-Informationen fallen folgende Abweichungen der Expertenurteile zu den Nachhaltigkeitswirkungen auf: Bezogen auf die Regenwasserretention wurden die Vorab-Ergebnisse durch die Expertenurteile im Hinblick auf die Verbesserung der mikro-ökonomischen Effizienz, der Wasserqualität, den geringeren Bodenverbrauch und Stoffumsatz sowie die neutralen Wertungen zu Bodenqualität, Energieumsatz und Emissionen bestätigt. Hinsichtlich der sozialen Nachhaltigkeitsindikatoren wurde alleine die Wertung über die Zumutbarkeit von den Experten geteilt. Diese sehen die Auswirkungen auf Verbraucherschutz, Arbeitsbedingungen und soziale Akzeptanz eher kritischer.

Im Hinblick auf die Co-Vergärung fallen die Meinungen auseinander hinsichtlich der mikro-ökonomischen Effizienz, des Bodenverbrauchs, Stoffumsatzes und Emissionen sowie der Zumutbarkeit. Während letzteres Urteil von den Experten eher positiv ausfällt gegenüber der Vorab-Information, besteht bei den anderen genannten Indikatoren auch bei den Experten ein unterschiedliches Meinungsbild (überwiegend grau gekennzeichnete Indikatoren). Hier besteht weiterer Klärungsbedarf.

Tabelle 14. Auswirkungen ausgewählter Innovationen in der Wasserwirtschaft auf Nachhaltigkeitsindikatoren

	Nachhaltigkeitsindikatoren													
	Ökon.			Ökologisch							Sozial			
	Mikro-ökon. Effizienz	Makro-ökon. Effizienz	System Flexibilität	Wasser-Qualität	Wasser-Quantität	Bodenverbrauch	Bodenqualität	Materialumsatz	Energieumsatz	Emissionen	Verbraucherschutz	Arbeitsbedingungen	Soziale Akzeptanz	Zumutbarkeit
Systemübergreifende Hausanschlüsse	↑	↑	↑	→	→	→	→	→	→	→	→	→	↗	→
Wasserwerksschlammbeseitigung in Kläranlagen	→	→	→	→	→	→	→	↓	→	→	→	→	↘	→
Regenwassernutzung im privaten Bereich	↑	↑	↑	→	→	↘	→	↗	→	↘	↘	→	→	→
Regenwasserretention	↗	→	→	↑	↗	↑	→	↗	→	→	→	↘	↘	→
Co-Vergärung	→	↑	↑	↗	→	→	↗	→	↑	→	↗	→	→	↗
dezentrale Abwasserbehandlung	↘	↑	↑	↑	↑	↓	↑	↑	↓	↓	↑	→	↓	→
Membranbelebung	↗	↗	↑	↑	↗	↓	↗	↘	↑	↗	↑	↗	↑	↗
Begehbare Leitungsgänge für Ver- und Entsorgungsnetze	↑	↑	↑	↗	↗	↘	↗	↗	↗	↘	↑	↗	↑	↗
Wasserver- und -entsorgungsautarkes Haus	↑	↓	→	↑	↑	→	↗	↗	↗	↘	↗	→	↘	↗
Angebot von Brauch- und Trinkwasser	↗	↑	↗	→	↗	→	→	↘	↗	→	↘	→	↘	→
Grabenloser Leitungsbau	↑	↑	↑	→	→	↘	→	↗	↑	↘	→	↑	→	↗
Alternative Sanitärkonzepte	→	↑	↑	↑	↗	→	→	↗	→	↘	↗	↗	→	↗
Wasserspartechnologien im privaten Bereich	↗	↑	→	↗	→	→	→	↗	↑	→	↑	→	↑	↗

Bei den begehbaren Leitungsgängen ist die größte Übereinstimmung zwischen Vorab-Information und Expertenmeinung festzustellen. Die Expertenurteile weichen lediglich ab im Bereich der Einschätzungen über den Bodenverbrauch und die Emissionen (Einschätzungen eher gegenläufig).

Schließlich ist auch das Meinungsbild im Hinblick auf das Autarke Haus recht unterschiedlich im Vergleich zwischen Vorab-Information und Expertenmeinung. Eindeutig gleichläufige Meinungen ergaben sich zu den Effizienz-Indikatoren, der Wasserqualität und -quantität, Bodenqualität und Stoffumsatz während die Flexibilität, der Bodenverbrauch, Energieumsatz und Emissionen abweichend bewertet werden. Schließlich wurden auch alle sozialen Indikatoren von den Experten abweichend von den Vorab-Informationen gewertet. Auch hier ist somit ein weiterer Klärungsbedarf zu konstatieren, der in konkreten Fallstudien weiter zu präzisieren wäre.

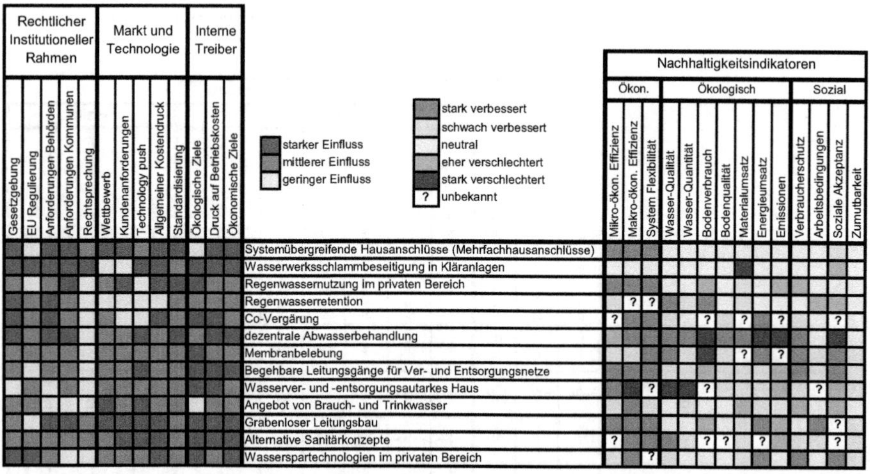

Abb. 25. Ergebnis der Einschätzungen zu den behandelten Nachhaltigkeitswirkungen von Innovationen auf Basis der Expertenbefragung (n = 12; i = 28)

Fasst man die Einzelbewertungen zum Einfluss der Treiber und der Auswirkungen auf die Nachhaltigkeitsindikatoren zusammen, so ergibt sich folgendes Bild im Hinblick auf das Grundmodell des AquaSus-Indikatorensystems:

Aggregiert man die vorliegenden Einschätzungen der Experten auf der Basis einer einfachen Punktbewertung (stark positiv = 2, positiv = 1, neutral = 0, verschlechtert = -1, stark verschlechtert = -2, unbekannt = 0), so ergibt sich folgende Rangfolge möglicher Hebelwirkungen der ausgewählten Innovationen auf die Nachhaltigkeitsindikatoren:

Aus der Rangfolge der Innovationen in Tabelle 15 werden folgende Tendenzaussagen deutlich: Den als Systeminnovationen klassifizierten Innovationen wird in der Tendenz ein insgesamt höheres Potenzial für eine nachhaltige Entwicklung zugesprochen (z.B. begehbare Leitungsgänge, Wasserspartechnologien privat, Grabenloser Leitungsbau, Alternative Sanitärkonzepte). Daneben belegen auch sog. Einzeltechnologien obere Plätze mit insgesamt hohen Einschätzungen zum Nachhaltigkeitspotenzial (wie z.B. Membranbelebung, Co-Vergärung).

Tabelle 15. Hebelwirkung ausgewählter Innovationen für eine nachhaltige Entwicklung (zusammenfassender Punktwert der Tendenzaussagen)

Rangfolge der Innovationen im Hinblick auf mögliche Hebelwirkungen auf nachhaltige Entwicklung	Punktwert
begehbare Leitungsgänge	15
Membranbelebung	14
Wasserspartechniken für den Privatbereich	12
CO-Vergärung	10
Grabenloser Leitungsbau	10
Alternative Sanitärkonzepte	10
Systemübergreifende Hausanschlüsse	7
Wasserver- und -entsorgungsautakes Haus	7
Regenwasserretention	5
dezentrale Abwasserbehandlung	5
Regenwassernutzung im privaten Bereich	4
Angebot von Brauch- und Trinkwasser	3
Wasserwerksschlammbeseitigung in Kläranlagen	-3

Das größte Potenzial für eine Verbesserung der ökonomischen Nachhaltigkeitsindikatoren haben Systemübergreifende Hausanschlüsse, Regenwassernutzung im privaten Bereich und begehbare Leitungsgänge. Danach folgen die Co-Vergärung, Alternative Sanitärkonzepte, differenzierte Angebote für Brauch- und Trinkwasser und Membranbelebung. Eher uneinheitlich fällt die Bewertung aus für das „autarke Haus" (Mikro-Effizienz = stark positiv, Makroeffizienz = stark negativ, Flexibilität = uneinheitlich) und die „dezentrale Abwasserbehandlung" (Mikroeffizienz = eher verschlechtert, Makroeffizienz und Flexibilität = stark verbessert).

Die insgesamt weitreichendsten Verbesserungen ökologischer Nachhaltigkeitsindikatoren werden mit dem Einsatz der „Regenwasserretention" gesehen (Punktwert = 7) gefolgt von „autarken Haus" (Punktwert = 6) und Co-Vergärung, Membranbelebung und Wasserspartechnologien (Punktwert jeweils = 4). Bei der „dezentralen Abwasserbehandlung" ergeben sich starke Ausschläge im Hinblick auf die getroffenen Einschätzungen (4 Einschätzungen stark positiv, 3 Einschätzungen stark negativ): während sich nach Einschätzung des Experten die Indikatoren zur Wasserqualität und -quantität, Bodenqualität und Materialumsatz stark verbessern, wird für die Indikatoren Bodenverbrauch, Energieumsatz und Emissionen eine starke Verschlechterung gesehen.

Das größte Potenzial für eine Verbesserung der sozialen Nachhaltigkeitsindikatoren wird den begehbaren Leitungsgängen zugewiesen („stark positiv" bei Verbraucherschutz und sozialer Akzeptanz, „positiv" bei Arbeitsbedingungen und Zumutbarkeit), direkt gefolgt von der Membranbelebung. Ebenfalls insgesamt positiv bezogen auf soziale Nachhaltigkeitsindikatoren werden Wasserspartechnologien im privaten Bereich gesehen. Eher negative Effekte auf soziale Nachhaltigkeitsindikatoren werden von der Regenwasserretention und der Produktdifferenzierung von Brauch und Trinkwasser erwartet, letztere wegen der potenziellen Gefährdungen des Verbraucherschutzes und problematischer Sozialer Akzeptanz.

Bei einigen Innovationen fallen die Bewertungen sehr uneinheitlich aus (z.B. „Co-Vergärung", „Alternative Sanitärkonzepte" und „Autarkes Haus". Dies kann auf die noch mangelnde empirische Datenlage und auf unterschiedliche Bedeutungseinschätzungen als Folge unterschiedlicher Interpretation im Hinblick auf die zugrunde liegenden Infrastrukturkonzepte zurückzuführen sein. Hier zeigt sich, dass insbesondere im Hinblick auf die hier als „Systeminnovationen“ klassifizierten Technologien noch weiterer Forschungsbedarf besteht.

4.3 Befragung zur Analyse des Innovationsverhaltens von Abwasserentsorgern

4.3.1 Stichprobenziehung

Um empirische Informationen über das Innovationsverhalten deutscher Abwasserentsorger zu gewinnen, wurde unter den betreffenden Unternehmen eine bundesweite Befragung durchgeführt. Die Untersuchung beschränkte sich dabei auf Mitglieder des Fachverbandes ATV-DVWK, mit dem bei der Durchführung der Befragung eng kooperiert wurde. Die 2649 Mitgliedsunternehmen und -gemeinden umfassen etwa ein Drittel aller Betreiber von Abwasserentsorgungsanlagen. Aus diesen wurden, geschichtet nach Region und Größe, 683 Abwasserentsorgungsunternehmen gezogen und angeschrieben. 237 Unternehmen sendeten ausgefüllte Fragebögen zurück, so dass ein Rücklauf von 34,7 % erreicht wurde. Da die amtliche Statistik (vgl. Statistisches Bundesamt 2003: 20-28) im Bereich der Abwasserentsorgung Ergebnisse auf Anlagenebene, nicht aber auf Ebene von Unternehmen oder Betreibern[131] ausweist, musste hier – im Gegensatz zu der in Abschnitt 4.4 vorgestellten empirischen Befragung von Wasserversorgungsunternehmen – darauf verzichtet werden, mittels Hochrechnungsfaktoren für den gesamten Abwassersektor repräsentative Ergebnisse auszuweisen.

Die an die Unternehmen gerichteten Fragen konzentrierten sich neben Unternehmensmerkmalen auf die Einführung von Neuerungen im Bereich der Abwasserentsorgung. Insbesondere wurde nach Investitionen in unterschiedlich neue Techniken und den dadurch erzielten Effekte gefragt, daneben nach organisatorischen Neuerungen sowie der Übernahme neuer Aufgaben, der Motivation sie einzuführen, aber auch Hindernisse bei ihrer Einführung. Schließlich richtete sich ein Fragenkomplex auf das spezielle Themengebiet Klärschlammentsorgung mit besonderer Berücksichtigung der Co-Vergärung.

Die Stichprobe spiegelt die Heterogenität des Abwasserentsorgungssektors als ganzes wieder. So schwankt die Größe der Entsorgungsgebiete zwischen 800 und 3,85 Millionen Einwohnern, wobei der Durchschnitt bei etwa 124 000 und der Median bei knapp 20 000 Einwohnern liegt. In der Stichprobe befinden sich somit Unternehmen vollkommen unterschiedlicher Größe, wobei sich diese ausgepräg-

[131] Auf Betreiberebene wird lediglich eine grobe Einteilung nach Beschäftigtengrößenklassen – nicht aber nach Größe der Entsorgungsgebiete – ausgewiesen, die keine Hochrechung der Befragungsergebnisse erlaubt.

ten Unterschiede auch in anderen Größenmaßen wie der Menge des behandelten oder abgeleiteten Abwassers widerspiegeln.

Da sich die Befragung explizit an Abwasserentsorger richtet, überrascht es nicht, dass über 93 % der antwortenden Unternehmen in der Abwasserableitung tätig sind und über 90 % Abwasser behandeln. Unternehmen, die weder Abwasser ableiten noch behandeln, umfasst die Stichprobe nicht. Dagegen entsorgen nur etwa 37 % selbst Klärschlamm. Darüber hinaus sind 31 % der antwortenden Unternehmen nicht nur in der Abwasserentsorgung, sondern auch in der Wasserversorgung tätig. Schließlich ist eine kleine Zahl auch in anderen nicht wasserwirtschaftlichen Bereichen tätig, einige davon als Versorger für Gas oder Strom. Multi-Utility-Unternehmen stellen in der Stichprobe somit eindeutig Ausnahmeerscheinungen dar.

4.3.2 Deskriptive Ergebnisse

Einsatzbereiche und Anwendungsfelder innovativer Technologien

Im Rahmen dieser Befragung wurde gezielt nach dem Verhalten der Betreiber in Bezug auf die Einführung von technologischen Neuerungen bzw. neueren Techniken in der Abwasserentsorgung gefragt. Tabelle 16 fasst die entsprechenden Antworten in Hinblick auf die Abwasserableitung (mit den Leistungsbereichen Reparatur, Renovierung, Erneuerung und Neubau (Erweiterung) sowie die Zustandserfassung) sowie die Abwasserbehandlung und Klärschlammentsorgung (mit den Leistungen Regenwasserbehandlung im Misch- und Trennsystem, Schmutzwasserbehandlung und Klärschlammentsorgung) zusammen. Dargestellt sind einerseits die absolute Häufigkeit mit der in die einzelnen Leistungsbereiche investiert wurde, und andererseits die absolute Häufigkeit, mit der sich diese Investitionen auf innovative oder konventionelle Techniken richteten. Tabelle 16 verdeutlicht zudem, welche Techniken als innovativ und welche als konventionell betrachtet werden können.

Als qualitatives Ergebnis kann festgehalten werden, dass sich die in letzten Jahren neu entwickelten Verfahren der Reparatur und Renovierung von Kanalnetzen durchgesetzt haben und gegenüber den konventionellen Verfahren der offenen Bauweise dominieren. Demgegenüber werden nach wie vor Erneuerungs- und Erweiterungsmaßnahmen vornehmlich in der offenen Bauweise durchgeführt, während innovativen Vortriebsverfahren, Microtunneling und Berstverfahren mit eine wesentlich geringere Bedeutung zukommt. Im Bereich der Zustandserfassung hat sich erwartungsgemäß die TV-Kameraabfahrung als Standardverfahren etabliert (vgl. Stein 1998; ATV 1998; DIN EN 2001). Im „Neuheitsgrad" über die TV-Kameraabfahrung hinausgehende Zustandserfassungsmethoden bleiben demgegenüber im Hintergrund. So wurden Georadar und auch Abflussmessungen jeweils nur einmal genannt.

Tabelle 16. Investitionen in konventionelle und innovative Verfahren

Investition in die Leistungsbereich (Häufigkeit)		Davon (Häufigkeit)		Verfahren
Reparatur des Kanalnetzes	65	konventionell	30	offene Bauweise
		innovativ	54	z.B. partielle Sanierung, Roboter, Injektion
Renovierung des Kanalnetzes	50	konventionell	9	offene Bauweise
		innovativ	45	z.B. Schlauchinliner, Wickelrohrverfahren, Close-Fit-Verfahren
Erneuerung des Kanalnetzes	63	konventionell	50	offene Bauweise
		innovativ	21	z.B. Microtunneling, Berstverfahren, Stollenbauweise
Neubau von Kanälen	79	konventionell	71	offene Bauweise
		innovativ	16	z.B. Microtunneling, Rohrvortrieb, Stollenbauweise
Überwachung des Kanalzustands	67	konventionell	65	TV-Kamerainspektion
		innovativ	10	z.B. Dichtheitsprüfung, Abflussmessung, Georadar
Regenwasserbehandlung Trennsystem	17	konventionell	16	RÜB, RRB
		innovativ	4	z.B. Mulden-Rigolen-Versickerung
Regenwasserbehandlung Mischsystem	34	konventionell	26	RÜB, RRB
		innovativ	14	z.B. Retentionsbodenfilter, Stauraumbewirtschaftung, Fernwirktechnik
Schmutzwasserbehandlung (Kläranlagen)	83	konventionell	82	zebu. N-/P-Elimination
		innovativ	4	z.B. Membrantechnologie, Desinfektion
Klärschlammentsorgung	48	konventionell	40	z.B. Kammerfilterpressen
		innovativ	11	z.B. Klärschlammtrocknung (in Kombination mit therm. Verwertung), Desinfektion

Anmerkung: Da von einzelnen Unternehmen Investitionen im selben Leistungsbereich sowohl in innovative als auch konventionelle Techniken vorgenommen werden können, weichen die Summen aus konventionellen innovativen Investitionen von den Gesamthäufigkeiten der Investitionen ab.

Der Leistungsbereich „Regenwasserbehandlung im Trennsystem“ wird in den weitaus meisten Fällen durch konventionelle RÜB und RRB erledigt; Mulden-Rigolen-Versickerung u.ä. wurden nur in vier Fällen genannt. Dies ist insofern nicht überraschend, weil nicht behandlungsbedürftiges Regenwasser direkt dem nächstgelegenen Vorfluter zugeleitet werden kann.

Demgegenüber erfolgt die Behandlung des verunreinigten Regenwassers aus Mischsystemen in nennenswertem Umfang durch innovative Verfahren, wie z.B. Retentionsbodenfilter oder Kanalnetzbewirtschaftung. Anders verhält es sich bei der Schmutzwasserbehandlung: In nur 4 Fällen wurden Investitionen in neue Technologien z.B. Membrantechnologie genannt. Auch bei der Klärschlammentsorgung dominieren die konventionellen Verfahren. So erfolgten Investitionen z.B. in Trocknungs- und Desinfektionsverfahren, deren Einsatz allerdings stark an spezielle Randbedingungen und Verwertungswege geknüpft ist, nur in 11 Fällen.

Effekte von Investitionen

Im Rahmen der Befragung wurden die Unternehmen um eine Einschätzung der Effekte von ihnen durchgeführter Investitionen gebeten. Dabei wurde zwischen den Bereichen „Kanalisation" (siehe Abb. 26) und „Abwasserbehandlung und Klärschlammentsorgung" (siehe Abb. 27) unterschieden. Für ersteren erwies sich in statistischen Tests die „Verminderung der Umweltbelastung" als die mit Abstand wichtigsten[132] Effekte. Bei der „Verminderung von Fremdwasser" und der „Erhöhung der Lebensdauer" wurden ebenfalls Effekte der Investitionen gesehen, allerdings in geringerem Maße. Die „Verminderung der Abwasserabgabe", „Senkung der Betriebskosten" und „Höherer Kundennutzen" spielten dagegen lediglich eine untergeordnete Rolle.

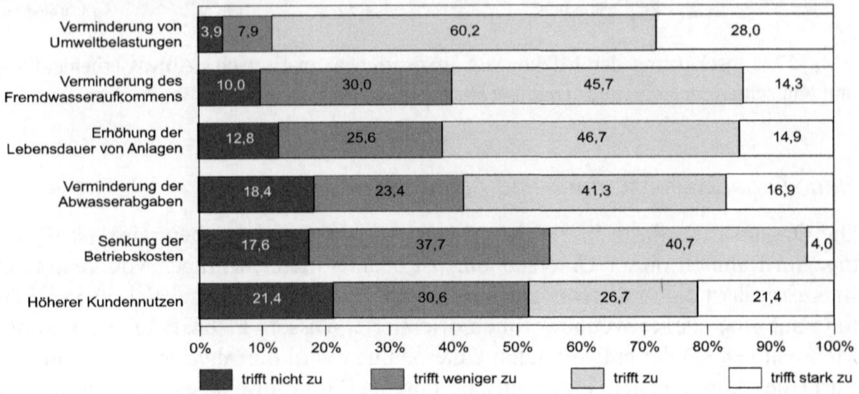

Abb. 26. Einschätzung der Effekte von Investitionen im Bereich „Kanalisation" (relative Häufigkeiten)

In Hinblick auf den zweiten Bereich „Abwasserbehandlung und Klärschlammentsorgung" standen die „Verbesserung der Ablaufwerte" sowie die „Verminderung der Umweltbelastung" klar im Vordergrund, und damit ebenfalls umweltorientierte Ziele. Als drittwichtigster Effekt wurde die „gesicherten Verwertung" betrachtet. Auch diese lässt sich inhaltlich der „Vermeidung von Umweltbelastungen" zuordnen. Die Ziele „Verminderte Abwasserabgaben", „Senkung der Betriebskosten", „Erhöhung der Lebensdauer" und „Erhöhter Kundennutzen" wur-

---

[132] In Abb. 26 bis Abb. 32 sind die möglichen Antwortkategorien geordnet nach der ihnen zugemessenen Bedeutung aufgelistet. Die Ordnung wurde mit Hilfe einer Serie statistischer „Wilcoxon Matched-Pairs Signed-Ranks Tests" ermittelt, vgl. Sheskin 2000: 467ff.

den demgegenüber in geringerem Umfang realisiert oder stellten bereits bei Investitionsentscheidung nachrangige Ziele dar.

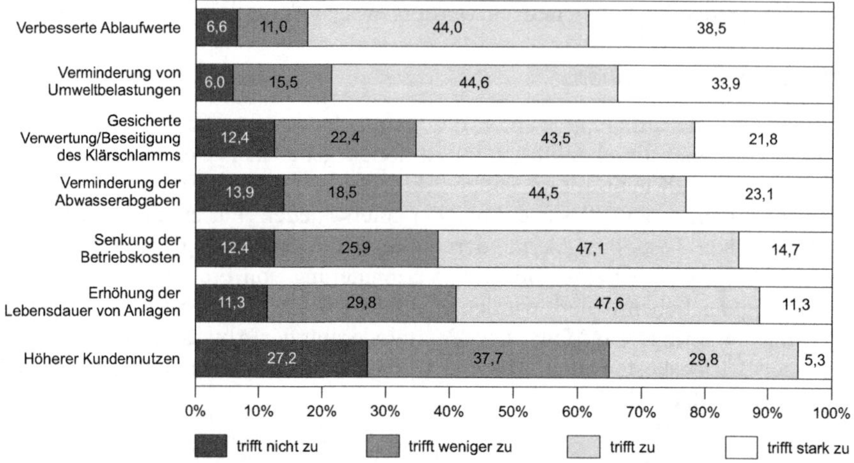

Abb. 27. Einschätzung der Effekte von Investitionen im Bereich „Abwasserbehandlung und Klärschlammentsorgung" (relative Häufigkeiten)

Neue Organisationsformen und Aufgaben

Die Organisationsform, in der die Abwasserentsorgung betrieben wird, ist für einige im Rahmen dieser Untersuchung zu beantwortenden Fragen von zentralem Interesse, lässt sich insbesondere ihre Veränderung als ein erster Schritt in Richtung auf eine stärker wettbewerblich orientierte Wasserwirtschaft sehen. Von der Mehrheit (38 %) der antwortenden Unternehmen wird die Abwasserentsorgung in Form des kommunalen Eigenbetriebs durchgeführt. Jeweils ca. ein Viertel der Abwasserentsorger ist Regiebetrieb (25 %) oder Zweck- bzw. Wasserverband (23 %). Anstalten des öffentlichen Rechts (8 %) sowie privatrechtliche Organisationsformen (6 %, darunter Eigengesellschaften, Betriebsführungs- und Kooperationsgesellschaften) sind im unter den antwortenden Unternehmen weitaus geringerem Maße vertreten

Die derzeitige Organisationsform besteht nur bei etwa 60 % der Abwasserentsorger seit mehr als 10 Jahren, bei ca. 14 % wurde sie während der letzten fünf Jahre geändert. Für weitere 10 % ist ein Wechsel der Organisationsform geplant, in erster Linie die Umwandlung in einen Eigenbetrieb oder in eine privatwirtschaftliche Gesellschaftsform. Offensichtlich ist die Struktur der Organisationsformen im Wandel begriffen.

Darüber hinaus geben 30 % der antwortenden Abwasserentsorger an, seit 1998 neue Aufgaben wahrgenommen zu haben. Davon sind etwa die Hälfte Kooperationen mit anderen Abwasserentsorgern eingegangen, 42 % haben Abwasserbeseitigungspflichten Dritter übernommen und 11 % geben an, Betreiberverträge abgeschlossen zu haben. Schließlich haben fast ein Viertel dieser Abwasserentsorger sonstige Veränderungen im Aufgabenspektrum bzw. in der Organisation vorgenommen, dazu gehören z.B. die Schließung von Zweckvereinbarungen mit Nachbargemeinden, die Gründung von Beratungsgesellschaften oder die Übernahme der Klärschlammentsorgung Dritter.

In Hinblick auf die Übernahme dieser neuen Aufgaben waren für die Unternehmen insbesondere die Senkung der Betriebskosten durch Synergieeffekte, eine bessere Personal- bzw. Anlagenauslastung und daneben die Ausweitung des Geschäftsfeldes von Bedeutung (vgl. Abb. 28). Die Stärkung der Markstellung spielte dagegen eine signifikant[133] geringere Rolle.

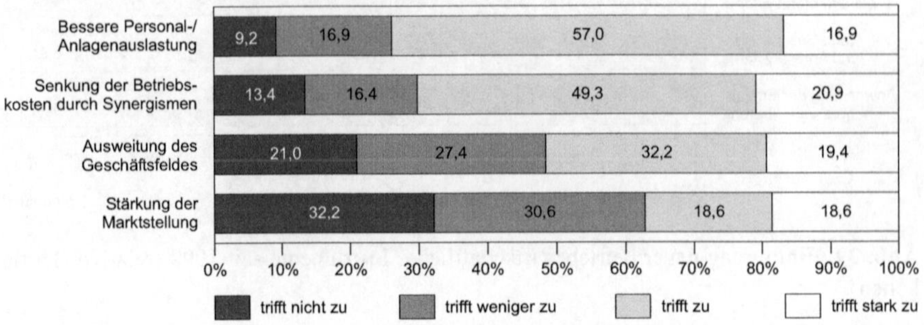

Abb. 28. Bedeutung der Übernahme neuer Aufgaben für die Abwasserentsorger (relative Häufigkeiten)

Neue Steuerungsinstrumente

Als weiterem wichtigen Aspekt der Befragung wurden die Unternahmen nach Einführung neuer Steuerungsinstrumente gefragt. 52 % der antwortenden Abwasserentsorger gaben an, seit 1998 Dienst- und Betriebsanweisungen etabliert zu haben, weitere 20 % haben deren Einführung geplant. Eine Kosten- und Leistungsrechnung als *das* klassische betriebliche Steuerungsinstrumentarium ist bei insgesamt 56 % der Einrichtungen eingeführt oder die Einführung ist in Planung (vgl. Abb. 29).

---

[133] Von einem signifikanten Unterschied wird im Weiteren bei einer Irrtumswahrscheinlichkeit von kleiner 5 % gesprochen. Die Grundlage für diese Vergleiche bilden sog. „Wilcoxon Matched-Pairs Signed-Ranks Tests“..

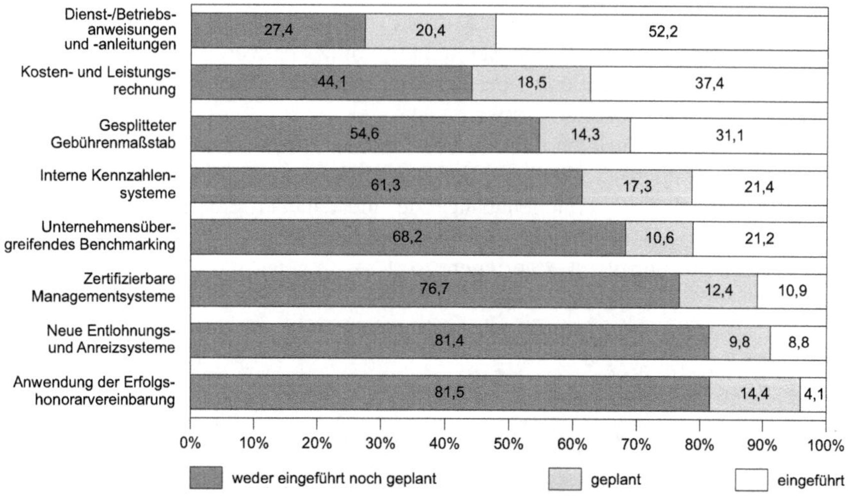

Abb. 29. Einführung neuer betriebswirtschaftlicher Instrumente seit 1998 (relative Häufigkeiten)

Die antwortenden Abwasserentsorger setzen sich auch mit neueren Steuerungsinstrumenten wie internen Kennzahlensystemen oder dem unternehmensübergreifendem Benchmarking auseinander. Jeweils 21 % haben diese Instrumente bereits eingeführt, weitere 17 % planen die Einführung interner Kennzahlensysteme und 10 % die Beteiligung an unternehmensübergreifendem Benchmarking.

Von den antwortenden Abwasserentsorgern in weit geringerem Maße eingeführte Steuerungsinstrumente sind zertifizierbare Managementsysteme (z.B. ISO 9 000ff., ISO 14 000ff., EMAS), neue Entlohnungs- und Anreizsysteme sowie die Anwendung der Erfolgshonorarvereinbarung (§ 5 Abs. IVa HOAI).

Schließlich erheben fast ein Drittel der antwortenden Abwasserentsorger ihre Abwassergebühren in Form eines gesplitteten Gebührenmaßstabes, und setzen damit ein nach außen gerichtetes Anreizinstrument ein. Diese Trennung der Abwassergebühr in eine Schmutz- und Niederschlagswassergebühr planen weitere 14 % der Einrichtungen.

Motive für die Einführung von technischen und organisatorischen Neuerungen

In Hinblick auf die Frage, warum Abwasserentsorger technische und organisatorische Innovationen einführen, zeigt Abb. 30, dass es vor allem der Faktor „Kostendruck" ist, der diese motiviert. So bewerten fast 90 % der Unternehmen die Gesamtkosten als „sehr bedeutsam" oder „bedeutsam". Eine signifikant geringere, aber dennoch hohe Relevanz haben Betriebskosten; knapp über vier Fünftel der Unternehmen sehen sie als „sehr bedeutsamen" oder „bedeutsamen" Faktor an.

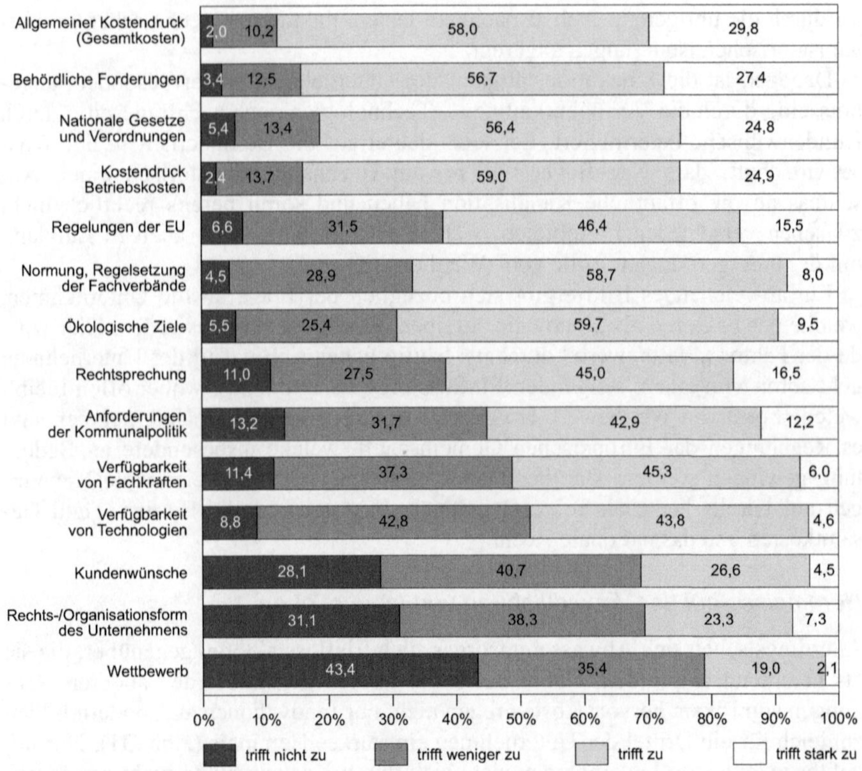

Abb. 30. Motivierende Faktoren für die Einführung technischer und organisatorischer Neuerungen (relative Häufigkeiten)

Als nahezu gleichwertig werden behördliche Forderungen und nationale Gesetze und Verordnungen erachtet. Demnach spielen auch behördliche Ermessensspielräume in Hinblick auf die Anpassung betrieblicher Leistungen an die abwasserrechtlichen Vorgaben eine nicht geringe Rolle. Jeweils eine signifikant geringere Bedeutung messen die befragten Abwasserentsorger den Regelungen der Europäischen Gemeinschaft sowie der Normung und Regelsetzung durch die Fachverbände bei. Bei Ersteren mag dies daran liegen, dass die europäische Wasserpolitik weniger in unmittelbar geltende Verordnungen als in Richtlinien mündet, welche erst in nationales Recht transformiert werden müssen, um ihre Wirkung zu entfalten. Die im Vergleich zu den behördlichen Regelungen und dem nationalen Recht niedrigere Einstufung der Normung und Regelsetzung deutet einerseits an, dass die Tätigkeit der Fachverbände nicht vornehmlich als ursächlich für die eigene Innovationstätigkeit wahrgenommen wird. Nichtsdestoweniger dürfte ihnen eine wichtige Rolle für die Verbreitung der sich aus dem Recht über unbestimmte Rechtsbegriffe ergebenen technischen Anforderungen zukommen. Andererseits sehen sich die Unternehmen durch die Tätigkeit der Fachverbände in ähnlichem Maße wie durch EG-Regelungen und die Rechtsprechung und stärker als durch die übrigen, in Abb. 5 nachgeordneten, Faktoren zu technischen und organisatorischen Neuerungen angeregt.

Dagegen ist die Innovationstätigkeit der Unternehmen weder besonders angebotsseitig durch die Verfügbarkeit neuer Technologien noch nachfrageseitig durch Kundenwünsche determiniert. Letzteres deutet auf die Besonderheit in der Wasserwirtschaft, dass Nachfrager wie private Haushalte obligatorisch einen Anschluss an die öffentliche Kanalisation haben und somit bereits rechtlich nicht zwischen verschiedenen Anbietern wählen können. Dies steht auch in Einklang mit der untergeordneten Rolle von „Wettbewerb".

Ein abweichendes Bild ergibt sich bezüglich der Frage an die Unternehmen, welche der Faktoren als „Innovationstreiber" künftig wichtiger werden. Hier wurde der Faktor „Wettbewerb" durchaus häufig genannt. Ein Teil der Unternehmen geht somit von einem steigenden Einfluss dieses Faktors aus, wobei offen bleibt, welche Form von Wettbewerb erwartet wird. Für insgesamt 58 Unternehmen sind es Regelungen der Europäischen Gemeinschaft, welche insbesondere an Bedeutung gewinnen werden. Darüber hinaus entfielen vergleichsweise viele Nennungen auf bereits heute als relevant geltende Faktoren wie die Betriebs- und Gesamtkosten und das nationale Recht.

Hemmnisse bei der Verwirklichung von Innovationen

Allerdings sehen sich Abwasserentsorger auch Einflussfaktoren gegenüber, die sie als hemmend empfinden. Dabei treten die Kosten gegenüber den anderen Nennungen signifikant hervor. Kosten regen nicht nur Innovationen an, sondern bilden zugleich für ein Drittel der Unternehmen ein starkes Hemmnis (Abb. 31). Nur ungefähr jedes vierte Unternehmen sieht sich durch Kostenaspekte nicht sonderlich eingeengt. Mit deutlichem Abstand folgen ihnen kommunalpolitische Widerstände, kommunalrechtliche sowie landes- und bundesrechtliche Bestimmungen mit jeweils etwa gleicher Wichtigkeit.

Offensichtlich kann eine Einflussgröße – bspw. kommunalpolischer Anforderungen – je nach Innovation und ihren Folgen positiv oder negativ wirken. So mag eine Kosten senkende Neuerung eine hohe Unterstützung im Gemeinderat finden, während eine „nur" besseren Ablaufwerten dienende evtl. zurückhaltender beurteilt wird. Eine allgemeine Bewertung als „motivierend" oder „hemmend" ist daher nicht ohne weiteres möglich.

In welcher Weise sich kommunalpolitische Widerstände äußern, kann anhand der von 64 Unternehmen gegebenen Beispiele veranschaulicht werden. Geäußert wird unter anderem, Gemeinderatsmitglieder seien nicht geneigt, Einflussmöglichkeiten aufzugeben, würden dazu neigen, nach „politischem" Willen zu entscheiden und seien nur schwerlich zu einem „Umdenken" zu bewegen. Zwei Unternehmen gaben an, die Einführung eines gesplitteten Gebührenmaßstabs sei politisch nicht erwünscht. Weitere Äußerungen bezogen sich auf Investitionsvorhaben, die nur zögerlich bzw. nur bei absehbaren betriebswirtschaftlichen Vorteilen oder sinkenden Abwassergebühren bewilligt würden.

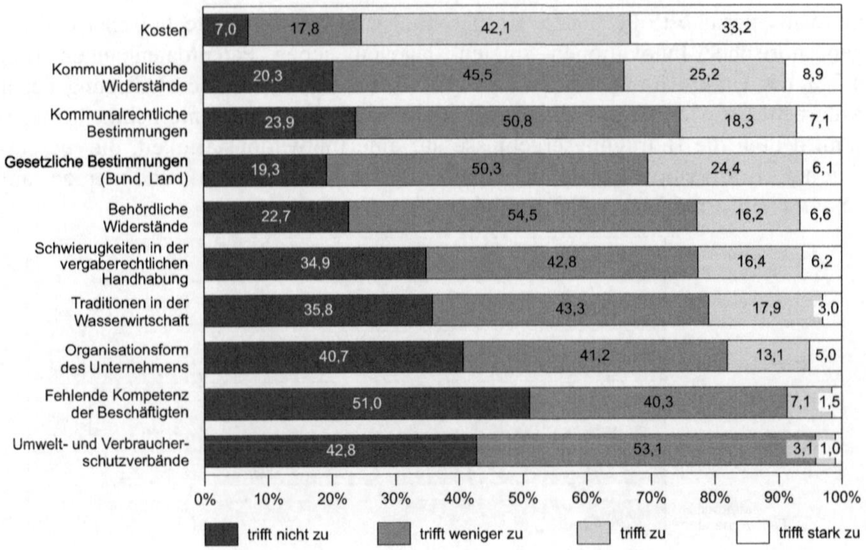

Abb. 31. Erschwerende Faktoren für die Einführung von technischen und organisatorischen Neuerungen (relative Häufigkeiten)

Eine Reihe von Beispielen bezieht sich schließlich auf die Vorschriften zum Vergaberecht. Bemängelt wurde insbesondere eine zu geringe Flexibilität bei Vergabeentscheidungen gemäß den Verdingungsverordnungen für Bauleistungen (VOB), für Leistungen (VOL) und für freiberufliche Leistungen (VOF). Dabei zielt die Kritik auf die als zu niedrig empfundenen Schwellenwerte für die Anwendung der Verordnungen, die gestärkte Position von Anbietern sowie auf die als einseitig empfundene Orientierung am Preis, welche nicht unbedingt zur günstigsten Lösung führen.

Informationskanäle der Unternehmen

Um erfolgreich zu innovieren, müssen Abwasserentsorger sich zum einen über neue technische Entwicklungen auf dem Laufenden halten, sich aber auch für konkrete Vorhaben detaillierter über technische und wirtschaftliche Charakteristika von Innovationen sowie über Erfahrungen anderer Anwender informieren. Deshalb wurde gefragt, auf welche Informationsquellen bezüglich der Einführung von technischen und organisatorischen Neuerungen zurückgegriffen wird.

Als mit Abstand wichtigste Informationsquelle dienen die Fachverbände bzw. deren Publikationen (vgl. Abb. 32). Diese werden von 19,5 % der Unternehmen als „sehr bedeutsam“ und von weiteren 67,7 % als „bedeutsam“ eingestuft. Dieses Ergebnis ist allerdings von dem Hintergrund zu interpretieren, dass ausschließlich aus Mitgliedern eines Fachverbandes befragt wurden, die vermutlich stärker als Nichtmitglieder Verbandsinformation nutzen. Als die nächst-wichtigen Formen der Informationsgewinnung können die betriebliche Aus- und Fortbildung, informelle Kontakte und schließlich externe Beratung durch Ingenieurbüros gelten. Eine relativ geringe Rolle für die Vorbereitung und Umsetzung technischer und organisatorischer Innovationen spielen dagegen neben Patentdatenbanken (nur 4,5 % der Unternehmen werten diese als „bedeutsam“) die Beschäftigung neuer Mitarbeiter sowie betriebswirtschaftlich orientierte Beratungsunternehmen. Insgesamt deuten die Befragungsergebnisse auf eine Innovationstätigkeit, die wesentlich auf „Informationskanäle“ innerhalb der Abwasserwirtschaft und weniger auf „externe“ Informationsquellen zurückgreift.

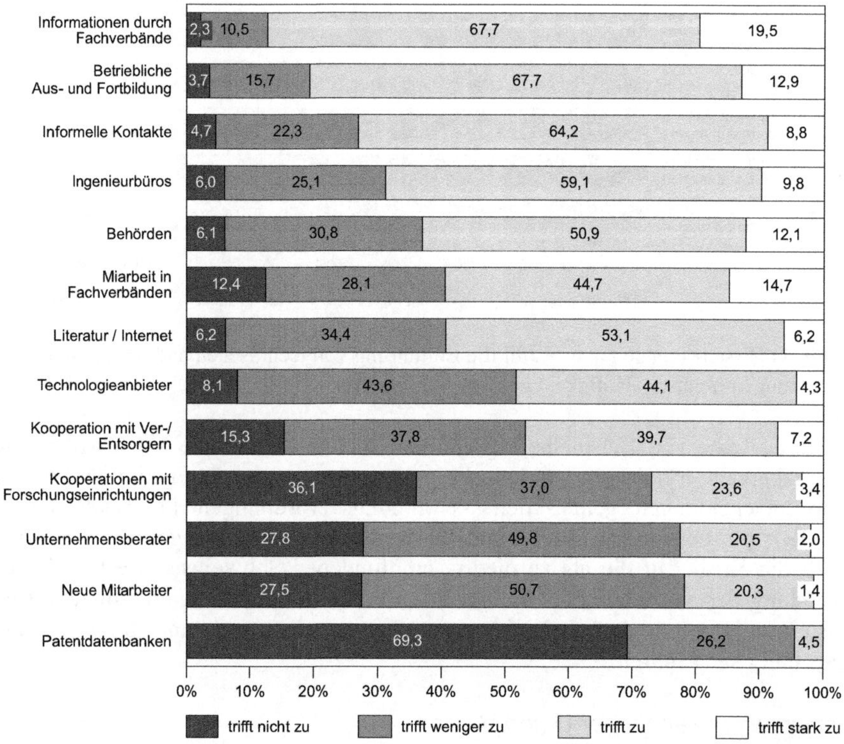

Abb. 32. Für die Einführung technischer und organisatorischer Neuerungen wichtige Informationsquellen (relative Häufigkeiten)

Zusammenfassung und weiterführende Fragestellungen

Diese deskriptiven Ergebnisse, die aus der Befragung von Abwasserentsorgern gewonnen werden konnten, lassen wichtige Aspekte des Innovationsgeschehens in der deutschen Abwasserentsorgung erkennen. So wurden sowohl innovative technische Verfahren als auch organisatorische Neuerungen in den vergangenen Jahren in deutlich erkennbaren Umfang neu eingeführt. Allerdings variiert der Diffusionsgrad zwischen den einzelnen organisatorischen Innovationen erheblich, wie sich auch die Häufigkeit, mit der in innovative Techniken investiert wurde, deutlich zwischen den verschiedene Leistungsbereichen der Abwasserwirtschaft unterscheidet.

Daneben werden wichtige Bestimmungsfaktoren des Innovationsgeschehens im Bereich der Abwasserentsorgung deutlich, denen mehr als anderen Determinanten eine hohe Bedeutung für das Innovationsverhalten beigemessen wird. Zum einen gilt dies für ökologische Ziele. Dies kann allerdings sowohl eine tatsächliche Ausrichtung der Unternehmen an ökologischen Zielen widerspiegeln, aber auch zum Ausdruck bringen, dass Unternehmen auf Grund umweltpolitischer und –rechtlicher Vorgaben gezwungen sind, ökologieorientierte Maßnahmen durchzuführen. Als weitere wichtige Determinante des Innovationsverhaltens erweisen sich staatliche Regulierung aber auch nichtstaatliche Regelsetzung. Hier schlägt sich in den Befragungsdaten explizit die zentrale Rolle der Umweltpolitik für das Innovationsverhalten im Sektor nieder, wie sich auch beispielhaft anhand einzelner wichtiger Innovationen der Vergangenheit aufzeigen lässt (vgl. Abschnitt 4.6).

Schließlich werden dem kommunalen Einfluss und insbesondere wirtschaftlichem Druck, d.h. Kosten, eine herausragende Bedeutung beigemessen. Hierin scheint sich ein Wandel der deutschen Abwasserwirtschaft hin zu einer stärkeren Orientierung an Kosten- und Effizienzkriterien widerzuspiegeln. Begleitet wird dieser durch eine deutliche Veränderung in der Verteilung der Organisationsformen der Unternehmen. Insbesondere der klassische Regiebetrieb scheint an Bedeutung zu verlieren. Organisationsformen, die durch ein geringeres Maß an direktem kommunalen Einfluss charakterisiert sind, mitunter sogar private Rechtsformen, treten vermehrt an dessen Stelle. Die Vermutung liegt nahe, dass die Gemeinden versuchen, verstärktem ökonomischen Druck zu begegnen, indem sie ihren Abwasserentsorgern ermöglichen, selbst mehr wirtschaftliche Verantwortung zu übernehmen und eigenständiger betriebliche Entscheidungen zutreffen. Dies stellt in einem bisher kaum durch direkten Wettbewerb geprägten Sektor eine bemerkenswerte Öffnung für wettbewerbliche Elemente und u.U. eine Vorbereitung für eine mögliche, zukünftige Marktöffnung dar.

Für diese Untersuchung ist vor diesem Hintergrund insbesondere die Frage interessant, ob eine Öffnung für wettbewerbliche Elemente und eine Verringerung des direkten kommunalen Einflusses Konsequenzen für das Innovationsverhalten der Abwasserentsorger hat. Ob also eine stärke ökonomische Eigenverantwortung die Innovativität der Unternehmen generell erhöht und ob sich in qualitativer Hinsicht Änderungen im Innovationsverhalten ergeben, bspw. indem private Unternehmen tendenziell andere Innovationsprojekte durchführen, als traditionell organisierte Betriebe und dadurch möglicherweise an Nachhaltigkeitszielen orientierte Innovationen weniger Aussicht haben, implementiert zu werden.

Diese Fragen sind allein mittels deskriptiver Auswertungen nicht zu beantworten. Es schließen sich in den folgenden Abschnitten daher drei ökonometrische Untersuchungen an, die diesen Fragen nachgehen. Zunächst wird mit Blick auf organisatorische Neuerungen untersucht, ob Unternehmen unterschiedlicher Organisationsform aber auch Größe ein unterschiedliches Maß an Innovativität an den Tag legen. Insbesondere gilt die Analyse der Frage, ob private Betreiber in höherem Maße innovieren als traditionell organisierte Abwasserentsorger. Eine zweite Analyse behandelt die gleiche Frage mit Blick auf technische Neuerungen.

Damit knüpft die Untersuchung an die allgemeine Diskussion über den Zusammenhang von Innovationsaktivitäten und Wettbewerbsintensität an und trägt dabei der besonderen Situation einer allgemein sehr geringen Wettbewerbsintensität im betrachteten Sektor Rechnung.

Schließlich wird untersucht, ob Unternehmen unterschiedlicher Organisationsformen unterschiedliche Schwerpunkte in ihren Innovationsaktivitäten legen, bzw., andere Ziele verfolgen und ob sie sich dabei unterschiedlicher Innovationsquellen bedienen. Insbesondere ist die Frage interessant, ob bei privaten Unternehmen wirtschaftliche Effizienz das Innovationsverhalten bestimmt und ökologische Ziele in den Hintergrund treten. Außerdem wird der Frage nachgegangen, ob es privaten Betreibern in höherem Maße gelingt, bisher vermutlich vernachlässigte Informations- und Innovationsquellen außerhalb der Wasserwirtschaft zu nutzen. Damit wird die Hypothese, dass eine bessere Vernetzung der Akteure im Innovationssytem die Generierung von Innovationen begünstigt (vgl. Abschnitt 3.5.2), von empirischer Seite beleuchtet, und untersucht, ob eine stärkere Öffnung für wettbewerbliche Elemente Effekte auf die Akteursbeziehungen hat.

4.3.3 Ökonometrische Analyse organisatorischer und technischer Innovativität von Abwasserentsorgern

Im Zuge der Hypothesenformulierung in Abschnitt 3.5.2 wurde deutlich gemacht, dass sich eine Veränderung der Organisationsform und insb. die Privatisierung von Entsorgungsunternehmen als eines der wettbewerblichen Elemente darstellt, die in dem ansonsten durch sehr geringe Wettbewerbsintensität ausgezeichneten Abwasserentsorgungssektor (vgl. Abschnitt 2.1) anzutreffen ist. Insbesondere kann in der Einführung einer privaten Rechtsform eine Vorbereitung auf zukünftigen stärkeren Wettbewerb gesehen werden, selbst wenn dieser noch nicht zu beobachten ist. Darüber hinaus liegt es in der Regel in der Hand der verantwortlichen Kommunen, die Rechts- bzw. Organisationsform des zuständigen Abwasserentsorgers zu bestimmen. Sie verfügen damit über ein Instrument, sich auf Wettbewerb vorzubereiten und damit evtl. mögliche Wirkungen – z.B. erwünschte Effizienzsteigerungen – einer Marktöffnung vorwegzunehmen.

Im Rahmen dieser Untersuchung ist nun von besonderem Interesse, ob die Einführung wettbewerblicher Elemente Wirkungen auf das Innovationsverhalten von Abwasserentsorgern entfaltet, ob deren gezielte Förderung also tatsächlich zu verbessertem Innovationsverhalten beitragen kann. Um dies empirisch zu überprüfen, werden Daten aus der in Abschnitt 4.3.2 beschriebenen Befragung unter dem Gesichtspunkt ökonometrisch ausgewertet, ob sich Unternehmen unterschiedlicher Organisationsform im Niveau ihrer Innovationstätigkeit unterscheiden.

Ergebnisse des ökonometrischen Modells zur Analyse der organisatorischen Innovativität

Ziel dieser Untersuchung ist es, aus beobachtetem Verhalten von Abwasserentsorgern Rückschlüsse darauf zu ziehen, ob verschiedenen Charakteristika der Unternehmen – zu allererst ihre Organisationsform – das Niveau ihrer Innovationstätigkeit bestimmt. Unter beobachtetem Verhalten ist im Kontext dieser Untersuchung die Einführung von organisatorischen Neuerungen zu verstehen. Konkret knüpft die Untersuchung an Angaben der Unternehmen an, welche einzelnen betrieblichen Steuerungselemente von ihnen eingeführt wurden, für welche die Einführung geplant ist oder eine Einführung nicht erwogen wird. Nach technischen Innovationen wurde in anderer Weise gefragt. Die Analyse dieses Abschnitts konzentriert sich daher auf organisatorische Neuerungen.

Für den verwendeten Ansatz ist von zentraler Bedeutung, dass in den Daten die Adaption einzelner spezieller Innovationen zu beobachten ist, das Erkenntnisinteresse sich hier aber nicht primär auf einzelne spezielle Neuerungen, sondern vielmehr auf die Innovativität eines Unternehmen im Allgemeinen richtet. Unter Innovativität ist dabei die Neigung und Befähigung eines Unternehmens zu verstehen, innovativ tätig zu werden. Eine empirische Analyse der Innovativität trifft aber unweigerlich auf das Problem, dass sich Innovativität nicht direkt beobachten lässt. Allerdings ist die Invention und – im hier untersuchten Zusammenhang wichtiger – die Adaption spezieller Innovationen Ausdruck der Innovativität eines Unternehmens. Die beobachtbare Adaption einzelner Neuerungen bildet daher den Ansatzpunkt für eine empirische Analyse. Das übliche Vorgehen, um auf Grundlage der Beobachtung vieler einzelner Innovationen Innovativität im Allgemeinen zu erklären, besteht in der Berechnung eines Innovativitätsindikators – bsplw. In Form der Anzahl der eingeführten Innovationen –, der als abhängige Variable in ein (ökonometrisches) Erklärungsmodell eingeht. Die Definition eines solchen i.d.R. eindimensionalen Innovationsmaßes ist dabei aber alles andere als trivial (vgl. z.B. Hagedoorn u. Cloodt 2003).

Hier wird daher ein alternatives Vorgehen gewählt. Die Adaption oder Nicht-Adaption der einzelnen organisatorischer Innovationen geht in der vorliegenden Untersuchung als ein Vektor abhängiger Variablen in ein multivariates ökonometrisches Erklärungsmodell ein. Dabei wird angenommen, dass die Einführung aller einzelnen Innovationen neben zufälligen Einflüssen und Kontrollvariablen durch die (unbeobachtbare) Innovativität eines Unternehmens bestimmt ist. Ziel der Untersuchung ist es, Bestimmungsfaktoren für diese latente Variable zu identifizieren. Zwar lässt sie sich nicht direkt beobachten, das verwendete Modell ermöglicht aber, sie trotzdem durch unternehmensspezifische Charakteristika zu erklären. Der gewählt Ansatz erlaubt folglich – unter bestimmten Annahmen – Rückschlüsse bzgl. der Wirkung erklärender Variablen auf die Innovativität von Unternehmen der Abwasserentsorgung zu ziehen.

Die Schätzung des Modells basiert auf einer Serie geordneter Probit-Modelle (vgl. z.B. Ronning 1991: 55-61), wobei die Antworten „(Innovation) weder adaptiert noch geplant“, „Adaption (der Innovation) geplant“ oder „(Innovation) bereits adaptiert“ als geordnetes Merkmal interpretiert wird. Parameterrestriktionen, die aus dem theoretischen Modell abgeleitet werden, erlauben es, aus den geschätzten Koeffizienten, Effekte der erklärenden Variablen auf die Innovativität der Unternehmen zu berechnen. Der gewählte Ansatz wurde ursprünglich von Fertig u. Schmidt 2002 entwickelt und von Tauchmann u. Clausen 2004 auf den Innovationskontext angewendet. Seine Struktur ist in Abb. 33 grafisch veranschaulicht. Für eine detailliert formale Beschreibung des verwendeten Modells siehe Tauchmann u. Clausen 2004.

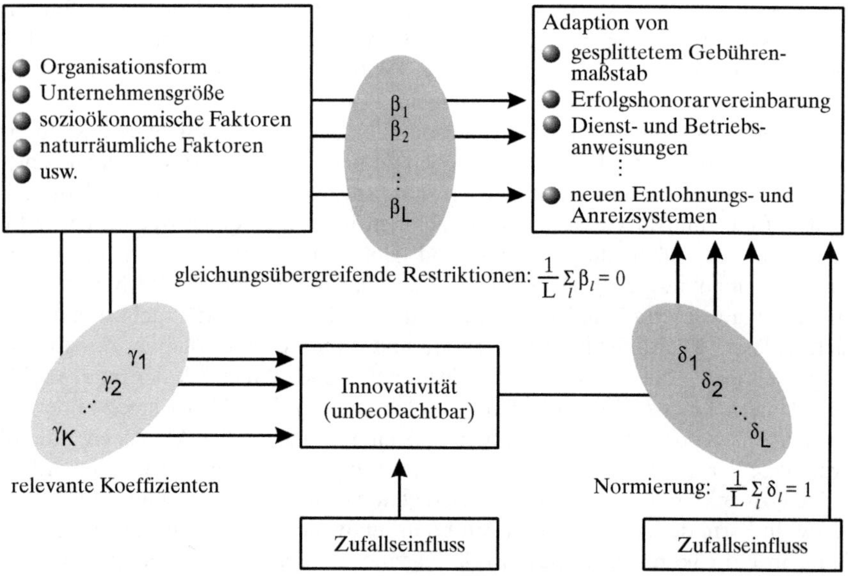

Abb. 33. Struktur des verwendeten ökonometrischen Modells.

Der zentrale Unterschied zu konventioneller Ansätzen liegt darin, dass ex ante – d.h. bevor das Modell geschätzt wird – kein zusammenfassendes Maß der Innovativität d.h. kein Innovativitätsindikator aus verschiedenen innovationsrelevanten Variablen berechnet werden muss, sondern die Informationsaggregation im Zuge der Modellschätzung erfolgt.[134]

[134] Zur Kontrolle wurden alternativ auch konventionelle Zähldatenmodelle (vgl. z.B. Greene 2000: 880-893) geschätzt, die die Anzahl der bereits eingeführten oder geplanten organisatorischen Innovationen als zu erklärende Variablen betrachten. Die Ergebnisse wichen nicht fundamental von denen für das hier vorgestellte Modell ab: insbesondere ließ sich in keiner Spezifikation ein gemeinsam signifikanter Einfluss der Organisationsformen nachweisen, während sich die Bevölkerungsdichte immer als hochgradig signifikanter Regressor erwies. Ein signifikanter Effekt der Unternehmensgröße ließ sich – in Gegensatz zu den weiter unten vorgestellten Ergebnissen – bei der Verwendung von Zähldatenmodelle allerdings nicht finden.

In der bei Abwasserentsorgern durchgeführten Befragung wurde nach der Einführung von acht betrieblichen Steuerungsinstrumenten gefragt, die hier als organisatorische Innovationen interpretiert werden und als abhängige Variablen in das ökonometrische Modell eingehen. Zu seiner Schätzung konnten Beobachtungen für die 161 Unternehmen verwendet werden, die Angaben zu allen acht Fragen gemacht hatten. Die Verteilung der Antworten ist in Tabelle 17 dargestellt.

Tabelle 17. Verteilung der abhängigen Variablen

Organisatorische Innovation	weder geplant noch adaptiert	Adaption geplant	bereits adaptiert
Gesplitteter Gebührenmaßstab	93	24	44
Erfolgshonorarvereinbarung	133	21	7
Dienst- & Betriebsanweisungen	50	33	78
Kosten- & Leistungsrechnung	80	30	51
Interne Kennzahlensysteme	105	24	32
Unternehmensübergreifendes Benchmarking	117	16	28
Zertifizierbare Managementsysteme	128	20	13
Neue Entlohnungs- & Anreizsysteme	137	13	11

Offensichtlich hat keine dieser organisatorischen Neuerungen allgemeine Verbreitung erlangt. Nur „Dienst- und Betriebsanweisungen“ und weniger ausgeprägt „Kosten und Leistungsrechnung“ sowie der „Gesplittete Gebührenmaßstab“ wurden vergleichsweise häufig eingeführt. „Zertifizierbare Managementsysteme“ „Neue Entlohnungs- und Anreizsysteme“ sowie die Anwendung der „Erfolgshonorarvereinbarung“ sind dagegen nur in sehr wenigen Fällen eingeführt worden.

Als erklärende Größe dient in erster Linie die Organisationsform des Unternehmens. Diese wird durch vier Indikatorvariablen Eigenbetrieb, Zweck-/Abwasserverband, Anstalt des öffentlichen Rechts sowie private Rechtsform charakterisiert. Der Regiebetrieb dient als Basiskategorie. In der Analyse wurde nicht zwischen verschiedenen Ausprägungen privater Organisationsformen unterschieden, insbesondere nicht zwischen materiell oder nur formell privatisierten Unternehmen. Dies ist aus inhaltlicher Perspektive bedauerlich, die sehr geringe Zahl von privaten Unternehmen in der Stichprobe sowie fehlende detaillierte Information über ihre tatsächliche Eigentümerstruktur machten diese Vereinfachung allerdings notwendig.

Neben der Organisationsform wurden die Unternehmensgröße, gemessen an den Einwohnern des Versorgungsgebiets, sowie dessen Bevölkerungsdichte als Kontrollvariablen[135] in die Schätzungen aufgenommen. Ob große oder kleine Un-

[135] Neben der hier vorgestellten Modellspezifikation wurden zahlreiche weitere Varianten geschätzt, die weitere (Kontroll)variablen umfassten so z.B. den Anteil des zu behandelnden oder abzuleitenden Abwassers aus gewerblichen Quellen, eine geplante bzw. kürzlich vollzogene Änderung der Organisationsform oder die Netzlänge pro Einwohner

ternehmen als innovativer gelten können, ist umstritten. Bei kleinen Unternehmen kann häufig ein Mangel an finanziellen und personellen Mitteln zur Umsetzung von Neuerungen vermutet werden, im Fall großer Firmen erscheint ein Defizit an notwendiger Flexibilität nicht unwahrscheinlich. Die Betrachtung der Unternehmensgröße als möglichem Bestimmungsfaktor erscheint daher auch inhaltlich interessant, nicht zuletzt vor dem Hintergrund, dass eine zu größeren Einheiten führende Restrukturierung des sehr kleinteiligen Sektors als potenzieller Weg zu einer effizienteren Leistungserbringung diskutiert wird. Die Bevölkerungsdichte erfasst Unterschiede in der Struktur der Versorgungsbiete. So stellt sich die Entsorgung von Abwasser in hoch verdichteten, städtischen im Vergleich zu ländlichen Räumen als eine deutlich abweichende Aufgabe dar, was wiederum das Innovationsverhalten der Entsorgungsunternehmen beeinflussen kann. Deskriptive Statistiken bzgl. der erklärenden Variablen sind in Tabelle 18 aufgeführt.

Tabelle 18. Deskriptive Statistiken für die erklärenden Variablen in der zur Modellschätzung verwendeten Stichprobe

Erklärende Variable	Mittelwert	Standardabw.	Maßeinheit
Regiebetrieb	0,2733	0,4470	Indikator
Eigenbetrieb	0,3602	0,4816	Indikator
Zweck-/Abwasserverband	0,2360	0,4260	Indikator
Anstalt des öff. Rechts	0,0621	0,2421	Indikator
Private Organisationsform	0,0683	0,2531	Indikator
Bevölkerung	0,1198	0,4031	10^6 Personen
Bevölkerungsdichte	0,0490	0,0673	10^4 Personen pro km^2

Anmerkungen: Die Kategorie „Regiebetrieb“ dient als Basiskategorie

Die Beziehung von erklärenden Größen und der latenten Variablen „Innovativität“ wurde im dem üblichen Vorgehen folgend als lineare Indexfunktion spezifiziert. Schätzungen für deren Koeffizienten sind in Tabelle 19 aufgelistet. Für das Verständnis der Ergebnisse ist wichtig, dass die absolute Größe der Koeffizienten nicht von Bedeutung ist, da es keine sinnvolle Maßeinheit für Innovativität gibt. Entscheiden ist vielmehr das Vorzeichen und die Signifikanz[136] der geschätzten Parameter. Auf diese stützt sich daher die Diskussion der Schätzergebnisse.

im Versorgungsgebiet. Diese erwiesen sich allerdings nicht als signifikante Einflussgrößen.

[136] Von einem signifikanten Zusammenhang wird hier bei einer Fehlerwahrscheinlichkeit von kleiner 5 % gesprochen.

Tabelle 19. Koeffizienten der Erklärungsgleichung der Innovativität

Erklärende Variable	Geschätzter Koeffizient	Standardfehler
Eigenbetrieb	0,2689	0,5545
Zweck./Abwasserverband	0,2164	0,5636
Anstalt des öff. Rechts	-0,1255	0,8335
Private Organisationsform	0,7389	0,8221
Bevölkerung	1,4746*	0,7085
Bevölkerungsdichte	4,2511**	1,2862

Anmerkungen: *bzw. **bezeichnen Signifikanz auf dem 0,05- bzw. 0,01-Niveau.

Keiner der Koeffizienten eines die Organisationsform charakterisierenden Indikators ist individuell signifikant. D.h. die Basiskategorie „Regiebetrieb" kann auf Grundlage dieser Schätzungen weder als mehr noch weniger innovativ charakterisiert werden als eine der anderen Organisationsformen. Da sich das Erkenntnisinteresse der Untersuchung nicht auf Regiebetriebe im Besonderen richtet, mag dieses Ergebnis von nachrangiger Bedeutung sein. Entscheidend ist jedoch, dass alle vier die Organisationsform beschreibenden Indikatorvariablen gemeinsam ebenfalls nicht signifikant von Null abweichen.[137] D.h. es lässt sich in den Daten kein Einfluss der Organisationsform auf die Innovativität von Abwasserentsorgern feststellen. Im Gegensatz dazu zeigen sowohl die Bevölkerung als auch die Bevölkerungsdichte des Versorgungsgebiets einen positiven und signifikanten Einfluss auf die Innovativität des Entsorgers. Erstere, die als guter Indikator für die Größe eines Abwasserentsorgungsunternehmens gelten kann, ist jedoch im Gegensatz zur Bevölkerungsdichte nicht in allen Spezifikationsvarianten signifikant, und damit der positive Einfluss der Unternehmensgröße auf die Innovativität kein uneingeschränkt robustes Ergebnis.

Ergebnisse des ökonometrischen Modells zur Analyse der technischen Innovativität

Der vorhergehende Abschnitt befasste sich mit den Determinanten der Einführung organisatorischer Neuerungen. Nunmehr stehen die eingeführten technischen Neuerungen im Mittelpunkt der Betrachtung. Ziel der Untersuchung ist wiederum, aus dem beobachteten Verhalten von Abwasserentsorgern Rückschlüsse darauf zu ziehen, ob und welche Charakteristika der Unternehmen – zu allererst ihre Organisationsform – den Umfang ihrer technischen Innovationstätigkeit bestimmen.

Zur Bestimmung der technischen Innovativität werden die Antworten der Abwasserentsorger zu den von ihnen getätigten Investitionen in einzelnen Leistungsbereichen zugrunde gelegt. Diese Antworten wurden bereits hinsichtlich der Häufigkeit der Einführung innovativer und konventionellen Technologien klassifiziert und ausgewertet (vgl. Tabelle 16, Abschnitt 4.3.2). Der Grad der technischen Innovativität bestimmt sich danach, in wie vielen Investitionsbereichen mindestens

[137] Der p-Wert des entsprechenden Wald-Tests beträgt 0,8801.

eine innovative Technologie angewandt wurde.[138] Er kann maximal den Wert „zehn“ annehmen, d.h. Unternehmen haben in jedem der zehn Leistungsbereiche eine Investition durchgeführt und in jedem dieser Bereiche mindestens eine innovative Technik angewandt. Die Zahl der Leistungsbereiche, in denen mindestens eine innovative Technologie eingeführt wurde, ist das Resultat verschiedener Ausgangsbedingungen. Der Zusammenhang zwischen der Zahl der Leistungsbereiche und der Zahl der Bereiche, in denen mindestens eine innovative Technologie angewandt wurde, ist zwar von hoher Erklärungskraft, inhaltlich aber wenig interessant.

Im Hinblick auf die Hypothese 3 interessieren wir uns in erster Linie für den zusätzlichen Erklärungsbeitrag der Offenheit gegenüber Wettbewerb und dem Grad der technischen Innovativität. Die empirische Überprüfung des vermuteten positiven Zusammenhangs stützt sich wiederum auf eine ökonometrische Analyse, so dass die Relevanz aller vermuteten Einflussfaktoren gleichzeitig empirisch überprüft werden kann. Somit kann der partielle Effekt jeder einzelnen Variablen ermittelt werden, d.h. der Erklärungsbeitrag bei Konstanz aller übrigen Größen. Da die zu erklärende Größe ganzzahlige Ausprägungen hat, bietet sich als ökonometrischer Ansatz ein Zähldatenmodell an. Die Schätzung der Gleichung basiert auf einem so genannten zero-inflated Poisson-Modell. Poisson bezeichnet die zugrunde liegende Verteilungsannahme des Zähldatenmodells, zero-inflated steht für eine besondere Berücksichtigung der Beobachtung, dass die investierenden Unternehmen nicht mindestens eine innovative Technik anwenden.[139]

Die Unternehmen setzen in ganz unterschiedlichem Umfang innovative Techniken ein, wie die Antworten in Tabelle 20 belegen. Ein bemerkenswerter hoher Anteil von Unternehmen hat nicht eine innovative Technik eingeführt. Auf der anderen Seite gibt es nur sehr wenige Unternehmen, die in drei oder mehr Leistungsbereichen solche Techniken genutzt haben. Zur Erklärung der Zahl eingeführter innovativer Techniken werden all jene Variablen verwendet, die in Tabelle 21 aufgeführt sind.[140] Dargestellt sind hier ferner einige deskriptive Statistiken. Die Mehrzahl der Variablen wurde bereits zur Erklärung der organisatorischen Innovativität verwendet und ist daher bekannt. Wegen der log-linearen Spezifizierung des Modells empfiehlt sich die Verwendung von logarithmierten Angaben für die beiden metrischen Variablen, so dass die Koeffizienten Elastizitäten darstellen. Mit der „Zahl der Leistungsbereiche (ln)“ und den „Steuerungsinstrumen-

---

[138] Alternativ könnte auch eine Anteilsvariable spezifiziert werden, um den Grad der technischen Innovativität abzubilden. Dazu wird die Summe der Leistungsbereiche mit mindestens einer innovativen Technologie durch die Summe der Leistungsbereiche insgesamt geteilt. Aus methodischer Sicht spricht gegen dieses Vorgehen vor allem, dass der Zusammenhang zwischen der Zahl eingeführter innovativer Techniken und der Zahl der Leistungsbereiche insgesamt ignoriert wird.

[139] Vgl. Ronning 1991: 158-170, Mullahey 1986, Greene 1994 sowie Vuong 1989 für die Schätzung von Zähldatenmodellen und die Auswahl der geeigneten Modellspezifikation.

[140] Alternative Spezifizierungen, bei der weitere (Kontroll)variablen berücksichtigt wurden, führten zu keinen anderen Ergebnissen für die dargestellten Variablen bzw. Ergebnisverbesserungen. Dies betrifft u.a. auch die Variable „Bevölkerungsdichte“, für die ein insignifikanter Koeffizient geschätzt wurde.

ten“ wurden zwei zusätzliche Variablen aufgenommen. Ein Unternehmen, welches im Vergleich zu einem anderen Unternehmen in mehr Leistungsbereiche investiert, sollte grundsätzlich in der Lage sein, mehr innovative Techniken einzusetzen. Bei der Variable „Steuerungsinstrumente“ handelt es sich um eine Indikatorvariable mit dem Wert Eins, wenn das Unternehmen über eines der folgenden Steuerungsinstrumente verfügt: Kosten- und Leistungsrechnung, Kennzahlensysteme, Teilnahme am unternehmensübergreifenden Benchmarking, zertifiziertes Managementsystem. Die Vermutung ist, dass diese Steuerungsinstrumente eine bessere Identifizierung von Ineffizienzen erlauben bzw. dass Benchmarking den schnelleren Zugang zu neuen Problemlösungen ermöglicht. Im Ergebnis dessen sollte sich ein Impuls auf die Reorganisation von Betriebsabläufen u.a. verbunden mit der Anwendung innovativer Verfahren ergeben. 43 % der Unternehmen verfügen über mindestens eines der genannten Steuerungsinstrumente.

Tabelle 20. Verteilung der abhängigen Variablen

Anwendung innovativer Techniken (absolute Anzahl)	Absolute Häufigkeit	Relative Häufigkeit
0	124	57,41
1	46	21,30
2	27	12,50
3	11	5,09
4	6	2,78
5	1	0,46
6	1	0,46
Summe	216	100,0

Tabelle 21. Deskriptive Statistiken für die erklärenden Variablen

Erklärende Variable	Mittelwert	Standardabw.	Maßeinheit
Leistungsbereiche (ln)	1,4590	0,6685	Metrisch
Regiebetrieb	0,2454	0,4313	Indikator
Eigenbetrieb	0,3796	0,4860	Indikator
Zweck-/Abwasserverband	0,2454	0,4313	Indikator
Anstalt des öff. Rechts	0,0787	0,2699	Indikator
Private Organisationsform	0,0509	0,2203	Indikator
Steuerungsinstrumente	0,4306	0,4963	Indikator
Bevölkerung (ln)	3,1793	1,6390	Metrisch, 10^3 Personen

Anmerkungen: 216 Beobachtungen.

Bei der Schätzung des ökonometrischen Modells konnten 216 der insgesamt 237 Beobachtungen berücksichtigt werden. Der „Verlust“ einiger Beobachtungen resultiert in erster Linie aus Antwortverweigerungen in der Zahl der Leistungsbereiche. Die Schätzergebnisse für alle Unternehmen sind in Tabelle 22 dargestellt. Im Rahmen des ökonometrischen Modells wird die beobachtete Häufigkeit der Anwendung innovativer Techniken auf die aufgeführten erklärenden Variablen regressiert. Ergebnis dessen sind Schätzwerte für die Stärke des Zusammenhangs zwischen den erklärenden Größen und der Anwendung innovativer Techniken. Dieser Zusammenhang gilt als zuverlässig, wenn sich der Schätzwert als statistisch signifikant von Null verschieden erweist.

Die Ergebnisse weisen auf eine schwache gemeinsame Signifikanz der Organisationsformen hin[141]. Sie sind zusammengenommen nur wenig informativ, um auf einen signifikanten Beitrag zur Erklärung der Unterschiede in der Zahl genutzter innovativer Techniken zu schließen. Bei Einzelbetrachtung der jeweiligen Koeffizienten zeigt sich einzig für die Anstalten des öffentlichen Rechts ein signifikant negativer Koeffizient. D.h. Unternehmen in dieser Organisationsform nutzten eine signifikant geringere Zahl innovativer Techniken im Vergleich zu den Regiebetrieben. Gleiches gilt auch im Vergleich zu den Eigenbetrieben und den Unternehmen in privatrechtlicher Organisationsform, wie der paarweise Vergleich der Schätzkoeffizienten belegt.[142] Analog zum Erklärungsmodell der organisatorischen Innovativität zeigt sich wiederum kein signifikant positiver Koeffizient für die privaten Organisationsformen. Unternehmen in dieser Organisationsform wendeten innovative Techniken nicht mehr aber auch nicht weniger als Unternehmen in den übrigen Organisationsformen (außer Abwasserentsorger in der Organisationsform der Anstalt des öffentlichen Rechts) an.[143] Entgegen unserer Vermutung zeigt sich auch kein signifikanter Zusammenhang zwischen der Existenz von Steuerungsinstrumenten und der Anwendung innovativer Verfahren. Die von den Instrumenten ausgehenden Impulse sind anscheinend zu schwach, um eine höhere Anwendung innovativer Techniken zu bewirken. Die Variablen zur Kontrolle von Größeneffekten zeigen das erwartete Vorzeichen und sind statistisch hoch signifikant. Die Zahl der genutzten innovativen Techniken nimmt proportional mit der Zahl der Leistungsbereiche, in die investiert wurde, zu. Dies belegt der Koeffizient in Höhe von 1.15, welcher nicht signifikant verschieden von 1 ist. Ein positiver Zusammenhang zeigt sich auch zwischen der Bevölkerung im Marktgebiet der Abwasserentsorger und der endogenen Größe.

---

[141] Der p-Wert des entsprechenden Wald-Tests beträgt 0,0921, i.d.R. wird ein Wert von 0,05 als obere Schwelle für das Vorliegen eines signifikanten Zusammenhangs angesehen.

[142] Die p-Werte betragen hierbei 0,0178 und 0,0194. Die Koeffizienten für den Zweck- und Abwasserverband sowie der Anstalt des öffentlichen Rechts unterscheiden sich bei Zugrundelegung einer 5 % Irrtumswahrscheinlichkeit nicht signifikant voneinander (p-Wert = 0,064).

[143] Ergebnis basiert wiederum auf Anwendung des paarweisen Vergleichs der Schätzkoeffizienten (p-Wert = 0,2516 bzw. 0,4365).

Tabelle 22. Koeffizienten der Erklärungsgleichung „Zahl angewandter innovativer Techniken“

Erklärende Variable	Geschätzter Koeffizient	Standardfehler
Leistungsbereiche (ln)	1,1566**	0,2063
Eigenbetrieb	-0,0683	0,2108
Zweck./Abwasserverband	-0,1953	0,2213
Anstalt des öff. Rechts	-0,8040*	0,3257
Private Organisationsform	0,1737	0,3537
Steuerungsinstrumente	0,0283	0,2226
Bevölkerung (ln)	0,2195**	0,0667

Anmerkungen: * bzw. ** bezeichnen Signifikanz auf dem 0,05- bzw. 0,01-Niveau. Die Kategorie Regiebetrieb diente als Basiskategorie. Schätzmethode: zero-inflated Poisson-Modell. 216 Beobachtungen.

Gemeinsame Ergebnisinterpretation

Als erstaunlichstes Ergebnis dieser ökonometrischen Untersuchung erscheint, dass sich kein Einfluss der Organisationsform der Unternehmen auf das Innovationsverhalten nachweisen lässt. Das Ausmaß, in dem Entsorger unabhängig von der jeweiligen Kommune agieren können, scheint somit keinen Einfluss auf ihr Innovationsverhalten auszuüben. Dies überrascht in zweierlei Hinsicht: Zum einen wurden kommunalpolitische und –rechtliche Widerstände von den Unternehmen häufig explizit als Hemmnisfaktor für ihre Innovationsaktivitäten genannt (vgl. Abschnitt 4.3.2). Zum anderen erschien es auf Grund theoretischer Vorüberlegungen nahe liegend, dass eine Öffnung gegenüber wettbewerblichen Elementen – insb. in der Einführung einer privaten Rechtsform kann eine solche gesehen werden – Reaktionen im Innovationsverhalten der Unternehmen auslöst (vgl. Abschnitt 3.5.2). Für dieses überraschende Ergebnis lassen sich mehrere Erklärungsansätze finden.

Zum einen könnte das Auseinanderklaffen der subjektiven Wahrnehmung des kommunalen Einflusses durch die Unternehmen und seiner in der ökonometrischen Analyse nicht nachweisbaren Bedeutung schlicht auf subjektiv verzerrte Antworten der Betroffenen zurückzuführen sein. So könnten kommunalpolitische Widerstände im Tagesgeschäft der Entsorgungsunternehmen evtl. als besonders störend wahrgenommen und ihre tatsächliche Bedeutung daher überschätzt werden. Als zweite mögliche Erklärung kommt in Frage, dass der Einfluss der Kommunen innovationenspezifisch wirkt, sich also auf die Einführung einer Innovation als hemmend, auf die einer anderen Neuerung aber fördernd auswirkt, während die Innovativität bzw. das Niveau der Innovationsaktivitäten insgesamt kaum berührt wird. Dass kommunale Einflussnahme in der Befragung sowohl als Innovationshemmnis aber auch als auch Innovationstreiber genannt wird, stützt diese Interpretation. Als nahe liegendste Erklärung erscheint jedoch, dass mit der Organisationsform ein Indikator verwendet wurde, der das Set an Optionen in Bezug auf eine stärkere wettbewerbliche Orientierung vergrößert. Die tatsächliche Nutzung der Optionen wird damit aber nicht abgebildet; sie kann bspwl. durch andere Faktoren gehemmt werden. Selbst private Entsorger können in hohem Maße von kommunalpolitischer Einflussnahme betroffen sein. Dies gilt insbesondere vor dem Hintergrund, dass viele private Abwasserentsorger nur formell nicht aber materiell (teil-)privatisiert sind. Denkbar ist aber auch, dass der zeitliche Aspekt von Bedeutung ist. Der organisatorische Wandel in der Wasserversorgung ist weiter vorangeschritten als in der Abwasserentsorgung. Die geringe Zahl von Entsorgern in privatrechtlichen Organisationsformen und das vergleichsweise kleinere Zeitfenster reduzieren die Wahrscheinlichkeit dafür, dass eine Umorientierung der betrieblichen Leistungserstellung und damit auch der Innovationstätigkeiten der strärker wettbereinsetzte.

Dass sich die Anzahl der Einwohner des Versorgungsgebiets als signifikanter und positiver Bestimmungsfaktor erwies und sich große Entsorger damit als innovativer darstellen als kleine Unternehmen, kann im Rahmen dieser Untersuchung folgendermaßen erklärt werden. Hier wurde ausschließlich die Adaption anderenorts bereits implementierter Neuerungen betrachtet. Die Vorteile größerer Unternehmen in Hinblick auf den Zugang zu Informationen sowie personellen und finanziellen Ressourcen sollte sich insbesondere bei der Adaption von Innovationen niederschlagen. Ob eine – möglicherweise – größere Flexibilität kleiner Firmen diesen bei der Invention von Neuerungen zugute kommt, konnte im Rahmen dieser Analyse dagegen nicht untersucht werden.

Entgegen den Vermutungen beflügelt die Einführung von organisatorischen Steuerungsinstrumenten (z.B. Kennzahlensysteme) nicht die verstärkte Anwendung innovativer Techniken. Die Steuerungsinstrumente geben keine Impulse. Die Gründe für dieses Ergebnis können verschieden sein. Es kann einmal daran liegen, dass diese Instrumente noch zu wenig im Hinblick auf die Anwendung alternativer und damit innovativer Verfahren genutzt werden. Andererseits ist aber auch denkbar, dass die Effizienzreserven zu gering sind bzw. zu wenig zusätzliche Problemlösungsalternativen durch den Einsatz der Steuerungsinstrumente identifiziert werden können.

Schließlich ist interessant, dass die Bevölkerungsdichte sich in allen durchgeführten Schätzungen zur organisatorischen Innovativität als hochgradig signifikanter Bestimmungsfaktor erwies. In erster Linie wurde er in die Regressionsgleichungen aufgenommen, um für strukturelle Unterschiede in den Versorgungsgebieten zu kontrollieren. Seine starke Erklärungskraft legt jedoch nahe, dass von dieser Variablen darüber hinausgehend wichtige Einflüsse auf das Innovationsverhalten aufgefangen werden. So handelt es sich bei Regionen mit hoher Bevölkerungsdichte typischerweise um urbane Zentren. Es erscheint aber plausibel, dass dort ein innovationsfreundlicheres Umfeld vorzufinden ist als in peripheren Regionen. So sind Forschungseinrichtungen, andere Institutionen, die Informationen über Innovationen bereitstellen können, aber auch andere Firmen, die bereits Erfahrungen mit organisatorischen Neuerungen gesammelt haben, i.d.R. in Zentren angesiedelt, und eine Vernetzung mit anderen Akteuren des Innovationssystems erscheint dort leichter möglich. Somit erscheint es nicht unplausibel, dass sich im Koeffizienten der Bevölkerungsdichte der Effekt eines innovationsfreundlicheren Umfelds bzw. einer besseren Integration in das Innovationssystem niederschlägt. Diese Interpretation wird durch die Ergebnisse einer alternativen Modellspezifikation, die ebenfalls geschätzt wurden, gestützt. Hier wurde an Stelle der Bevölkerungsdichte die Netzlänge pro Einwohner als erklärende Größe verwendet, also eine eng verwandte, d.h. negativ korrelierte, im Gegensatz zur Bevölkerungsdichte aber rein technische Variable. Diese erwies sich als insignifikant während die übrigen Ergebnisse qualitativ unberührt blieben.[144]

Aus den gewonnenen Ergebnissen lassen sich mit Blick auf die Stärkung der Innovativität von Abwasserentsorgern mehrere Schlüsse ziehen. Belastbare Anhaltspunkte dafür, dass eine Veränderung der – und insbesondere die Einführung einer privaten – Rechtsform innovationsfördernde Wirkungen einer stärkeren wettbewerblichen Orientierung freisetzt, dass also in der Privatisierung von Abwasserentsorgern ein Instrument zur Erhöhung bzw. stärkeren Ausschöpfung ihres Innovationspotenzials zu sehen ist, konnte die Untersuchung nicht liefern. Damit ist die Existenz eines Effekts der Organisationsform allerdings noch nicht widerlegt ist. Vielmehr ist zu berücksichtigen, dass sich im Bereich der Abwasserentsorgung bislang nur zaghafte Ansätze einer Privatisierung beobachten lassen. Diese zaghaften Ansätze sind anscheinend zu schwach, als dass sie eine eindeutig messbare Verhaltensänderung bewirken können.

Strukturreformen, die einen Zusammenschluss kleiner Unternehmen zu größeren Einheiten ermöglichen, sind dagegen zu begrüßen, scheint darin doch ein Mittel zur Erhöhung des Innovationspotenzials bzw. dessen höheren Ausschöpfung zu liegen. Schließlich können einige der empirischen Ergebnisse so interpretiert werden, dass ein innovationsfreundlicheres Umfeld, dem z.B. eine bessere Vernetzung mit anderen Akteuren des Innovationssystems dienen könnte, die Innovativität der Abwasserentsorger vergrößert.

4.3.4 Empirische Analyse der subjektiven Bedeutung von Innovationstreibern, Hemmnisfaktoren und Informationsquellen

Methodik und Fragestellung

Im Rahmen der Umfrage bei Abwasserentsorgern wurden die Unternehmen auch nach ihrer subjektiven Einschätzung bzgl. der Bedeutung möglicher Hemmnisfaktoren für Innovationen befragt – in analoger Weise wurden auch Fragen nach Innovationstreibern und innovationsrelevanten Informationsquellen gestellt, so dass für diese eine ähnliche Analyse erfolgen kann. Im Folgenden soll untersucht werden, ob und welche Firmen sich in unterschiedlicher Weise von einzelnen Treibern und Hemmnissen betroffen fühlen.

---

[144] Wurde dagegen der Anteil der hoch qualifizierten Beschäftigten in der Region – also eine rein soziökonomische und mit der Bevölkerungsdichte positiv korrelierte Variable – statt der Bevölkerungsdichte als Regressor verwendet, führte dies qualitativ sehr ähnlichen Resultaten wie bei Verwendung der Bevölkerungsdichte selbst. Auch dies spricht dafür, dass die Bevölkerungsdichte einen sozioökonomischen und keinen naturräumlichen Effekt auffängt.

Mit dieser Fragestellung knüpft die Untersuchung an der subjektiven und nicht der objektiven Bedeutung von hemmenden und fördern Faktoren an, die nicht notwendigerweise übereinstimmen müssen. Um evtl. mögliche, durch die Subjektivität der Antworten verursachte Verzerrungen auszuschließen, könnte die Analyse alternative auf tatsächlich beobachtetes innovationsrelevantes Verhalten gestützt werden. Dieser Ansatz wurde in Abschnitt 4.3.3 gewählt. Allerdings stellt in einem solchen Rahmen eine nach vielen verschiedener Treiber und Hemmnisse differenzierte Analyse sehr hohe Anforderungen an die Daten, während der hier gewählte Weg eine solche auch für den recht kleinen hier zu Verfügung stehenden Datensatz erlaubt. So erscheint auch der hier beschrittene Weg gerechtfertigt.

Daneben ist für das Verständnis der in diesem Abschnitt durchgeführten Analyse die Anmerkung wichtig, dass nicht versucht wird, Aussagen über die relative Bedeutung der einzelnen Treiber und Hemmnisse im Allgemeinen zu machen. Dieser Frage wurde bereits in Abschnitt 4.3.2 nachgegangen. Hier geht es lediglich um die Bedeutung der Faktoren für unterschiedliche Unternehmen unabhängig von der allgemeinen Bedeutung der Faktoren selbst.

Auch wenn sich in den vorangegangen Analysen kein Einfluss der der Organisationsform auf das Innovativitätsniveau der Unternehmen nachweisen ließ, steht für diese Untersuchung weiterhin die Hypothese im Raum, dass Unternehmen in privatwirtschaftlicher Organisationsform ein größeres Maß an Offenheit gegenüber dem Markt zeigen. Die Organisationsform wird als das stärkste im Datensatz enthaltene Indiz für diese Offenheit interpretiert, und bei der Analyse besonderes Augenmerk auf diese Variable gelegt. Weiterhin wird davon ausgegangen, dass die Organisationsform eines Unternehmens sein Verhältnis zur jeweils korrespondierenden Gemeinde, damit die Möglichkeiten lokaler politischer und administrativer Einflussnahme maßgeblich bestimmt. Auf in unterschiedlicher Organisationsform geführte Unternehmen sollten daher Innovationstreiber und -hemmnisse, insbesondere wenn sie in Zusammenhang mit administrativer Einflussnahme stehen, in unterschiedlicher Weise wirken

Auch in methodischer Hinsicht werden dem Abschnitt 4.3.3 vergleichbare Wege beschritten. Ausgewertet werden zwei Blöcke von Fragen, bezüglich möglicher Innovationstreiber und -hemmnisse, deren subjektive Bewertung durch die Unternehmen anhand einer vierstufigen Skala – von keiner Beutung bis starker Bedeutung – vorgenommen wurde. Die subjektive Bedeutung der Innovationstreiber und Hemmnisse stellt somit ein ordinal skaliertes also geordnetes Merkmal dar. Um den Einfluss von erklärenden Größen auf ein ordinal skaliertes Merkmal ökonometrisch zu analysieren, bietet sich die Verwendung geordneter Wahrscheinlichkeitsmodelle an (vgl. Ronning 1991: 55-61). Die Antworten zur Bedeutung jedes einzelnen Treibers und jedes einzelnen Hemmnisfaktors sowie jeder Innovationsquelle wurden daher durch ein geordnetes Probit-Modell erklärt und die Koeffizienten der erklärenden Variablen geschätzt. Anhand dieser Schätzungen lassen sich die Effekte der erklärenden Variablen, insbesondere die der Organisationsform der Unternehmen, auf ihr Antwortverhalten ablesen.

Die Schätzungen werden für zwei Modellvarianten durchgeführt. Zum einen wird die Organisationsform wie in Abschnitt 4.3.3 wieder durch ein Set von Dummyvariablen für Eigenbetriebe, Zweckverbände, AÖRs und private Unternehmen charakterisierte. Der Regiebetrieb dient folglich als Basiskategorie. Daneben wird eine restriktive Spezifikation gestellt, die nur zwischen privaten und öffentlich-rechtlichen Entsorgern unterscheidet, also nur eine Dummyvariable für Private enthält und alle übrigen zu Organisationsformen zu einer gemeinsamen Basiskategorie zusammenfasst. In beiden Varianten werden wieder die Größe der Unternehmen – gemessen an der Bevölkerung im Versorgungsgebiet – und die Bevölkerungsdichte als Kontrollvariablen in die Analyse aufgenommen.

Im Weiteren wird darauf verzichtet, alle geschätzten Koeffizienten im Einzelnen aufzulisten. Dies erscheint wegen der großen Zahl der Modellgleichungen unübersichtlich und daher nicht sinnvoll. Tabelle 23 und Tabelle 24 listen vielmehr Testergebnisse bzgl. zentraler Hypothesen auf. Die jeweils mittlere Spalte bezieht sich dabei auf die erste Modellspezifikation. Hier ist der P-Wert für den Test auf gemeinsame Signifikanz der Organisationsformen angegeben, d.h. die Irrtumswahrscheinlichkeit, die in Kauf genommen werden muss, um die Hypothese die Organisationsform habe keinerlei Einfluss auf die Einschätzung der Bedeutung des jeweiligen Treibers oder Hemmnis', zurückweisen zu können.[145] Die letzte Spalte bezieht sich auf die restriktive Modellvariante. Hier wird der Koeffizient des private Unternehmen charakterisierenden Indikators dargestellt. Ein positiver Wert bedeutet also, dass Private dem jeweiligen Treiber oder Hemmnis eine höhere Bedeutung beimessen, als öffentlich rechtliche Unternehmen. In Klammern ist wieder der P-Wert für den korrespondierenden Test ausgewiesen. Nur im Fall eines Wertes von kleiner-gleich 0,05, also einer Irrtumswahrscheinlichkeit nicht mehr als 5 % kann von einem signifikanten Unterschied zwischen privaten und öffentlichrechtlichen Unternehmen gesprochen werden.

[145] Bei einem P-Wert kleiner-gleich 0,05 also einer Irrtumswahrscheinlichkeit nicht als 5 % wird in dieser Untersuchung von einem signifikanten Einfluss gesprochen. Ein P-Wert zwischen 0,05 und 0,1 also eine Irrtumswahrscheinlichkeit von mehr als 5 % und weniger als 10 % gilt als schwache Signifikanz.

Tabelle 23. Einfluss der (privaten) Organisationsform auf die Einschätzung der Bedeutung von Innovationstreibern

Innovationstreiber	Signifikanz der (priv.) Organisationsform	
Nationale Gesetze u. Verordnungen	*0,0015*	*-0,7174 (0,0237)*
Regelungen der Europäischen Union	*0,0404*	-1,596 (0,1105)
Behördliche Forderungen	0,0875	-0,4600 (0,1496)
Normung und Regelsetzung der Fachverbände	0,1122	-0,5715 (0,0730)
Rechtsprechung	*0,2280*	*-0,6549 (0,0347)*
Anforderungen seitens der Kommunalpolitik	0,4154	-0,4541 (0,1439)
Rechts- bzw. Organisationsform des Unternehmens	0,8488	0,1842 (0,5518)
Allgemeiner Kostendruck (Gesamtkosten)	*0,0926*	*0,6876 (0,0453)*
Kostendruck bei den Betriebskosten	0,1927	0,3287 (0,3174)
Kundenwünsche	0,2576	0,4989 (0,1070)
Ökologische Ziele	*0,1633*	*-0,7347 (0,0204)*
Verfügbarkeit neuer Technologien	0,7227	-0,3534 (0,2634)
Verfügbarkeit von Fachkräften	0,3838	-0,5702 (0,0803)
Wettbewerb	0,2101	0,3449 (0,2769)

Anmerkungen: Für jeden Treiber wurde eine Modellgleichung geschätzt. Neben der Organisationsform dienten Bevölkerung und. Bevölkerungsdichte als Kontrollvariablen. Die mittlere Spalte zeigt P-Werte für gemeinsame Signifikanz der Organisationsform, die rechte Spalte den Koeffizienten und korrespondierende P-Wert für ein restringiertes Modell mit nur einem Dummy für private Entsorger. Signifikanz auf dem 0,05-Niveau ist durch Kursivdruck angezeigt.

Tabelle 24. Einfluss der (privaten) Organisationsform auf die Einschätzung der Bedeutung von Innovationshemmnissen

Hemmnisfaktor	Signifikanz der (priv.) Organisationsform	
Gesetzliche Bestimmungen des Bundes oder des Landes	0,8198	0,2914 (0,3474)
Kommunalrechtliche Bestimmungen	0,1994	0,0969 (0,7540)
Kommunalpolitische Widerstände	*0,0040*	-0,5502 (0,0815)
Behördliche Widerstände	0,5210	-0,0224 (0,9436)
Traditionen in der Wasserwirtschaft	0,0734	-0,5743 (0,0906)
Kosten	0,4216	-0,1143 (0,7118)
Organisationsform des Unternehmens	*0,0003*	-0,9317 (0,0103)
Umwelt- und Verbraucherschutzverbände	0,7668	0,1010 (0,7660)
Fehlende Umsetzungskompetenz der Beschäftigten	0,1425	-0,0213 (0,9486)
Schwierigkeiten in der vergaberechtlichen Handhabung	0,0379	-0,1293 (0,6824)

Anmerkungen: Für jeden Hemmnisfaktor wurde eine Modellgleichung geschätzt. Neben der Organisationsform dienten Bevölkerung und. Bevölkerungsdichte als Kontrollvariablen. Die mittlere Spalte zeigt P-Werte für gemeinsame Signifikanz der Organisationsform, rechte Spalte den Koeffizienten und korrespondierende P-Wert für ein restringiertes Modell mit nur einem Dummy für private Entsorger. Signifikanz auf dem 0,05-Niveau ist durch Kursivdruck angezeigt.

Einschätzung der Bedeutung von Innovationstreibern

Auffällig ist, dass sich die Einschätzung der Bedeutung der verschiedenen Treiber nur in vergleichsweise wenigen Fällen zwischen in unterschiedlicher Organisationsform geführten Abwasserentsorgern signifikant unterscheidet. So wurde in Hinblick auf die möglichen Treiber nur „Nationale Gesetze und Verordnungen“ sowie „Regelungen der Europäischen Union“ signifikant unterschiedlich bewertet. Im Einzelnen werden „Nationale Gesetze und Verordnungen“ zwar von Regiebetriebe, Eigenbetriebe und Zweckverbänden in ähnlicher Weise bewertet, Anstalten des Öffentlichen Rechts und privatwirtschaftlich geführte Abwasserentsorger messen ihnen jedoch eindeutig eine geringere Bedeutung als Innovationstreiber zu. Hier mag sich insbesondere in Hinblick auf private Abwasserentsorger ein verändertes Verständnis von Innovationen niederschlagen. D.h. Innovationen werden evtl. verstärkt als Instrumente verstanden, die aktiv zur Erreichung der Unternehmensziele und relativ dazu in geringerem Maße der Umsetzung von außen vorgegebener Normen dienen. Diese Interpretation könnte in ähnlicher Weise auf die Bedeutung von Regulierung durch die EU angewendet werden. Auch hier sehen insb. Anstalten des Öffentlichen Rechts aber auch Private eine geringere Bedeutung für die von ihnen eingeführten technischen und organisatorischen Neuerungen.

Zwar zeigen alle anderen Faktoren keinen signifikanten allgemeinen Einfluss der Organisationsform auf die Bewertung von Innovationstreibern. Stützt man die Analyse jedoch auf das restriktiver formulierte Modell, das nur noch auf Unterschiede zwischen privaten und in öffentlicher Organisationsform geführten Abwasserentsorgern abzielt, ergeben sich weitere interessante Aspekte. So wird die „Rechtsprechung" von Privaten als signifikant weniger bedeutsam eingeschätzt, was die oben diskutierten Ergebnisse stützt. Allerdings wird „allgemeinem Kostendruck" von privatrechtlich organisierten Abwasserentsorgern eine deutlich höhere Bedeutung hinsichtlich ihrer Innovationsaktivitäten beigemessen als durch die übrigen Unternehmen. Auch dies scheint mit den oben gezogenen Schlüssen insofern zu korrespondieren, als dass private Unternehmen in Innovationen verstärkt Instrumente zur Realisierung von Unternehmenszielen wie Effizienzsteigerung und Kostensenkung sehen. In Hinblick auf die Bedeutung „ökologischer Ziele" ist ebenfalls eine klare Abweichung in den Antworten zu verzeichnen. Privatrechtliche Entsorger messen ökologischen Zielen eine geringere Bedeutung zu als die übrigen Unternehmen. Eine stärke Öffnung des Sektors gegenüber wettbewerblichen und privatwirtschaftlichen Elementen ändert somit die Zielausrichtung der Innovationsaktivitäten.

Einschätzung der Bedeutung von Innovationshemmnissen

Auch in Hinblick auf Innovationshemmnisse zeigt sich lediglich bei drei Faktoren ein signifikanter allgemeiner Unterschied in der Einschätzung durch verschiedene Organisationsformen. Zum einen trifft dies auf „kommunalpolitische Widerstände" zu. Es verwundert nicht, dass Regiebetriebe in kommunalpolitischen Widerständen sehr viel stärker Hinderungsgründe für die Durchführung von Innovationsvorhaben sehen als alle anderen Unternehmen. Ist dieser Einschätzungsunterschied schon in Vergleich zu Eigenbetrieben sehr deutlich, stellt er sich insbesondere in Relation zu Zweckverbänden und privatwirtschaftlich organisierten Abwasserentsorgern als stark ausgeprägt dar. Offensichtlich wird Kommunalpolitik umso stärker als Hemmnisfaktor wahrgenommen, je direkter ihre Zugriffsmöglichkeiten auf das jeweilige Entsorgungsunternehmen sind.

Eine unterschiedlich starke Bedeutung wird von den verschiedenen Unternehmen auch ihrer derzeitigen Organisationsform als Hemmnisfaktor beigemessen. Hier bilden die Regiebetriebe diejenige Gruppe von Unternehmen, die ihre eigene Organisationsform signifikant stärker als Innovationshemmnis empfinden als alle übrigen Unternehmen. Offensichtlich wird die Einschätzung, der traditionelle institutionelle Rahmen des Regiebetriebs sei nicht innovationsfreundlich, von den Betroffenen, also den Regiebetrieben, selbst geteilt. Dies mag als Argument für institutionelle Reformen gewertet werden, die Regiebetriebe in andere Organisationsformen zu überführen. Tatsächlich haben entsprechende Entwicklungen bereits eingesetzt (vgl. Abschnitt 2.1). Das Ergebnis deckt sich allerdings nicht mit denen auf Basis von Verhaltensdaten durchgeführten Analysen der vorangehenden Unterabschnitte. Bei seiner Interpretation ist daher Vorsicht geboten, wird hier doch gerade nicht die Frage beantwortet, ob Unternehmen auf Grund ihrer Organisationsform weniger (oder mehr) innovieren, sondern lediglich festgestellt, dass sie diese unterschiedlich stark als hemmend empfinden. Schließlich wird die Bedeutung des Vergaberechtes unterschiedlich bewertet. Insbesondere Zweckverbände und AÖRs fühlen sich dadurch weniger in ihrer Innovationstätigkeit behindert als die übrigen Organisationsformen. Für Private lässt sich hier keine abweichende Einschätzung feststellen.

Es stellt sich die Frage, ob mehr als die tatsächliche aktuelle Rechtsform die Bereitschaft bzw. der Plan sie zu verändern einen Indikator für Offenheit bzgl. wettbewerblicher Elemente darstellt, und damit auf die Bewertung der Hemmnisfaktoren Einfluss hat. Um dies zu überprüfen, wurden Spezifikationen des Modells geschätzt, die zusätzlich einen Dummy für einen geplanten Wechsel der Organisationsform beinhalteten. Allerdings war dieser fast nie signifikant. Die Ergebnisse veränderten sich zudem i.d.R. durch die Berücksichtigung dieser zusätzlichen Variablen nicht qualitativ, so dass diese Modellvariante hier nicht weiter diskutiert wird. Dies Ergebnis spricht zudem für die These, dass eine Veränderung der Organisationsform nicht vom Unternehmen selbst, sondern exogen auf kommunalpolitischer Ebene beschlossen wird und die Planung eines Wechsels noch nichts über ein verändertes Bewusstsein im Unternehmen aussagt.

Die Bedeutung von Informationsquellen

Schließlich werden die in der Befragung ebenfalls angesprochenen innovationsrelevanten Informationsquellen untersucht. So wurde in Abschnitt 3.5.2 die Hypothese formuliert, dass sich im Zuge einer verstärkten Öffnung der Wasserwirtschaft[146] für wettbewerbliche und privatwirtschaftliche Elemente die Interaktionsmuster im Innovationssystem verändern und sich damit auch der Austausch von Informationen zwischen den Akteuren im Innovationssystem verändern könnten. Ein erster Hinweis zur Bestätigung dieser These könnte darin bestehen, dass schon unter den gegebenen Bedingungen privatwirtschaftlich organisierte Abwasserentsorger bestimmten Informationsquellen höhere oder niedrige Bedeutung beimessen als andere Unternehmen.

146 Im hier betrachteten speziellen Fall der Abwasserentsorgung.

Tabelle 25. Effekt einer privaten Organisationsform auf die Bewertung von Innovationsquellen

Innovationsquelle	Koeffizient für „privat"	P-Wert
Informationen durch Fachverbände	0,2134	0,5298
Mitarbeit in Fachverbänden	0,0869	0,7781
Behörden	-0,1187	0,7049
Anbieter von Technologien zur Abwasserableitung und -behandlung	-0,0297	0,9256
Kooperationen mit Forschungseinrichtungen und Hochschulen	0,7166	0,0201
Kooperationen mit anderen Ver- bzw. Entsorgungsunternehmen	0,2667	0,3891
Informelle Kontakte (z.B. auf Konferenzen, Tagungen)	0,2209	0,5052
Externe Berater (Ingenieurbüros)	-0,6516	0,0487
Externe Berater (betriebswirtschaftliches Consulting)	0,1311	0,6892
Betriebliche Aus- und Fortbildung	-0,1565	0,6384
Beschäftigung neuer Mitarbeiter	-0,1387	0,6647
Literatur und Internet	0,4637	0,1675
Patentdatenbanken	0,1572	0,6645

Anmerkungen: Für jede Informationsquelle wurde eine Modellgleichung geschätzt. Neben der Organisationsform dienten Bevölkerung und. Bevölkerungsdichte als Kontrollvariablen

Um dies zu überprüfen wurde mit einer den beiden vorangegangenen Abschnitten analogen Methodik untersucht, ob eine privatwirtschaftliche Organisationsform einen Einfluss auf die (subjektive) Bedeutung verschiedener Informationsquellen hat. Vor dem Hintergrund der theoretischen Überlegungen scheint für die Bewertung von Innovationsquellen insbesondere ein Vergleich von privaten und öffentlich-rechtlichen Unternehmen von Interesse, so dass hier allein die restriktive Modellvariante mit lediglich einer Dummyvariablen für private Unternehmen betrachtet wird. Tabelle 25 stellte diese Ergebnisse dar.

Tatsächlich lassen sich nur wenige signifikante Abweichungen feststellen. Insbesondere zeigt sich nicht, dass Private im geringeren Maße von anderen Ver- und Entsorgungsunternehmen lernen als öffentlich-rechtliche Entsorger. Die These, durch Privatisierung oder Wettbewerb würden in der Wasserwirtschaft kooperative durch nicht-kooperative Verhaltensmuster verdrängt, lässt sich anhand dieser Untersuchung damit nicht untermauern, selbstverständlich aber auch nicht widerlegen.Dagegen betrachten private Unternehmen im Vergleich zu den übrigen die Zusammenarbeit mit Hochschulen und Forschungseinrichtungen systematisch als bedeutsamer. Hierin mag sich eine größere Offenheit gegenüber Erkenntnissen niederschlagen, die außerhalb der wasserwirtschaftlichen Praxis gewonnen wurden. Träfe diese Interpretation zu, wäre die verstärkte Zulassung wettbewerblicher oder privatwirtschaftlicher Elemente ein Weg, um den Sektor mehr als bisher für technische und organisatorische Neuerungen öffnen. Allerdings wird diese Interpretation durch ein weiteres Ergebnis der Untersuchung relativiert. Die Bedeutung von externen Beratern im technischen Bereich – d.h. insbesondere Ingenieursbüros – als Innovationsquellen wurde von privaten Abwasserentsorgern systematisch geringer eingeschätzt als von den übrigen befragten Unternehmen. Dies widerspricht einer verallgemeinernden Schlussfolgerung, private Unternehmen zeichneten sich im Sektor Abwasserentsorgung generell durch eine größere Offenheit gegenüber externem Wissen aus. Da bezüglich aller übrigen Innovationsquellen keine Bedeutungsunterschiede zwischen privaten und nicht-privatwirtschaftlich organisierten Entsorgern festgestellt werden konnte, ergeben sich aus den Daten kaum Anhaltspunkte, die die angesprochene Hypothese untermauern. Daraus zu schließen, ein Mehr an Wettbewerb würde die Interaktionsmuster im Innovationssystem nicht verändern, ist allerdings nicht gerechtfertigt. So sei betont, dass eine privatwirtschaftliche Organisationsform lediglich ein vergleichsweise schwaches wettbewerbliches Element darstellt, welches insbesondere die Zahl der Optionen zur Unternehmensausrichtung vergrößert.

Zusammenfassung

In diesem Abschnitt dienten die Einschätzungen befragter Unternehmen bzgl. der Bedeutung verschiedener Innovationstreiber, Hemmnisfaktoren und Innovationsquellen als Grundlage der Analyse. Insbesondere wurde untersucht, ob Unternehmen unterschiedlicher Rechtsform die Bedeutung dieser Faktoren in systematischer Weise unterschiedlich einschätzen, und sich damit Hinweise dafür finden lassen, dass die Öffnung des Sektors für privatwirtschaftliche und wettbewerbliche Elemente zu einem veränderten Innovationsverhalten der Unternehmen führt. Mehrere interessante Aspekte konnten durch diese Analyse identifiziert werden. Zum einen wurde die Bedeutung rechtlicher Normen als Innovationstreiber unterschiedlich bewertet. Insbesondere private Entsorger sehen in diesen einen weniger starken Auslöser für die von Ihnen eingeführten Neuerungen. Zudem maßen Private den Kosten eine sehr viel größere Bedeutung als motivierendem Faktor zu als die übrigen Unternehmen. Daraus kann geschlossen werden, dass privatwirtschaftlich geführte Entsorger Innovationen stärker als Instrument zur Erreichung von Effizienzzielen sehen, während die übrigen Unternehmen in Innovationen in höherem Maße notwendige Anpassungen an exogene Vorgaben zu sehen scheinen.

Ökologische Ziele spielten bei Privaten dagegen eine signifikant geringere Rolle. Privatisierung und Marktöffnung mögen daher zwar Mittel zur Steigerung ökonomischer Effizienz darstellen, zur Internalisierung externer Effekte tragen sie dagegen, wie auch theoretisch zu erwarten, nicht bei. Zur Erreichung ökologischer Ziele sind unzweifelhaft andere wirtschaftpolitische Instrumente erforderlich.

In Hinblick auf Innovationshemmnisse ist festzuhalten, dass insbesondere Regiebetriebe ihre Innovationsaktivitäten durch kommunalpolitische Widerstände und die eigene Organisationsform gehemmt sehen. Eine Loslösung der Abwasserentsorgung aus der unmittelbaren Verantwortlichkeit der Kommunalverwaltung mag daher in manchen Fällen die Durchführung von Innovationsprojekten erleichtern. Tatsächlich hat der Prozess der Umwandlung von Regiebetrieben in andere Organisationsformen schon begonnen, wie in Abschnitt 2.1 dargestellt wurde.

In vielen Fällen ließen sich aber keine Unterschiede in der Bewertung von Treibern, Hemmnissen und Quellen durch Entsorger verschiedener Organisationsformen identifizieren. Dies ist aber kein sicherer Beleg dafür, dass von einer Marktöffnung nur geringe Wirkungen auf das Innovationsverhalten der Abwasserentsorger zu erwarten sind. Zum einen war die in dieser Untersuchung verwendete Datenbasis vergleichsweise klein. Stichprobenvariation wird daher viele Effekte überlagern und verdecken. Zum anderen stellt die Organisationsform, insbesondere eine private, zwar eine Vorbereitung auf eine für die Zukunft erwartete größere Wettbewerbsintensität dar, sie nimmt aber selbstverständlich nicht alle Effekte einer tatsächlichen Marktöffnung vorweg. Umso bemerkenswerter erscheint, dass selbst auf Grundlage der bislang vorliegenden Daten, die nur erste kleine Schritte in Richtung auf größeren Wettbewerb und verstärktes privatwirtschaftliches Engagement erfassen, sich bereits einige Effekte identifizieren lassen.

4.4 Befragung zur Analyse des Innovationsverhaltens von Wasserversorgern

4.4.1 Stichprobenziehung

Zwischen November 2003 und Februar 2004 wurde im Rahmen von AquaSus eine zweite schriftliche Unternehmensbefragung durchgeführt. Sie hatte den Zweck, Angaben zu den Innovationsaktivitäten der deutschen Wasserversorgungsunternehmen (WVU) im Zeitraum 2000-2002 zu erheben. Die Stichprobengröße wurde auf 4 000 festgelegt. Zum Erreichen dieser Stichprobengröße wurde ein zweistufiges Verfahren gewählt. Unter Nutzung verschiedener Datenquellen (Bundesverband der deutschen Gas- und Wasserwirtschaft (BGW), Verband kommunaler Unternehmen (VKU), ProBusiness, sonstige Quellen (z.B. Internet)) konnten zunächst 1.725 Adressen von Wasserversorgern recherchiert und erfasst werden. Um zu berücksichtigen, dass viele Kommunen die Wasserversorgung auf ihrem Gemeindegebiet selbst betreiben, ohne als Wasserversorgungsunternehmen in Erscheinung zu treten, wurde ergänzend eine Gemeindestichprobe gezogen.[147]
Nach der primären Befragung und einer nachgeschalteten „Nachfass-" bzw. „Erinnerungsaktion" wurde ein Rücklauf von 250 verwertbaren Fragebögen er-

[147] Bei diesen Gemeinden handelt es sich um solche, deren Entfernung zum nächsten Wasserversorger mindestens 10 km beträgt. Idee ist es, möglichst nur Gemeinden zu berücksichtigen, für die kein WVU recherchiert werden konnte, d.h. Gemeinden mit hoher Wahrscheinlichkeit einer eigenen Wasserversorgung. Die Mindestentfernung zum nächsten Wasserversorger wurde so gewählt, dass genügend Gemeinden das Kriterium erfüllen, um den Stichprobenrahmen voll auszuschöpfen. Eine Reduktion der Stichprobengröße würde folglich mit der Vorgabe einer größeren Mindestentfernung einhergehen.

reicht.[148] Tabelle 26 enthält einige Kennzahlen zu antwortenden Unternehmen und vergleicht diese mit den Kennzahlen der Grundgesamtheit aller Wasserversorgungsunternehmen. Für jede Größenklasse liegen ausgefüllte Fragebögen vor. Allerdings ist die Zellenbesetzung (Zahl antwortender Unternehmen) in den oberen wie auch den kleineren Größenklassen vergleichsweise gering. Im Vergleich zur Grundgesamtheit sind WVU mittlerer Größe in der realisierten Stichprobe etwas überrepräsentiert. Erfreulich ist, dass es mit dem gewählten Vorgehen auch gelang, kleine WVU mit weniger als 0,2 Mio. m³ jährlicher Wasserabgabe zur Teilnahme an der Befragung zu bewegen. Sie stellen zusammengenommen immerhin 14 % aller antwortenden Unternehmen. Gleichwohl ist deren Anteil in der Grundgesamtheit mit 49,8 % deutlich höher. Dies impliziert, dass es sich bei den antwortenden Unternehmen um keine repräsentative Stichprobe handelt. Um Aussagen für die Grundgesamtheit aller WVU vornehmen zu können, wurden die Angaben auf die Grundgesamtheit hochgerechnet.[149]

Tabelle 26. Größe antwortender WVU und der WVU in Deutschland insgesamt

Größe nach jährlicher Wasserabgabe in Mio. m³	Antwortende Unternehmen (2003/2004)		Unternehmen insgesamt (2001)	
	Anzahl	Wasserabgabe (Mio. m³)	Anzahl	Wasserabgabe (Mio. m³)
≥ 10	12	555,1	97	1839,9
1,0 … <10	83	220,9	1040	2007,7
0,2 … <1,0	120	66,0	2158	774,0
0,1 … <0,2	18	2,5	940	110,3
< 0,1	17	0,9	2325	63,5
Summe	250	845,3	6560	4795,4

Quellen: AquaSus-Befragung der WVU, Statistisches Bundesamt (2003).

[148] Der geringe Rücklauf ist nicht überraschend. Einerseits wurde eine geringe Antwortwahrscheinlichkeit in der Gemeindestichprobe erwartet, andererseits gab der VKU an seine Mitglieder die Empfehlung, an der Befragung nicht teilzunehmen.

[149] Dazu wurde jedem Unternehmen ein größenklassenspezifisches Gewicht zugewiesen, mit dem es bei der Berechnung der Indikatoren eingeht. Als Verfahren dient eine so genannte freie Hochrechnung. Idee ist es, dass die X Unternehmen in der realisierten Stichprobe eine zufällige Auswahl der insgesamt Y Unternehmen der Grundgesamtheit darstellen. Unter dieser Annahme ergibt sich das Gewicht für die Antworten der X Unternehmen recht einfach. Es entspricht dem Quotienten aus der Zahl der Unternehmen in der Grundgesamtheit geteilt durch die Zahl der Unternehmen in der realisierten Stichprobe. Für Unternehmen mit einer jährlichen Wasserabgabe von 10 Mio. m³ und mehr ergibt sich danach das Gewicht von 8.083 (= 97/12). Dem Verfahren liegt zudem die Annahme eines zufälligen Antwortverhaltens der Unternehmen in jeder Zelle zugrunde.

4.4.2 Ergebnisse der deskriptiven Analyse

Einführung technischer Neuerungen

Im Zeitraum von 2000 bis 2002 führten knapp 31 % der Wasserversorgungsunternehmen mindestens eine technische Neuerung ein. Ein Vergleich mit der Innovativität in anderen Branchen gestattet es ansatzweise zu beurteilen, ob vergleichsweise viel oder wenig innoviert wird. Der ZEW-Innovationserhebung 2003 zufolge nahmen 30 % der Unternehmen des Verarbeitenden Gewerbes im Jahr 2002 Prozessinnovationen vor. 2000 war der Anteil mit 38 % im Verarbeitenden Gewerbe allerdings noch deutlich höher (Rammer 2004: 14). Im Gesamtzeitraum 2000 bis 2002 haben Wasserversorger demnach in etwas geringerem Umfang innoviert als Unternehmen im Verarbeitenden Gewerbe.

Ein besonderes Augenmerk gilt der Einführung spezifischer Neuerungen zwischen 2000 und 2002 (siehe Abb. 34), denen die befragten Experten (vgl. Abschnitt 4.2) eine hohe Aktualität und Relevanz bezüglich der drei Nachhaltigkeitsdimensionen beimessen.

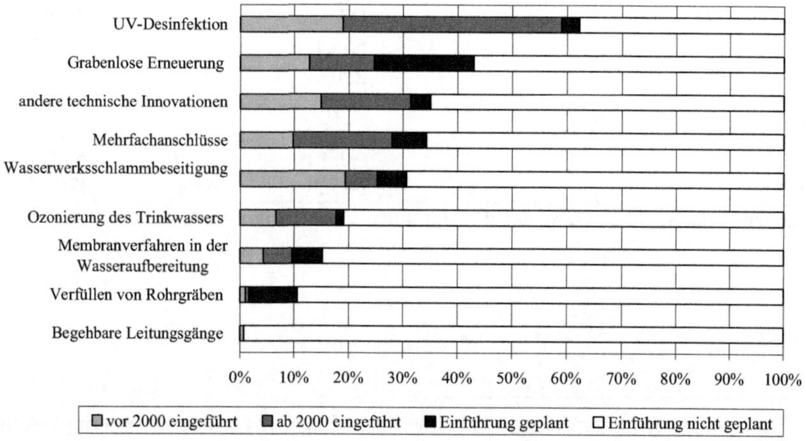

Abb. 34. Einführung technischer Neuerungen (relative Häufigkeiten)

40 % der innovativen Unternehmen haben zwischen 2000 und 2002 eine UV-Desinfektion (= bakterientötende Bestrahlung) eingeführt. Mit reichlich Abstand folgen die Einführung von systemübergreifenden Anschlüssen (Mehrfachanschlüsse; 18 %) und die grabenlose Erneuerung (12 %). In deutlich geringerem Umfang handelte es sich bei den Neuerungen um die Einführung von Membranverfahren in der Wasseraufbereitung, die Ozonierung des Trinkwassers und das Verfüllen von Rohrgräben. Damit ist die Liste technologischer Neuerungen, die von den Unternehmen eingeführt wurden, allerdings nicht erschöpft. Etwa 18 %

der WVU führten zwischen 2000 und 2002 andere als die in der Abbildung erwähnten technologischen Neuerungen ein.

Befragt wurden die Versorgungsunternehmen auch nach den Entwicklern der von ihnen eingeführten technologischen Neuerungen (vgl. Abb. 35). Ihren Antworten zufolge kommt den technischen Dienstleistern eine überragende Bedeutung zu: 62 % der Unternehmen führten technische Innovationen ein, die meistens von Dienstleistern entwickelt wurden. Die Eigenentwicklung ist für 28 % der Wasserversorgung die maßgebliche Quelle, um zu neuen technischen Lösungen zu gelangen und diese im eigenen Unternehmen einzusetzen. Neuerungen aus der Wissenschaft und solche, die aus Kooperationen mit Unternehmen oder wissenschaftlichen Einrichtungen resultierten, sind nur für wenige Unternehmen (etwa 6 %) die wesentliche Quelle der eingeführten Innovationen.

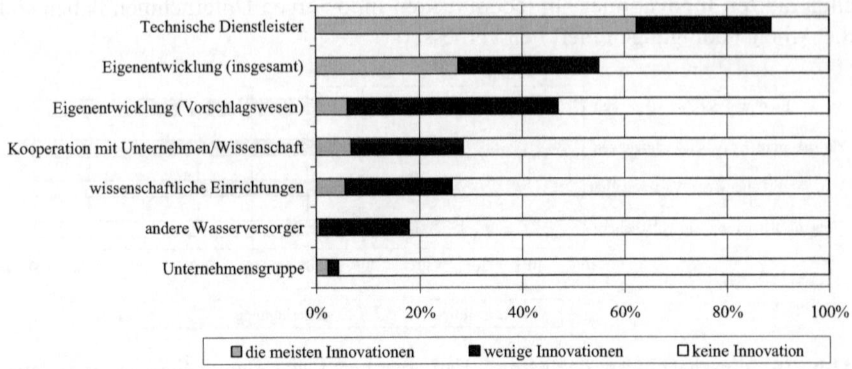

Abb. 35. Entwickler der eingeführten technischen Neuerungen (relative Häufigkeiten)

Effekte eingeführter technischer Neuerungen aus Sicht der WVU

Die eingeführten technischen Neuerungen verursachten tendenziell häufiger eine Erhöhung der durchschnittlichen Kosten (pro m^3 Wasser) als das sie zu einer Kostenreduktion führten. Den Selbsteinschätzungen der Unternehmen zufolge nahmen die Kosten bei 20 % der innovativen Unternehmen zu, nur bei 8 % reduzierten sie sich. Für die übrigen Unternehmen ergaben sich weder Kostensteigerungen noch -reduktionen infolge ihrer Innovationstätigkeit. In Unternehmen, die Kostensteigerungen aufwiesen, betrugen diese durchschnittlich 15,8 %. Unternehmen, die über Kosteneinsparungen berichteten, konnten eine Kostensenkung von durchschnittlich 7,0 % erzielen.

Innovationen werden in der Wasserversorgung seltener mit dem Ziel der Kostensenkung eingesetzt als in anderen Branchen (vgl. Rammer et al. 2004). Der Anteil der Unternehmen mit Kostenreduktion durch Prozessinnovationen lag im Verarbeitenden Gewerbe im Jahr 2002 bei gut 21 %. Die Diskrepanz kann zwei Gründe haben. Erstens müssen bestimmte technische Neuerungen eingeführt werden, um neue gesetzliche Vorgaben erfüllen zu können. Diese Neuerungen zielen in der Regel auf die Erhöhung der Qualität und Zuverlässigkeit der Wasserversorgung ab. Zweitens geben die vorherrschenden Marktstrukturen nur wenig Anreize für die Einführung effizienzsteigernder Maßnahmen. In diesem Fall wäre auf einen Nachholbedarf der Wasserversorger zu schließen, Innovationen in Zukunft stärker als bisher zum Zweck des effizienteren Wirtschaftens einzusetzen.

Gefragt wurden die Unternehmen auch nach Konsequenzen der Einführung von Prozessinnovationen für die übrigen zwei Nachhaltigkeitsdimensionen (vgl. Abb. 36). Den Antworten der Unternehmen zufolge scheinen diese nicht unerheblich. Ca. 42 % der Wasserversorger schätzen, dass die Einführung von Innovationen zu einer merklichen Erhöhung der Zuverlässigkeit der Wasserversorgung geführt hat. Geringfügig höher ist der Anteil derer, die eine merkliche Erhöhung der Wasserqualität als Konsequenz angeben. Gemäß den Selbsteinschätzungen der Unternehmen profitieren nicht nur Endverbraucher sondern auch Beschäftigte von den eingeführten Innovationen. In jedem dritten innovativen Unternehmen haben sich die Arbeitsbedingungen merklich verbessert.

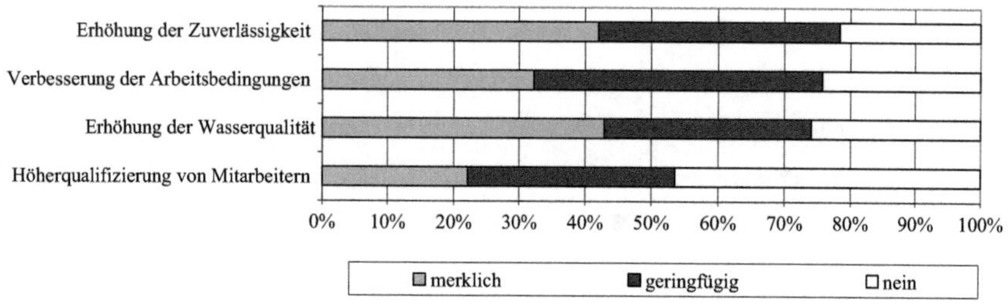

Abb. 36. Einschätzungen qualitativer Verbesserungen aus Unternehmenssicht (relative Häufigkeiten)

Treiber und Hemmnisse technischer Neuerungen

Auf die Frage nach den Treibern von Innovationsaktivitäten gaben die innovativen Unternehmen an, dass von der Gesetzgebung der mit Abstand stärkste Impuls ausgeht (vgl. Abb. 37). 28 % der Wasserversorger starteten aufgrund dessen ein neues Projekt, weitere 17 % verzeichneten eine Beschleunigung laufender Projekte. Auch von der Normung/Regelsetzung sowie der Rechtsprechung gehen positive Impulse für eine große Zahl der Unternehmen aus. Die Normung/Regelsetzung beschleunigt bereits begonnene Projekte in mehr als jedem fünften Unternehmen. All dies belegt den hohen Stellenwert des Umweltrechts und der -politik als treibende Kräfte für Innovationen. Den Antworten der Wasserversorger zufolge haben freiwillige ökologische Maßnahmen eine ebenso hohe Bedeutung für die Innovationsaktivitäten wie die Gesetzgebung. Dieses Ergebnis steht im Einklang mit der weit verbreiteten Ansicht, dass die vorherrschenden Marktstrukturen weniger solche Innovationsaktivitäten begünstigen, die auf ökonomische Effizienz abzielen. Eine ähnliche Schlussfolgerung ergab sich auch aus der Erkenntnis, dass technische Neuerungen weniger zu Kostensenkungen führen. Auch der erfolgreichen Demonstration technologischer Neuerungen kommt ein hohes Gewicht bei der Initiierung eigener Innovationsvorhaben zu. Das „Funktionieren" ist ein wichtiges Signal: Bei jedem vierten Wasserversorger wurden dadurch laufende Projekte beschleunigt.

Der allgemeine Kostendruck zählt ebenso zur Gruppe der wesentlichen Treiber für Innovationstätigkeiten. Er rangiert allerdings erst an sechster Stelle.[150] 30 % der Unternehmen gaben an, dass mindestens ein neues Innovationsprojekt dadurch gestartet oder aber beschleunigt wurde. Gleichwohl zeigt das Ergebnis, dass Innovationsaktivitäten nur zum Teil als strategisches Instrument zur Kostensenkung eingesetzt werden. Von untergeordneter Bedeutung sind Kundenwünsche und Wettbewerb. Dies überrascht nicht: Die Versorger müssen nicht um Kunden konkurrieren, da diese nicht zwischen verschiedenen Anbietern wählen können.

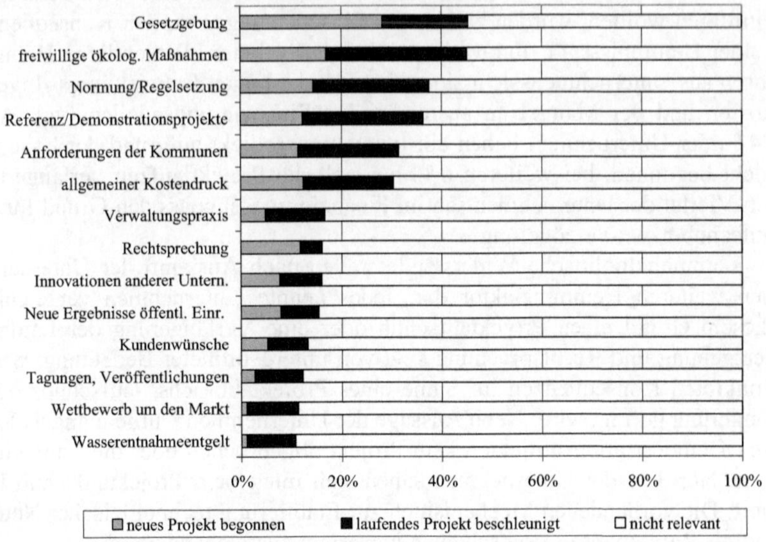

Abb. 37. Auswirkungen der Treiber für Innovationsaktivitäten aus Unternehmenssicht (relative Häufigkeiten)

Die Antworten zu den Gründen für die Nichtdurchführung von Innovationsaktivitäten belegen, dass erfreulicherweise nur für einen kleinen Teil der Unternehmen starke Hemmnisse zur Entfaltung einer Innovationstätigkeit bestanden (vgl. Abb. 38). Nur 6,5 % der Wasserversorger gaben an, dass der Start von Innovationsprojekten grundsätzlich verhindert wurde.

[150] Zum Vergleich: Abwasserentsorger sahen im „Algemeinen Kostendruck" das stärkste Motiv für die Einführung technischer und organisatorischer Neuerungen.

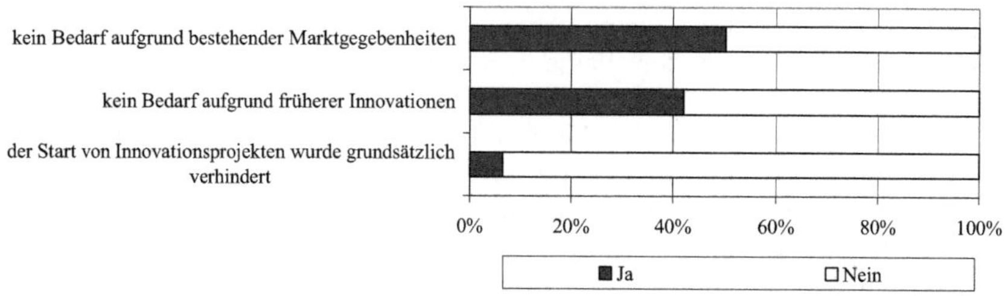

Abb. 38. Gründe für die Nichteinführung technischer Neuerungen (relative Häufigkeiten)

Innovative Unternehmen und solche, die mindestens eine technische Neuerung einführen wollten, wurden zudem um Einschätzungen zu den Konsequenzen einzelner Hemmnisse für Innovationsaktivitäten gebeten. Wesentliche Hemmnisfaktoren aus Unternehmenssicht sind demnach die hohen Entwicklungs-/Investitionskosten und der Mangel an ausreichenden Finanzierungsquellen (vgl. Abb. 39). 24 % der Unternehmen haben ein Innovationsprojekt aufgrund der hohen Kosten nicht begonnen, bei weiteren 6 % hat sich die Projektlaufzeit verlängert. Knapp ein Viertel der Unternehmen sah im Finanzierungsengpass den Grund für Projektaufschub bzw. -verzögerung.

Kommunalpolitische Widerstände stellen nach Auskunft der Unternehmen einen weiteren Hemmnisfaktor dar. Jedes neunte Unternehmen verzeichnete aus diesem Grund einen Projektaufschub oder eine Verlängerung der Laufzeit. Gesetzgebung und Rechtsprechung sind von untergeordneter Bedeutung, wenn nach konkreten Konsequenzen im Sinne eines Projektabbruchs, -aufschubs oder -verlängerung gefragt wird. Nach Aussage der Unternehmen wurde mangels Referenz- und Demonstrationsprojekten kein Projekt abgebrochen oder die Laufzeit verlängert. Nur 3 % der Unternehmen sahen sich mit einem Projektaufschub konfrontiert. Die vorhandenen Mechanismen zur Etablierung technologischer Neuerungen mittels Referenzprojekten scheinen insgesamt ausreichend zu sein.

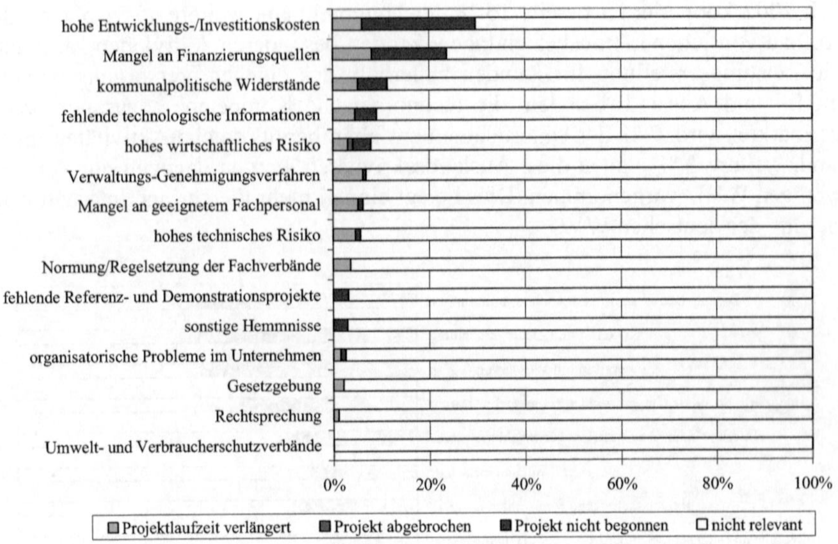

Abb. 39. Auswirkungen der Hemmnisse für Innovationsaktivitäten aus Unternehmenssicht (relative Häufigkeiten)

Einführung organisatorischer Neuerungen und Entfaltung besonderer Aktivitäten

Effizientes Wirtschaften erfordert die Kenntnis über Kosteneinsparungspotenziale. Solche Informationen können mittels klassischer und moderner Steuerungsinstrumente aufbereitet werden. Kosten und Leistungsrechnung als klassisches Steuerungsinstrument wird von ca. 37 % der antwortenden WVU eingesetzt (vgl. Abb. 40). Weitere 18 % planen deren Einführung. Der Wert erscheint gering, gegeben der hohen Bedeutung dieses klassischen Instrumentariums des Rechnungswesens.

Positiv hervorzuheben ist jedoch die Akzeptanz moderner Steuerungsinstrumente. Integrierte Software und integrierte Anlagenwirtschaft sind in 26 % bzw. 20 % der WVU etabliert. Ein weiterer, nicht unerheblicher Teil plant darüber hinaus deren Einführung. Technische und finanzwirtschaftliche Kennzahlensystemen werden in ähnlichem Umfang als Steuerungsinstrumente eingesetzt. Von geringerem Stellenwert sind derzeit neue Entlohnungs- und Anreizsysteme, Anwendung der Erfolgshonorarvereinbarung sowie zertifizierbare Managementsysteme (z.B. ISO 9000ff.). Allerdings planen zwischen 5 und 8 % der Unternehmen deren Einführung. Die Teilnahme am unternehmensübergreifenden Benchmarking ist ebenso gering. Knapp 10 % der Unternehmen sind hier aktiv. Gleichwohl ist eine zunehmende Akzeptanz dieses Instruments zu beobachten. Der Stellenwert nahm in der jüngeren Vergangenheit deutlich zu und gut 11 % der Unternehmen plant die Teilnahme am unternehmensübergreifenden Benchmarking.

Bezüglich der besonderen Aktivitäten ist der hohe und zugleich zunehmende Stellenwert der Kooperation mit Wasserversorgern hervorzuheben. Bis einschließlich 2002 kooperierten bereits 36 % der Unternehmen, weitere 17 % planen den Aufbau von Kooperationsbeziehungen. Zu den besonderen Aktivitäten zählt auch die Leistungserstellung für Kunden außerhalb des eigenen Versorgungsgebietes im In- und Ausland, bei dem die technologische Kompetenz sozusagen weiter vermarktet wird. 7 % der Unternehmen entfalten bereits solche Aktivitäten im Inland, weitere 3 % planen dies. Auslandsaktivitäten werden dagegen nur von sehr wenigen WVU vorgenommen. Dies belegt einmal mehr die geringe Internationalisierung der deutschen WVU.

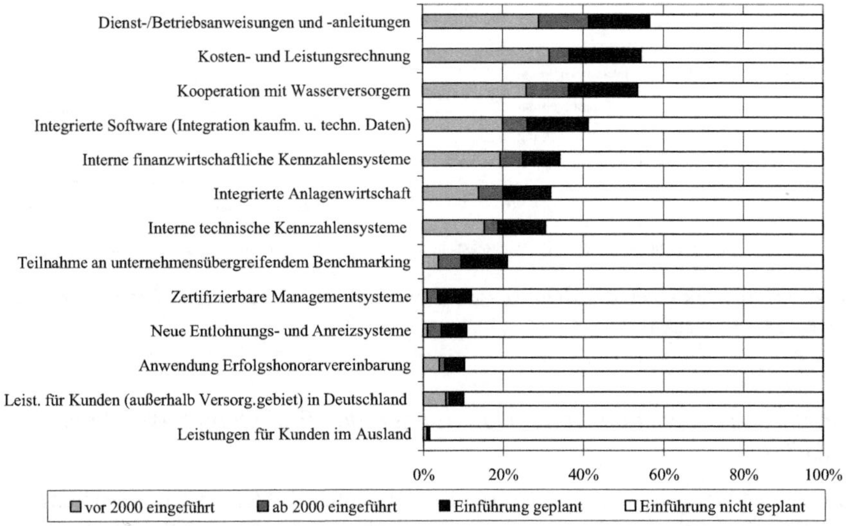

Abb. 40. Einführung organisatorischer Neuerungen und Entfaltung besonderer Aktivitäten (relative Häufigkeiten)

Die Einführung von Kennzahlensystemen, Kooperation mit anderen Wasserversorgern sowie die Teilnahme am Benchmarking dienen dem Zweck, die Effizienz der Leistungserstellung zu erhöhen. Vor allem letzt genannten kommt eine besondere Bedeutung zu, da es den direkten Vergleich mit anderen Unternehmen ermöglicht und so Stärken und Schwächen aufzeigt.

Zusammenfassung und weiterführende Fragestellungen

Die deskriptiven Ergebnisse der Befragung der Wasserversorgungsunternehmen geben interessante Einblicke in den Umfang der Innovationsaktivitäten, ihren Motiven und Hemmnissen sowie Effekten hinsichtlich der drei Nachhaltigkeitsdimensionen aus Unternehmenssicht. Sowohl technische als auch organisatorische Neuerungen werden in beachtlichem Umfang eingeführt oder deren Einführung steht bevor. Als zentrale Hemmnisfaktoren für die Einführung von Innovationen werden – wie auch in anderen Branchen – der Mangel an Finanzierungsquellen sowie die hohen Entwicklungs- und Investitionskosten angeführt. Kommunalpolitische

Widerstände folgen direkt dahinter, was die spezifischen Marktbedingungen im Trinkwassermarkt widerspiegelt. Nach Einschätzung der Unternehmen zählen die Maßnahmen der Legislative, freiwillige ökologische Maßnahmen und der Kostendruck auf der anderen Seite zu den zentralen Motiven für die Einführung technischer Neuerungen. Die herausragende Rolle der Umweltpolitik als Treiber für das Innovationsverhalten bestätigt sich einmal mehr. Die starke Ausrichtung an ökologischen Zielen kann unterschiedlich motiviert, wobei die Selbstverpflichtung aus Überzeugung nur eines von vielen sein kann. Als strategisches Instrument kann es z.B. zum Zweck der Vermeidung zusätzlicher umweltpolitischer und – rechtlicher Vorgaben eingesetzt werden. Ebenso wird das hohe Maß freiwilliger Selbstverpflichtung gern als Argument für den Erhalt der bestehenden Marktstrukturen angeführt. Dem allgemeinen Kostendruck wird als Treiber zwar eine hohe Bedeutung beigemessen, gleichwohl scheint das Innovationspotenzial zum Zweck der Realisierung von Kostensenkungen noch nicht vollends ausgeschöpft.

Die rein deskriptive Auswertung der Antworten erlaubt allerdings keine Aussage zum vermuteten positiven Zusammenhang zwischen „Offenheit gegenüber Wettbewerb und Innovation". Unseren Vorüberlegungen zufolge sollten Innovationen, darunter solchen zum Zweck der Realisierung von Kostensenkungen, am ehesten von Unternehmen durchgeführt werden, welche sich offen gegenüber wettbewerblichen Elementen zeigen und damit dem strategischen Ziel der Effizienzsteigerung ein höheres Gewicht beimessen als Unternehmen mit einer geringeren Offenheit gegenüber wettbewerblichen Elementen. Die empirische Überprüfung der These bildete bereits im Abschnitt 4.3.3 einen Schwerpunkt der Analysen für den Bereich der Abwasserentsorgung. In Analogie zu dem dort gewählten Vorgehen werden wiederum eine Reihe von ökonometrischen Analysen durchgeführt. Mittels dieser Analysen kann dem partiellen Zusammenhang zwischen Offenheit gegenüber Wettbewerb und Innovationsaktivitäten nachgegangen werden. Ein rein bivariate, deskriptive Betrachtung der Unterschiede zwischen stärker wettbewerblich orientierten und weniger wettbewerblich orientierten Unternehmen im Hinblick auf ihre Innovationstätigkeiten genügt dafür nicht. Beide Gruppen von Unternehmen können sich in vielen anderen Einflussfaktoren unterscheiden, so dass die Effekte ausgehend von diesen Größen vom Effekt der Wettbewerbsorientierung zu trennen sind.

Im Folgenden werden insgesamt vier thematische Schwerpunkte behandelt. Der erste widmet sich der Frage, ob und welche Unternehmensmerkmale den Umfang der technischen Innovationstätigkeit von Wasserversorgern bestimmen. Um einen möglichst umfassenden Einblick zu erhalten, werden drei Indikatoren (Innovationstätigkeit ja/nein, Zahl der technischen Neuerungen und Innovationsaufwendungen in Relation zum Umsatz) zur Abbildung der Innovationstätigkeit betrachtet.

Der zweite Schwerpunkt befasst sich mit den Auswirkungen der Innovationstätigkeiten auf die drei Nachhaltigkeitsdimensionen. Grundlage hierfür bilden Selbsteinschätzungen der Unternehmen. Ein interessanter Aspekt ist hier, ob Unternehmen in privatrechtlichen Organisationsformen die ökologische und soziale Dimension bei ihren Innovationsaktivitäten vernachlässigen.

Ein drittes Erkenntnisinteresse richtet sich auf die Einflussfaktoren organisatorischer Innovativität der Wasserversorger. In der ökonometrischen Analyse wird untersucht, ob Unternehmen, die sich anhand verschiedener Merkmale unterscheiden, ein unterschiedliches Maß an organisatorischer Innovativität aufweisen und um welche Merkmale es sich dabei handelt.

Schließlich wird untersucht, ob sich die Wirkung bzw. Bedeutung von verschiedenen Innovationstreibern und -hemmnissen auf das Innovationsverhalten von Wasserversorgern zwischen verschiedenen Gruppen von Unternehmen unterscheidet. Besonderes Interesse gilt hier wiederum den Unterschieden zwischen Unternehmen in privatrechtlicher Organisationsform und solchen in öffentlich-rechtlicher Organisationsform.

4.4.3 Ökonometrische Analyse organisatorischer und technischer Innovativität von Wasserversorgern

Deskriptive Statistiken zu den verwendeten erklärenden Variablen

Die folgenden ökonometrischen Analysen verwenden denselben Pool an potenziellen Bestimmungsgrößen. Bei diesen handelt es sich in erster Linie um solche Unternehmens- und Marktgebietsmerkmale, die auch das Set potenzieller Erklärungsgrößen für die Analysen im Abschnitt 4.3.3 bildeten. Wie gehabt, fungiert die Organisationsform wiederum als Approximation zur Messung der Offenheit gegenüber wettbewerblichen Elementen. Darüber hinaus wurden einige weitere Merkmale in der Befragung der Wasserversorger erfasst, von denen ein zusätzlicher Erklärungsbeitrag erwartet wird. Im Einzelnen sind das:

- Existenz nicht-kommunaler Anteilseigener
- Beteiligung an externen Unternehmen
- Erbringung von Leistungen für inländische Kunden außerhalb des eigenen Versorgungsgebietes

Kommunen als Mehrheitseigner können sich dem Beteiligungswettbewerb stellen, in dem sie einen Teil ihrer Verfügungsrechte am WVU an externe Unternehmen verkaufen. Wasserversorger können auf der anderen Seite aber auch Anteile an anderen Unternehmen erwerben. Mit der Durchführung von Beteiligungsaktivitäten nimmt der Wasserversorger aktiv am Beteiligungswettbewerb teil und signalisiert damit ein höheres Maß an Offenheit gegenüber wettbewerblichen Elementen. Zudem gestatten die Beteiligungsaktivitäten einen besseren Zugang zu externem Know-how. Beides sollte schließlich die Innovationsaktivitäten beflügeln.

Die Erbringung deutschlandweiter Leistungen sollte ebenso positive Impulse für die Innovationsaktivitäten geben, da das Unternehmen mit neuen bzw. spezifischen Kundenwünschen konfrontiert wird.[151] Das Verhalten resultiert aus der unternehmerischen Strategie, sich dem überregionalen Wettbewerb um Marktanteile im Wassermarkt sowie dem Beteiligungswettbewerb zu stellen. In der Befragung gaben 6.4 % der Unternehmen an, dass externe Unternehmen Anteile an ihrem Unternehmen zum Ende des Jahres 1999 hielten.[152] Eigene Beteiligungsaktivitäten entfalteten ca. 14 % der Wasserversorger. Schließlich berichteten 11.5 % der Unternehmen über eine deutschlandweite Erbringung von Leistungen.[153]

Die deskriptiven Statistiken für alle verwendeten erklärenden Größen sind in Tabelle 27 angegeben. Dabei wurden alle vorhandenen Beobachtungen zugrunde gelegt, unabhängig davon, welche Teilmenge dieser Beobachtungen in den folgenden Analysen Berücksichtigung findet. Zu erkennen ist u.a., dass im Datensatz nur sechs Unternehmen als Anstalten des öffentlichen Rechts (AÖR) firmieren. Aufgrund der geringen Zahl bilden diese in den folgenden Analysen zusammen mit den Eigenbetrieben eine Kategorie. Die antwortenden Wasserversorgungsunternehmen sind sehr häufig in allen drei zentralen Bereichen der Wasserversorgung (Wassergewinnung, -aufbereitung und -verteilung) tätig (84 % der Unternehmen). Ferner zählt ein beträchtlicher Teil der Unternehmen zu den so genannten Multi-Utility Anbietern. Etwa 40 % der antwortenden Unternehmen führen neben der Wasserver- auch die Abwasserentsorgung durch. Knapp 19 % der Wasserversorger sind im Versorgungsbereich Fernwärme, Strom oder Gas tätig.

---

[151] Es sei darauf hingewiesen, dass der Zusammenhang auch in anderer Kausalrichtung gelten kann. So zeigt sich in einigen Analysen, dass die Innovationsaktivität den Umfang der Exportaktivitäten bestimmt. Teilweise zeigt sich der Zusammenhang nur in dieser Richtung (siehe z.B. Ebling u. Janz 1999). Unseren Analysen für die Wasserversorgungswirtschaft zu Folge erhöht eine Innovationsaktivität nicht die Wahrscheinlichkeit für die Aufnahme bzw. geplanten Aufnahme einer deutschlandweiten Erbringung von Leistungen.

[152] Die Angaben der Unternehmen zu den Unternehmensbeteiligten wurden manuell geprüft und gegebenenfalls korrigiert. Ebenso wurde eine Stichprobe aus dem Sample der Unternehmen ohne einen externen Anteilseigner gezogen und die Angaben mittels Eigenrecherche kontrolliert.

[153] Bei den angegebenen Werten handelt es sich um keine hochgerechneten Werte.

Tabelle 27. Deskriptive Statistiken zu den erklärenden Variablen

Erklärende Variable	Gültige Werte	Mittelwert	Standard-abweichung
Regiebetrieb*	248	0,1160	0,3209
Eigenbetrieb	248	0,4435	0,4978
Anstalt des öff. Rechts (AÖR)	248	0,0242	0,1540
Zweck./Abwasserverband	248	0,2016	0,4020
Eigengesellschaft (GmbH, AG etc.)	248	0,1613	0,3685
Sonstige privatrechtliche Org.form	248	0,0524	0,2233
Nicht-kommunale Anteilseigner	250	0,0640	0,2452
Beteiligung an anderen Unternehmen	247	0,1417	0,3495
Gewerbliche Kunden	250	0,5840	0,4939
Deutschlandweite Aktivitäten	235	0,1149	0,3196
Diversifizierung in der Wasserversorgungswirtschaft	250	0,8400	0,3673
Diversifizierung außerhalb der Wasserversorgungswirtschaft			
Abwasserentsorgung	250	0,4040	0,4917
Fernwärme/Strom/Gas	250	0,1880	0,3915
Sonstige Tätigkeiten	250	0,0920	0,2896
Kooperation mit anderen Wasserversorgern	242	0,4339	0,4966
Steuerungsinstrumente	245	0,6449	0,4795
Neuerungen meistens in Eigenentwickl.	75	0,2667	0,4452
Neuerungen meistens von Dienstleist.	75	0,4933	0,5033
Neuerungen meistens in Zusammenarb.	75	0,0800	0,2731
Mehrfachanschlüsse/UV-Desinfektion	102	0,3824	0,4884
Schlammbeseitigung	102	0,0686	0,2540
Einwohner (in Mio.) im Versorgungsgebiet	231	0,0570	0,2837
Bevölkerungsdichte (Einwohner in Mio. je km^2)	250	0,3160	0,4345

Anmerkung: *Der Regiebetrieb dient in allen Schätzungen dieses Abschnitts als Basiskategorie, weshalb die nachfolgenden Ergebnistabellen keinen Koeffizienten für Regiebetriebe ausweisen.

Ergebnisse des ökonometrischen Modells zur Analyse der technischen Innovativität

Dieser Abschnitt widmet sich der Frage, ob und welche Unternehmensmerkmale den Umfang der technischen Innovationstätigkeit von Wasserversorgern bestimmen. Zur Messung der technischen Innovationstätigkeit können verschiedene Angaben aus der Befragung verwendet werden. Die unterschiedliche Operationalisierung der technischen Innovationstätigkeit erfüllt dabei zwei wichtige Funktionen. Zum einen dient sie einer möglichst umfassenden Berücksichtigung des Innovationsverhaltens der Wasserversorger. Jede Messgröße misst jeweils nur Teilaspekte der technischen Innovativität. Zum anderen soll und kann geprüft werden, ob und welchen Unternehmenscharakteristika ein Erklärungsbeitrag in allen Modellierungen zukommt.

In einer ersten und zugleich sehr einfachen empirischen Modellierung interessieren wir uns für die Bestimmungsgründe zur Erklärung der Beobachtung, ob Unternehmen zwischen 2000 und 2002 mindestens eine technische Neuerung eingeführt haben oder nicht. Zur Schätzung der interessierenden Koeffizienten wird ein binäres Probit-Modell verwendet, bei dem die endogene Größe die Werte „1" (= mindestens eine technische Neuerung wurde eingeführt) oder „0" (= keine technischen Neuerungen) annehmen kann. Die zweite Modellierung verwendet die Zahl der eingeführten technischen Neuerungen als Maß für die technische Innovativität, die dritte berücksichtigt die Innovationsintensität (= Innovationsaufwendungen bezogen auf den Umsatz). Beide Modelle stellen Erweiterungen des ersten Modells dar. Es werden nur Unternehmen betrachtet, welche überhaupt in der Lage waren, die Innovationshürde zu überspringen. Die zentrale Frage für die Modellierung 2 und 3 lautet demnach: Kann eine unterschiedlich hohe Innovationsaktivität innovativer Unternehmen auf bestimmte Unternehmensmerkmale zurückgeführt werden?

Ergebnisse zu den Determinanten der Einführung mindestens einer technischen Neuerung

Die Schätzergebnisse des Probit-Modells sind in Tabelle 28 dargestellt. Für einige Unternehmen lagen keine vollständigen Angaben in allen berücksichtigten Variablen vor, so dass schließlich Angaben von 212 der insgesamt 250 Wasserversorger genutzt werden konnten.[154] Die Sternchen „*"/"**"/"***" geben an, ob und bei welcher Irrtumswahrscheinlichkeit der Zusammenhang zwischen der entsprechenden erklärenden Variable und der endogenen Größe zuverlässig ist, d.h. der geschätzte Koeffizient statistisch signifikant von Null verschieden ist. Grundsätzlich gilt, je mehr „Sternchen" umso zuverlässiger ist der Zusammenhang.[155]

Ein erstes Augenmerk gilt den Variablen zur empirischen Überprüfung der Wettbewerbshypothese. Die Ergebnisse weisen auf eine schwache gemeinsame Signifikanz der Organisationsformen[156] hin. Darüber hinaus zeigen sich signifi-

---

[154] Die deskriptiven Statistiken zu den erklärenden Variablen für die berücksichtigten Unternehmen sind sehr ähnlich zu den in Tabelle 27 dargestellten Werten für alle Unternehmen. Im Folgenden werden die Ergebnisse der finalen Spezifizierung jedes empirischen Modells ausgewiesen. Die Ergebnisse alternativer Modellvarianten werden im Kontext der Prüfung der Robustheit der ermittelten Zusammenhänge diskutiert.

[155] Ein Stern bezeichnet Signifikanz auf dem 10%, zwei Sterne auf dem 5% und drei Sterne schließlich auf dem 1%-Niveau. In der Regel wird eine Irrtumswahrscheinlichkeit von weniger als 5 % zur Akzeptanz der Zuverlässigkeit des Zusammenhangs gefordert. Die Signifikanz auf dem 10%-Niveau gilt im Weiteren daher als schwache Signifikanz.

[156] Der p-Wert des entsprechenden Wald-Tests beträgt 0,0573.

kante Unterschiede zwischen einzelnen Organisationsformen. Die Kategorie Eigenbetriebe/Anstalten des öffentlichen Rechts sowie die Eigengesellschaften haben c.p. eine signifikant höhere Wahrscheinlichkeit für die Einführung mindestens einer technischen Neuerung zwischen 2000 und 2002 im Vergleich zu den Regiebetrieben (Basiskategorie). Eine signifikant höhere technische Innovativität haben auch Eigengesellschaften im Vergleich zu Betriebsführern-/Kooperationsgesellschaften. Die übrigen beiden Variablen zur Messung der Offenheit gegenüber wettbewerblichen Elementen sind dagegen ohne Bedeutung. Weder das Vorhandensein eines nicht-kommunalen Anteilseigners noch die eigenen Beteiligungsaktivitäten begünstigen die Einführung einer technischen Neuerung.[157]

Tabelle 28. Koeffizienten der Erklärungsgleichung „Einführung mindestens einer technischen Neuerung"

Erklärende Variable	Geschätzter Koeffizient	Standardfehler
Eigenbetrieb/Anstalt des öff. Rechts	0,6028*	0,3122
Zweck./Abwasserverband	0,5208	0,3628
Eigengesellschaft (GmbH, AG etc.)	1,083***	0,4043
Sonstige privatrechtliche Org.form	0,0754	0,5217
Nicht-kommunale Anteilseigner	0,7389	0,4901
Diversifizierung in der Wasserversorg.	0,7229***	0,2776
Abwasserentsorgung	0,1736	0,2011
Fernwärme/Strom/Gas	-0,9276***	0,3046
Sonstige Tätigkeiten	0,1541	0,3338
Deutschlandweite Aktivitäten	0,7618**	0,3173
Kooperation mit Wasserversorgern	0,3389*	0,1903
Einwohner im Versorgungsgebiet	-0,4031	0,2713

Anmerkungen: */**/***bezeichnen die Signifikanz auf dem 0,10-/0,05-/0,01-Niveau. Die Kategorie Regiebetrieb diente als Basiskategorie. Ergebnisse des Probit-Modells mit 212 Beobachtungen, davon 80 mit mindestens einer technischen Neuerung.

Interessante Ergebnisse zeigen sich aber auch für die übrigen Variablen. Unternehmen, die viele bzw. alle Stufen der Wertschöpfungskette der Wasserversorgung abdecken sind innovativer als Unternehmen, die nur auf einer Wertschöpfungsstufe aktiv sind. Eine Diversifizierung außerhalb der Wasserversorgung, namentlich eine Aktivität in den Versorgungsbereichen Fernwärme, Strom oder Gas[158] wirkt dagegen hemmend auf die Einführung mindestens einer technischen Neuerung. Auch eine deutschlandweite Leistungserbringung steht in einem positi-

[157] Die Variable „Eigene Beteiligungsaktivitäten" wurde von der finalen Spezifikation entfernt, da sich neben der Insignifikanz auch keine signifikante Modellverbesserung zeigte.

[158] Die separate Betrachtung eines jeden dieser drei Bereiche ist aufgrund der Frageformulierung nicht möglich.

ven Zusammenhang mit technischen Innovativität. Im Einklang mit einer Vielzahl empirischer Studien ist auch die Beobachtung, dass kooperierende Unternehmen eine höhere Innovativität aufweisen als nicht-kooperierende. Bei der berücksichtigten Form der Kooperation wurde ein breiter Kooperationsbegriff zugrunde gelegt. Er umfasst gemeinsame Aktivitäten oder den Erfahrungsaustausch in den verschiedensten Geschäftsbereichen eines WVU. Eine Kooperation ermöglicht den Zugang zu zusätzlichen Ressourcen, u.a. auch den besseren Zugang zu so genanntem implizitem, nicht-kodifiziertem Wissen, welches für die Lösung technischer Herausforderungen von erheblicher Bedeutung sein kann. Allerdings erfolgt die Aufnahme einer Kooperationsbeziehung nicht zufällig und es ist zu vermuten, dass die Orientierung an Effizienzzielen begünstigend wirkt. Das positive Abschneiden kooperierender Unternehmen kann folglich auf verschiedene Gründe zurückgeführt werden, so dass ein Rückschluss auf den partiellen Beitrag eines Impulses allein (z.B. des Ressourcenzugangs) nicht möglich ist.

Der erste Eindruck der Ergebnisse ist, dass die Unterschiede in der Innovativität der Unternehmen in Zusammenhang mit einer Vielzahl von Unternehmensmerkmalen gebracht werden können. Dabei zeigt sich unsere zentrale These bestätigt. Eine stärkere Offenheit gegenüber wettbewerblichen Elementen erhöht die bei der gegenwärtigen Marktkonstellation die Wahrscheinlichkeit für die Einführung technischer Neuerungen. Diesen Eindruck gilt es nun bei alternativer Spezifizierung der technischen Innovativität zu prüfen.

Modellerweiterung auf die Analyse der Anzahl eingeführter technischer Innovationen

Wie bereits eingangs angeführt, erscheint es als eine natürliche Erweiterung des im vorangegangenen Abschnitt diskutierten Modells, nicht allein zu betrachten, ob ein Unternehmen überhaupt technische Innovationen eingeführt hat, sondern auch die Anzahl der implementierten Neuerungen zu berücksichtigen. Diese wurde im Fragebogen durch Fragen nach einer Liste konkreter Innovationen, sowie einer offenen Frage nach weiteren technischen Neuerungen ermittelt. Eine unmittelbar an die vorangegangene Analyse anknüpfende Möglichkeit, ein solche Modellerweiterung zu formulieren, bietet das sog. „Hurdle-Modell" (vgl. z.B. Winkelmann 2000: 138ff.). Dort wird das binäre Problem, ob überhaupt Innovationen durchgeführt werden als „(Innovativitäts)Hürde" interpretiert, die erst übersprungen werden muss, bevor eine positive Anzahl von Innovationen beobachtet werden kann. Das die Hürde beschreibende Probitmodell des vorangegangenen Abschnitts wird daher um ein Zähldatenmodell ergänzt, das die Anzahl der implementierten Neuerungen erklärt.

Im hier untersuchten Fall liefert das erweitere Modell allerdings keine über das einfache Probit-Modell hinausgehende Erkenntnisse. Selbst für restriktiv spezifizierte Modellvarianten treten in der Zähldaten-Komponenten[159] keine signifikanten Koeffizienten auf. Insbesondere besitzen im Gegensatz zum Probitmodell we-

[159] Die Probit-Komponente ist mit der aus dem vorangegangen Abschnitt identisch und bedarf daher keiner gesonderten Diskussion.

der die Diversifizierungsindikatoren noch die Indikatoren für deutschlandweite Aktivitäten oder eine Kooperation mit anderen Wasserversorgern signifikante Erklärungskraft. Das gleiche gilt für die Organisationsform.

Tatsächlich ist der durch die Modellerweiterung erzielte bescheidene Erkenntniszuwachs kaum verwunderlich. Tabelle 29 zeigt,[160] dass nur sehr wenige Unternehmen angeben, in den Jahren 2000 bis 2002 mehr als eine technische Neuerung implementiert zu haben. Durch die binäre Analyse, ob überhaupt Innovationen durchgeführt wurden, ist somit bereits der größte Teil der Variation der technischen Innovativität – gemessen an der Anzahl eingeführter Innovationen – erklärt. Die verbleibende Variation der Innovationsaktivität innerhalb der Gruppe innovativer Unternehmen erscheint dagegen als zu gering, um diese mit Unterschieden in den Unternehmensmerkmalen in einen statistisch signifikanten Zusammenhang bringen zu können.

Tabelle 29. Verteilung der Anzahl zwischen 2000 und 2002 eingeführter technischer Innovationen (absolute Häufigkeiten)

	Nicht Innoviert	Eine Innovation	Zwei Innovationen	Drei Innovationen	Vier Innovationen
Anzahl der Unternehmen	128	63	17	3	1

Anmerkung: Berücksichtig sind die 212 Unternehmen, die zur Schätzung des Modells herangezogen werden konnten.

Ergebnisse zu den Determinanten der Innovationsintensität

Ausgangspunkt der dritten empirischen Modellierung technischer Innovativität ist die Verwendung der Innovationsintensität als endogene Größe. Die Innovationsintensität wird hier anhand der getätigten Innovationsaufwendungen in Relation zum Umsatz gemessen. Damit wird im Unterschied zu den beiden vorangegangenen Analyseschritten, ein inputorientiertes Innovationsmaß verwendet und damit der umfassende Blick auf die Innovationsaktivitäten der Unternehmen abgerundet. Im Gegensatz zur Zahl der eingeführten technischen Neuerungen zeigt sich eine deutlich höhere Variation der Innovationsintensität. Dies ist für eine stetige Variable auch nicht verwunderlich. Die Innovationsintensität wird wiederum auf das Set potenzieller Erklärungsgrößen regressiert, bei dem die interessierenden Schätzkoeffizienten auf Basis eines linearen Regressionsmodells ermittelt werden.

Die Unternehmen mit bzgl. der Innovationsintensität gültigen Angaben können allerdings eine selektive Gruppe von Unternehmen darstellen. Nicht jedes Unternehmen ist innovativ, überspringt die „Innovationshürde" und berichtet über Inno-

[160] Für mehrere Unternehmen trat das Problem auf, dass diese zwar im Allgemeinen angaben, technische Innovationen durchgeführt zu haben, diese jedoch im Einzelnen nicht benannten. Hier wurde davon ausgegangen, dass in diesen Fällen zumindest eine Innovation durchgeführt wurde. Der alternative Ansatz, bei keiner Nennung konkreter Innovationen davon auszugehen, dass überhaupt keine Innovationen durchgeführt wurden, führte ebenfalls zu insignifikanten Schätzergebnissen.

vationsaufwendungen. Sofern eine Selektionsverzerrung besteht, werden die interessierenden Parameter mittels linearer Regression ungenau geschätzt. Der Test und zugleich Kontrolle für eine Selektionsverzerrung erfolgt auf Basis eines Sample-Selection Ansatz (vgl. Gronau 1974; Heckman 1974, 1979). Dabei zeigt sich, dass eine Selektionsverzerrung nicht besteht und folglich bereits das lineare Regressionsmodell konsistente Schätzparameter liefert.[161]

Tabelle 30 enthält die geschätzten Parameter des linearen Regressionsmodells für das Set der berücksichtigten Variablen. Nur wenige Koeffizienten erweisen sich als statistisch signifikant im Modell zur Erklärung der Innovationsintensität.[162] Unternehmen mit nicht-kommunalen Anteilseignern haben eine signifikant höhere Innovationsintensität. Diesem Ergebnis liegen allerdings nur wenige Beobachtungen zugrunde. Unter den 50 für die Modellschätzung verwendeten Unternehmen sind nur vier, an denen die Kommune und nicht-kommunale, externe Unternehmen Anteile halten. Trotz der geringen Zahl von Beobachtungen spricht aber für die Zuverlässigkeit des Ergebnisses, dass sich dieses recht robust gegenüber Spezifikationsänderungen erweist. Mit zunehmender Größe des Versorgungsgebietes nimmt die Innovationsintensität dagegen ab. Dieses Ergebnis ist zwar hoch signifikant. Allerdings erweist es sich als nicht robust bei Spezifikationsänderungen. Bereits bei Verzicht auf die zwei Beobachtungen mit der höchsten Einwohnerzahl im Versorgungsgebiet ist der negative Koeffizient insignifikant (p-Wert= 0.15). Die übrigen Ergebnisse bleiben dagegen stabil. Unternehmen, die auf horizontaler Ebene kooperieren, zeigen eine signifikant höhere Innovationsintensität. Die übrigen Variablen, darunter auch die Organisationsform der Wasserversorger leisten keinen signifikanten Erklärungsbeitrag.[163]

In Hinblick auf die einzelnen erklärenden Variablen weichen die geschätzten Koeffizienten zum Teil deutlich vom ersten Modell ab, welches auf die Erklärung der Einführung einer technischen Neuerung abzielt. Gleichwohl zeigen sich in beiden Modellen Belege für einen positiven Zusammenhang zwischen dem Maß der Offenheit gegenüber wettbewerblichen Elementen und der technischen Innovativität. Einmal ist es die Organisationsform, ein anderes Mal das Vorhandensein nicht-kommunaler Anteilseigner, welche die technische Innovativität begünstigt. Multi-Utility Aktivitäten hemmen die technische Innovativität tendenziell eher als sie zu fördern. Das umgekehrte Ergebnis zeigt sich für Unternehmen, die alle Stufen der Wertschöpfungskette der Wasserversorgung abdecken. Ihre technische Innovativität ist höher im Vergleich zu Wasserversorgern, die nur auf einer Wertschöpfungsstufe präsent sind. Schließlich ist hervorzuheben, dass kooperierende Unternehmen sowohl eine höhere Wahrscheinlichkeit für die Einführung einer Neuerung als auch eine höhere Innovationsintensität erzielen.

---

[161] Auf Basis des zweistufigen Ansatzes der Selektionskorrektur von Heckman (1979) zeigt sich ein insignifikanter Koeffizient für die Selektionskorrekturvariable (p-Wert = 0,957).

[162] Der F-Statistik zufolge leistet das spezifizierte Regressionsmodell – trotz weniger Einzelsignifikanzen – einen signifikanten Beitrag zur Erklärung der Variation der Innovationsintensität (F-Wert = 2,75, p-Wert = 0,024).

[163] Der p-Wert für den Test der Hypothese, dass alle Koeffizienten der Organisationsformvariablen Null sind (= kein gemeinsamer Einfluss), beträgt 0,7728.

Tabelle 30. Koeffizienten der Erklärungsgleichung „Innovationsintensität (= Innovationsaufwendungen bezogen auf den Umsatz)"

Erklärende Variable	Geschätzter Koeffizient	Standardfehler
Eigenbetrieb/Anstalt des öff. Rechts	0,3551	1,3540
Zweck./Abwasserverband	0,9688	1,4705
Privatrechtliche Organisationsform	0,2325	1,4266
Nicht-kommunale Anteilseigner	2,2118***	0,7703
Kooperation mit Wasserversorgern	1,1748**	0,5534
Einwohner im Versorgungsgebiet	-0,567***	0,1905

Anmerkungen: */**/***bezeichnen die Signifikanz auf dem 0,10-/0,05-/0,01-Niveau. Die Kategorie Regiebetrieb diente als Basiskategorie. Ergebnisse des linearen Regressionsmodells mit 50 Beobachtungen.

Ergebnisse des ökonometrischen Modells zur Analyse der Effekte technischer Innovativität

Im Hinblick auf die Wirkung von Innovationen für ein nachhaltiges Wirtschaften war ein Ergebnis der deskriptiven Analyse, dass Wasserversorger in geringerem Umfang technische Neuerungen zum Zweck der Kostensenkung einsetzen als es in anderen Branchen üblich ist. Es stellt sich daher die Frage, welche Unternehmen eine vergleichsweise günstigere Entwicklung ihrer durchschnittlichen Kosten aufgrund einer innovativen Tätigkeit hatten. Dazu wird ein Probit-Modell spezifiziert, bei dem die Selbsteinschätzungen der Unternehmen zu den Kostenänderungen aufgrund technischer Neuerungen als endogene Größe fungieren. Diese Größe kann eine der drei folgenden Ausprägungen annehmen: Kostenreduktion, Kostenerhöhung oder aber keine Kostenveränderung aufgrund der eingeführten technischen Neuerungen. Die beobachtete Ausprägung wird wiederum durch ein Set erklärender Größen bestimmt. Die Stärke und Zuverlässigkeit des Zusammenhangs, d.h. die Schätzwerte für die Koeffizienten und deren Standardfehler, werden mit Hilfe eines geordneten Probitmodells ermittelt. Ein positiver Koeffizient sagt dabei aus, dass sich in Unternehmen mit dem entsprechenden Merkmal die durchschnittlichen Kosten günstiger entwickelten als in Unternehmen ohne dieses Merkmal. Günstiger heißt dabei, dass die Wahrscheinlichkeit für Kostensenkungen zunimmt.

Die Schätzergebnisse für das spezifizierte Modell sind der Tabelle 31. zu entnehmen. Die Organisationsformen sind gemeinsam signifikant.[164] Eigenbetriebe/Anstalten des öffentlichen Rechts und privatrechtliche Organisationsformen haben ferner eine signifikant höhere Wahrscheinlichkeit für eine günstigere Entwicklung der durchschnittlichen Kosten. Gleiches trifft auch für innovative Unternehmen mit eigenen Beteiligungsaktivitäten zu. Alle drei Ergebnisse können als Hinweise darauf gewertet werden, dass die Offenheit gegenüber wettbewerblichen Elementen positive Impulse in Bezug auf die ökonomische Effizienz der Innovationsaktivitäten gibt.

---

[164] Der p-Wert beträgt 0,0180.

Die Änderung der durchschnittlichen Kosten gemäß der Selbsteinschätzung der Unternehmen variiert zudem mit der Art der eingeführten technischen Neuerung. Die Einführung von Mehrfachanschlüssen oder aber einer UV-Desinfektion geht den Schätzergebnissen zufolge mit einer ungünstigeren Kostenentwicklung einher. Das umgekehrte Ergebnis zeigt sich für Unternehmen, welche eine Wasserwerksschlammbeseitigung zwischen 2000 und 2002 einführten. Alle übrigen technischen Neuerungen scheinen dagegen keinem allgemeingültigen Trend hinsichtlich zugrunde liegender Kostenveränderungen zu folgen. Deren Koeffizienten waren insignifikant und wurden von der finalen Spezifikation ausgeschlossen.[165] Unterschiede zeigen sich schließlich auch in Abhängigkeit davon, wer die eingeführte Neuerung entwickelt hat. Bei Neuerungen, die von Ingenieurbüros, FuE-Dienstleistern entwickelt wurden, handelt es sich häufig um solche, die mit einem Anstieg der durchschnittlichen Kosten einhergehen. Das Ergebnis verwundert nicht. Denn bei solchen Neuerungen handelt es sich in der Tendenz um weitgehend standardisierte Verfahren, die der (vorausschauenden) Erfüllung neuer Grenzwerte dienen.[166] Für Neuerungen in Zusammenarbeit mit anderen Unternehmen oder wissenschaftlichen Einrichtungen zeigt sich nur dann ein signifikant positiver Koeffizient, wenn für die Art der eingeführten technischen Neuerung nicht kontrolliert wird.[167]

[165] Zunächst wurde für jede spezifische Neuerung eine Indikatorvariable berücksichtigt. Im Anschluss daran wurden Gruppen gebildet, deren Koeffizienten sich nicht unterschieden. Drei Innovationen wurden aufgrund geringer Zellenbesetzung (= Nichteinführung zwischen 2000 bis 2002) nicht berücksichtigt: Die Ozonierung des Trinkwassers, Begehbare Leitungsgänge sowie Verfüllen von Rohrgräben.

[166] Weitere Analysen zeigten, dass Eigenentwicklungen kostenneutral sind, d.h. der Koeffizient war insignifikant und wurde in der finalen Spezifikation nicht berücksichtigt.

[167] Das Ignorieren der Art der eingeführten Neuerung hat im Übrigen auch zur Folge, dass Unternehmen mit einem nicht-kommunalen Unternehmen als Anteilseigner eine günstigere Kostenentwicklung aufweisen. Dieses Ergebnis unterstreicht einmal mehr den positiven Zusammenhang zwischen der Offenheit gegenüber wettbewerblichen Elementen und dem Verfolgen einer Innovationsstrategie mit dem Ziel der Kostensenkung.

Tabelle 31. Koeffizienten der Erklärungsgleichung „Veränderung der durchschnittlichen Kosten aufgrund technischer Neuerungen“

Erklärende Variable	Geschätzter Koeffizient	Standardfehler
Eigenbetrieb/Anstalt des öff. Rechts	2,0031***	0,7578
Zweck./Abwasserverband	0,716	0,7464
Privatrechtliche Organisationsform	1,4608*	0,8411
Nicht-kommunale Anteilseigner	0,7283	0,5190
Eigene Beteiligungsaktivitäten	0,9744**	0,4250
betriebsw. Steuerungsintrumente	-0,5512	0,4077
Neuerungen meistens in Eigenentwickl.	-0,0069	0,3575
Neuerungen meistens von Dienstleist.	-0,7732**	0,3591
Neuerungen meistens in Zusammenarb.	0,2718	0,5323
Mehrfachanschlüsse oder UV-Desinfektion eingeführt	-0,9141***	0,3560
Schlammbeseitigung	0,8835***	0,3441
Einwohner im Versorgungsgebiet	-0,5842*	0,3167

Anmerkungen: */**/***bezeichnen die Signifikanz auf dem 0,10-/0,05-/0,01-Niveau. Die Kategorie Regiebetrieb diente als Basiskategorie. Ergebnisse eines geordneten Probit-Modells mit drei Kategorien aufsteigend sortiert in der Reihenfolge „Erhöhung“, „keine Veränderung“, „Reduktion“. Ergebnisse basierend auf 65 Beobachtungen.

Technische Neuerungen können nicht nur Veränderungen im Hinblick auf die Effizienz der Leistungserstellung bedingen. Sie wirken sich auch unmittelbar auf die Qualität und Zuverlässigkeit der Wasserversorgung aus, wie in den Experteninterviews (siehe Abschnitt 4.2) deutlich wurde. Eine Frage in dem Zusammenhang ist, ob Unternehmen in privatrechtlichen Organisationsformen die ökologische und soziale Dimension bei ihren Innovationsaktivitäten vernachlässigen. Um dies empirisch zu überprüfen, verwenden wir wiederum Selbsteinschätzungen der Unternehmen. Diese wurden gefragt, ob die eingeführten technischen Neuerungen zu einer merklichen, geringfügigen oder keinen Erhöhung bzw. Verbesserung der folgenden drei Indikatoren führte:

- Qualität der Wasserversorgung
- Zuverlässigkeit der Wasserversorgung
- Arbeitsbedingungen für Mitarbeiter in ihrem Unternehmen

Jede dieser Variable wird getrennt betrachtet und in Zusammenhang mit dem Set potenzieller Einflussgrößen gebracht. Die folgenden Aussagen zum Zusammenhang zwischen den erklärenden Größen und den drei Messgrößen zur Abbildung ausgewählter Aspekte der Nachhaltigkeitsdimensionen „ökologisch“ und „sozial“ basieren auf den Schätzergebnissen eines geordneten Probit-Modells mit drei Kategorien (siehe Tabelle 32). Insignifikante Variablen – bis auf die Organisationsformvariablen – wurden wiederum von der finalen Spezifikation entfernt, wenn dies zu keiner geringeren Güte der Schätzung führte.[168] Ein positiver Koeffizient gibt an, dass das Unternehmen mit dem entsprechenden Merkmal stärker in Richtung des betrachteten Einzelaspektes der Nachhaltigkeit agiert hat.

Tabelle 32. Ergebnisse für die Nachhaltigkeitsdimensionen „sozial" und „ökologisch" „Qualität der Wasserversorgung aufgrund technischer Neuerungen"

Erklärende Variable	Geschätzter Koeffizient	Standardfehler
Eigenbetrieb/Anstalt des öff. Rechts	0,9983	0,7219
Zweck./Abwasserverband	0,2830	0,7110
Privatrechtliche Organisationsform	0,3792	0,7462
betriebsw. Steuerungsintrumente	0,5744*	0,3329
UV-Desinfektion eingeführt	0,6442**	0,3273
Einwohner im Versorgungsgebiet	-0,2463**	0,1238
„Zuverlässigkeit der Wasserversorgung aufgrund technischer Neuerungen"		
Eigenbetrieb/Anstalt des öff. Rechts	0,8355	0,6583
Zweck./Abwasserverband	0,9750	0,7255
Privatrechtliche Organisationsform	0,4113	0,6529
Eigene Beteiligungsaktivitäten	0,3737	0,3885
Neuerungen meistens in Eigenentwickl.	0,6134*	0,3619
Neuerungen meistens von Dienstleist.	0,7193**	0,3440
Einwohner im Versorgungsgebiet	-0,3557**	0,1676
„Arbeitsbedingungen für Mitarbeiter in ihrem Unternehmen aufgrund technischer Neuerungen"		
Eigenbetrieb/Anstalt des öff. Rechts	-0,0961	0,7543
Zweck./Abwasserverband	-0,1135	0,8128
Privatrechtliche Organisationsform	-0,0961	0,7543
Eigene Beteiligungsaktivitäten	-0,1135	0,8128
betriebsw. Steuerungsintrumente	-1,1925	0,8855
Neuerungen meistens in Eigenentwickl.	1,4492***	0,5199
Neuerungen meistens von Dienstleist.	-1,2091**	0,5120
Einwohner im Versorgungsgebiet	0,6389*	0,3748

Anmerkungen: */**/***bezeichnen die Signifikanz auf dem 0,10-/0,05-/0,01-Niveau. Die Kategorie Regiebetrieb diente als Basiskategorie. Ergebnisse eines geordneten Probit-Modells mit drei Kategorien aufsteigend sortiert in der Reihenfolge „keine Relevanz", „geringfügig erhöht/verbessert", „merklich erhöht/verbessert". Ergebnisse basierend auf 62 Beobachtungen.

Die Ergebnisse vermitteln in der Tendenz denselben Eindruck. In den drei Modellen zeigt sich weder eine gemeinsame Signifikanz noch Einzelsignifikanzen der Organisationsformvariablen. Auch die eigenen Beteiligungsaktivitäten haben keine Relevanz für eine vom Durchschnitt abweichende Ausrichtung der Innovationsaktivitäten auf nicht-ökonomische Nachhaltigkeitsaspekte. Unter der Annahme, dass ein strategisches Antwortverhalten auszuschließen ist oder ein solches zufällig erfolgt, handelt es sich in der Tat um ein überraschendes Resultat – belegt

[168] Grundlage hierfür ist die chi(2) Statistik bezüglich der gemeinsamen Signifikanz aller berücksichtigten Größen.

es doch die allgegenwärtige und oft verbreitete Vermutung nicht. Demnach führt eine stärkere Offenheit gegenüber wettbewerblichen Elementen nicht automatisch zu einer Vernachlässigung der beiden Nachhaltigkeitsdimensionen „Sozial" und „Ökologisch" im Rahmen der Innovationsstrategie. Gleichwohl ist darauf hinzuweisen, dass nur ausgewählte Aspekte der beiden nicht-ökonomischen Nachhaltigkeitsdimensionen betrachtet wurden und das Ergebnis allenfalls einen ersten Hinweis auf eine Nichtbestätigung der erwähnten Vermutung gibt.

Interessante Ergebnisse zeigen sich ferner für die Herkunft der eingeführten technischen Neuerungen. Neuerungen von Dienstleistern sowie Eigenentwicklungen tragen in der Tendenz zu einer Erhöhung der Zuverlässigkeit der Wasserversorgung bei. Den Selbsteinschätzungen der Unternehmen zufolge geht mit der Einführung von Eigenentwicklungen auch eine Verbesserung der Arbeitsbedingungen einher. Demgegenüber werden Neuerungen, die von anderen Akteuren allein oder in Zusammenarbeit mit dem WVU in entwickelt wurden, als neutral beurteilt. Die Wahrscheinlichkeit für eine Erhöhung der Nachhaltigkeit ist weder höher noch geringer.[169] Die Erfolge in Bezug auf mehr Nachhaltigkeit durch Innovationen hängen ebenso von der Art der technischen Neuerung ab. Unternehmen, die eine UV-Desinfektion einführten, geben auch signifikant häufiger an, dass die Qualität der Wasserversorgung zunimmt. Alle übrigen technischen Neuerungen werden gewissermaßen „neutral" beurteilt, d.h. sie können im Einzelfall zwar zu Verbesserungen führen, jedoch lässt sich dieses Ergebnis nicht für alle Unternehmen verallgemeinern.

Ergebnisse des ökonometrischen Modells zur Analyse organisatorischer Innovativität

Neben der Einführung technischer Neuerungen bei Wasserversorgern richtet sich das Erkenntnisinteresse dieser Untersuchung auch auf die organisatorische Innovativität der Unternehmen. Grundlage für die Analyse bildet die Fragen nach der Einführung neuer Aktivitäten und betriebswirtschaftlicher Instrumente, für die deskriptive Ergebnisse bereits in der Abb. 40 vorgestellt wurden. In der ökonometrischen Analyse liegt der Schwerpunkt nun auf der Frage, ob aus den Befragungsergebnisse geschlossen werden kann, dass Unternehmen, die sich anhand verschiedener Merkmale unterscheiden, ein unterschiedliches Maß an organisatorischer Innovativität aufweisen und um welche Merkmale es sich dabei handelt.

Um aus den Angaben bzgl. der Einführung jeder einzelnen Neuerung auf die Innovativität der Unternehmen im Allgemeinen schließen zu können, bedient sich auch diese Analyse des bereits in Abschnitt 4.3.3 zur Erklärung der organisatorischen Innovativität von Abwasserentsorgen verwendete Modells. Zentrale Annahme ist, dass die Neigung konkrete Neuerungen einzuführen neben anderen Faktoren auch durch eine latente unbeobachtete Variable „Innovativität" bestimmt wird. Ziel der Modellschätzung ist es, Bestimmungsfaktoren für diese latente Variable zu identifizieren. Technisch betrachtet wird eine Serie geordneter Probitmo-

[169] Die Variablen waren insignifikant und wurden von der finalen Schätzgleichung ausgeschlossen.

dellen geschätzt und eine abschließende Aggregation der geschätzten Koeffizienten vorgenommen.

Wie oben erläutert, wurde nach der Einführung von dreizehn organisatorischen Neuerungen gefragt. Für die Modellschätzung werden allerdings nur elf berücksichtigt. Zum einen erlaubt es die sehr geringe Anzahl von Unternehmen, die tatsächlich Auslandsaktivitäten betreiben, nicht, die Frage nach Leistungen für Kunden im Ausland in die ökonometrische Analyse einzubeziehen. Zum anderen zeigt sich, dass das ökonometrische Modell für die Frage nach Kooperationen mit anderen Wasserversorgern – obwohl diese häufig bejaht wurde – im Gegensatz zu allen übrigen Neuerungen keine signifikante Erklärungskraft besitzt[170]. Folglich bleibt auch diese Frage unberücksichtigt.

Tabelle 33. Verteilung der Abhängigen Variablen (absolute Häufigkeiten)

Organisatorische Innovation	weder geplant noch eingeführt	Einführung geplant	ab 2000 eingeführt	bereits vor 2000 eingeführt
Dienst- & Betriebsanweisungen & -anleitungen	45	35	36	78
Kosten- & Leistungsrechnung	48	35	16	95
Integrierte Software	78	37	20	59
Interne finanzwirtschaftliche Kennzahlensysteme	90	25	20	59
Integrierte Anlagenwirtschaft	96	30	19	49
Interne technische Kennzahlensysteme	99	31	11	53
Unternehmensübergreifendes Benchmarking	121	38	21	14
Zertifizierbare Managementsysteme	152	25	12	5
Neue Entlohnungs- & Anreizsysteme	151	25	14	4
Anwendung der Erfolgshonorarvereinbarung	160	16	5	13
Leistungen für Kunden außerhalb des eigenen Versorgungsgebiets (in Deutschland)	158	13	4	19

Im Gegensatz zur Befragung von Entsorgungsunternehmen wurde für die Wasserversorger explizit zwischen einer Einführung von Neurungen vor dem Jahr 2000 und der Einführung ab 2000 unterschieden. Die abhängigen Variablen werden daher als geordnete Merkmale mit den vier Kategorien – Einführung bereits vor 2000, Einführung ab 2000, Einführung geplant, Neuerung weder eingeführt noch Einführung geplant – spezifiziert.

---

[170] Der F-Test auf gemeinsame Signifikanz aller erklärenden Variablen zeigte in der Erklärungsgleichung für „Kooperation mit anderen Wasserversorgern“ regelmäßig Werte von deutlich über 0,1.

Für die Schätzung werden diejenigen Unternehmen verwendet, die die Fragen bzgl. aller elf Neuerungen beantwortet haben. Darüber hinaus müssen einige Beobachtungen aufgrund fehlender Werte für die erklärenden Variablen unberücksichtigt bleiben, so dass die Schätzungen auf Angaben von 194 Unternehmen beruhen. Die Verteilung der abhängigen Variablen für die verwendete Stichprobe ist in Tabelle 33 dargestellt.

Die Ergebnisse im Einzelnen

Tabelle 34 enthält die geschätzten Koeffizienten des ökonometrischen Modells, die den Effekt der erklärenden Variablen auf die latente Variable „organisatorische Innovativität" messen. Es sei erneut darauf hingewiesen, dass die absolute Größe der Koeffizienten im verwendeten Modell keine natürliche Interpretation besitzt, weshalb sich die Diskussion der Ergebnisse auf Signifikanz und Vorzeichen der Parameter konzentriert. Die in der Tabelle dargestellten Ergebnisse beziehen sich auf eine sehr einfach spezifizierte Modellvariante, die sich auf wenige signifikante Einflussfaktoren beschränkt. Daneben wurden zahlreiche weitere aufwendiger spezifizierte Modellvarianten geschätzt, auf die vergleichend eingegangen wird.

Tabelle 34. Koeffizienten der Erklärungsgleichung der organisatorischen Innovativität

Erklärende Variable	Geschätzter Koeffizient	Standardfehler
Eigenbetrieb oder Anstalt des öff. Rechts	0,4304	1,2293
Zweck-/Abwasserverband	1,0627	1,2322
Private Organisationsform	1,2918	1,2358
Tätigkeit/Diversifizierung außerhalb der Wasserversorgungswirtschaft	0,3284***	0,1171
Bevölkerungsdichte	5,4137***	1,3035

Anmerkungen: *, ** bzw. ***bezeichnen Signifikanz auf de 0,1, 0,05- bzw. 0,01-Niveau. Der „Regiebetrieb" bildet die Basiskategorie der Organisationsform. Die Standardfehler wurden mittels 'Bootstrapping' ermittelt.

Die individuelle Insignifikanz[171] aller die Organisationsform charakterisierender Indikatorvariablen erweckt zunächst den Eindruck, die Schätzergebnisse ließen auf keine Bedeutung der Organisationsform für die organisatorische Innovativität der Wasserversorger schließen. Diese Interpretation führt jedoch in die Irre. Tatsächlich weist der Test auf gemeinsame Signifikanz der Organisationsformen die Null-Hypothese keiner Bedeutung zu einem äußerst strengen Signifikanzni-

[171] Von Insignifikanz wird im weiteren dann gesprochen, wenn der p-Wert des entsprechenden Tests 0,1 überschreitet, wenn also eine Fehlerwahrscheinlichkeit von mehr als 10% akzeptiert werden müsste, um die Null-Hypothese 'keines Effekts', 'keines Unterschiedes' etc. verwerfen zu können.

veau[172] zurück. Dieses Ergebnis ist zudem sehr robust, tritt es doch in jeder geschätzten Modellvariante auf. Die individuelle Insignifikanz resultiert lediglich aus der Wahl des Regiebetriebs als Basiskategorie. In Vergleich zu dieser lassen sich zwar in der Tat keine signifikanten Abweichungen der übrigen Organisationsformen feststellen[173], im paarweisen Vergleich zwischen Eigenbetrieben und AÖRs einerseits und Zweckverbänden sowie privatrechtlichen Organisationsformen anderseits ergeben sich aber hochsignifikante Abweichungen. Außerdem zeigen in allen geschätzten Modellvarianten die privatrechtlichen Organisationsformen den größten Koeffizienten und damit das höchste Maß an organisatorischer Innovativität. Eine weitere Differenzierung zwischen unterschiedlichen privaten Rechtsformen erweist sich allerdings nicht als signifikant.

In den Schätzungen stellt sich zudem ein über die Wassersorgung hinausgehendes Aufgabenfeld als statistisch hoch signifikante Erklärungsgröße für die organisatorische Innovativität der betrachteten Wasserversorger dar. Insbesondere Unternehmen, die auch die Versorgung mit Fernwärme, Strom oder Gas betreiben, zeigen – bei gleichen Werten für die übrigen Erklärungsgrößen – eine größere Neigung zur Einführung organisatorischer Neurungen. Dieser Effekt tritt allerdings in statistisch nicht signifikant geringerer Weise auch für Unternehmen auf, die neben der Wasserversorgung ebenfalls die Abwasserentsorgung betreiben oder in anderen „Nicht-Wasser-Bereichen" tätig sind. Daher wird in Tabelle 34 nur zwischen außerhalb der Wasserversorgung aktiven und dort nicht aktiven Unternehmen unterschieden. Interessant ist, dass bei getrennter Betrachtung der einzelnen organisatorischen Innovationen neben den Dienst- und Betriebsanweisungen insbesondere die integrierte Anlagenwirtschaft dieses Ergebnis zu treiben scheint. Multi-Utility-Unternehmen scheinen sich von deren Einführung folglich in besonderem Maße Vorteile zu versprechen. Von einer Diversifizierung der Tätigkeitsfelder innerhalb der Wasserversorgung geht dagegen kein Effekt auf die Innovativität der Unternehmen aus, der statistischen Tests standhält.

Wie bei der Untersuchung des Innovationsverhaltens von Abwasserentsorgern stellt sich auch hier die Bevölkerungsdichte in der Region des Versorgungsgebiets als statistisch hoch signifikante Determinante für die Neigung zur Einführung organisatorischer Neurungen dar. Dies gilt für die Größe der Unternehmen gemessen an der Bevölkerung des Versorgungsgebiets – aber auch an der Beschäftigten Zahl – jedoch nicht. Auch das Ergebnis hinsichtlich der Bevölkerungsdichte ist allerdings insofern schwach, als dass Spezifikationen, die zusätzlich Größenindikatoren als erklärende Variablen berücksichtigen, keine individuelle Signifikanz zeigen.

Keine, einer statistischen Überprüfung standhaltenden Effekte können zudem für die Versorgung gewerblicher Kunden, einen kürzlich erfolgten oder geplanten Wechsel der Organisationsform sowie die chemische Qualität des natürlichen

[172] In der vorgestellten Modellvariante beträgt der p-Wert des entsprechenden Wald-Tests $0{,}6 * 10^{-7}$.

[173] Dies lässt sich durch die recht schwache Besetzung der Basiskategorie in der Stichprobe und eine daraus resultierende große statistische Unsicherheit bei Vergleichen, die sich auf diese Kategorie richten, erklären.

Wasserdargebots ermittelt werden. Ein zumindest in Teilen abweichendes Bild ergibt sich dagegen für die Bedeutung von Beteiligungsaktivitäten sowie Beteiligungen Dritter am betrachteten Unternehmen. Während von Beteiligungen nicht kommunaler Anteilseigner am Wasserversorgungsunternehmen kein signifikanter Effekt auf dessen Innovativität ausgeht – was auch auf die geringe Zahl betroffener Unternehmen in der Stichprobe zurückgeführt werden kann – erweisen sich eigene Beteiligungsaktivitäten der WVU als hochgradig signifikanter Regressor. Trotz dieses Ergebnisses erscheint es aber nicht als sinnvoll, eigne Beteiligungsaktivitäten als Innovativitätsdeterminante zu interpretieren und in die hier im Einzelnen vorgestellte Modellvariante einzuschließen. So kann die Aufnahme von Beteiligungsaktivitäten selbst als organisatorische Innovation interpretiert werden. Außerdem dürfte in vielen Fällen die Einführung betriebswirtschaftlicher Steuerungsinstrumente eine Vorraussetzung für den Einstieg in Beteiligungsaktivitäten darstellen. Der in den Schätzungen ermittelte statistische Zusammenhang ist vor diesem Hintergrund somit nicht als Kausalität sondern als Korrelation zu betrachten und eine Interpretation, dass die Aufnahme von Beteiligungsaktivitäten ein Mittel zur Erhöhung der organisatorischen Innovativität eines Wasserversorgers darstellen, ist unzulässig.

Gemeinsame Ergebnisinterpretation

Zentrales Ergebnis unserer Analysen ist der Erklärungsbeitrag der Organisationsform für die Einführung organisatorischer und technischer Neuerungen. Offensichtlich unterscheiden sich in unterschiedlicher organisatorischer Form betriebene Wasserversorger systematisch in ihrer Neigung, organisatorische Neuerungen, bei denen es sich in den meisten Fällen um betriebliche Steuerungsinstrumente handelt, und technische Neuerungen zu implementieren. Privatrechtlich organisierte Versorger gehören dabei zu denjenigen Unternehmen, die eine große Innovationsneigung an den Tag legen, wenn sie nicht sogar als die innovativste Gruppe anzusprechen sind. Ferner zeigt sich, dass Unternehmen mit nicht-kommunalen Anteilseignern eine signifikant höhere technische Innovationsintensität aufweisen. Eine, durch die Annahme einer privaten Organisationsform oder die Einbindung eines externen Partners eingeleitete Öffnung gegenüber wettbewerblichen Elementen scheint in technischer Hinsicht Innovationspotenziale freizusetzen.

Ein weiteres interessantes Ergebnis ist das positive Abschneiden kooperierender Unternehmen im Hinblick auf ihre technische Innovativität. Sowohl die Wahrscheinlichkeit für die Einführung einer technischen Neuerung als auch die Innovationsintensität ist für diese Unternehmen signifikant höher. Das Ergebnis könnte dahingehend interpretiert werden, dass der bessere Zugang zu implizitem, nichtkodifiziertem Wissen die Identifizierung technischer Lösungen und deren Umsetzung begünstigt. Unterschiedliche Ergebnisse zeigen sich in Bezug auf die technische und organisatorische Innovativität der Versorgungsunternehmen mit Multi-Utility Aktivitäten. Auf der einen Seite lässt sich eine signifikant geringere technische Innovativität solcher Unternehmen beobachten. Hingegen haben Versorger mit über die Wasserversorgung hinausgehenden Unternehmensaktivitäten in höherem Maße betriebswirtschaftliche Steuerungsinstrumente eingeführt.

Für die verwendeten Kontrollgrößen zur Abbildung der Marktgegebenheiten im jeweiligen Versorgungsgebiet zeigen sich unterschiedliche Ergebnisse. Im Modell zur Erklärung der organisatorischen Innovativität zeigt sich ein positiver Effekt der Bevölkerungsdichte, im Modell zur Erklärung der technischen Innovativität gehen von einer zunehmenden Bevölkerungsdichte keine positiven Impulse aus. Ergänzende Spezifikationen, die anstelle der Bevölkerungsdichte im Versorgungsgebiet, den Anteil hoch-qualifizierter Arbeitnehmer in der Region bzw. die Länge des Leitungsnetzes pro versorgten Einwohnern verwenden, lassen darauf schließen, dass die Bevölkerungsdichte einen sozioökonomischen nicht aber naturräumlichen Effekt misst. Dies Schätzung scheint damit zumindest erste Hinweise darauf zu geben, dass ein innovationsfreundliches Umfeld, wie die nähe zu anderen Unternehmen Forschungseinrichtungen o.ä. auch auf Versorgungsunternehmen einen Innovationsfördernden Effekt ausübt. Größeneffekte zeigen sich nur selten als signifikant. Die Beobachtung der geringeren Innovationsintensität mit zunehmender Größe erweist sich als nicht zuverlässig im statistischen Sinne.

Ein besonderes Augenmerk widmeten wir den Effekten der Einführung technischer Neuerungen, basierend auf den Selbsteinschätzungen der Unternehmen. Das wohl interessanteste Ergebnis war hier, dass Unternehmen in privatrechtlichen Organisationsformen oder solche, die sich dem Beteiligungswettbewerb stellen, ihre Innovationsstrategie in ähnlichem Maße an nicht-ökonomischen Zielen ausrichten wie andere Unternehmen. Das Ergebnis bestätigt folglich nicht die Ausgangsthese, dass eine stärkere Offenheit gegenüber wettbewerblichen Elementen zu einer Vernachlässigung der beiden Nachhaltigkeitsdimensionen „Sozial" und „Ökologisch" im Rahmen der Innovationsstrategie führt. Gleichwohl ist darauf hinzuweisen, dass nur ausgewählte Aspekte der beiden nicht-ökonomischen Nachhaltigkeitsdimensionen betrachtet wurden und das Ergebnis allenfalls einen ersten empirischen Hinweis gibt. Im Einklang mit unserer Hypothese steht allerdings das Ergebnis, dass Unternehmen mit einer stärkeren Offenheit gegenüber wettbewerblichen Elementen ihre Innovationsstrategie in stärkerem Maße an Effizienzzielen ausrichten.

Ergebnisse des ökonometrischen Modells zur Analyse der Bedeutung von Innovationstreibern

In Abschnitt 4.4.2 wurde bereits deskriptiv dargestellt, welche Wirkung von verschiedenen Innovationstreibern und -hemmnissen auf das Innovationsverhalten von Wasserversorgern ausgeht. Im folgenden Abschnitt soll nun über die Beschreibung hinaus untersucht werden, ob sich diese Wirkung bzw. Bedeutung zwischen verschiedenen Gruppen von Wasserversorgern unterscheidet. Im Zentrum wird dabei die Frage stehen, ob für in unterschiedlicher Organisationsform betriebene WVU unterschiedliche Innovationstreiber und -hemmnisse von Relevanz sind oder nicht. Auf private Unternehmen wird dabei besonderes Augenmerk gelegt.

Die Untersuchung knüpft damit an Abschnitt 4.3.4 an, in der eine vergleichbare Analyse für Abwasserentsorger durchgeführt wurde. Es ist allerdings zu beachten, dass sich die an die Unternehmen gerichteten Fragen in beiden Untersuchungen deutlich unterscheiden. Wurden die Unternehmen in der Befragung von Abwasserentsorgern allgemein um ihre Einschätzung bzgl. der Bedeutung von Innovationstreibern und Hemmnissen gebeten, wird hier nach konkreten Effekten (z.B. Beschleunigung oder Verzögerung eines Innovationsprojektes) von Treibern gefragt. Die Antworten sollten daher in geringerem Maß subjektive Einschätzungen widerspiegeln, weisen allerdings auch eine geringere Variation auf als im Fall der Entsorgungsunternehmen. [174] Dies gilt insbesondere für die Bedeutung von Innovationshemmnissen. Hier konnte – mit Ausnahme der Hemmnisfaktoren „Entwicklungskosten" und „Mangel an Finanzierungsquellen"[175] – jeweils nur eine äußerst geringe Zahl von Unternehmen, einem konkreten Innovationshemmnis den Abbruch, die Verzögerung oder einen erst gar nicht erfolgten Start eines Innovationsprojektes zuordnen. Zu versuchen, die sehr geringe Variation in den Antworten durch Unterhehmenscharakteristika zu erklären, erscheint daher nicht zielführend, weshalb sich die ökonometrische Analyse auf Innovationstreiber beschränkt und Hemmnisse unberücksichtig lässt.

Wie in Abschnitt 4.3.4 werden Probitmodelle für geordnete Kategorien verwendet, um Bedeutungsunterschiede von Innovationstreibern zwischen verschiedenen Unternehmensgruppen zu ermitteln, wobei hier die Kategorien „(Treiber) nicht relevant", „laufendes Projekt (durch Treiber) beschleunigt" und „neues Projekt (wegen Treiber) begonnen" unterschieden werden.[176] Neben der in erster Linie interessierenden Organisationsform werden als Kontrollvariablen die Bevölkerung und die Bevölkerungsdichte des Versorgungsgebiets sowie zwei Indikatoren für die Diversifizierung der Unternehmenstätigkeiten innerhalb und außerhalb[177] der Wasserversorgung in das Modell aufgenommen.

[174] Generell ist auffällig, dass in der Befragung von Abwasserentsorgern Hemmnisse aber auch Treiber häufig als bedeutsam eingeschätzt werden, denen in der Befragung der Versorgungsunternehmen nur selten Innovationsprojekte zugeordnet werden können, die durch diese gehemmt bzw. gefördert wurden. Beispielweise sehen 80% der Abwasserentsorger in kommunalpolitischen Widerständen einen (zumindest leicht) erschwerenden Faktor für die Einführung von Neuerungen, während allerdings nur 12% der befragten Versorger mindestens ein eigenes Innovationsprojekt durch kommunalpolitische Widerstände verzögert, verhindert oder zum Abbruch gebracht sehen. Verschiedene Gründe können für dieses Ergebnis verantwortlich sein. Zentral scheint die Unterschiedlichkeit der Frageformulierung, die einerseits auf projektspezifische Konsequenzen und andererseits auf projektunabhängige Einschätzungen abzielt. Zudem mag auch die Unterschiedlichkeit der Marktgegebenheiten in der Abwasserentsorgung und der Wasserversorgung einen Erklärungsbeitrag leisten.

[175] Für deren Analyse sich allerdings keinen signifikanten Ergebnisse ergeben.

[176] Im Fall einiger Treiber, die eine nur sehr geringe Besetzung der beiden letzten Antwortkategorien aufweisen, werden diese zu einer gemeinsamen Kategorie „Treiber relevant" zusammengefasst.

[177] Die beiden Indikatoren zeigen an, dass ein Unternehmen in mehr als einem der Bereiche Wassergewinnung –aufbereitung oder –verteilung, tätig ist bzw. neben der Wasserversorgung die Abwasserentsorgung, die Versorgung mit Fernwärme/Strom/Gas oder eine andere „Nicht-Wasser-Aktivität" betreibt. Alternativ wurden auch sparsamer parametrisierte Spezifikationen geschätzt.

Nur in Hinblick auf wenige Treiber lassen sich signifikante Bedeutungsunterschiede zwischen unterschiedlichen Organisationsformen erkennen. Dies gilt zum einen für freiwillige ökologische Maßnahmen. Neben einem schwach signifikanten allgemeinen Effekt der Organisationsformen, zeigt sich im paarweisen Vergleich, dass Zweckverbände und private Versorger[178] in stärkerem Maße neue Innovationsprojekte aufgrund freiwilliger ökologischer Maßnahmen in Angriff genommen oder bestehende Projekte beschleunigt haben als Eigengebetriebe und Anstalten des öffentlichen Rechts. Außerdem ist allgemeiner Kostendruck bei privaten Versorgern ein in signifikanter Weise stärkerer Innovationstreiber, als für Eigenbetriebe und AÖRs. Daneben scheinen größere Unternehmen in geringerem Umfang durch die Gesetzgebung zur verstärkten Innovationsaktivitäten angeregt worden zu sein als kleinere Versorger.

Auch wenn die geringe Variation der Antworten nur weinige signifikante Ergebnisse zulässt, erscheinen diese wenigen doch nicht uninteressant. Zum einen wird auch in dieser Analyse bestätigt, dass private Versorgungsunternehmen sich in ihrem Innovationsverhalten stärker an Kostenargumenten orientieren als viele öffentlich rechtlichen. Auf der anderen Seite wird hier jedoch die These relativiert, dies gehe notwendiger Weise mit einer geringeren Ausrichtung an ökologischen Zielen einher, sind doch zumindest in Hinblick auf freiwillige ökologische Maßnahmen private Versorger unter denjenigen Unternehmen, die sich von diesen stärker zu Innovationen motivieren lassen. Dies deckt sich mit den Ergebnissen des Anschnitts 4.3.4, wo ebenfalls kein Hinweis darauf gefunden werden konnte, dass private Organisationsformen und Orientierung an wettbewerblichen Elementen zu einer Vernachlässigung der ökologischen Nachhaltigkeitsdimension führen muss. Allerdings muss auch an dieser Stelle einschränkend ergänzt werden, dass mit der Bedeutung freiwilliger ökologischer Maßnahmen nur ein Aspekt ökologierelevanter Indikatoren betrachtet wurde.

4.5 Fallstudie zur Co-Vergärung

4.5.1 Behindert das einmediale Umweltrecht in Deutschland nachhaltige Innovationen in der (Ab-)Wasserwirtschaft?

Innovationen sind sowohl auf gesamt- als auch auf einzelwirtschaftlicher Ebene zentrale Voraussetzungen, um sich den Veränderungen des Unternehmensumfelds und dem daraus resultierenden Wandel der Marktsituation anzupassen bzw. gestaltend mitzuwirken – sei es durch technische Neuerungen, Reorganisationen, Optimierung von Betriebsabläufen oder anderes mehr. Der Weg von der Idee zur Umsetzung einer Innovation gleicht allerdings vielfach einem Hindernislauf. In weiten Bereichen der Wirtschaft sind es gerade rechtliche Vorgaben, welche die

[178] Für diese ist das Ergebnis allerdings nur schwach signifikant.

Rahmenbedingungen betrieblicher Innovationsaktivitäten mitbestimmen. Insbesondere das deutsche Umweltrecht – einschließlich der von ihm ins nationale Recht transformierten Richtlinien der Europäischen Gemeinschaft – stellt in diesem Sinne sowohl eine Aufforderung zur Neuorientierung als auch Nebenbedingung für Innovationen dar. „Das deutsche Umweltrecht" kann dabei allerdings nicht so verstanden werden, als handele es sich um ein klar abgegrenztes Rechtsgebiet, das in übersichtlicher Form, z.B. in einigen wenigen Gesetzen zusammengefasst oder gar in einem allumfassenden Umweltgesetzbuch, vorliegt (Mache 1994: 2ff.; Hoppe et al. 2000: 32ff.). Die Kodifikation eines insgesamt einheitlichen Umweltgesetzbuches hat sich bis dato als undurchführbar erwiesen.[179]

Der Begriff „Umweltrecht" steht deshalb noch heute lediglich stellvertretend für eine Vielzahl von Gesetzen, Verordnungen, Verwaltungsanweisungen, Erlassen, etc., die eine große Anzahl thematischer Regelungsbereiche betreffen. Unter die erfassten Gebiete fallen insbesondere alle Regelungen, die sich unmittelbar mit dem Schutz der typischerweise mit dem Begriff „Umwelt" verbundenen Medien

- Luft,
- Wasser und
- Boden

befassen. Mitunter werden außerdem Klima und Landschaft hinzugezählt.[180] Zum Umweltrecht gehören aber auch sonstige Rechtsvorschriften, die den Umgang mit natürlichen Ressourcen und den vorgenannten Medien z.T. nur mittelbar beeinflussen (z.B. Abfallrecht, Steuer- und Abgabenrecht, Verwaltungsverfahrensrecht, Raumordnungs- und Bauplanungsrecht etc.).

Einen Teil dieses fragmentierten Umweltrechts stellt das Wasserwirtschaftsrecht dar. Dieses wird durch das Wasserhaushaltsgesetz (WHG[181]) geprägt, einem Bundesgesetz, das den rechtlichen Rahmen der Gewässerbewirtschaftung für das gesamte Gebiet der Bundesrepublik Deutschland vorgibt. Es regelt u.a. Gewässerbenutzungen (§§ 2ff. WHG) insbesondere durch Abwassereinleitungen (§§ 7, 7a WHG), die Abwasserbeseitigung insgesamt (§ 18a WHG) sowie Anforderungen an Abwasseranlagen (§§ 18b, 18c WHG). Es wird dabei durch eine Reihe von Ausführungsverordnungen wie z.B. der Abwasserverordnung[182] mit ihren abwasserherkunftsbezogenen Anhängen unterstützt. Landeswassergesetze und hierauf gestützte Rechtsverordnungen füllen die verbliebenen Regelungsbereiche aus.

[179] Vgl. die nicht Gesetz gewordenen Entwürfe des Umweltgesetzbuches – Allgemeiner Teil – (Umweltbundesamt-Berichte 7/90) und des Umweltgesetzbuches – Besonderer Teil – (Umweltbundesamt-Berichte 4/94), die flankierenden Berichte „Aueler Kamingespräch zum Umweltgesetzbuch" (Umweltbundesamt-Berichte 6/91) und „Zukunftssicherung durch Kodifikation des Umweltrechts" (Umweltbundesamt-Berichte 2/96) sowie den Entwurf der Unabhängigen Sachverständigenkommission zum Umweltgesetzbuch beim Bundesministerium für Umwelt, Naturschutz und Reaktorsicherheit (Berlin 1998).

[180] Hier §§ 2 Abs. 1 Nr. 1 UVPG und § 1 BWaldG; vgl. Wolf 2002: 6.

[181] Gesetz zur Ordnung des Wasserhaushalts (Wasserhaushaltsgesetz – WHG).

[182] Verordnung über Anforderungen an das Einleiten von Abwasser in Gewässer (Abwasserverordnung – AbwV).

Bei den technischen Prozessen der Abwasserentsorgung (Abwasserableitung, Abwasserrückführung, Abwasseraufbereitung und Entsorgung von Rückständen) bestehen vielfältige Verbindungen zwischen den Umweltmedien Wasser, Boden und Luft (vgl. Abb. 41). Mit dem durch das Gesetz zur Umsetzung der UVP-Änderungsrichtlinie, der IVU-Richtlinie und weiterer EG-Richtlinien zum Umweltschutz[183] geänderten § 7a Abs. 5 WHG nimmt seit jüngster Zeit auch das Wasserrecht ausdrücklich auf andere Umweltbelange Bezug: Das Schutzniveau des Standes der Technik i.S.d. § 7a WHG umfasst nunmehr die Umwelt insgesamt, insbesondere den Emissionsbereich in Luft, Wasser und Boden über die Verminderung des Abwasser- und Abfallanfalls bis hin zur Einsparung von Rohstoffen und Energie.

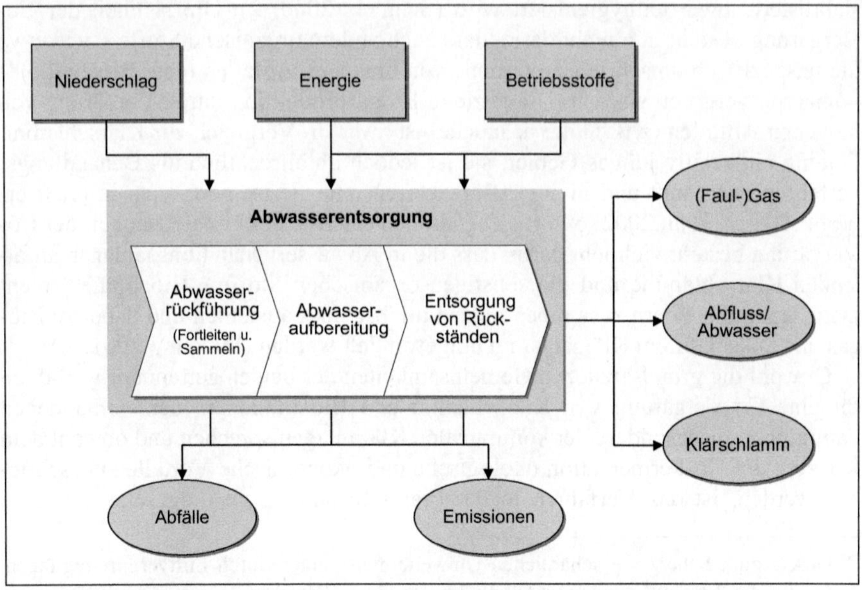

Abb. 41. Teilprozesse der Abwasserentsorgung und ihre Verbindungen zur Umwelt

Die Vermutung liegt also nahe, dass die Akteure der (Ab-)Wasserwirtschaft bei der Etablierung und Umsetzung von innovativen Problemlösungen auch Gesetze und sonstige Vorgaben aus anderen Regelungsbereichen zu berücksichtigen haben

[183] Vgl. das Artikelgesetz vom 27. Juli 2001 (BGBl. I S. 1950). Neben der IVU-Richtlinie und der novellierten UVP-Richtlinie wird durch das Artikelgesetz auch die Richtlinie 1999/31/EG über Abfalldeponien (Deponierichtlinie) umgesetzt. Außerdem werden u. a. Mängel bei der Umsetzung der Richtlinie 90/313/EWG über den freien Zugang zu Informationen über die Umwelt (Umweltinformationsrichtlinie) behoben und gesetzliche Voraussetzungen für überwachungsrechtliche Erleichterungen zu Gunsten von Betrieben geschaffen, die nach der Öko-Audit-Verordnung (EMAS II – 761/2001/EG) auditiert sind. Vgl. Sachverständigenrat für Umweltfragen: Umweltgutachten 2002, Bundestagsdrucksache 14/8792 vom 15.04.2002, Tz. 304, S. 177.

wie bspw. das Bundes-Immissionsschutzgesetz (BImSchG[184]) oder das Kreislaufwirtschafts- und Abfallgesetz (KrW-AbfG[185]) inklusive den jeweiligen Ausführungsvorschriften.Dieser Befund lässt sich an einem konkreten Beispiel illustrieren: Seit einiger Zeit weckt ein innovatives Verfahren das Interesse von Kläranlagenbetreibern, welches schon auf den ersten Blick zwei verschiedenen Regelungsregimen – nämlich dem Abfall- und Wasserrecht – unterliegt: die sog. Co-Vergärung (auch Co-Fermentation) (Wittmaier et al. 2002). In der deutschen Abwasserwirtschaft hat die Vergärung (Fermentation) als anaerobe Behandlung von Klärschlamm eine lange Tradition. Auf nahezu allen mittleren und größeren Kläranlagen befinden sich Faulräume, in denen unter anaeroben Bedingungen ein Teil des Klärschlamms in nutzbares Biogas[186] umgesetzt („ausgefault") und dabei stabilisiert sowie teilhygienisiert wird (Schmelz 2000: 2). Die Neuheit der Co-Vergärung besteht nun nicht darin, dass auch andere organische Stoffe – wie etwa die unspezifisch umschriebene Gruppe von biogenen Abfällen (sog. Bioabfälle)[187] – anaerob vergoren werden. Die gezielte Biogasproduktion durch Vergärung von biogenen Abfällen (z.B. Gülle u. Jauche) ist zwar im Vergleich zur Klärschlammfaulung ein relativ junges Gebiet; sie ist jedoch abfallrechtlich als Behandlungsverfahren anerkannt und in sog. Bioreaktoren oder Fermentern auch in praxi erprobt (Gallert et al. 2002: 695 ff). Die auf den ersten Blick banale Neuheit der Co-Vergärung besteht vielmehr darin, dass die in Abwasserbehandlungsanlagen anfallenden Klärschlämme und die sonstigen organischen Stoffe („Bioabfälle") nicht mehr separat, sondern zusammen unter Luftabschluss ausfaulen und dabei zu Biogas und ausgefaultem Klärschlamm umgewandelt werden (MUNLV 2001: 10).

Obwohl die grundsätzlichen Gemeinsamkeiten der beiden getrennten Verfahren für eine Co-Vergärung von Klärschlamm und Bioabfällen in den vorhandenen Faulräumen insbesondere der kommunalen Kläranlagen sprechen und obwohl dem Konzept der Co-Fermentation ökologische und ökonomische Vorteile zugeschrieben werden, ist das Verfahren in der Praxis bislang kaum umgesetzt. Als eine

---

[184] Gesetz zum Schutz vor schädlichen Umwelteinwirkungen durch Luftverunreinigungen, Geräusche, Erschütterungen und ähnliche Vorgänge (BImSchG).

[185] Gesetz zur Förderung der Kreislaufwirtschaft und Sicherung der umweltverträglichen Beseitigung von Abfällen (Kreislaufwirtschafts- und Abfallgesetz – KrW-/AbfG).

[186] Dieses Biogas (Faulgas, Methangas) besteht aus ca. 65 % Methan und ca. 35 % Kohlendioxid.

[187] Näher zu diesem hier nicht gesetzestechnisch verwendeten Begriff siehe die Verordnung über die Verwertung von Bioabfällen auf landwirtschaftlich, forstwirtschaftlich und gärtnerisch genutzten Böden (Bioabfallverordnung – BioAbfV) vom 21. September 1998 (BGBl. I S. 2955), zuletzt geändert am 25. April 2002 durch Artikel 3 der Verordnung zur Änderung abfallrechtlicher Nachweisbestimmungen (BGBl. I S. 1488); Verordnung über die Erzeugung von Strom aus Biomasse (Biomasseverordnung – BiomasseV), vom 21. Juni 2001 (BGBl. I S. 1234) und Verordnung über Sicherheit und Gesundheitsschutz bei Tätigkeiten mit biologischen Arbeitsstoffen (Biostoffverordnung – BioStoffV), vom 27. Januar 1999 (BGBl. I S. 50), zuletzt geändert am 18. Oktober 1999 durch Artikel 2 Nr. 9 der Vierten Verordnung zur Änderung der Gefahrstoffverordnung (BGBl. I S. 2059), 30. BImSchV: Verordnung über Anlagen zur biologischen Behandlung von Abfällen (Dreißigste Verordnung zur Durchführung des Bundes-Immissionsschutzgesetzes – 30. BImSchV), vom 20. Februar 2001 (BGBl. I S. 305).

zentrale Barriere für die flächendeckende Anwendung der Co-Fermentation wird die unklare Rechtslage im Grenzbereich zwischen Abwasser- und Abfallrecht gesehen (Schmelz 2003). Im Rahmen des behördlichen Genehmigungsverfahrens für eine solche gemeinsame Behandlung von Stoffen unterschiedlicher Rechtsregime bestehen bislang vielerorts Schwierigkeiten, weil

- das technische Verfahren für viele Behörden völlig neu ist,
- viele Behörden nicht wissen, welches rechtliche Verfahren zur Genehmigung solcher Gemeinsambehandlungen zu betreiben ist und
- letztlich keine vergleichbaren Genehmigungen existieren, an denen man sich orientieren und Rechtssicherheit gewinnen kann.

Die behördliche Antwort auf die Frage der rechtlichen Zulässigkeit fällt somit bis heute vage bzw. unverbindlich aus (Nisipeanu 1999c). In Nordrhein-Westfalen ist Kläranlagenbetreibern sogar seitens der Genehmigungsbehörden mit strafrechtlichen Konsequenzen gedroht worden, wenn sie biogene Stoffe in den Faulräumen ihrer Kläranlagen mitbehandeln – und dies selbst in den Fällen, in denen diese Stoffe zuvor aus rein kanalbetrieblich-technischen Gründen und ohne wasserrechtlichen Zwang aus dem Abwasser entfernt (Fette) oder schlicht von der Kanalisation ferngehalten wurden (Essenreste, Rückstände aus der Lebensmittelproduktion etc.). In der Folge vermissen Kläranlagenbetreiber die nötige Planungs- und Investitionssicherheit für eine entsprechende (Um-)Nutzung ihrer Faulbehälterkapazitäten und lassen die ökologischen und betriebswirtschaftlichen Optionen dieser innovativen (Entsorgungs-)Lösung ungenutzt.

Somit stellt sich die Frage, ob mit der aktuellen Ausgestaltung des deutschen Umweltrechts und/oder seiner Umsetzung im Genehmigungsvollzug die Diffusion von nachhaltigen Innovationen behindert wird. Zur Klärung dieser Fragestellung wird Bezug genommen auf das Fallbeispiel des medienübergreifenden Umweltrechts in Deutschland. Im folgenden werden der aktuelle Stand des medienübergreifenden Umweltrechts in Deutschland und dessen Implikationen auf das behördliche Genehmigungsverfahren zur Co-Vergärung von Klärschlamm und biogenen Abfällen in Faulräumen von bestehenden Abwasserbehandlungsanlagen diskutiert.

4.5.2 Der Stand des medienübergreifenden Umweltrechts in Deutschland

Der einmediale Regelungsansatz des deutschen Umweltrechts

In Deutschland entwickelte sich seit Ende der 1960er Jahre aus der wachsenden Erkenntnis über die Endlichkeit der natürlichen Ressourcen und durch die zunehmende Verschmutzung der Umweltmedien Boden, Wasser und Luft die Sorge um die natürliche Lebensgrundlage des Menschen zu einem politischen Thema. Das Sofortprogramm der damaligen Bundesregierung aus dem Jahr 1970 und das Umweltprogramm von 1971 führten zu einer ersten großen legislativen Phase des

Umweltrechts und schufen u.a. die Basis für wichtige Rechtsgrundlagen des deutschen Umweltrechts wie das Bundes-Immissionsschutzgesetz (BImSchG), das Abfallgesetz (AbfG) oder die Neufassung des Wasserhaushaltsgesetzes (WHG) (Horn 1995: 23f.). In der Folge wurden diese Gesetze stetig ergänzt und durch zahlreiche Rechtsverordnungen (z.B. BImSchV[188] u. AbwHerkVO[189]) und die zum Vollzug der Gesetze und Verordnungen erforderlichen Verwaltungsvorschriften (z.B. Rahmen-Abwasser Verwaltungsvorschrift nebst abwasserherkunftsbezogenen Anhängen)[190] konkretisiert.

Das deutsche Umweltrecht ist somit unsystematisch als politische Antwort auf konkrete Problemstellungen in bestimmten Umweltmedien gewachsen, d.h. der Gesetzgeber beschränkte sich auf die reaktive Beseitigung einzelner Missstände. Die bloße Reaktion auf singulär erkannte Gefahren und Missstände verhinderte jedoch ein umfassendes, einheitliches Umweltrecht (Horn 1995: 34). In Summe setzt sich somit das deutsche Umweltrecht aus einer Vielzahl von Gesetzen, Rechtsverordnungen und sonstigen Vorschriften (Verwaltungsvorschriften, technische Anleitungen etc.) zusammen, die sich jedoch in der Mehrzahl einzelnen Umweltmedien bzw. Umweltbereichen widmen.

Ein integrierter, medienübergreifender Umweltschutz beruht im Gegensatz hierzu auf der naturwissenschaftlichen Erkenntnis einer komplexen Vernetzung aller Ökosysteme, also auch der Umweltmedien (Wolf 2002: 1). Singuläre Bemühungen um eine Integration resp. Vereinheitlichung des nationalen Umweltschutzes dokumentierte bis in die jüngste Zeit lediglich das am 1. August 1990 in Kraft getretene Gesetz über die Umweltverträglichkeitsprüfung (UVPG[191]). Es dient der Umsetzung der Richtlinie Nr. 85/337/EWG und determiniert die Zulassung nahezu aller umweltrelevanter Großvorhaben wie z.B. bedeutsame wasserwirtschaftliche Vorhaben zur Benutzung eines Gewässers oder die Errichtung und den Betrieb einer größeren Abwasserbehandlungsanlage (Nisipeanu 1993: 319ff.; Nisipeanu 1995: 1092ff.).[192]

Ziel des UVPG ist eine verfahrensrechtlich geordnete und materiell gelenkte Prüfung der umweltspezifischen Beeinträchtigungen und Auswirkungen solcher Vorhaben vor deren Realisierung. Dabei ist die Umweltverträglichkeitsprüfung (UVP) nach UVPG integrativ ausgelegt und erfolgt fachübergreifend, um den Schwächen des sektoral betriebenen Umweltschutzes mit seinen fachspezifischen Interessen entgegenzusteuern (Schmidt und Müller 1995: 13). Der medienüber-

---

[188] BImSchV: Verordnungen zur Durchführung des Bundesimmissionsschutzgesetzes, z.B. 4. BImSchV: Verordnung über genehmigungsbedürftige Anlagen, 9. BImSchV: Verordnung über das Genehmigungsverfahren; 30. BImSchV: Verordnung über Anlagen zur biologischen Behandlung von Abfällen, etc.

[189] Verordnung über die Herkunftsbereiche von Abwasser (Abwasserherkunftsverordnung – AbwHerkV), vom 3. Juli 1987 (BGBl. I S. 1197).

[190] Der Regelungsgeber hatte es seinerzeit für ausreichend gehalten, unbestimmte Rechtsbegriffe wie „allgemein anerkannte Regeln der Technik“ und „Stand der Technik“ durch Verwaltungsvorschriften auszufüllen.

[191] Gesetz über die Umweltverträglichkeitsprüfung (UVP-Gesetz – UVPG). Umfassend dazu: Hoppe 2002.

[192] Vgl. UVPG Anlage 1 Liste „UVP-pflichtige Vorhaben“.

greifende Ansatz der Umweltverträglichkeitsprüfung sieht vor, dass für alle Umweltgüter ein umfassender Prüfungsauftrag im Hinblick auf die Auswirkungen eines Vorhabens besteht. Als Umweltgüter sind in § 2 Abs. 1 Satz 2 UVPG genannt:

- Menschen, Tiere und Pflanzen,
- Boden, Wasser, Luft, Klima und Landschaft,
- Kulturgüter und sonstige Sachgüter sowie
- die Wechselwirkung zwischen den vorgenannten Schutzgütern,

also bereits mehr Schutzgegenstände als das „traditionelle" deutsche Umweltrecht umfasste.

Im Rahmen des Verfahrens zur Durchführung der UVP hat die jeweils zuständige („federführende") Behörde alle weiteren Behörden, deren umweltbezogener Aufgabenbereich durch das Vorhaben berührt wird, über das Vorhaben zu unterrichten und holt ihre Stellungnahmen ein.[193] Die abschließende Bewertung aller Umweltauswirkungen erfolgt schließlich auf der Grundlage einer qualitativen (und nicht quantitativen) Gesamtabschätzung der gewichteten Umweltauswirkungen eines Vorhabens. Mit diesem medienübergreifenden Ansatz brachte das UVPG – wenn auch erzwungen durch eine EG-Richtlinie – zumindest eine entscheidende verfahrensrechtliche Neuerung für das deutsche Umweltrecht (Beck 1996: 69).

Gleichwohl hat das UVPG weder etwas an der grundsätzlichen Fragmentierung des Umweltschutzrechts insgesamt noch die Zielsetzung und Struktur der einzelnen Fachgesetze grundlegend geändert. Die UVP wurde lediglich als unselbständiger Bestandteil in die bestehenden Zulassungsverfahren integriert.[194] Auch künftig bleiben damit diejenigen Behörden für die UVP federführend zuständig, die bereits zuvor nach den einzelnen Fachgesetzen für das jeweilige Zulassungsverfahren zuständig waren. Somit gibt es auch weiterhin strukturell und konzeptionell ganz unterschiedliche Anlagengenehmigungsverfahren; beispielhaft sei insoweit verwiesen auf

- das Anlagengenehmigungsverfahren nach dem Bundes-Immissionsschutzgesetz mit einem eindeutig geregelten Rechtsanspruch auf Genehmigungserteilung (§ 6 BImSchG) und stark formalisierten Verfahrensabläufen (4. BImSchV: Verordnung über genehmigungsbedürftige Anlagen) und einer auch andere Rechtsgebiete umfassenden Bündelungswirkung (§ 10 Abs. 5 BImSchG); allerdings hat das BImSchG keinen allumfassenden Anwendungsbereich (§ 2 Abs. 2 BImSchG: „Die Vorschriften dieses Gesetzes gelten nicht für Flugplätze und für Anlagen, Geräte, Vorrichtungen sowie Kernbrennstoffe und sonstige radioaktive Stoffe, die den Vorschriften des Atomgesetzes oder einer hiernach erlassenen Rechtsverordnung unterliegen, soweit es sich um den Schutz vor den Gefahren der Kernenergie und der schädlichen Wirkung ionisierender Strahlen handelt. Sie gelten ferner nicht, soweit sich aus wasserrechtlichen Vorschriften des Bundes und der Länder zum Schutz der Gewässer oder aus Vorschriften des Düngemittel- und Pflanzenschutzrechts etwas anderes ergibt."), oder

[193] Vgl. § 7 Abs. 2 UVPG.
[194] Vgl. § 2 Abs. 1 S. 1 UVPG.

- das Anlagengenehmigungsverfahren nach dem Wasserrecht (§§ 18 b, 18 c WHG z.B. i.V.m. § 58 LWG NRW) ohne formalisierte Verfahrensabläufe und mit einem lediglich grundsätzlichen Genehmigungsanspruch, der jedoch von der vorangehenden Erteilung einer im wasserwirtschaftlichen Ermessen der Genehmigungsbehörde stehenden wasserrechtlichen Gewässerbenutzungserlaubnis abhängt.

Somit fehlt in Deutschland bis heute ein einheitliches Anlagenzulassungsrecht. Es bleibt im Grundsatz bei einem jeweils medienbezogenen Umweltschutz durch einzelne Fachgesetze.

Die konzeptionellen Schwächen des deutschen Umweltrechts

Ein Grund für diese auch weiterhin gegebene Anlagenzulassungsrechts- und Umweltrechtszersplitterung liegt sicherlich in der nur verfassungshistorisch zu erklärenden Verteilung der Gesetzgebungs- und Verwaltungszuständigkeiten zwischen dem Gesamtstaat („Bund") und den Ländern. Hier sind zwei Mängel zu benennen:

- Eine Erstreckung der zwischen dem Kreislaufwirtschafts- und Abfallrecht sowie dem Immissionsschutzrecht bereits herbeigeführten verfahrensrechtlichen Harmonisierung auf andere Umweltmedien scheitert an der insoweit nur rahmenrechtlichen Gesetzgebungskompetenz des Bundes aus Art. 75 Grundgesetz für die Bereiche Wasserwirtschaftsrecht und Landschafts-/Naturschutzrecht.
- Da der Bund über keinen eigenen behördlichen Vollzug der von ihm zu schaffenden Umweltrechtsvorschriften verfügt, besteht eine große Neigung, möglichst viele Detailregelungen in das Bundesrecht aufzunehmen, um so einen bundesweit koordinierten Vollzug zu gewährleisten.

Wegen der zunehmenden Verlagerung von föderalen Entscheidungskompetenzen auf den Bund besteht seitens der Bundesländer auch wenig Bereitschaft, zusätzliche Gesetzgebungskompetenzen an den Bund abzugeben. Diese verfassungstheoretisch durchaus nachvollziehbare Haltung wird indes durch die Verfassungswirklichkeit zunehmend in Frage gestellt:

- So wird einerseits der nationale legislative Bewegungsspielraum im Bereich des Umweltrechtes ohnehin durch die Rechtssetzungstätigkeit der Europäischen Gemeinschaft mehr und mehr eingeengt. Denn die Europäische Gemeinschaft hat sich zum Ziel gesetzt, auch das Umweltrecht mit Richtlinien zu harmonisieren, die in innerstaatliches Recht umgesetzt werden müssen und stützt sich dabei zunehmend auf das Konzept des integrierten Umweltschutzes (Erbguth u. Stollmann 2000: 379). Dieses bindet sowohl den Bund als auch die Länder, die insoweit nur noch reagieren können, aber kaum noch eigene Gestaltungsmöglichkeiten kreieren können.
- Andererseits zeigen die inhaltlichen und terminlichen Schwierigkeiten, innerhalb der von der Europäischen Gemeinschaft zur Umsetzung ihrer Richtlinien gesetzten Fristen sowohl eine (von den Ländern in ihrem Umfang akzeptierte) bundesrahmenrechtliche wie auch eine sich daran inhaltlich und zeitlich anschließende föderale Umsetzung der entsprechenden EG-Richtlinien zu be-

werkstelligen[195], dass das bisherige System der legislativen Aufgabenverteilung zwischen Bund und Ländern jedenfalls im Bereich des Umweltschutzes grundlegend überdacht werden muss. Als Antwort hierauf müsste eine umfassende konkurrierende Bundesgesetzgebung für den Bereich des medialen Umweltrechts entstehen.

Die europarechtlichen Anpassungszwänge auf das deutsche Umweltrecht

Ungeachtet dieser konzeptionellen Schwächen des deutschen Umweltschutzrechts hat Ende der 1990er Jahre der europarechtliche Druck eine weitere Harmonisierung des nationalen Umweltschutzrechts erforderlich gemacht. Wie die UVP-Richtlinie aus dem Jahr 1985 wurden auch diese Modifikationen des deutschen Umweltrechts jedoch „nur" in einer kleinen Umsetzungslösung (Wolf 2002: 389) durch Änderungen der einzelnen medialen Fachgesetze im Rahmen eines Artikelgesetzes zur Umsetzung der UVP-Änderungsrichtlinie, der IVU-Richtlinie und weitere EG-Richtlinien zum Umweltschutz vorgenommen. Zu einem wünschenswerten einheitlichen Anlagenzulassungsrecht („große Lösung") ist es jedoch bis dato nicht gekommen.

Die Neuerungen der UVP-II-Richtlinie

Bereits die (erste) UVP-Richtlinie[196] (auch UVP-I-Richtlinie genannt) hatte die präventive Prüfung der ökologischen Beeinträchtigungen und Auswirkungen von umweltrelevanten Großvorhaben vor Augen. Die UVP-Änderungsrichtlinie[197] (auch UVP-II-Richtlinie genannt) zielt rund zwölf Jahre danach neben grundsätzlichen verfahrensmäßigen Änderungen im Wesentlichen

- auf die Beseitigung der sichtbar gewordenen Umsetzungsdefizite, indem sie den Entscheidungsspielraum der Mitgliedsländer, ob sie eine Umweltverträglichkeitsprüfung durchführen wollen, stärker als bisher einengt, und
- auf die Erweiterung des Anwendungsbereiches, indem sie die Anzahl der UVP-pflichtigen Vorhaben deutlich erhöht (Sachverständigenrat für Umweltfragen 2002: 181).

Eine grundsätzliche Abkehr von der nach dem UVPG vorgeschriebenen Einbindung der Umweltverträglichkeitsprüfungen in die verschiedenen verwaltungsrechtlichen Zulassungsverfahren wurde durch die UVP-II-Richtlinie nicht erforderlich (Schink 2001: 324). Eine integrative Änderung des materiellen Umweltrechts ist demnach auch im Zuge dieser Modifikation ausgeblieben.

---

[195] Beispielhaft sei auf die legislativ komplizierte Umsetzung der Kommunalabwasserrichtlinie sowie der Wasserrahmenrichtlinie hingewiesen.

[196] Richtlinie 85/337/EWG des Rates vom 27.6.1985 über die Umweltverträglichkeitsprüfung bei bestimmten öffentlichen und privaten Projekten (ABl. L 175 vom 05.07.1985, S. 40).

[197] UVP-Änderungs-Richtlinie 97/11/EG vom 3. März 1997 zur Änderung der RL 85/337/EWG über die Umweltverträglichkeitsprüfung.

Das Integrationspostulat der IVU-Richtlinie

Mit der Einführung des „integrierten Umweltschutzes“ nach Maßgabe der IVU-Richtlinie[198] wurde erstmals eine zentrale inhaltliche Neuerung für das deutsche Umweltrecht wirksam, die „die Begriffsbildung des integrativen Umweltschutzes endgültig vom Programmatischen ins rechtlich Verbindliche gehoben“ (Di Fabio 1998: 333f.) hat. Die Richtlinie 96/61/EG über die integrierte Vermeidung und Verminderung der Umweltverschmutzung regelt die materiellen Grundpflichten und Genehmigungsvoraussetzungen für den Betrieb (nicht für die Errichtung) bestehender und neuer Industrieanlagen und überschreitet dabei das spezifische mediale Schutzkonzept.[199] Es wird der Ansatz verfolgt, durch eine Gesamtbetrachtung der „Umweltverschmutzungen“ ein hohes Schutzniveau für die Umwelt zu erreichen.

Nach der IVU-Richtlinie muss der Zulassung besonders umweltrelevanter Anlagenvorhaben eine integrierte medienübergreifende Bewertung zu Grunde gelegt werden (Sachverständigenrat für Umweltfragen 2002: 177). Die an die Umweltverträglichkeit des Anlagenbetriebs zu stellenden Anforderungen dürfen nicht mehr nur isoliert in Bezug auf jeweils einen einzelnen Belastungspfad bestimmt werden. Die IVU-Richtlinie fordert vielmehr, eine integrierte Betrachtung unter Berücksichtigung aller Umweltmedien und aller Schutzgüter sowie möglicher Verlagerungs- und Wechselwirkungen zu Grunde zu legen. Insbesondere sollen Belastungsverlagerungen von einem Umweltmedium in ein anderes vermieden werden.

Um das Ziel einer ökologischen Gesamtoptimierung der Anlagentechnik zu erreichen, soll die Anlage nach Maßgabe des § 3 IVU-Richtlinie so betrieben werden, dass

- alle geeigneten Vorsorgemaßnahmen gegen Umweltverschmutzungen, insbesondere durch den Einsatz der besten verfügbaren Techniken, getroffen werden;
- keine erheblichen Umweltverschmutzungen verursacht werden;
- die Entstehung von Abfällen vermieden wird; andernfalls werden sie verwertet oder, falls dies aus technischen oder wirtschaftlichen Gründen nicht möglich ist, beseitigt, wobei Auswirkungen auf die Umwelt zu vermeiden oder zu vermindern sind;
- Energie effizient verwendet wird;
- die notwendigen Maßnahmen ergriffen werden, um Unfälle zu verhindern und deren Folgen zu begrenzen;
- bei einer endgültigen Stilllegung die erforderlichen Maßnahmen getroffen werden, um jegliche Gefahr einer Umweltverschmutzung zu vermeiden und um einen zufrieden stellenden Zustand des Betriebsgeländes wiederherzustellen.[200]

---

[198] Richtlinie 96/61/EG des Rates über die integrierte Vermeidung und Verminderung der Umweltverschmutzung (IVU-Richtlinie – IPPC-Richtlinie), vom 24. September 1996 (ABl. EG vom 10.10.1996 Nr. L 257 S. 26).

[199] Zu den Anlagentypen vgl. Anhang I der IVU-Richtlinie.

[200] § 3 IVU-Richtlinie.

Die IVU-Richtlinie hat den Mitgliedsstaaten keine Mittel- und Formwahl zur nationalen Umsetzung dieses integrativen, medienübergreifenden Anforderungsprofils vorgegeben. Die ursprünglich ins Auge gefasste Umsetzung im Rahmen der Kodifikation eines insgesamt einheitlichen Umweltgesetzbuches ist bis heute unter anderem wegen Zweifeln an der Gesetzgebungszuständigkeit des Bundes und Widerstands in der Wirtschaft – letztlich wohl politisch motiviert – verworfen worden (Sachverständigenrat für Umweltfragen 2002: 176). Am 3. August 2001 ist schließlich unter dem Druck der bereits am 30. Oktober 1999 abgelaufenen Umsetzungsfrist ein Artikelgesetz zur Umsetzung der UVP-Änderungsrichtlinie, der IVU-Richtlinie und weiterer EG-Umweltschutzrichtlinien in Kraft getreten (Koch u. Siebel-Huffmann 2001: 1081). Die Umsetzung ist damit in der Weise erfolgt, dass die verschiedenen Umweltschutzgesetze in jeweils parallel verlaufenden Änderungsschritten angepasst wurden.

Die nationale Umsetzungsvariante zur IVU-Richtlinie: Integration durch typisierende Standardsetzung

Mit Inkrafttreten des Artikelgesetzes zur Umsetzung der IVU-Änderungsrichtlinie wurden im deutschen Umweltrecht folgende Änderungen wirksam:

1. Die Schutzprogramme des BImSchG und des WHG wurden im Sinne des integrativen Umweltschutzes ergänzt:
- § 1 BImSchG definiert nun als Zweck „Menschen, Tiere und Pflanzen, den Boden, das Wasser, die Atmosphäre sowie Kultur- und sonstige Sachgüter vor schädlichen Umwelteinwirkungen zu schützen und dem Entstehen schädlicher Umwelteinwirkungen vorzubeugen. Soweit es sich um genehmigungsbedürftige Anlagen handelt, dient dieses Gesetz auch der integrierten Vermeidung und Verminderung schädlicher Umwelteinwirkungen durch Emissionen in Luft, Wasser und Boden unter Einbeziehung der Abfallwirtschaft, um ein hohes Schutzniveau für die Umwelt insgesamt zu erreichen.“[201]
- Erweiterter Grundsatz des § 1 WHG ist nun, „insbesondere mögliche Verlagerungen von nachteiligen Auswirkungen von einem Schutzgut auf ein anderes zu berücksichtigen; ein hohes Schutzniveau für die Umwelt insgesamt, unter Berücksichtigung der Erfordernisse des Klimaschutzes, ist zu gewährleisten.“[202]
- Dementsprechend „integrativ“ sind darüber hinaus die Definitionen zum Begriff „Stand der Technik“ sowohl im Immissionsschutz- als auch im Wasser- und Abfallrecht (vgl. § 3 Abs. 6 BImSchG; § 3 Abs. 12 KrW-/AbfG; § 7a Abs. 5 WHG) umformuliert d.h. harmonisiert worden, der im deutschen Umweltrecht für Art und Umfang der zu leistenden Umweltvorsorge maßgeblich ist (Sachverständigenrat für Umweltfragen 2002: 178).

2. In die einschlägigen Ermächtigungen zur Festlegung von Grenzwerten und sonstigen untergesetzliche Umweltstandards wurden „Integrationsklauseln“ eingefügt, die jeweils anordnen, dass bei der Normierung von Grenzwerten und

[201] BImSchG, § 1 Zweck des Gesetzes.
[202] § 1a WHG (Grundsatz).

konkreten technischen Anforderungen „insbesondere mögliche Verlagerungen von nachteiligen Auswirkungen von einem Schutz*gut auf ein anderes zu berücksichtigen"* sind und ein *„hohes Schutzniveau für die Umwelt insgesamt"* zu gewährleisten ist.[203]

3. Schließlich werden die Genehmigungsbehörden zur Sicherstellung des integrativen Ansatzes zur vollständigen Koordinierung etwaiger paralleler Zulassungsverfahren verpflichtet.[204]

Die nationale Umsetzung der europäischen Richtlinienanforderungen ist also dergestalt vorgenommen worden, dass der Zweck der fortbestehenden medialen Umweltschutzgesetze (z.B. § 1 BImSchG) sowie die Definition des „Standes der Technik" integrationsrechtlich angereichert wurden (Müggenborg 2001: 208). Daneben bilden die genannten „Integrationsklauseln" den Kern der Umsetzungsstrategie des Artikelgesetzes. Die integrative Berücksichtigung von Verlagerungs- und Wechselwirkungen soll weitest möglich durch abstrakt-generelle untergesetzliche Standardisierungen und nur subsidiär durch Einzelfallentscheidungen der Genehmigungsbehörden erreicht werden (Sachverständigenrat für Umweltfragen 2002: 178). Am parallelen Ansatz einer Prüfung der Umweltverschmutzungen in verschiedenen Genehmigungsverfahren ist allerdings – wenn auch bei vollständiger Koordination dieser Verfahren – festgehalten worden (Koch u. Siebel-Huffmann 2001: 1083).

Der Gesetzgeber war davon ausgegangen, dass es zur Umsetzung der IVU-Richtlinie keiner grundsätzlichen strukturellen Umwälzung des nationalen Rechts bedurfte (Sachverständigenrat für Umweltfragen 2002: 178). Die im deutschen Recht zentrale Anforderung, Emissionen nach dem „Stand der Technik" zu minimieren, impliziere bereits die Verpflichtung zu einer differenzierten medienübergreifenden Betrachtung. Maßnahmen, die eine Emissionsminderung um den Preis unangemessener Problemverlagerung in ein anderes Medium erreichen, genügen per definitionem nicht den Verhältnismäßigkeitsanforderungen und entsprechen daher auch nicht dem „Stand der Technik" (Lübbe-Wolff 1999: 245).

Auch der Sachverständigenrat für Umweltfragen resümiert daher im Zusammenhang mit der nationalen Umsetzung der EG-Richtlinien, dass den deutschen Gesetzeswerken trotz ihrer thematischen Aufspaltung eine medienübergreifende Betrachtungsweise „nicht so fremd" sei (Sachverständigenrat für Umweltfragen 2002: 178; Sachverständigenrat für Umweltfragen 2000: 84 ff). Der Umweltrat ist davon überzeugt, „dass nur mit Hilfe allgemein verbindlicher Grenzwerte und Umweltstandards überhaupt ein hinreichender, gleichmäßiger Vollzug gewährleistet und den Genehmigungsbehörden wie auch den Antragstellern die wünschenswerte Rechtssicherheit eingeräumt werden kann" (Sachverständigenrat für Umweltfragen 2002: 179).

Resümierend wird in weiten Teilen der Literatur zum Umweltrecht davon gesprochen, dass die Anforderungen der IVU-Richtlinie insgesamt „gut vertretbar umgesetzt" wurden, wenngleich die Beibehaltung teilweise paralleler Genehmi-

[203] Vgl. §§ 7 Abs. 1 Satz 2, 48 Satz 2 BImSchG.
[204] Vgl. § 10 Abs. 5 Satz 2 BImSchG.

gungsverfahren „nur die zweitbeste Lösung" sei (Koch u. Siebel-Huffmann 2001: 108; Di Fabio 1998: 334 f.; Sachverständigenrat für Umweltfragen 2002: 184). Auch steht der empirische Nachweis, dass das europäische Integrationsanliegen in Deutschland bereits vollständig verwirklicht ist, noch aus (Wasielewski 2000: 377). So zeigt sich denn auch in manchen Fällen der behördlichen Genehmigungspraxis, dass mit der aktuellen Umsetzung des „integrierten Umweltrechts" die „wünschenswerte Rechtssicherheit" im Vollzug ausbleibt und damit auch die Verwirklichung innovativer Lösungen – bspw. die der Co-Vergärung – be- bzw. verhindert wird, welche einen Beitrag zum nachhaltigen Wirtschaften leisten könnten.

4.5.3 Der Anwendungsfall: Co-Vergärung von Klärschlamm mit biogenen Abfällen in Faulräumen von Abwasserbehandlungsanlagen

Ausgangspunkt für den Komplex der genehmigungsrechtlichen Probleme der so genannten Co-Vergärung bildet die Tatsache, dass sowohl biogene Abfälle (= Abfälle mit organischen Inhaltsstoffen) als auch biogene Abwässer (= Abwässer mit organischen Inhaltsstoffen[205]) in identischen technischen Prozessen vergoren werden können (Schmelz 1997). Eine (separate) Vergärung für die Stabilisierung und Hygienisierung von Klärschlämmen kommunaler Kläranlagen hat in Deutschland lange Tradition. Die gezielte Biogasproduktion durch Vergärung bestimmter in der Bioabfallverordnung aufgelisteter Stoffe ist hingegen im Vergleich zur Klärschlammfaulung ein relativ junges Gebiet (Schmelz 2000: 2.). Beim Vergleich der klassischen Klärschlamm-Ausfaulung mit der Bioabfall-Vergärung werden die Gemeinsamkeiten der beiden Verfahren deutlich. Sowohl bei der Vergärung biogener Stoffe als auch bei der Ausfaulung von Klärschlämmen werden sog. Bioreaktoren oder Fermenter eingesetzt, in denen unter Zuhilfenahme von Mikroorganismen eine biologische stoffliche Umwandlung wasserhaltiger Stoffe erfolgt. Dabei nehmen die zur Fermentation genutzten Bakterien und Kleinstlebewesen ihre Stoffwechselvorgänge unabhängig davon vor, ob der zu fermentierende Stoff juristisch als Abfall oder Abwasser zu qualifizieren ist. Auch bleibt die notwendige Anlagentechnik von dieser juristischen Einordnung unberührt: Es bedarf in jedem Falle eines Reaktionsbehälters und der zu deren Betrieb notwendigen Infrastruktur und Peripherie.

Bis auf den Annahme- und Aufbereitungsbereich – wo die ankommenden Stoffe zerkleinert, von Sperrstoffen und Fremdkörpern befreit, mit Belebtschlamm „angeimpft" und dann dem Faulraum zugeführt werden – ist die notwendige Anlagentechnik zur (Mit-)Behandlung der biogenen Abfälle bereits heute auf jeder größeren kommunalen Kläranlage vorhanden. Es ist daher aus technischer Sicht

[205] Typischerweise geht es hierbei um die bereits durch eine mechanische oder biologische oder biochemische Behandlung aufkonzentrierten organischen Inhaltsstoffe des Abwassers, welche als Fäkalschlämme, Belebtschlammüberschuss oder Klärschlamm umschrieben werden.

grundsätzlich möglich, Bioabfälle gemeinsam mit Klärschlamm zu behandeln (vgl. Abb. 42).

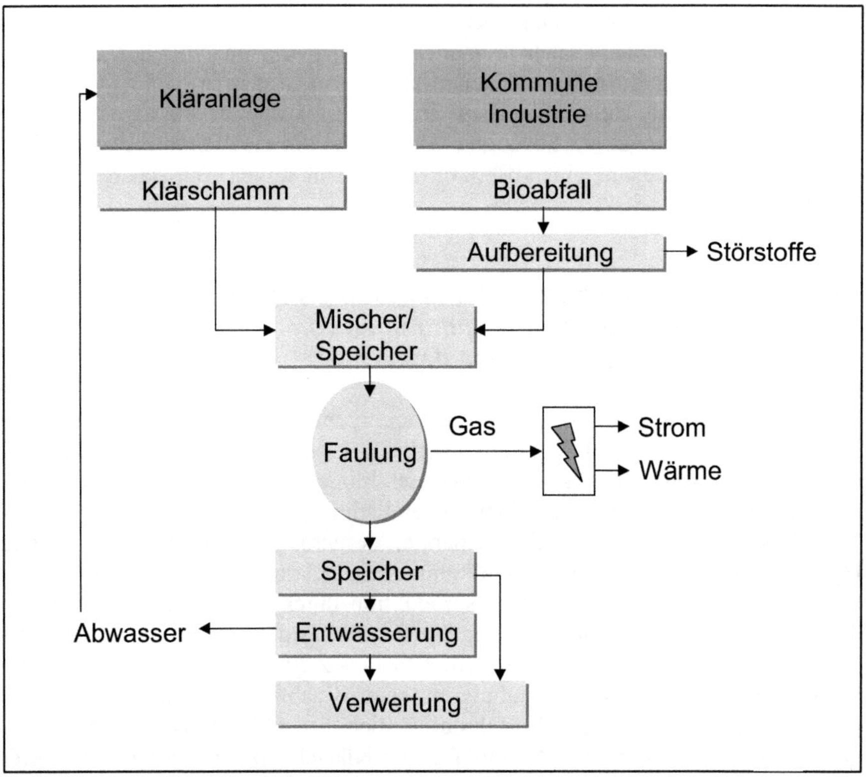

In Anlehnung an Schmelz 1999: 370.

Abb. 42. Prinzipskizze der Co-Vergärung von Klärschlamm und Bioabfällen

Der (potenzielle) Beitrag der Co-Vergärung zum nachhaltigen Wirtschaften in der Abfall- und Wasserwirtschaft

In Deutschland besteht bereits heute ein flächendeckendes Netz von Faulräumen in (kommunalen) Abwasserbehandlungsanlagen, die häufig (z.B. wegen der für den 30-jährigen Nutzungszeitraum vorgehaltenen Anschluss- und Entsorgungskapazitäten) über freie Behandlungskapazitäten verfügen (Austermann-Haun et al. 2001: 1443ff.; Schmelz 2003; Schmelz 2000: 197ff.). Vor diesem Hintergrund verspricht eine Mitbehandlung von biogenen Abfällen auf der Kläranlage zunächst die ökonomischen Vorteile, dass

- die Anlagentechnik (Faulraum, Biogasverwertung, Schlammbehandlung, Prozesswasserreinigung),
- der Standort,

- die entsprechende Infrastruktur,
- die Entsorgungswege für die Rückstände der Vergärung („Klärschlamm") sowie
- das im Umgang mit fäulnisfähigen Stoffen erfahrene Personal

vorhanden sind, also die Mit-Entsorgung von unter technischen Aspekten vergleichbaren Stoffen ad hoc möglich wäre.

Alleine angesichts des hohen Potenzials an bestehender Faulraumkapazität, aber auch auf Grund der ökologischen und rechtlichen Notwendigkeit, zukünftig noch mehr biogene Abfälle getrennt einzusammeln und einer Verwertung zuzuführen (Vorrang der Verwertung vor Beseitigung, Deponierungsverbot ohne vorherige thermische Behandlung)[206], erscheint die Co-Vergärung vorteilhafter als die separate Bioabfallvergärung oder die „Kompostierung". Eine separate Vergärung hat darüber hinaus zur Folge, dass weitere ökonomische und ökologische Vorteile der Co-Vergärung nicht in vollem Umfang erschlossen werden. Im Einzelnen sind hier folgende Aspekte zu nennen:[207]

- kein Erfordernis zusätzlicher Anlagen und Investitionen,
- keine zusätzliche Flächeninanspruchnahme,
- Vermeidung/Ausgleich von Nachteilen der Kompostierung (insb. sichere Vergärung in der Winterzeit, in der kein Strauch- und Rasenschnitt und lediglich strukturarme Bioabfälle aus den privaten Haushalten und Betrieben anfallen),
- Steigerung der Faulgasausbeute, welche zur Eigenenergieerzeugung z.B. für den Kläranlagenbetrieb herangezogen werden könnte (z.B. Druckluft für die Belebungsbecken, Elektrizität für die Pumpen, Wärme für die Heizungsanlagen),
- besserer organischer Feststoffabbau als bei separater Behandlung,
- Verbesserung der Entwässerbarkeit des Klärschlammes durch höheren Anteil an strukturreichem Material („Fasern") und höheren Feststoffgehalt, (dadurch bedingt ein geringerer Bedarf an Zuschlagstoffen zur Verbesserung der Entwässerbarkeit und damit eine Verringerung der absoluten Schlammmengen),

---

206 Siehe dazu schon Ziffer 10.1 und Anhang B Ziffer 2 (Zuordnungskriterien für Deponien) der Technischen Anleitung zur Verwertung, Behandlung und sonstigen Entsorgung von Siedlungsabfällen (Dritte Allgemeine Verwaltungsvorschrift zum Abfallgesetz), vom 14. Mai 1993, BAnz. Nr. 99a vom 29.05.1993 (Technische Anleitung Siedlungsabfall – „TA-Si") sowie Ziffer 2 des Anhang 1 („Zuordnungskriterien für Deponien") zur § 3 Abs. 1 Verordnung über die umweltverträgliche Ablagerung von Siedlungsabfällen (Abfallablagerungsverordnung – AbfAblV), vom 20. Februar 2001 (BGBl. I S. 305), zuletzt geändert am 24. Juli 2002 durch Artikel 2 der Verordnung über Deponien und Langzeitlager und zur Änderung der Abfallablagerungsverordnung (BGBl. I S. 2807).

207 Vgl. hier ausführlich Schmelz 2003; Schmelz 2000: 175ff.; MUNLV 2001: 232ff.; Nisipeanu 1999c: 319 f.; Schmelz 1999: 365ff.; Winkelmann 1999: 361ff.; Wittmaier et al. 2002; Gosch u. Luthardt-Behle 1990.

- Verbesserung des landwirtschaftlich/landbaulich zu nutzenden Klärschlammes durch Zuführung von Nährstoffen, die im „normalen“ Klärschlamm zumeist fehlen (Kalium, Magnesium),
- Verbesserung des landwirtschaftlich/landbaulich zu nutzenden Klärschlammes durch nahezu gänzlich fehlende Metallgehalte der mitzuvergärenden Stoffe,
- Verbesserung der Brennbarkeit eines thermisch zu entsorgenden Klärschlammes wegen geringerer Anteile an Kalk oder anderen Zuschlagstoffen zur Entwässerung.

In Summe ist das ausgefaulte Produkt der Co-Vergärung schadstoffärmer, nährstoffreicher und pflanzenverträglicher als herkömmlicher ausgefaulter Klärschlamm. Vor dem Hintergrund der hier skizzierten Vorteile scheint das Verfahren der Co-Vergärung ökologisch sinnvoll und ökonomisch vorteilhaft. Orientiert man sich daher bei der Beurteilung seines Beitrags zur Steigerung der Nachhaltigkeit an den skizzierten Prinzipien einer nachhaltigen Wasserwirtschaft (Kahlenborn u. Kraemer 1999: 28ff), so ist festzuhalten, dass die Co-Vergärung dem sog. „Integrationsprinzip“ – d.h. der integrierten Betrachtung von Wechselwirkungen zwischen ökonomischen, ökologischen und sozialen Belangen – gerecht wird, ohne zugleich anderen Prinzipien einer nachhaltigen Wasserwirtschaft zuwiderzulaufen. Trotz dieser Vorteile ist das Verfahren der Co-Vergärung jedoch bislang kaum umgesetzt.

Empirische Ergebnisse zum Anwendungsstand der Co-Vergärung

Im Rahmen der Umfrage unter Abwasserentsorgungsunternehmen in Deutschland[208] zeigt sich, dass im Jahr 2002 nur 3,1 % der antwortenden Unternehmen die im Abwasserentsorgungsprozess anfallenden Rohschlämme zusammen mit Co-Substraten ausgefault haben (vgl. Abb. 43). Dabei stabilisierten 1,86 % der befragten Abwasserentsorger den Klärschlamm vollständig und weitere 1,24 % zumindest anteilig mit dem Verfahren der Co-Vergärung. Der Anteil des Klärschlamms, der in der letztgenannten Gruppe zusammen mit biogenen Abfällen fermentiert wurde, lag jedoch nur zwischen 3 und 14 %. Insgesamt wurden damit bei den befragten Unternehmen im Jahr 2002 nicht mehr als 11 000 Tonnen Bioabfälle in den Faultürmen der Kläranlagen behandelt.[209] Dabei sind zumindest die grundlegenden technischen Voraussetzungen für eine Co-Vergärung bei einem Großteil der Abwasserentsorgungsunternehmen vorhanden: Fast die Hälfte der Unternehmen nutzt ausschließlich die anaerobe Stabilisierungsform und weitere 9,3 % haben teilweise aerobe und anaerobe Formen der Stabilisierung angewendet. Bei diesen Unternehmen existiert mit den vorhandenen Faultürmen die notwendige Anlagentechnik, die grundsätzlich zur (Mit-)Behandlung biogener Abfälle umgerüstet werden könnte. Für knapp 40 % trifft dies nicht zu: 32,9 % der befragten

[208] Vgl. zu Einzelheiten der Stichprobenziehung, Beteiligung und Repräsentanz Abschnitt 4.3.1.

[209] Insgesamt ist im Jahr 2002 bei den Unternehmen, die sich an der Befragung beteiligt haben, in Summe 593.255 Tonnen Klärschlamm angefallen.

Entsorger nutzten ausschließlich aerobe Formen der Stabilisierung und ca. 5,6 % entsorgten den Klärschlamm ohne vorherige Stabilisierung.

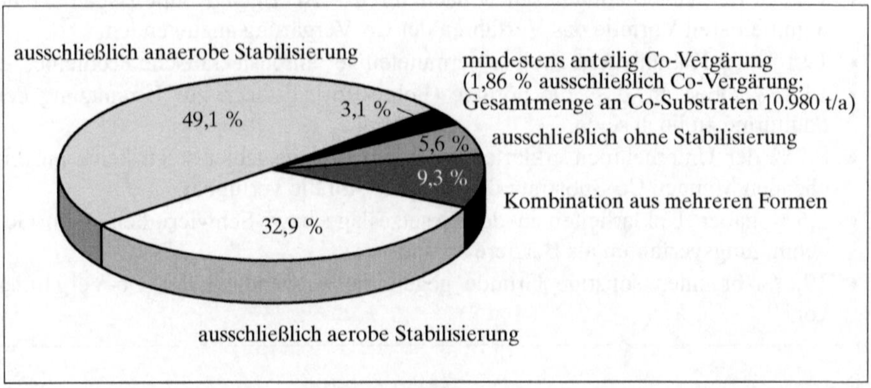

Abb. 43. Aktueller Anwendungsstand der Stabilisierungsformen von Klärschlämmen

Bei der Frage, ob die Abwasserentsorgungsunternehmen künftig eine gemeinsame Vergärung von Klärschlamm und Bioabfall in ihren Faultürmen planen, zeigte sich ein ähnlich ernüchternder Befund: Der überwiegende Teil der Unternehmen (84,4 %) hatte keine Co-Vergärung geplant. Hingegen gaben nur 7 % an, dieses Verfahren anwenden zu wollen und weitere 8,6 % waren hier noch indifferent (vgl. Abb. 44).

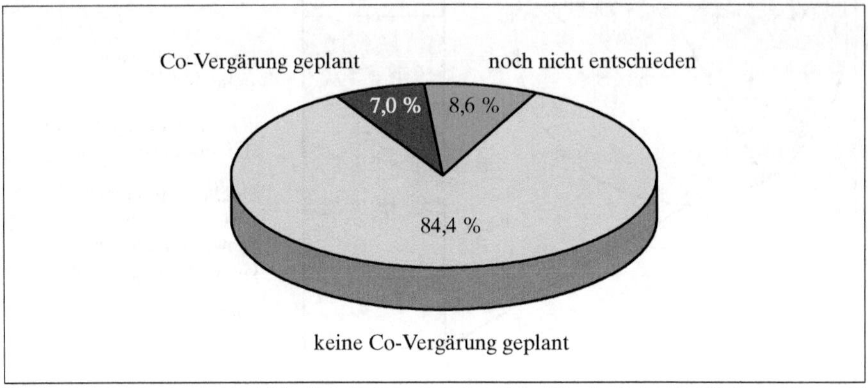

Abb. 44. Aussagen zur geplanten Anwendung der (Co-)Vergärung von Klärschlämmen und Bioabfällen

Bei der Analyse der Gründe, die aus der Sicht der befragten Abwasserentsorgungsunternehmen gegen eine Anwendung der Co-Vergärung sprachen, zeigte sich zunächst, dass mehr als einem Drittel der Unternehmen (31,8 %) das Verfahren der gemeinsamen Fermentation von Klärschlämmen und biogenen Abfällen schlicht (noch) nicht bekannt war. Bei denjenigen Kläranlagenbetreibern, denen das Verfahren der Co-Vergärung nicht mehr fremd war (68,2 %), zeigte die Barrierenanalyse folgendes Bild (vgl. Abb. 45):[210]

- 18,6 % der Unternehmen sahen nach ihrem bisherigen Kenntnisstand keine unmittelbaren Vorteile das Verfahren der Co-Vergärung anzuwenden,
- 19,1 % der Kläranlagenbetreiber vermuteten verfahrenstechnische Probleme,
- 14,8 % gaben an, dass die nötigen (Folge-)Investitionen zur Umnutzung der Faultürme zu hoch seien,
- 8,7 % der Unternehmen erklärten, in ihrem Einzugsgebiet seien keine ausreichenden Mengen Co-Substrate d.h. biogene Abfälle verfügbar,
- 1,6 % gaben Unklarheiten in der Gesetzeslage bzw. Schwierigkeiten im Genehmigungsverfahren als Barriere an und
- 19,6 % brachten sonstige Gründe gegen die Anwendung der Co-Vergärung vor.[211]

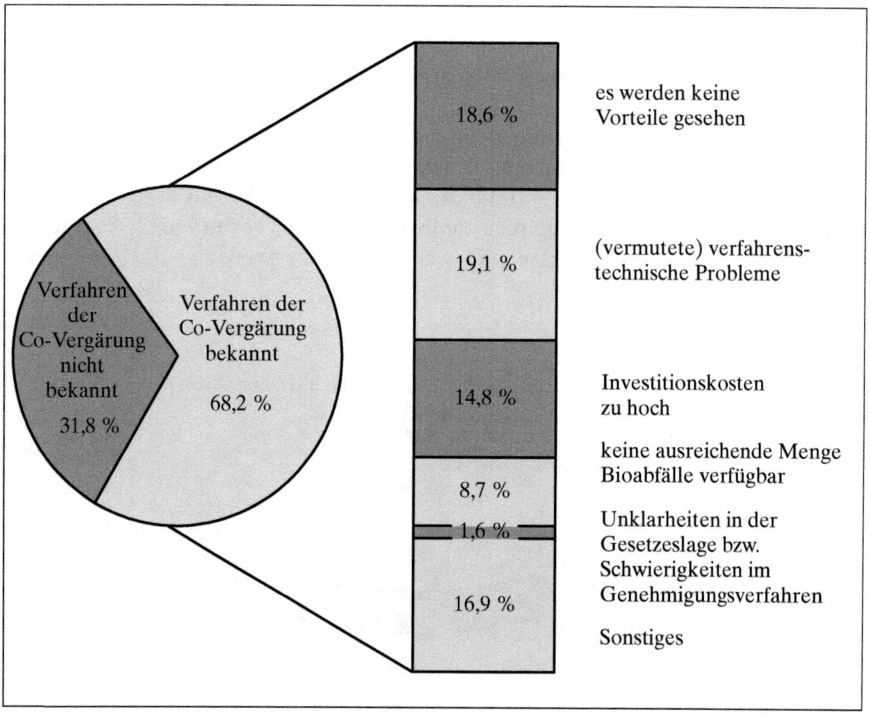

Abb. 45. Gründe gegen eine Co-Vergärung aus der Sicht von Kläranlagenbetreibern, denen die Co-Vergärung bekannt ist

[210] Bei der Angabe von Barrieren und Gründen gegen eine Co-Vergärung waren Mehrfachnennungen möglich.

[211] Als sonstige Gründe wurden bspw. genannt: Kapazität der Faultürme resp. kein Faulturm, landwirtschaftliche Verwertung des Schlamms, Wirtschaftlichkeit bisher nicht geprüft, zentrale Kompostierung über Landkreis, Biomasseheizkraftwerk mit Klärschlammvergasung geplant, gesamter Klärschlamm geht in die Verbrennung.

Kreuzt man die vorgenannte Barrierenanalyse mit der Frage, ob die Kläranlagenbetreiber eine Co-Vergärung von Klärschlämmen und Bioabfällen bereits angewendet haben oder zumindest planen ein solches Verfahren künftig zur Anwendung zu bringen, zeigte sich besonders mit Blick auf die regelungsbedingte Barriere eine signifikante Verschiebung ihrer Bedeutung (vgl. Abb. 46):

- Betrachtet man lediglich diejenigen Unternehmen, die keine Stabilisierung des Klärschlammes mittels Co-Vergärung betrieben haben und dies auch nicht planen, gaben nur 0,7 % an, Unklarheiten in der Gesetzeslage bzw. Schwierigkeiten im Genehmigungsverfahren seien Barrieren auf dem Weg zur Anwendung.
- Bereits ein Anteil von 14,3 % nannte diese Barriere bei Unternehmen, die eine Anwendung der Co-Vergärung geplant bzw. dies noch nicht endgültig entschieden hatten. Immerhin 3,6 % gaben an, eine entsprechende Genehmigung zur Umnutzung der Faulturmkapazitäten sei ihnen von den Behörden verweigert worden und 7,2 % der Unternehmen hatten eine Genehmigung bei den zuständigen Behörden beantragt, über die jedoch noch nicht abschließend positiv entschieden worden war.
- Analysiert man schließlich diejenigen Abwasserentsorgungsunternehmen, die bereits Erfahrungen mit dem (Genehmigungs-)Verfahren der Co-Vergärung gesammelt hatten, beklagten immerhin 20,0 % dieser Unternehmen Unsicherheiten in der Gesetzeslage resp. Schwierigkeiten im Genehmigungsverfahren.

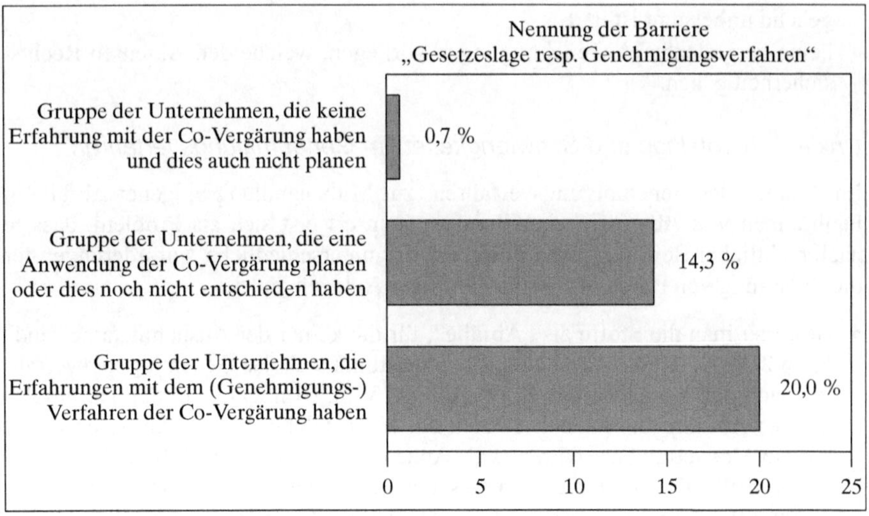

Abb. 46. Die Bedeutung der regelungsbedingten Barriere in Abhängigkeit von der gesammelten Erfahrung

Die zunehmende Bedeutung der regelungsbedingten Barriere im Verlauf der Einführung eines neuen Verfahrens ist für Innovationsprozesse typisch. Akteure, die nicht planen eine Innovation resp. Invention einzuführen und sich folglich nicht mit den spezifischen Umsetzungsbedingungen beschäftigen, werden keine Erfahrungen im Umgang mit potenziellen Barrieren aufbauen, die im Vorfeld nur schwer einzuschätzen sind. Ähnlich ergeht es Unternehmen, die sich erst in einer frühen Phase der Einführung resp. Umsetzung befinden. Je weiter der Innovator jedoch in den Umsetzungsprozess vordringt, desto mehr wird die Bewältigung und Überwindung von Barrieren zum Pflichtenheft des Innovationsmanagements. D.h. ein Kläranlagenbetreiber wird die Probleme im Genehmigungsverfahren zur Umnutzung seines Faulturmes erst dann kennen- und ggf. überwinden lernen, wenn er eine entsprechende Co-Vergärung von biogenen Abfällen plant, beantragt oder schließlich umgesetzt hat. So ist zu erklären, dass die regelungsbedingte Barriere im Verlauf des Innovationsprozesses zu einem der größten Einzelhemmnisse auf dem Weg zur Anwendung der Co-Vergärung werden kann.

Die genehmigungsrechtliche Situation

Die empirischen Ergebnisse zeigen, dass die unklare genehmigungsrechtliche Situation als eine zentrale Barriere für die Anwendung der Co-Vergärung angesehen werden muss (so auch Schmelz 2003). Schwierigkeiten bei der Genehmigungserteilung bestehen, weil

- im Grenzbereich zwischen Wasser- und Abfallrecht mit unterschiedlichen Genehmigungsvoraussetzungen und unterschiedlichen Behördenzuständigkeiten operiert wird,
- das technische Verfahren den meisten Genehmigungsbehörden neu und weitgehend unbekannt ist und
- keine vergleichbaren Genehmigungen vorliegen, welche den Akteuren Rechtssicherheit gäben.

Unklare Rechtslage und Schwierigkeiten im Genehmigungsverfahren

Im Rahmen des Genehmigungsverfahrens zur Mitbehandlung biogener Abfälle in Faulräumen von Abwasserbehandlungsanlagen erweist sich als Problem, dass je nach rechtlicher Bewertung des Einsatzstoffes unterschiedliche Anforderungen für die Zulassung von Bau und Betrieb derartiger Anlagen gelten:

- Bewertet man die Stoffe als „Abfälle“, für die keiner der Ausnahmetatbestände des § 2 Abs. 2 KrW-/AbfG zutrifft, so bestimmt sich das Genehmigungsverfahren nach den Vorgaben des KrW-/AbfG (i.V.m. BImSchG). In der Terminologie des Abfallrechts handelt es sich bei einer solchen Fermentation entweder um ein Verwertungsverfahren (vgl. Anhang II B zum KrW-/AbfG, Ziffer R 3 i.V.m. Ziffer R 10) oder um ein Beseitigungsverfahren i.S.d. KrW-/AbfG (vgl. Anhang II A zum KrW-/AbfG, Ziffer D 8 i.V.m. Ziffer D 2 oder D 10).
- Bewertet man diese Stoffe hingegen als „Abwasser“, so bestimmt sich das Genehmigungsverfahren nach den Vorgaben des § 18b WHG i.V.m. Landeswasserrecht (z.B. § 58 LWG NRW). In der Terminologie des Wasserrechts (vgl. § 18a Abs.1 Satz 3 WHG) handelt es sich stets um ein Beseitigungsverfah-

ren[212], selbst wenn das Endprodukt (nach Maßgabe der Klärschlammverordnung) unter der Geltung des Abfallrechts wieder den Kriterien der Verwertungsverfahren des Anhanges II B zum KrW-/AbfG entspricht.[213]

- Handelt es sich um „Abfall“, so sind die Abfallwirtschaftsbehörden zuständig.
- Handelt es sich um „Abwasser“, so sind die Wasserbehörden zuständig.
- Handelt es sich um „Abfall“, besteht gemäß immissionsschutzrechtlichen Vorgaben ein Rechtsanspruch auf eine Anlagengenehmigung.
- Handelt es sich um „Abwasser“, so folgt die Genehmigungsfähigkeit einer Behandlungsanlage der Erlaubnisfähigkeit einer aus dieser Anlage beabsichtigten Einleitung in ein Gewässer, auf die jedoch kein Rechtsanspruch besteht (§§ 2, 3, 7, 7a WHG).

Sucht man nach einem plausiblen Problemlösungsansatz, so wird nicht nur der juristische Laie eher verwirrt als in seiner Suche unterstützt. Denn die deutsche Entsorgungskonzeption wird heute durch zwei Rechtsmaterien beherrscht: Wasserrecht sowie Kreislaufwirtschafts-/Abfallrecht (i.V.m. BImSchG[214]). Diese Rechtsmaterien konkurrieren untereinander im Verhältnis der Spezialität, verdrängen einander jedoch nicht a priori (vgl. § 2 Abs. 2 KrW-/AbfG). Dies erlaubt bereits heute die Schlussfolgerung auf eine sachliche Gleichwertigkeit der medialen Umweltschutzvorschriften.

Auch nach Maßgabe des Artikelgesetzes zur Umsetzung der IVU-Richtlinie sind zur Schaffung eines integrierten Umweltschutzes lediglich allgemeine Anforderungen in Form von Umweltstandards zu erfüllen. Demzufolge käme es für die rechtliche Zulässigkeit eines Entsorgungsweges nicht darauf an, ob ein Stoff nach Maßgabe des Abwasser-, Abfall- oder Immissionsschutzrechts verwertet oder beseitigt wird – sondern nur darauf, dass die Tatbestandsvoraussetzungen des jeweiligen Fachrechts eingehalten werden.

Angesichts der skizzierten unklaren Rechtslage verwundert es nicht, dass die behördliche Genehmigungspraxis sehr unterschiedlich ausfällt. Bei den nicht erteilten Genehmigungen findet man allerdings eher selten die vorgenannte Argumentation, dass es für die rechtliche Zulässigkeit eines Entsorgungsweges nicht darauf ankommen kann, nach welchem Fachrecht ein Stoff entsorgt wird. Im Gegenteil finden sich im Genehmigungsvollzug sowohl negative wie positive Kom-

---

212 Dem Wasserrecht ist die das Abfallrecht prägende Unterscheidung zwischen Verwerten und Beseitigen fremd: Alle technischen Maßnahmen zur Abwasserentsorgung werden von § 18a WHG als „Abwasserbeseitigung“ umschrieben. Demzufolge fehlt dort ein ausdrückliches Verwertungsgebot und die negative Bewertung der Beseitigung. Ausnahmen hiervon ergeben sich erst durch neuere Anhänge zur Abwasserverordnung.

213 Eine Konsequenz daraus ist, dass der behördliche Vollzug sich schwer tut, eine Vergärung von Abfällen in den nach Wasserrecht genehmigten Faulräumen kommunaler Kläranlagen zuzulassen.

214 Vgl. § 31 Abs. 1 BImSchG: „Die Errichtung und der Betrieb von ortsfesten Abfallbeseitigungsanlagen zur Lagerung oder Behandlung von Abfällen zur Beseitigung sowie die wesentliche Änderung einer solchen Anlage oder ihres Betriebes bedürfen der Genehmigung nach den Vorschriften des Bundes-Immissionsschutzgesetzes; einer weiteren Zulassung nach diesem Gesetz bedarf es nicht.“

petenzkonflikte: Entweder streiten die Behörden untereinander, welche von ihnen zuständig ist und deshalb handeln darf – oder aber sie streiten darüber, wer von ihnen handeln muss („die jeweils andere Behörde"). Dies offenbart, dass sich die Umweltfachbehörden weiterhin dem medialen Ansatz der Fachgesetze verpflichtet fühlen.

Ein weiterer Grund der Nicht-Zulassung liegt abseits dieser zuständigkeitsrechtlichen Probleme eher in der Arbeitsüberlastung der Behörden: Die personelle Ausdünnung der Fachbehörden wird nicht durch einen parallelen Abbau von Regelungen flankiert, sondern eher durch einen Aufgabenzuwachs und einen immer höheren Spezialisierungsbedarf. Es verwundert daher nicht, dass zunächst die Fälle abgearbeitet werden, die man „schnell vom Tisch" bekommt.

Eng damit verbunden – weil gleichfalls auf dem Befund leerer staatlicher Kassen beruhend – ist das Phänomen einer „Vergreisung" des behördlichen Fachwissens: Da keine oder kaum neue Mitarbeiter eingestellt werden, fehlt der Zufluss von neuen Ideen und neuen Kenntnisständen. Da gleichzeitig vielerorts die Mittel für die Fort- und Ausbildung gestrichen werden, bleiben die Mitarbeiter der Fachbehörden weitgehend auf dem Niveau ihrer Berufserstausbildung stehen und sind im Übrigen auf Eigeninitiative bei der Weiterbildung im privaten Bereich angewiesen.

Singulär kommen auch noch dienstrechtliche Phänomene hinzu, welche die Motivation der Mitarbeiter in Genehmigungsverfahren bremsen: Organisatorische Umstrukturierungen, Verlagerung von Aufgaben auf andere Behörden oder andere Standorte, diffuse ministerielle Vorgaben über Art und Weise der Aufgabenerledigung, die behördliche Selbstbeschäftigung mit Leitbildern, Kundenorientierung, Kosten-Leistungs-Rechnung, Frauen-Förderung etc. nehmen nicht nur einen geraumen Teil der Arbeitszeit in Anspruch, sondern lenken die Mitarbeiter von dem eigentlichen Zweck ihrer Arbeit ab: Vollzug der in Rechtsvorschriften gegossenen politischen Vorgaben des Bundestages und der jeweiligen Landesparlamente.

Es erscheint daher zu stark verallgemeinert, wenn man die These aufstellen wollte, dass eine unsichere Rechtsanwendung der Genehmigungsbehörden bei (bislang) nur selten anzutreffenden Verfahrensgegenständen (wie der Co-Vergärung) *allein* ihren Grund darin habe, dass die Behördenmitarbeiter gar nicht verstehen, worum es technisch gehe und wie man dies rechtlich zu bewerten habe – obwohl das zweifelsohne auch zutreffen kann.

In Summe erweist sich die bisherige Umsetzungspraxis bis heute als deutliches Hemmnis für die Diffusion der Co-Vergärung. Das Nicht-Zulassen der Mit-Vergärung von Abfällen in Faulräumen von Abwasserbehandlungsanlagen führt somit in der Praxis entgegen dem Leitbild einer nachhaltigen Entwicklung zur doppelten Erstellung von technisch gleichartiger Entsorgungsinfrastruktur mit entsprechenden Folgen für Flächenverbrauch, notwendige Investitionen und Betriebskosten.

Zur Situation in Nordrhein-Westfalen nach der Vorlage des Merkblattes „Anforderungen an die Co-Fermentation von biogenen Abfällen in Faulbehältern von Kläranlagen" durch das LUA NRW

Die nordrhein-westfälische Genehmigungspraxis schafft es, die oben skizzierte Verwirrung und Rechtsunsicherheit noch zu steigern. So hat unter der Federführung des Landesumweltamtes NRW (LUA) im Auftrag des Ministeriums für Umwelt und Naturschutz, Landwirtschaft und Verbraucherschutz des Landes NRW (MUNLV) eine Arbeitsgruppe aus Abwasser- und Abfallexperten versucht, die wissenschaftlichen Grundlagen sowie technischen und rechtlichen Rahmenbedingungen für die Mitbehandlung von Abfällen in kommunalen Kläranlagen zu erarbeiten. Als vermeintliches Ergebnis dieser Arbeitsgruppe[215] liegt seit Dezember 2001 das Merkblatt „Anforderungen an die Co-Fermentation von biogenen Abfällen in Faulbehältern von Kläranlagen" vor, das in NRW ein landeseinheitliches Vorgehen im Genehmigungsvollzug zum Ziel hat (MUNLV 2001: 9ff.).

Dieses Merkblatt soll die erforderlichen Zulassungsverfahren und materiellen rechtlichen Anforderungen sowie deren fachliche Umsetzung darlegen. Es hat jedoch die Prämisse, dass die Mitbehandlung von biogenen Stoffen in Abwasseranlagen eine Erhöhung der Ablauffrachten erwarten lässt – stellt also entgegen den Vorgaben der IVU- und der UVP-Richtlinie sowie deren nationalen Umsetzung den Schutz der Gewässer über den Schutz anderer Umweltmedien und anderer Interessen. Zudem hat es wohl die ungeschriebene Prämisse, dass den bereits etablierten Kompostierungsanlagen keine Konkurrenz entstehen soll. Obwohl gemäß § 2 Abs. 2 Nr. 6 KrW/AbfG das Abfallrecht nicht mehr anzuwenden ist, sobald ein Stoff in eine Abwasseranlage gelangt, teilt das Merkblatt die rechtlichen Voraussetzung einer Mitbehandlung von biogenen Abfällen in öffentlichen Abwasserbehandlungsanlagen in wasserrechtliche und abfallrechtliche Anforderungen. Die Verfasser des Merkblattes konstatieren, dass sich die Co-Fermentation grundsätzlich auf die Art und Menge des Abwassers und damit auf den Zweck und den Umfang der Gewässerbenutzung sowie den Betrieb der Abwasserbehandlungsanlage auswirkt. Die Co-Vergärung von biogenen Abfällen in Faulbehältern von Kläranlagen wird damit als eine wesentliche Änderung der Anlage interpretiert. In der Konsequenz seien aus wasserrechtlicher Sicht folgende Vorgaben zu beachten:

- Anforderungen an das Einleiten von Abwasser nach dem Stand der Technik gem. § 7a WHG i.V.m. der Verordnung über Anforderungen an das Einleiten von Abwasser in Gewässer (AbwV) und der Ordnungsbehördlichen Verordnung über die Genehmigungspflicht für die Einleitung von Abwasser mit gefährlichen Stoffen in öffentliche Abwasseranlagen (VGS[216]) (Übertragen auf

[215] Nicht alle Teilnehmer an diesem Arbeitskreis finden sich in diesem Papier resp. in den Ergebnissen wieder.

[216] Vom 25. September 1989 (GV.NW. S. 564), zuletzt geändert am 25. September 2001 durch Artikel 91 des Gesetzes zur Anpassung des Landesrechts an den Euro in Nordrhein-Westfalen (EuroAnpG NRW) (GV.NW. S. 708).

andere Länder gelten die jeweiligen Indirekteinleiterverordnung bzw. sonst die § 7a Abs. 4 WHG ausfüllenden landesrechtlichen Regelungen[217])[218],
- Anforderungen an die Errichtung und den Betrieb von Abwasserbehandlungsanlagen gem. § 18b WHG i.V.m. § 57 und § 58 Abs. 2 LWG NRW,
- Immissionsanforderungen gem. §§ 6, 36b WHG,
- Verschlechterungsverbot gem. § 1a WHG[219].

Dass wasserrechtliche Erlaubnisbescheide bestehen, die ein zulässiges Gewässerverschmutzungskontingent zugestehen, wird hier ebenso negiert wie, dass der Abwassereinleiter für dieses ihm zugestandene Gewässerverschmutzungskontingent Abwasserabgabe zu entrichten hat, auch wenn er diesen Rahmen gar nicht ausfüllt. Gleichfalls wird negiert, dass die vermutete Belastung der Kläranlage und damit die aus der Kläranlage erfolgende Abwasserdirekteinleitung durch die Co-Vergärung in ähnlicher Weise erfolgen würde, wenn auf dem Gelände der Kläranlage eine separate Vergärungsanlage („Mono-Vergärung") für biogene Stoffe errichtet würde. Dafür wird jedoch stets unterstellt, dass eine solche Mitbehandlung von biogenen Stoffen eine wesentliche Änderung des Anlagenbetriebes ausmacht, die deshalb „natürlich" einen erneuten Genehmigungsbedarf hervorruft. Ebenso wird nicht der Versuch unternommen, aus den in die Kläranlage gelangenden biogenen Stoffen definitorisch „Abwasser" i.S.d. WHG zu machen, indem etwa auf deren Wassergehalt oder auf eine Anmaischung mit bereits in der Kläranlage vorhandenem Abwasser abgestellt wird.

Stattdessen setzt die rechtliche Zulässigkeit einer Mitbehandlung von biogenen Abfällen in öffentlichen Abwasserbehandlungsanlagen gemäß LUA-Merkblatt voraus, dass

- die wasserrechtliche Erlaubnis der Einleitung des gereinigten Abwassers aus der Abwasserbehandlungsanlage in das Gewässer um die Einleitung des Abwassers aus der Mitbehandlung der Abfälle erweitert wird,
- die wesentliche Änderung der Abwasserbehandlungsanlage genehmigt worden ist,
- die materiellen Anforderungen gewahrt sind,
- im Verfahren die Vorgaben des Abfallrechts geprüft werden, damit der Antragsteller überschauen kann, ob die Mitbehandlung der von ihm vorgesehenen Abfälle aus abfallrechtlicher Sicht voraussichtlich zulässig ist und
- auf die Entsorgung der biogenen Abfälle die Nachweisverordnung Anwendung findet.

Dieser Anforderungskatalog überrascht. Denn die Wasserbehörden entziehen sich ansonsten bei ihrer Abwasseranlagengenehmigung jedweder Verantwortung für die technische Funktionsfähigkeit, hydraulische Bemessung, Statik und Einhal-

[217] Vgl. für viele Art. 41 c Bay WasserG, § 64 SächsWasserG.

[218] Nach diesem dogmatischen Ansatz würden derartige Anforderungen nicht gelten, wenn ein privater Kläranlagenbetreiber biogene Stoffe mitbehandelt oder eine Abwasserbehandlungsanlage nach Abfallrecht/Immissionsschutzrecht genehmigt wäre.

[219] Ein solches Verbot lässt sich allerdings dieser Vorschrift gar nicht entnehmen.

tung von Gewässerbenutzungsbedingungen (insbes. Überwachungswerte), Einhaltung sonstiger Emissions- und Immissionsanforderungen sowie für die sonstige Vereinbarkeit mit dem öffentlichen und privaten Recht.

Gleichwohl macht das Landesumweltamt – welches gemäß § 136 Landeswassergesetz NRW nicht einmal in den wasserbehördlichen Vollzug eingebunden oder als Wasserbehörde zu qualifizieren ist – einen umfänglichen wasser- und abfallrechtlichen Regelungs- und Abstimmungsbedarf geltend.[220] Ausweislich des Vorwortes zum Merkblatt „Co-Fermentation von biogenen Abfällen in Faulbehältern von Kläranlagen" findet dies sogar die Zustimmung der zuständigen Ministerin: *„Die Formulierung der Anforderungen an eine Genehmigung dient der Planungssicherheit der Kläranlagenbetreiber und gewährleistet eine einheitliche Vollzugspraxis in NRW*" (Höhn in: Vorwort zu MUNLV 2001: 7).

Da das Merkblatt des LUA aber ebenso wenig wie ein entsprechender Runderlass des Ministeriums rechtliche Verbindlichkeit gegenüber Bürgern, Unternehmen und Gerichten besitzt und noch nicht einmal die dem LUA gar nicht nachgeordneten Landesbehörden zu binden vermag, garantieren die in dem Merkblatt formulierten Anforderungen an eine Genehmigung gerade nicht die gewünschte Planungssicherheit für Kläranlagenbetreiber. Da das Merkblatt ohne rechtliche Verbindlichkeit und ohne demokratische Legitimation erstellt wurde, stellt es lediglich eine „Dokumentation eines Fachgespräches zwischen Fachleuten dar. Es kann rechtlich nicht angefochten werden, weil es aus juristischer Sicht keine rechtliche Relevanz hat. Es ist daher nicht anders zu bewerten als eine beliebige Fachveröffentlichung. Leider zeigt jedoch die Praxis, dass solche Merkblätter von Genehmigungsbehörden wie rechtsverbindliche Anweisungen gehandhabt werden" (Riesen, van u. Willms 2000).

Die folgenden Ausführungen zeigen also lediglich, unter welchen materiellen Voraussetzungen eine nicht zuständige obere Landesbehörde die Mitbehandlung von biogenen Abfällen in einer Abwasserbehandlungsanlage als genehmigungsfähig und die Einleitung des dabei anfallenden Abwassers als erlaubnisfähig einstuft:

Für Abfälle einer Positivliste – Teil 1 – wird davon ausgegangen, dass die von der Mitbehandlung ausgehenden Umwelteinwirkungen im Vergleich zu denen möglicher anderer Entsorgungswege der Abfälle in relevanter Weise geringer sind (Ökobilanz positiv):[221]

- Abfälle aus der Nahrungsmittelverarbeitung,
- Überlagerte Nahrungsmittel (Milchverarbeitung, Back- und Süßwarenherstellung),
- Teigabfälle,
- Obst-, Getreide- und Kartoffelschlempen,
- Treber, Trub und Schlamm aus alkoholischen und alkoholfreien Getränkeherstellung wie Brauereien etc. und

[220] Und dies, obwohl als Folge der Co-Fermentation in aller Regel nur sehr geringe Mehrbelastungen durch Co-Substrate vorliegen.

[221] Vgl. zu den Abfallarten der sog. Positivliste Teil 1 ausführlich MUNLV 2001: 15.

- Marktabfälle (biologisch abbaubare Fraktionen).

Für Abfälle aus der Positivliste – Teil 2 – müsse auf Grund der heterogenen Zusammensetzung eine ergänzende vereinfachte Ökobilanz durchgeführt werden, welche die Zusammensetzung im Einzelfall und ihre Auswirkungen untersucht, um zu klären, ob die von der Mitbehandlung ausgehenden Umwelteinwirkungen im Vergleich zu denen möglicher anderer Entsorgungswege der Abfälle in relevanter Weise geringer sind (Ökobilanz bedingt positiv):[222]

- Fettabscheiderinhalte aus Fleisch- und Fischverarbeitung,
- Überlagerte Nahrungsmittel und Rückstände aus Konservenfabrikation (Nahrungsmittelverarbeitung, Abfälle aus der Zubereitung und Verarbeitung von Obst, Gemüse, Getreide, Speiseölen etc.),
- Überlagerte Genussmittel, Trester (aus alkoholischer und alkoholfreier Getränkeherstellung wie z.B. überlagerter Fruchtsaft) und
- Küchen- und Kantinenabfälle.

Bioabfälle aus Haushalten (Biotonneninhalte) sind nicht erwähnt und würden damit faktisch von der Mitbehandlung ausgeschlossen.

Dieses Merkblatt – für das weder eine gesetzliche Ermächtigung existiert noch eine innere Plausibilität für das Erfordernis einer dem Wasserrecht gänzlich unbekannten Ökobilanz erkennbar ist – zeigt beispielhaft, wie man durch Bürokratie und das Auftürmen von diffusen Genehmigungserfordernissen ohne entsprechende Genehmigungsstrukturen Innovationen be- oder verhindert. Die Vorgehensweise ist nicht etwa so, dass die technischen und rechtlichen Voraussetzungen einer separaten Vergärung mit denen einer gemeinsamen Vergärung verglichen werden. Die nicht nur ökologisch, sondern auch betriebswirtschaftlich vorteilhafte Mitbehandlung von biogenen Stoffen in dafür bislang nicht genutzten Abwasseranlagen wird – durch entsprechende Ausgestaltung der Positivlisten – vielmehr in solche Markt- und Entsorgungsnischen gedrängt, in denen es sich nicht lohnt, den dafür abverlangten Aufwand zu betreiben.

4.5.4 Fazit

Das europäische Umweltrecht stützt sich zunehmend auf das Konzept des integrierten resp. medienübergreifenden Umweltschutzes. Die entsprechenden Anforderungen des europäischen Integrationsgedankens sind in Deutschland formal seit August 2001 durch Änderungen der einzelnen medialen Fachgesetze im Rahmen eines Artikelgesetzes zur Umsetzung der UVP-Änderungsrichtlinie, der IVU-Richtlinie und weitere EG-Richtlinien zum Umweltschutz vorgenommen worden. Am parallelen Ansatz einer Prüfung der Umweltverschmutzungen in verschiedenen Genehmigungsverfahren ist hierbei allerdings – wenn auch bei vollständiger Koordination dieser Verfahren – festgehalten worden. Zur Vereinfachung des Umweltrechts tragen diese Neuerungen nicht bei. Stattdessen werden die Geneh-

[222] Vgl. zu den Abfallarten der sog. Positivliste Teil 2 ausführlich MUNLV 2001: 16.

migungsverfahren durch zusätzliche Genehmigungsschritte „aufgebläht" und damit für das betroffene Unternehmen noch zeit- und kostenintensiver (Müggenborg 2001: 208).

An dieser Stelle werden Zielkonflikte zwischen Regulation und (Umwelt-)Innovation sichtbar: Gesetzliche und untergesetzliche Umweltregelungen führen nämlich

- auf der einen Seite zu einem Schutz von Mensch und Umwelt,
- erhöhen auf der anderen Seite aber auch Aufwand und Zeitbedarf für die Entwicklung und Umsetzung innovativer Lösungen und
- schränken so innovatorische Entwicklungsfreiräume ein.

Nach den einschlägigen, die IVU- und UVP-Richtlinien der Europäischen Gemeinschaft umsetzenden Umweltrechtsvorschriften ist gemäß der hier vertretenen Auffassung eine Co-Vergärung allerdings dann genehmigungsfähig, wenn sich Vorteile für die Umwelt ableiten lassen wie z.B.:

- erhöhter Abbau oder Bindung von Schadstoffen und/oder
- Verkleinerung der Schadstofffrachten, die bei separater Behandlung der Stoffströme entstehen würden.

Die Mitbehandlung biogener Abfälle durch eine Co-Vergärung in Faulbehältern kommunaler Kläranlagen ist technisch durchführbar. (Labor-)Versuche haben gezeigt, dass gegenüber der reinen Klärschlammfaulung

- wesentlich mehr Biogas erzeugt wird,
- höhere Abbaugrade erreicht werden,
- die Entwässerbarkeit nur gering beeinflusst wird und
- die Filtratwasserbelastung nur leicht ansteigt.

Mit Bezug auf Nordrhein-Westfalen stellt sich zusätzlich die Frage, inwieweit ein vom LUA NRW erstelltes Merkblatt die Verbindlichkeit aufweist, die rechtliche Grundlagen und die Genehmigungsvoraussetzungen für die Co-Vergärung darzustellen, da eine Weisungsberechtigung des LUA NRW gegenüber den Wasserbehörden und den Abfallbehörden nicht vorliegt. Diese Behördenzuständigkeiten sind in NRW stattdessen durch Gesetz festzulegen. Am Parlament vorbei und ohne demokratische Legitimation werden so Innovationen be- oder sogar verhindert.

Nun sind historisch gewachsene, regionale, nationale und internationale Regelungen aus einzelwirtschaftlicher Sicht zumindest kurzfristig kaum zu beeinflussen. Trotzdem bedürfen diese Rahmenbedingungen für konkrete Innovationsfelder durchaus der Überprüfung. Die zukünftige Innovationsdynamik hängt auch oder gerade in einer vor der Modernisierung stehenden (Ab-)Wasserwirtschaft davon ab, dass entsprechende Regelungsbarrieren auch im behördlichen Vollzug abgebaut werden. Wenn man nicht nur programmatisch, sondern ernsthaft an integriertem medienübergreifendem Umweltschutz interessiert ist, müssen mit der Ausgestaltung und Handhabung des deutschen Umweltrechts einmediale Betrachtungsweisen und Ressortegoismen überwunden werden. Hierzu können ein einheitliches Anlagenzulassungsrecht nach dem Vorbild des BImSchG sowie eine

Behördenstruktur beitragen, die mit diesem Instrumentarium vorhersehbar umzugehen vermag. Demgegenüber ist eine allein nach Maßgabe des jeweiligen Fachrechts isoliert vorgehende Betrachtung im Zuge behördlichen Handels kontraproduktiv. Die Zusammenführung und Vereinheitlichung der verschiedenen, sich teilweise ergänzenden, teilweise aber auch widersprechenden Vorschriften des deutschen Umweltrechts in einem Umweltgesetzbuch erscheint gerade vor diesem Hintergrund noch immer dringlich (Müggenborg 2001: 208).

Dem Innovator hilft es wenig, wenn in Teilen der einschlägigen Rechtsliteratur kolportiert wird, das weit ausdifferenzierte deutsche Umweltrecht sei mit der Implementierung europarechtlicher Impulse de facto zu einem „integrierten" Umweltrecht umgebaut. Zumindest mit Bezug auf den hier behandelten Fall der Co-Vergärung zeigt sich in der behördlichen Genehmigungspraxis, dass mit der aktuellen Umsetzung des Umweltrechtes die Verwirklichung innovativer Entsorgungslösungen be- und in weiten Teilen sogar verhindert wird.

4.6 Fallbeispiele

Im vorangegangenen Abschnitt 4.5 wurde eine ganz spezielle Innovation in den Fokus einer sehr intensiven Betrachtung gerückt. Der folgende Abschnitt dient nun einer Erweiterung des Analysehorizontes, indem anhand von vier Fallbespielen die Einführung weiterer für die Wasserwirtschaft wichtiger Innovation betrachten wird. Ein fünftes Beispiel erweitert die Analyse um eine international vergleichende Perspektive. Im Rahmen dieser fünf Fallbeispiele liegt der Betrachtungsschwerpunkt auf dem Zusammenspiel verschiedener für die Innovationstätigkeit wichtiger Akteure.

4.6.1 Aufbau der Wasserver- und Abwasserentsorgung

Nachdem im frühen Mittelalter die Kenntnisse der antiken Großstädte über Stadthygiene im Verlaufe der Völkerwanderungen weitgehend vergessen oder unterschätzt wurden, stellte sich das Leben in den meisten Städten des Mittelalters als düster und schmutzig dar (Böhm et al. 2000: 12). Weder wurde die Fäkal- und Abfallbeseitigung in brunnennahen Abfallgruben oder im Bach als hygienisches Problem erkannt, noch die umfangreiche Tierhaltung oder das Gewerbe innerhalb der Wohnbebauung, noch die fehlende Pflasterung der Straßen und Plätze in den Städten. Eine zentrale Fäkal- und Abfallentsorgung gab es nicht (Frontinus-Gesellschaft 1991a bis 2004).

Selbst in Berlin wurden bis zum Jahr 1878 Regenwasser, Schmutzwasser, Küchenabfälle und teilweise Fäkalien über Rinnsteine entsorgt. Diese offenen Gräben (50 cm breit und über 60 cm tief) befanden sich zwischen Gehweg und Straße und mündeten ohne vorherige Behandlung in ein Gewässer („Vorfluter") ein. Sofern die Rinnsteine nicht unmittelbar zu Wasserläufen führten, mündeten sie in unterirdische Kanäle, die systemlos, dem augenblicklichen Bedarf entsprechend, meist mit viel zu großen Querschnitten und ohne genügendes Gefälle angelegt waren. Da hierdurch kein geordneter Abfluss gegeben war, bildeten sich Fäulnisherde und unangenehmer Geruch. Fäkalien sammelte man in Dunggruben, die per Hand geleert und mit Fuhrwerken entsorgt wurden. Da weder Straßen, Rinnsteine noch Fuhrwerke genügend abgedichtet waren, wurden Boden und Grundwasser verschmutzt.

Bis ins letzte Viertel des 19. Jahrhunderts holten auch im übrigen Deutschland sowohl die Bürger in der Stadt wie auch die Dorfbewohner ihr Wasser an öffentlichen Brunnen, sofern sie nicht über eine Grundwasserfassung in ihrem Haus- oder Hofareal verfügten. Häufig verwendeten die Bürger Bach- und Flußwasser in ihren Küchen. Da die Wasserläufe gleichzeitig die Abfälle aufnahmen, förderte dies das Auftreten von Krankheiten. Seuchen wie Cholera und Pest forderten das Leben tausender Menschen[223].

In der Mitte des 19. Jahrhunderts wurde der Zusammenhang zwischen den verheerenden Schmutzseuchen Pest, Cholera und Typhus und der mangelnden Hygiene erkannt (Meng 1993; Kelm 1992). Weil die Abwässer in offenen Rinnen durch die Städte flossen und die Menschen immer wieder den eigenen Abfallstoffen und den ausgeschiedenen Krankheitserregern ausgesetzt waren, konnten sich Krankheiten verbreiten[224]. Wasserrechtliche oder sonstige ordnungsrechtliche Vorgaben für diese Problembereiche bestanden nicht.

Die neue Technik

Als Reaktion auf diese Zustände, deren Auswirkungen sich bei einer stark anwachsenden Bevölkerung und Bevölkerungsdichte noch verstärkten, entstanden öffentliche Wasserversorgung und öffentliche Abwassersysteme mit zentralen Strukturen: Das Trink- und Brauchwasser wurde regelmäßig aus unbelasteten Gebieten in die verdichteten Siedlungsräume geleitet; Abwasser, Fäkalien sowie Abfälle wurden mit mobilen oder stationären Anlagen gesammelt und aus den dicht bewohnten Siedlungsbereichen abgeführt.

Wasserversorgungsanlagen

Als Wasserversorgungssystem entstand schließlich eine Gesamtheit von Wassergewinnungs- und -aufbereitungsanlagen, Speichern, Pumpen, Rohrleitungen und sonstigen Anlagen, die für die Bereitstellung von Wasser in gewünschter Menge und Beschaffenheit für die verschiedenen Verbraucher benötigt wurden (Frontinus-Gesellschaft 1977, 1982, 1991c).

Abwasserentsorgungsanlagen

Das durch häuslichen, gewerblichen, industriellen, landwirtschaftlichen und sonstigen Gebrauch in seinen natürlichen Eigenschaften und Inhaltstoffen veränderte Wasser („Abwasser") wurde aus den verdichteten Siedlungsräumen über zentrale Anlagen abgeleitet. Gleichfalls mit abgeleitet wurde das aus bebauten Gebieten

---

223 Siehe dazu wasser-wissen.de/uebersichten/abwassergeschichte.htm.

224 Siehe dazu: www.unser-wasser-hamburg.de.

(befestigten/versiegelten Flächen) abfließende Niederschlagswasser (Dunbar, 1912). Die Ableitung erfolgte entweder zunächst in eine Kanalisation oder direkt in oberirdische Gewässer, in Küstengewässer oder in das Grundwasser.

Die Einführung der Technik

Die neuen Techniken bestanden in dem Ersatz der ortsnahen privaten Wasserversorgung (Brunnen) durch zentrale öffentliche Versorgungsstrukturen (Rohrleitungen, Aufbereitungsanlagen), welche zunächst kostenlos waren. Später wurden diese dann zur Refinanzierung, zum Erhalt sowie zur Erweiterung kostenpflichtig und mit Anschluss- und Benutzungszwang versehen.

Im Bereich der Abwasserentsorgung bestand die neue Technik in der Schaffung von Vorflut für Niederschlagswasser und flüssige Abfälle sowie – nach Etablierung der Wasserspülung in den häuslichen Toiletten – in der Ableitung auch von Fäkalien und sonstigen Schmutzwässern. An diese gemeinsamen Ableitungsinfrastrukturen wurden in der Folge Reinigungsanlagen unterschiedlicher technischer Leistungsfähigkeit angebaut.

Die Abstimmung zwischen den Akteuren

Die Abstimmung zwischen den Akteuren bestand – bei vergröbernder und verallgemeinernder Sicht – in der durch Krankheiten und Epidemien gewachsenen allgemeinen Erkenntnis, dass eine dem Einzelindividuum überlassene Wasserversorgung und Abwasser-/Abfallentsorgung den neu erkannten hygienischen Anforderungen in keiner Weise gerecht werden konnte. Zudem wuchs die Erkenntnis, dass eine von der Allgemeinheit finanzierte Wasserversorgung und Abwasserentsorgung insgesamt kostengünstiger und versorgungssicherer war als Einzellösungen. Deshalb stießen die neuen Techniken und Ver-/Entsorgungsstrukturen auf große Akzeptanz. Flankiert wurde dies durch einen sukzessiven Ausbau und eine zunächst freiwillige Inanspruchnahme der neuen Infrastruktur.

4.6.2 Kooperationsvereinbarungen zwischen der Landwirtschaft und der Wasserversorgung

Auf der Grundlage der praktischen Erfahrungen bei der Wasserversorgung im Bereich von landwirtschaftlich genutzten Flächen lässt sich die Hypothese aufstellen, dass eine gute Abstimmung zwischen den Akteuren zu effizienterem Mitteleinsatz und effektiveren Organisationsformen sowie besseren technischen Lösungen führt, als wenn eine solche Abstimmung nicht erfolgen würde.

Dazu sei auf das Beispiel der freiwilligen Kooperationsvereinbarungen zwischen den öffentlichen Wasserversorgern und der Landwirtschaft hingewiesen (Mierzowski 2001; Hörr 2000; Löhr 1999; Schumann 1999).

Tatsächlicher Problembereich

Wassergewinnungsgebiete liegen überwiegend im ländlichen Raum, da unter Siedlungsgebieten auf Grund der Versiegelung keine oder kaum eine Grundwasserneubildung stattfindet[225]. Insofern werden diese Gebiete in erster Linie landwirtschaftlich genutzt.

Die vorwiegend landwirtschaftliche Nutzung der Trinkwassergewinnungsgebiete hat zunächst den entscheidenden Vorteil, dass unter Ackerland mit rd. 2 000 m^3/ha eine große Grundwasserneubildung stattfindet (bei unbewachsenem Boden bis 3 000 m^3/ha). Demgegenüber fällt die Grundwasserneubildung unter Grünland (1.200 m^3/ha), Laubwald (800 m^3/ha) und Nadelwald (500 m^3/ha) deutlich ab. In quantitativer Hinsicht – also das mengenmäßige Grundwasserdargebot betreffend – ist die Landwirtschaft demnach ein unverzichtbarer Partner der Wasserwirtschaft.

Anders sah das jedoch bzgl. der landwirtschaftlichen Flächennutzung und der daraus resultierenden Probleme für die Trinkwassergewinnung unter diesen Flächen aus. Zu Beginn der 1980er Jahre des vorigen Jahrhunderts stiegen insbesondere die Nitratgehalte des Grundwassers stark an. In der Landwirtschaft waren die Stickstoff-Importe aus Dünger deutlich stärker gestiegen als die Stickstoff-Exporte aus Ernteerträgen.[226] Das führte z.B. in Niedersachsen zu Stickstoff-Bilanz-Überschüssen von bis zu über 130 kg Stickstoff je ha und Jahr. Dies sowie strengere Anforderungen der Trinkwasserverordnung[227] und der vermehrte Einsatz von chemischen Pflanzenschutzmitteln wie Atrazin und Simazin führten zu beträchtlichen Mehraufwendungen in der Trinkwasseraufbereitung.

Es zeichnete sich damit eine Konfrontation zwischen Landwirtschaft und Wasser(versorgungs)wirtschaft ab, weil die Wasserwirtschaft entweder die Rohwasserentnahme aus derartigen Gebieten einstellen oder aber einen beträchtlichen Mehraufwand für die Entfernung dieser unerwünschten Stoffe aus dem Rohwasser tätigen musste bzw. die Landwirtschaft Produktionseinbußen durch ggf. reduzierten Dünge- und Pflanzenschutzmitteleinsatz hinzunehmen hätte.

[225] Z.B. in Niedersachsen befinden sich rd. 300 000 ha – also etwa 50 % der Trinkwassergewinnungsgebietsfläche -, auf Grundstücken, auf denen Ackerbau oder Grünlandwirtschaft stattfindet, der Rest wird überwiegend forstlich genutzt. Ausgehend von der landwirtschaftlich genutzten Fläche von 2,7 Mio. ha in Niedersachsen insgesamt liegen also rd. 12 % der niedersächsischen Landwirtschaftsfläche in Trinkwassergewinnungsgebieten.

[226] Natürlich gibt es auch Belastungen, die andere als landwirtschaftliche Ursachen haben. Aktuelle Untersuchungen zeigen aber, dass diese anderen Belastungen – bezogen auf die Gesamtmengen – nur etwa 10 % bis 20 % der Stickstoffeinträge (ATV-DVWK, Arbeitsbericht 2002, Stickstoffbilanz in Deutschland) und nur etwa 35 % der Phosphoreinträge (LAWA 1999, Fließgewässer der Bundesrepublik Deutschland; Karten der Wasserbeschaffenheit 1987-1996) ausmachen.

[227] Verordnung über Trinkwasser und Wasser für Lebensmittelbetriebe (Trinkwasserverordnung – TrinkwV), in der Fassung der Bekanntmachung vom 5.12.1990 (BGBl. I S. 2612).

Problemlösung durch Kooperation

Zur Problemlösung wurde zunächst der übliche Weg beschritten, gemäß dem Verursacher- und Vermeidungsprinzip ordnungsrechtlich an der Quelle der Beeinträchtigungen ansetzt.

Erste Lösungen suchten die Bundesländer mit sog. Gülleverordnungen[228] zu finden, mit denen die zulässigen Güllemengen und -ausbringungszeiten beschränkt wurden. Ähnliche Anstrengungen wurden auf Europäischer Ebene mit der EG-Nitratrichtlinie[229] im Jahre 1991 unternommen. Auf Bundesebene kam es dann im Jahre 1996 zur Verabschiedung der Düngeverordnung[230], die weitere Regeln einer landwirtschaftlichen Flächennutzung enthielt, *„um eine Verunreinigung des Wassers oder eine sonstige nachteilige Veränderung seiner Eigenschaften zu verhüten"*. Trotz dieser Bemühungen wurde weiterhin eine unnatürlich hohe Belastung mit Nitrat im oberflächennahen Grundwasser festgestellt. Derartige Nitratbelastungen des Grundwassers fanden sich auch in den Wasservorranggebieten für die Trinkwassergewinnung.

Entsprechende Problemlagen gab es bei den Pflanzenschutzmitteln und deren mittelbaren Eintrag in das Grundwasser, welche man zunächst gleichfalls ordnungsrechtlich über das sog. Pflanzenschutzmittelrecht[231] lösen wollte.

Angesichts dieser komplexen Rechtsmaterie verwundert es nicht, dass sowohl die Normadressaten als auch die Vollzugsbehörden erhebliche Schwierigkeiten in deren tatsächlicher Umsetzung hatten. Insbesondere gelangte man recht bald zu der Erkenntnis, dass nur ein partnerschaftliches Miteinander zu dauerhaften Lösungen führt, welche sowohl die Interessen der Landwirtschaft als auch die der Trinkwassergewinnung gleichermaßen berücksichtigen. Bedingungen für den tatsächlichen Erfolg des daraufhin initiierten Kooperationsmodells waren,

- dass die Beteiligten gemeinsame Interessen haben und
- dass die Bereitschaft zur ausreichenden Berücksichtigung der Interessen aller Kooperationspartner besteht.

---

[228] Siehe etwa die nw Verordnung über das Aufbringen von Gülle und Jauche, vom 13.3.1984 (GV.NW. S. 210).

[229] Richtlinie 91/676/EWG des Rates zum Schutz der Gewässer vor Verunreinigung durch Nitrat aus landwirtschaftlichen Quellen, vom 12.12.1991 (ABl. EG vom 31.12.1991 Nr. L 375 S. 1).

[230] Verordnung über die Grundsätze der guten fachlichen Ordnung beim Düngen (Düngeverordnung), vom 26.1.1996 (BGBl. I S. 118).

[231] Hierzu gehören: Gesetz zum Schutz der Kulturpflanzen (Pflanzenschutzgesetz), Pflanzenschutz-Sachkundeverordnung, Verordnung über Pflanzenschutzmittel und Pflanzenschutzgeräte (Pflanzenschutzmittelverordnung), Verordnung über die Anwendung bienengefährlicher Pflanzenschutzmittel (Bienenschutzverordnung), Gesetz über das Inverkehrbringen und die Anwendung von Pflanzenschutzmitteln in dem in Artikel 3 des Einigungsvertrages genannten Gebiet, Verordnung über Höchstmengen an Rückständen von Pflanzenschutz- und Schädlingsbekämpfungsmitteln, Düngemitteln und sonstigen Mitteln in oder auf Lebensmitteln und Tabakerzeugnissen (Rückstands-Höchstmengenverordnung).

Initiale Grundlage derartiger Kooperationen sind finanzielle Entschädigungen, die von der Wasserwirtschaft an die betroffenen Landwirte gezahlt werden.

So wurde z.B. in Nordrhein-Westfalen zu Beginn des Jahres 1989 vom dortigen Ministerium für Umwelt, Raumordnung und Landwirtschaft ein 5-Punkte-Programm aufgestellt, das ein kooperatives Vorgehen vorsah und bei dem die zuständigen Behörden, die zahlreichen Landwirte und regionale Wasserversorger beteiligt wurden. Behörden und Landwirte versuchten gemeinsam, durch gewässerverträgliche Bewirtschaftung die Pflanzschutzbehandlungsmittel-Einsatzmengen auf das unbedingt notwendige Maß zu reduzieren, Fehlanwendungen auszuschließen, Ausbringungsmethoden zu optimieren und umweltverträglichere Ersatzstoffe einzusetzen. Ziel war und ist es, das Einzugsgebiet der Wassergewinnungsgebiete zu sanieren und weitere Verschmutzungen zu vermeiden.

Der zweite Weg wurde über das sog. Kompensationsprinzip beschritten. Mit dem Bau und Betrieb von z.B. leistungsfähigen Aktivkohleanlagen wurde erreicht, dass pflanzschutzbehandlungsmittelfreies Trinkwasser jederzeit mit einer einwandfreien Qualität gewährleistet werden konnte. Durch die bedarfsweise Dosierung von Aktivkohlepulver, die Auswahl einer geeigneten Aktivkohlesorte sowie die Steuerung der Aktivkohledosiermenge konnte gezielt auf die Anwendungszeit, die Art und die Höhe der Pflanzenschutzmittel-Frachten im Rohwasser reagiert werden.

In derartigen Projekten – allein in NRW gibt es über 120 davon – wird ein kooperatives Nebeneinander von Landwirtschaft und Wasserwirtschaft versucht, ohne den jeweils anderen Kooperationspartner unzumutbar einzuschränken. Es geht um den Erhalt einer lebensfähigen Landwirtschaft unter Minimierung der Wasserbelastungen durch die landwirtschaftliche Nutzung. Regelmäßig geschieht dies dergestalt, dass die Wasserwirtschaft die Aufstockung des Beraterpotenzials der jeweiligen Landwirtschaftskammer im Bereich Pflanzenbau (Pflanzenschutz und Düngung) um zusätzliche Mitarbeiter finanziert. Insbesondere werden typischerweise folgende Maßnahmen durchgeführt:

- Kostenlose Beratung auf dem Gebiet der Pflanzenproduktion,
- Erstellung eines Nährstoffvergleichs nach Maßgabe der Düngeverordnung einschließlich Erklärung und Beratung,
- Erstellung eines gesamtbetrieblichen Düngeplanes mit dem Ziel eines Abbaus von Nährstoffüberschüssen sowie einer optimalen Verwertung des organischen und mineralischen Düngers zu den einzelnen Früchten,
- Förderung von Investitionen zur Erweiterung der betrieblichen Gülle- und Jauchelagerkapazität für eine Mindestlagerdauer von neun Monaten,
- Anbauberatung und kulturspezifischen Anwendungsempfehlungen bzgl. des Ersatzes gewässerrelevanter Pflanzenschutzmittel mit dem Ziel einer Verringerung von Pflanzenschutzmittel-Mengen und Anwendungen,
- Beratungen über die gewässerschonende Bewirtschaftung von Acker- und Grünlandflächen (Uferrandstreifen-, Erosionsschutz- und Ackerschonstreifenprogramme),
- Vermeidung der Aufbringung von Totalherbiziden auf befestigten, versiegelten oder abschwemmungsgefährdeten Flächen, sowie

- Projektfinanzierungen.

Durch die hiermit initiierte und gewährleistete Sicherung der Rohwasserqualität auf dem Wege einer von den Wasserversorgern finanzierten Unterstützung der Landwirte beim restriktiven Einsatz von Dünge- und Pflanzenbehandlungsmitteln konnte die Oberflächenwasser- und Grundwasserbelastung erheblich reduziert werden. Durch die kostenoptimale Kombination aus Schadstoff-Vermeidung (in der Landwirtschaft) sowie Schadstoffkompensation (Aktiv-Kohle-Technik im Wasserwerk) wurde zugleich eine erhebliche Minderung der Kosten und Risiken bei der Wasserversorgung erreicht. Von dieser Kooperation und der guten Abstimmung der Akteure profitieren nicht nur die Landwirte und die Wasserversorger sondern auch die Umwelt.[232]

Die theoretische Einordung

Aus umweltökonomischer Perspektive stellt das vorgestellte Fallbeispiel einen konkreten Anwendungsfall für das grundlegende Coase-Theorem (Coase, 1960) dar. Dieses sagt vorher, dass beim Auftreten schädlicher externer Effekte – im konkreten Fall die Verunreinigung von Grund- und Trinkwasser – die beteiligten Akteure Anreize haben, eine kooperative Problemlösung zu finden. Über die Aussage des Coase-Theorems hinaus unterstreichen die Beispiele die zentrale Bedeutung von Innovationen, um in der Wasserwirtschaft zu nachhaltigen Problemlösungen zu gelangen.

4.6.3 Einführung von Denitrifikation und zusätzlichen Anforderungen an die Abwasserqualität Ende der 1980er Jahre

Eine typische Folge des Anschlusses von baulichen Anlagen an die zentrale Trinkwasserversorgung war und ist die Inbetriebnahme von Toiletten mit Wasserspülung und damit der Anfall von Abwasser. Dieses Abwasser muss entsorgt, *„beseitigt"* werden. Im allgemeinen Sinne ist die damit angesprochene Abwasser-"Beseitigung" die Rückführung des Abwassers in den natürlichen Wasserkreislauf. Allerdings darf in Deutschland dieses Abwasser nicht ohne weiteres in die Gewässer eingeleitet werden sondern bedarf dafür nach Maßgabe der jeweils geltenden rechtlichen Vorschriften in der Regel einer vorhergehenden Behandlung.

[232] Dieses Konstrukt droht durch die Einführung von Wasserentnahmeentgelten Schaden zu nehmen. Denn wenn der Staat für die vermeintliche Zurverfügungstellung der Ressource Wasser Geld erhebt, dann muss zugleich auch er dafür Sorge tragen, dass diese Ressource tatsächlich für die Zwecke genutzt werden kann, welche der Wasserentnehmer verfolgt. Dann kann diesem aber schwerlich abverlangt werden, mit seinen eigenen finanziellen Mitteln sicherzustellen, dass die ihm vom Staat kostenpflichtig zur Verfügung gestellte Ressource vor nachteiligen, zum Teil sogar vor rechtswidrigen Benutzungen geschützt wird.

Diese rechtlichen Anforderungen an die Abwasserbehandlung nahmen zunächst die sauerstoffzehrenden Kohlenstoffverbindungen[233] sowie Schwermetalle in den Blick und sodann giftige, krebserregende, erbgutverändernde und sich anreichernde („gefährliche“) Stoffe. Auf der Anforderungsbasis der „allgemein anerkannten Regeln der Technik“ (a.a.R.d.T.) wurden Ende der 1970er Jahre die ersten Abwasserverwaltungsvorschriften erarbeitet. In den 1980er Jahren folgte die Vereinheitlichung der Anforderungen über die Rahmen-Abwasserverwaltungsvorschrift. In den branchenbezogenen Anhängen der Rahmen-AbwasserVwV wurde neben den a.a.R.d.T. auch der Stand der Technik (St.d.T.) für bestimmte Stoffe und Stoffgruppen aus bestimmten Abwasserherkunftsbereichen gefordert. In den 1990er Jahren geschah dann im Wesentlichen die Umformung der Abwasserverwaltungsvorschriften in eine rechtsklare, vereinheitlichte Abwasserverordnung mit zurzeit insgesamt 53 Anhängen und einer rechtsmittelfesten Konstruktion der erforderlichen Analysen- und Messverfahren.

Zusätzlich hierzu wurde vor etwa 15 Jahren zunächst durch Verwaltungsvorschriften zur Konkretisierung der a.a.R.d.T. erstmalig die obligatorische wasserrechtliche Forderung gestellt, Stickstoffverbindungen aus dem Abwasser zu entfernen. Erstmalig findet sich eine dahin gehende Forderung im Jahr 1989 im Anhang 1 („Gemeinden“) zur Allgemeinen Rahmen-Verwaltungsvorschrift über Mindestanforderungen an das Einleiten von Abwasser in Gewässer – Rahmen-AbwasserVwV[234], mit der die bis dahin geltende 1. AbwasserVwV vom 9. November 1988[235] außer Kraft gesetzt wurde. Dieser neue Anhang 1 verlangte in Abhängigkeit von der Größe der zu Behandlung häuslicher und kommunaler Abwässer eingesetzten Kläranlage eine Begrenzung des Ammoniumstickstoffs (NH_4-N) auf mindestens 10 mg/l. Bereits am 19. Dezember 1989 wurde diese Rahmen-AbwasserVwV wiederum geändert[236] sowie am 27. August 1991[237] nochmals[238], erneut geändert durch Verwaltungsvorschrift vom 31. Januar 1994[239] sowie durch Verwaltungsvorschrift vom 5. September 1995[240]. Parallel hierzu trat die europäische Kommunalabwasserrichtlinie[241] in Kraft, welche ihrerseits durch die deutsche

233 Das ursprüngliche Reinigungsziel der Kläranlagen bestand in der Eliminierung der organischen Fracht. In den Jahren von 1969 bis 1993 konnte beispielsweise die organische Restverschmutzung öffentlicher Kläranlagen in Baden-Württemberg von ca. 75 000 t BSB_5 (biologische Sauerstoffbedarf in 5 Tagen) auf unter 10 000 t BSB_5 gesenkt werden.

234 Vom 8. 9.1989 (GMBl. S. 518).

235 GMBl. S. 600.

236 GMBl. S. 798.

237 GMBl. S. 686.

238 Siehe die Neufassung der Bekanntmachung vom 25. 11.1992 (BAnz. Nr. 233b S. 1 vom 11. 12.1992).

239 BAnz. S. 1076.

240 BAnz. Nr. 177, S. 10539; siehe die Neufassung vom 31.7.1996 (BAnz. Nr. 164a vom 31. 8.1996, GMBl. 1996 S. 729).

241 Richtlinie 91/271/EWG des Rates über die Behandlung von kommunalem Abwasser, vom 21. Mai 1991 (ABl. EG vom 30.5.1991 Nr. L 135 S. 40).

Legislative und Exekutive umzusetzende Vorgaben bzgl. der Nährstoffelimination enthielt.

Seit dem wird neben der vorgenannten Begrenzung des Ammoniumstickstoffs auch der organische Stickstoff gesamt (N_{gesamt} als Summe von Ammonium-, Nitrit- und Nitrat-Stickstoff) begrenzt und zwar ab Kläranlagengrößen über 100 000 Einwohner(gleich)werte zunächst auf 18 mg/l, heute sogar auf mindestens 13 mg/l.

Zwischenzeitlich wurde die Rahmen-AbwasserVwV durch die Abwasserverordnung[242] abgelöst und der bisherige Anhang 1 zur Rahmen-AbwasserVwV erhielt gleichfalls die Rechtsqualität einer Rechtsverordnung. Überdies wurden die Anforderungen an die Stickstoffelimination nochmals verschärft. Seit dem 1. August 2003 ist für Kläranlagen über 100 000 EW/EGW für den Gesamtstickstoff ein Überwachungswert von 13 mg/l einzuhalten. Angesichts der noch strengeren Vorgaben der Europäischen Kommunalabwasserrichtlinie erscheint es nicht ausgeschlossen, dass diese Vorgaben nochmals verschärft werden: auf 10 mg/l $Stickstoff_{insgesamt}$ (welcher zusätzlich auch die anorganischen Stickstoffverbindungen einschließt).

Die neue Technik

Um dieses Ziel zu erreichen, müssen die im Abwasser gelösten Stickstoffverbindungen in der Regel zunächst aufoxidiert werden (Nitrifikation) um sodann in einem zweiten Behandlungsschritt den Sauerstoff und den Stickstoff elementar freisetzen zu können (Denitrifikation[243]). Hierzu bedurfte es gänzlich neu konzipierter Kläranlagen mit größeren Reaktionsräumen („Beckenvolumina")[244] und unterschiedlichen Belüftungsverhältnissen und Nährstoffbereitstellungen. Vielfach waren die bisherigen Kläranlagenstandorte nicht geeignet, die neuen Behandlungsvolumen aufzunehmen, so dass gänzlich neue Kläranlagen an anderen Standorten gebaut werden mussten.

[242] Verordnung über Anforderungen an das Einleiten von Abwasser in Gewässer (Abwasserverordnung – AbwV), in der Fassung der Bekanntmachung vom 17.6.2004 (BGBl. I S. 1108).

[243] Unter Denitrifikation versteht man hierbei die Fähigkeit von Mikroorganismen, selektiv Nitrat durch enzymatische Aktivitäten zu molekularem Stickstoff zu reduzieren. Dieser Prozess findet nur statt, wenn kein frei gelöster Sauerstoff im Wasser vorhanden ist (anoxisches Milieu). Die Denitrifikation ist der einzige biologisch bekannte Prozess, durch den organische oder anorganische Stickstoffverbindungen zu Stickstoffgas zersetzt und letztlich wieder in den Stickstoffkreislauf der Atmosphäre zurückgeführt werden können. Wie bei der Nitrifikation sind auch bei der Denitrifikation verschiedene bakterielle Enzyme beteiligt. Im Unterschied dazu kann aber die Denitrifikation von einem einzigen Organismus durchgeführt werden. Die Reaktion ist also nicht vom Vorhandensein zweier verschiedener Bakterienstämme abhängig. An der Umwandlung des Nitrat-Stickstoffs sind Organismen beteiligt, die man allgemein als Denitrifikanten bezeichnet.

[244] Durchschnittlich bedurfte es für die gleiche Abwassermenge eines etwa dreifachen Behandlungsvolumens.

Die Einführung der Technik

Diese neuen Forderungen beruhten nicht auf einer Fortentwicklung der allgemein anerkannten Regeln der Technik sondern letztlich auf dem sog. 10-Punkte-Programm von 1988 des seinerzeitigen Bundesumweltministers Klaus Töpfer, welcher sich dazu wiederum bzgl. des Parameters „Stickstoff" durch die Algenblüte und das Robbensterben in der Nordsee veranlasst sah.

Die komplizierten biochemischen Abläufe der Stickstoffelimination und deren bautechnische sowie betriebliche Flankierung konnten sich bei Einführung der vorgenannten rechtlichen Anforderungen nicht auf die vom damaligen § 7a Abs. 1 Wasserhaushaltsgesetz (WHG) gestützten „allgemein anerkannten Regeln der Technik" stützen sondern stellten bereits damals den Stand der Technik oder sogar den Stand von Wissenschaft und Lehre dar.

In den allermeisten Fällen mussten die Beckenvolumen der kommunalen Kläranlagen zur betriebssicheren Umsetzung der neuen Anforderungen deutlich vergrößert und die bisherigen Betriebsweisen gänzlich abgeändert werden. Für Anlagenplaner, -hersteller und -ausrüster ebenso wie für die Anlagenbetreiber führte die Umsetzung dieser neuen Forderungen mangels eigener Erfahrungswerte zu einem „learning by doing".

Die Abstimmung zwischen den Akteuren

Die Durchsetzung der neuen Anforderungen erfolgte ordnungsrechtlich durch entsprechende rechtliche Vorgaben in neuen wasserrechtlichen Erlaubnisbescheiden und wurde durch abwasserabgabenrechtliche Sanktionen (Abgabepflicht für die neuen Parameter Phosphor und $\text{Stickstoff}_{\text{gesamt}}$) flankiert.

Diese Umsetzung der neuen rechtlichen Forderungen fiel in eine Zeit, in der auf Grund der zuvor verschärften Anforderungen an den Kohlenstoffabbau der Neubau und Umbau der kommunalen Kläranlagen ohnehin voll im Gang war. Dieser Neubau und Umbau wurde durch das Abwasserabgabenrecht flankiert, welches gegen Ende der 1980er Jahre durch einen Wechsel von abwasserabgabenrechtlichen Bezugs-, Höchst- und Regelwerten hin zu den Überwachungswerten des wasserrechtlichen Bescheides geprägt war – zu denen seinerzeit aber noch nicht die Pflanzennährstoffe gehörten.

Diejenigen Kläranlagenbetreiber, welche ohnehin schon mit dem Umbau/Neubau ihrer Kläranlagen angefangen hatten, wurden von den mehrfachen Verschärfungen der wasserrechtlichen Anforderungen überholt: Im Zeitpunkt der Kläranlageneinweihung waren deswegen sogar viele neue Kläranlagen schon zu Sanierungsfällen geworden. Dies führte wegen der mehrfachen aktionistischen Rechtsänderung zu einer großen Verunsicherung, ab wann mit einer Umplanung und einem rechts- und investitionssicheren Umbau begonnen werden könne.

Diejenigen Kläranlagenbetreiber, welche von diesen Neuerungen in der Kläranlagen-Planungsphase betroffen wurden, mussten ihre Planungen u.U. mehrfach korrigieren, weil die neuen Forderungen nicht einfach durch zusätzliche Bauteile erfüllt werden konnten, sondern gänzlich neue Konfigurationen sowie Bau- und Betriebsweisen erforderten. Diejenigen Kläranlagenbetreiber, die sich mit dem

Beginn ihrer Planungsarbeiten viel Zeit gelassen hatten, wurden dadurch faktisch belohnt.

Die Behörden, welche sich mit der Genehmigung der neuen Kläranlagen zu befassen hatten, gaben in aller Regel die Planungsunterlagen an die Planungsträger mit der Bitte zurück, die Anlage so zu überplanen bzw. die Planung so zu ändern, dass sie auch die neuen rechtlichen Anforderungen erfüllen würden. Es kam mithin zu einer Stagnation bei der baulichen Umsetzung von Gewässerschutzanlagen und damit zu einer Verzögerung im Gewässerschutz.

In vielen Fällen führten die neuen Anforderungen zu Kläranlagendimensionen, welche am bisherigen Standort nicht zu realisieren waren, so dass es zu gänzlich neuen Kläranlagenstandorten kam; bisweilen wurde dieses Erfordernis dazu genutzt, gleich mehrere Kläranlagenstandorte aufzugeben und größere, zentrale Kläranlagen zu erstellen. Allerdings führten diese neuen Dimensionen der Kläranlagen zur UVP-Pflichtigkeit der Genehmigungsverfahren und damit zu zusätzlichen Verfahrensverzögerungen und zu weiteren Verzögerungen im Gewässerschutz.

Die Kämmerer der in aller Regel kommunalen Kläranlagenbetreiber kamen bei der Abwälzung der durch die mehrfache Kläranlagenüberplanung sowie durch die Aufgabe noch nicht abgeschriebener Anlagenbauteile entstehenden Kosten in große kamerale Schwierigkeiten, welche zugleich die kommunalpolitische Bereitschaft zu vorgezogenem oder zeitnahem Gewässerschutz deutlich reduzierte.

Eine hinreichende Abstimmung zwischen den Akteuren bzw. adäquate Berücksichtigung der Investitionspläne der Abwasserentsorger erfolgte nicht. Dieses Manko führte zu Fehlinvestitionen und Mehrfachplanungen sowie zu verzögertem Gewässer- und Umweltschutz. Die Bereitschaft zur freiwilligen Kläranlagennachrüstung wurde erheblich reduziert, weil diejenigen, welche am längsten mit dem Kläranlagenneubau gewartet hatten, am Ende die wirtschaftlichste Lösung erzielten.

4.6.4 Einführung von Membranverfahren

Eine typische Folge des Anschlusses von baulichen Anlagen an die zentrale Trinkwasserversorgung ist die Inbetriebnahme von Toiletten mit Wasserspülung und damit der Anfall von Abwasser. Dieses Abwasser muss entsorgt, beseitigt werden. Im allgemeinen Sinne ist die damit angesprochene Abwasser-"Beseitigung" die Rückführung des Abwassers in den natürlichen Wasserkreislauf. Allerdings darf in Deutschland dieses Abwasser nicht ohne weiteres in Gewässer eingeleitet werden. Hierfür bedarf es vielmehr regelmäßig nach Maßgabe der jeweils geltenden rechtlichen Vorschriften einer vorhergehenden Behandlung im Sinne einer Reduzierung der Schadstofffracht und damit der Schadwirkung des eingeleiteten Abwassers nach Maßgabe von durch Rechtsvorschriften vorgegebenen obligatorischen Emissionsminderungen. Ggf. treten noch darüber hinausgehende zusätzliche, immissionsseitig begründete Anforderungen hinzu.

Diese rechtlichen Anforderungen an die Abwasserbehandlung nahmen zunächst die sauerstoffzehrenden Kohlenstoffverbindungen sowie Schwermetalle in den

Blick und sodann giftige, krebserregende, erbgutverändernde und sich anreichernde Stoffe. Zusätzlich hierzu wurde vor etwa 15 Jahren durch Verwaltungsvorschriften zur Konkretisierung der allgemein anerkannten Regeln der Technik die obligatorische wasserrechtliche Forderung gestellt, Stickstoffverbindungen aus dem Abwasser zu entfernen.

Neuere wissenschaftliche wasserwirtschaftliche Bewertungen kommen zu der Auffassung, dass jedenfalls in begründeten Einzelfällen weitere Stoffe dem Abwasser fernzuhalten bzw. aus dem Abwasser zu entfernen seien. Insbesondere werden dabei Arzneimittelrückstände (Pharmaka) sowie Bakterien und Parasiten in den Blick genommen, sofern diese in Trinkwasseraufbereitungsanlagen zu geraten drohen.

Die neue Technik

Da mit den herkömmlichen Reinigungsmethoden der mechanischen, biologischen oder biochemischen Abwasserbehandlung in kommunalen Kläranlagen diesen Abwasserinhaltsstoffen aus der Sicht dieser Innovierer nicht hinreichend wirksam begegnet werden kann, haben Wissenschaft und Forschung Verfahren der Mikro- und Ultrafiltration entwickelt, welche diese Stoffe zurück halten sollen.

Membranfiltrationsverfahren werden in der Wassertechnologie schon seit längerem eingesetzt. Sie ermöglichen die Elimination von problematischen Stoffen wie Bakterien und Viren, verbessern den Abbau der organischen Schmutzstoffe und damit die Qualität des gereinigten Abwassers bzw. des Trinkwassers.

Verfahrenstechnisch erfolgt dies durch die Entfernung von feinsten Partikeln bis hin zu gelösten Stoffen aus Wasser oder Abwasser mittels eines auf einer Stützschicht aufgebrachten sehr feinen Filters, d.h. durch Membranen. Membranverfahren erlauben somit eine Feinreinigung des Abwassers ohne Anwendung von Chemikalien.

Zu den Membranverfahren gehören die

- Umkehrosmose
- Nanofiltration
- Mikrofiltration und
- Ultrafiltration.

Einsatzgebiete für Membranverfahren waren bis dahin z.B. Meerwasserentsalzung, Gewinnung von Prozesswasser sowie Gewinnung von Reinwasser. Membranverfahren wurden aber auch schon u.a. in der Nahrungsmittelindustrie (Milchverarbeitung), der Medizin (Dialyse), der Pharmaindustrie, der Trinkwasseraufbereitung und der Abwasserreinigung eingesetzt.

Membranverfahren erscheinen aber grundsätzlich auch auf die Abwasserreinigung übertragbar. Da die biologische Reinigung und die Abtrennung des Klärschlamms in einem gemeinsamen Prozessschritt erfolgen, wird keine separate Nachklärung benötigt, so dass Membrankläranlagen weniger Platz benötigen als konventionelle kommunale Kläranlagen[245]. Zusätzlich fällt weniger Klärschlamm an, der entsorgt oder verwertet werden muss.

Die Einführung der Technik

Eine wasserrechtliche Forderung zur Installation von Membrananlagen in der Abwasserbehandlung gibt es für kommunale und häusliche Abwässer nicht. Auch werden in aller Regel für die Stoffe, welche Membrananlagen zurückhalten könnten, keine wasserrechtlichen Forderungen gestellt oder abgabenrechtliche Sanktionen verhängt. Die neuen Techniken können deswegen weder ordnungsrechtlich verlangt noch betriebswirtschaftlich plausibel dargestellt werden.

Es wird jedoch bereits Seitens der Produktanbieter der Versuch unternommen, die Erforderlichkeit derartiger Filtrationsanlagen aus dem Anhang zu § 7 a Abs. 5 Satz 2 WHG abzuleiten, der 12 Kriterien benennt, die bei der Bestimmung des Standes der Technik insbesondere (vorbeugend und vorsorgend) zu berücksichtigen sind. U.a. wird dort die „Notwendigkeit, die Gesamtwirkung der Emissionen und die Gefahren für den Menschen und die Umwelt so weit wie möglich zu vermeiden und zu verringern“, betont. Zu derartigen Gefahren für den Menschen könnten auch mikrobielle Schadorganismen sowie Arzneimittelreste zählen, deren Emissionen deshalb vorsorgend vermieden werden sollten.

Allerdings bedarf es zur praktischen Umsetzung dahin gehender Forderungen zunächst einer Übernahme einer solchen Argumentationskette durch den Bundesverordnungsgeber in seine herkunftsbereichsbezogenen Anhänge zur Abwasserverordnung. Und selbst wenn dieser sich einer solchen Argumentation anschließen würde, käme hier vorrangig keine Änderung des Anhanges 1 (häusliches und kommunales Abwasser) in Betracht, sondern die Etablierung eines eigenständigen Anhanges zur Abwasserverordnung für die Vermeidung, Verminderung und Behandlung von Krankenhausabwasser [246] (bzw. eines Anhanges für Abwasser aus der Landwirtschaft). Für den im Krankenhausabwasserbereich bislang gesehenen Handlungs- und Behandlungsbedarf behilft man sich bislang mit der Anwendung des Anhanges 1 zur Abwasserverordnung unter Berücksichtigung des ATV-DVWK-Merkblattes M 775. Zwar besteht wegen der weitgehend ambulanten Medikation von Patienten in aller Regel kein sachlicher Grund, abweichend von den Vorgaben des Anhanges 1 zur Abwasserverordnung eigenständige Anforderungen an Krankenhausabwässer zu stellen; im Einzelfall kann dies jedoch gleichwohl sinnhaft sein (UBA-Texte 74/95; Gartiser u.a., 1994). So konzentrieren sich im Abwasser von Kliniken, in denen chemotherapiert[247] wird, erbgutschädigende und umweltbelastende Medikamentenrückstände. Andere Problemstoffe finden sich in

---

245 Allerdings stimmt dieser Befund nur für gänzlich neu konzipierte Kläranlagen, da vorhandene kommunale Kläranlagen typischerweise bereits eine Nachklärungsstufe vorhalten.

246 Ausführlich zu diesem Themenkomplex: Flöser 1999; Kostka 2003.

247 Zu den Spezifika derartiger CMR-Arzneimittel gehört deren **C**ancerogenität, **M**utagenität und **R**eproduktionstoxität.

Antibiotika[248], Desinfektionsmitteln, Röntgenkontrastmitteln, Barbituraten und Immunsuppressiva. Einige dieser biologisch nicht abbaubaren Rückstände[249] sind auch nach der Kläranlagenbehandlung in Konzentrationen und Wirkungen nachweisbar, die mit Pflanzenschutzmitteln vergleichbar sind. Es wird ferner vermutet, dass der Eintrag solcher Stoffe in die Gewässer ein Grund dafür ist, dass Antibiotika nicht mehr so wirksam sind und dass Fische und Wasserschnecken immer mehr verweiblichen.

Allerdings weisen die Mentoren einer Membranbehandlung darauf hin, dass auch aus den klassischen biologischen Abwasserbehandlungssystemen kommunaler Kläranlagen hygienisch bedenkliche Abwasser-Keime in hohen Konzentrationen emittiert würden (Viren, Bakterien, Parasiten etc.). Membranfiltrationssysteme könnten hier mit geringem Aufwand zu hygienisch einwandfreien Abwassereinleitungen führen.[250]

In Ermangelung von eindeutigen rechtlichen Ermächtigungsgrundlagen zur Forderung derartiger Membrananlagen, wie auch wegen mangelnder Betriebs- und Betriebskostenerfahrung forciert die Ministerialbürokratie die Markteinführung von Membrananlagen durch Förderinstrumentarien: Aus dem Aufkommen der Abwasserabgabe werden sog. Pilotanlagen gefördert, an welchen die neuen Techniken ausprobiert werden und etwa auftretende Fehlerquellen analysiert und ausgemerzt werden. In Nordrhein-Westfalen geschah dies zunächst an einer kleinen Kläranlage für 500 Einwohner, dann an einer größeren für 5 000 Einwohner und sodann an einer Kläranlage für ca. 80 000 Einwohner[251] sowie an einer Kläranlage für die Behandlung von Abwässern der chemischen Industrie[252].

Sofern sich diese Anlagen im Betrieb bewähren („ordnungsrechtliche und abwasserabgabenrechtliche Betriebssicherheit") und die erwarteten zusätzlichen Reinigungsleistungen zu vertretbaren Kosten erbringen, erscheint es nicht ausgeschlossen, dass in der Folge auch die wasserrechtliche Forderung kommt, Keime und Arzneimittel aus dem häuslichen/kommunalen Abwasser zu entfernen. Zunächst wird sich diese Forderung möglicherweise auf die Einzugsgebiete von

[248] Allein in der Humanmedizin wurden in Deutschland im Jahr 1999 411 000 kg Antibiotika eingesetzt.

[249] Es gibt allerdings keinen naturwissenschaftlichen Automatismus, dass mangelnde Abbaubarkeit zugleich auch eine Gefährdung der Umwelt und des Menschen bedeutet.

[250] Allerdings stellt sich dann auch folgende Fragen, bevor Kläranlagenbetreiber in neue Investitionen gezwungen werden: Warum werden derartige biologisch nicht abbaubare Stoffe zugelassen? Ist der Einsatz dieser Stoffe im bisherigen Umfang wirklich notwendig (beim Antibiotikaeinsatz sollen im Humanbereich 20–50 % unnötig sein, im Agrikulturbereich sogar 40–80 %)? Warum wird hier keine Teilstromstrategie betrieben?

[251] Als weltweit wohl größte kommunale Membrankläranlage (80 000 EW) wurde im Frühjahr 2004 die Kläranlage Nordkanal/Kaarst nahe Düsseldorf mit einer Kapazität von bis zu 1.881 m^3/h in Betrieb genommen. Das Umweltministerium hat den Bau dieses Gruppenklärwerks Nordkanal des Erftverbands mit 6,6 Millionen Euro aus der Abwasserabgabe gefördert.

[252] Schering-AG (Bergkamen). Mit einer durchschnittlich zu behandelnden CSB-Fracht äquivalent 100 000 Einwohnerwerten ist diese Anlage eine der größten Membranbelebungsanlagen der Welt.

Trinkwassergewinnungsanlagen sowie auf Badegewässer beschränken, sodann aber sicherlich auch auf andere Gewässer erstrecken. Ein ungeklärtes argumentatives Problem derartiger Forderungen wird aber der Eintrag identischer Keime und Arzneimittel aus den Regenentlastungen der kommunalen Kanalisation sowie aus der Landwirtschaft bleiben.

Die Abstimmung zwischen den Akteuren

Die Durchsetzung der neuen Anforderungen erfolgt bislang allein durch finanzielle Förderung von Pilotvorhaben. Daneben erfolgt jedoch eine Flankierung durch mehr oder weniger massive umweltpolitisch verbrämte Forderungen, solche neue Techniken auch ohne entsprechende rechtliche Vorgaben einzusetzen.

Die umweltpolitische Forcierung der Einführung von Membranverfahren in der Abwasserbehandlung fällt in eine Zeit, in welcher die kommunalen Kläranlagenbetreiber mit einem gewaltigen finanziellen Kraftakt bundesweit alle kommunalen Kläranlagen zumeist durch deren gänzlichen Neubau auf das höchste europäische Anforderungsniveau gebracht haben. Der durch den Anhang 1 zur Abwasserverordnung abverlangte Abbau von Pflanzennährstoffen hat dabei zu Kläranlagengrößen und Betriebsoptimierungen geführt, deren Reinigungsergebnis sich wegen der langen Aufenthaltsdauer in der Kläranlage auch auf die sonstigen Abwasserinhaltsstoffe positiv auswirkt. Sprunghafte Verbesserungen der Gewässerqualitäten in den Einleitungsbereichen der kommunalen Kläranlagen bestätigen dies. In gleicher Weise werden seit geraumer Zeit die kommunalen Kanalnetze optimiert und in den Entlastungsbauwerken mit Rückhalte- und Reinigungsanlagen nachgerüstet. Deshalb wird von den Betreibern gar kein wasserwirtschaftlich begründbarer Bedarf für eine erneute flächendeckende Kläranlagennachrüstung gesehen: Nachvollziehbare tatsächliche Probleme werden gar nicht gesehen.

Überdies scheitern die hinter den Erwägungen diesbezüglich Kläranlagennachrüstungen stehenden Überlegungen daran, dass aus den Entlastungen der kommunalen Kanalisationen im Mischsystem gänzlich unbehandelte und nur verdünnte bzw. sedimentierte Abwässer in die Gewässer entlastet werden. Eine Behandlung dieser Abwässer in den Membrananlagen wäre wegen der stoßweise anfallenden großen Mengen und der mechanischen Störstoffe außerordentlich aufwändig.

Anders könnte sich der Sachverhalt dann darstellen, wenn die jetzt neu erstellten Kläranlagen selbst wiederum neu gebaut werden müssten und deshalb die gesamte Anlagenkonfiguration in Frage gestellt und gänzlich neu konzipiert werden könnte. Selbst dann müssten jedoch die zu den Kläranlagen führenden Kanalisationen zu Trennsystemen umgewandelt werden, um die bis dato stattfindenden Entlastungen unbehandelter Abwässer in Gewässer zu verhindern.

4.6.5 Grundzüge und Merkmale des Innovationssystems in der französischen Wasserwirtschaft

Bedeutung und Zusammenspiel der Akteure

Im Vergleich zu anderen Industrienationen wie auch zu Deutschland weist das Innovationssystem der französischen Wasserwirtschaft einige besondere Merkmale auf. Ein besonders prägnantes Charakteristikum ist dabei die operative Durchführung der Dienstleistungen in Frankreich, die sich als „tête-à-tête" zwischen mehreren tausend Kommunen bzw. lokalen Verwaltungseinheiten und drei großen privatwirtschaftlichen Unternehmen darstellt, von denen das Wasser für mehr als 80 % der Bevölkerung bereitgestellt wird und die für ca. 62 % die Abwasserentsorgung besorgen.

Demzufolge nehmen die Unternehmen Veolia Water, Suez-Ondeo und in einem geringeren Umfang SAUR auch Schlüsselfunktionen im französischen Innovationssystem wahr. Alle drei Unternehmen haben sich in den Bereich mehrerer kommunaler Infrastruktur-Dienstleistungen diversifiziert, so zum Beispiel die Abfallentsorgung, die Fernwärmeversorgung, den öffentlichen Personennahverkehr sowie auch die Strom- oder Gasverteilung. Diese drei Unternehmen dominieren nicht nur die französische Wasserwirtschaft sondern repräsentieren auch auf dem internationalen Markt die Nummern eins, zwei und vier.

Infolge dieser Dominanz sind einige wasserwirtschaftliche Akteure, die in anderen Ländern eine starke Rolle spielen, in Frankreich deutlich unbedeutender.

- National haben unabhängige Ingenieurbüros in Frankreich nur eine geringe Bedeutung, da sie im Wettbewerb mit den entsprechenden Tochterunternehmen der großen Betreiber und öffentlichen Institutionen, die ebenfalls umfangreiche Ingenieursdienstleistungen erbringen, nur einen geringen freien Markt finden.
- Fachvereinigungen wie in Deutschland der BWK, der DVGW oder die DWA, die z.B. technische Regelwerke erarbeiten, Berufsbildung organisieren oder Know-how-Transfer initiieren, sind in Frankreich nicht mit diesem Aufgabenspektrum installiert bzw. ausschließlich auf die Interessensvertretung z.B. der großen Unternehmen konzentriert.
- Auch die Forschungslandschaft wird von Veolia Water und Suez-Ondeo dominiert. Ihre in der Umgebung von Paris angesiedelten Forschungs- und Entwicklungszentren repräsentieren die höchste Konzentrierung wasserbezogener Technologieforschung in Frankreich. Weitere größere Forschungszentren haben einige Unternehmen der Chemiebranche eingerichtet, so zum Beispiel L`Air Liquide, Atofina-Total und Rhodia. Auf der anderen Seite tragen mehrere hundert kleinere Laboratorien bzw. Forschungsinstitute aus dem Bereich von Universitäten und Ingenieurschulen sowie von kleinen und mittelständischen Unternehmen weniger als 10 % des gesamten Forschungsaufwands im Wasserbereich. Insgesamt sind die Forschungsanteile der privaten bzw. öffentlichen Institutionen bzw. Laboratorien relativ ausgeglichen, wobei sich der öffentliche Sektor sehr zersplittert darstellt.

Auf Grund dieser Merkmale haben einige Innovationskanäle in Frankreich eine höhere Bedeutung, als dies in anderen europäischen Ländern der Fall ist.

Dies lässt sich insbesondere festmachen an der in Frankreich üblichen Praxis der schlüsselfertigen Ausschreibungen für den Bau oder die Sanierung sowie häufig auch den anschließenden Betrieb von wasserwirtschaftlichen Anlagen. Im Gegensatz zu den Ausschreibungen, die z.B. mittels Leistungsverzeichnis detaillierte Vorgaben für die zu erbringenden Leistung festlegen, haben die Anbieter bei schlüsselfertigen Ausschreibungen eine offenere Wahlmöglichkeit zwischen den zur Verfügung stehenden Technologien. Ein Schwerpunkt bei der Auswahl wird dabei insbesondere dann auf die Gesamtwirtschaftlichkeit der angebotenen Lösung gelegt, wenn die Anlagen auch über einen längeren Zeitraum zu betreiben sind.

Die Betreiberunternehmen greifen dabei nicht nur auf firmenintern entwickelte Verfahren zurück, sondern können auch umfassend Technologien nutzen, die in anderen Ländern entwickelt wurden. Diese Möglichkeiten ergeben sich für die großen Betreiberunternehmen durch

- die weltweite Zusammenarbeit der eigenen Forschungs- und Entwicklungszentren mit denen in anderen Ländern,
- die Übernahme spezialisierter Firmen in anderen Ländern sowie auch
- die verbreiteten Nutzung ausländischer Technologien auf der Grundlage von Lizenzvereinbarungen.

Trotz der vielfältigen Möglichkeiten ist die Praxis in Frankreich nicht sehr unterschiedlich sondern eher als homogen einzuordnen. So wird im Bereich der kommunalen Abwasserreinigung von den Unternehmen trotz der umfangreichen Eigenentwicklungen bei den Biofilmverfahren vorwiegend das weltweit übliche Belebungsverfahren angewendet.

Um die Einbeziehung von kleinen und mittelständischen Unternehmen und anderen kleinen Akteuren, die nicht mit den genannten drei großen privaten Betreibern in Beziehung stehen, zu stärken wurden für Frankreich spezielle Forschungs- und Innovationsnetzwerke gegründet. Bisher konnten diese noch keine signifikanten Alternativen zu den Haupttechnologieoptionen der führenden Unternehmen bereitstellen.

Die Forschung und Entwicklung der privaten Betreiber weist derzeit einige Stärken auf. Eine besteht in Informationstechnologien und Softwareprodukten zur Optimierung des Betriebs der Leitungsnetze und Anlagen, insbesondere im Hinblick auf eine Verbesserung der Effizienz.

Eine im Auftrag des französischen Ministeriums für Industrie ausgearbeitete Studie hat aufgezeigt, dass ausgeprägte Stärken bei den Behandlungstechnologien bestehen, zum Beispiel bei den Membranverfahren, der Desinfektion von Trinkwasser und der biologischen Abwasserbehandlung. Wasserwirtschaftlich nachhaltige Technologien wie die Regenwassersammlung und -verwendung haben keine Priorität in der französischen Forschung. Einige detailliertere Studien, die sich auf spezifische Technologien wie zum Beispiel die biologische Denitrifikation und die biologische Phosphorentfernung richteten, zeigen signifikante Unterschiede zwischen Frankreich und Deutschland hinsichtlich der gesetzten Leistungsschwerpunkte auf. Während die privaten französischen Betreiber bei der Konfiguration ihrer Anlagen einen großen Wert auf die Effizienz legen, zielt die Gestaltung bei deutschen Anlagen insgesamt mehr auf die Erreichung einer hohen Leistungsfähigkeit. In Drouet 2004 wurde für den Zeitraum der Jahre 1985 bis 1998 festgestellt, dass die Innovationsaktivität der französischen Wasserwirtschaft gemessen an den Patentanmeldungen durchschnittlich nur bei etwa einem Drittel der deutschen Wasserwirtschaft lag.

Indikatoren für Veränderungsdruck

Mit der Feststellung, dass einige derzeitige Entwicklungen langfristig als nicht ausreichend nachhaltig einzuschätzen sind steht das französische Innovationssystem ebenso wie in anderen Ländern derzeit unter dem Druck, für die Wasserwirtschaft nachhaltig ausgerichtete Lösungen zu entwickeln.

Veränderungsdruck entsteht zum einen durch die nachlassende Wasserqualität. Im Grundwasser und auch den Oberflächenwässern wurden in den letzten Jahren signifikante Anstiege bei den Nitrat- und PBSM-Konzentrationen und eine steigende Anzahl hoch verschmutzter Einzugsgebiete festgestellt. Im Bereich der Küstengewässer sind eine zunehmende Eutrophierung, die Verschmutzung von Meeresarmen durch PCB sowie der gesamten Küstenlinie durch PBSM gegeben. Gleichzeitig nimmt in manchen Gebieten das Risiko der Wasserknappheit zu.

Weiterhin weist eine Reihe von ökonomischen Indikatoren auf Fehlbedarfe bei den Investitionen in der Wasserinfrastruktur hin. Dies spiegelt sich wieder in ungenügenden Raten bei der Erneuerung oder bei dem Ersatz leitungsgebundener Infrastrukturteile sowie Verspätungen bzw. Verzögerungen beim Aufbau der Anlagen, die benötigt werden, um den Anforderungen der EU Folge zu leisten. Investitionen, um bereits seit längerem bekannte wasserwirtschaftliche Probleme zu lösen, wie zum Beispiel im Bereich der Niederschlagswasserbehandlung, werden sehr häufig verschoben. Ebenso ist es auch erforderlich, Empfindlichkeiten im wasserwirtschaftlichen System zu berücksichtigen, wie die so genannten neuen Risiken, wie zum Beispiel terroristische Attacken oder Folgen aus dem weltweiten Klimawandel.

Trotz dieser langfristigen Anforderungen besteht derzeit in Frankreich nur ein schwacher Druck die Nachhaltigkeit der Wasserwirtschaft zu steigern. Lokale Aktivitäten durch Umweltschutzorganisationen nehmen zwar zu, haben aber derzeit noch geringen Einfluss auf die öffentliche Gesetzgebung. Der größte Handlungsimpuls resultiert aus der Implementierung der EU-Wasserrahmenrichtlinie.

Derzeit ist auch nicht exakt einzuschätzen, ob andere Veränderungsfaktoren im französischen Wassersektor unter Umständen vielschichtige Konsequenzen hinsichtlich der Nachhaltigkeit in der Wasserwirtschaft entwickeln können. So sind die großen französischen Betreiberunternehmen derzeit nach mehr als 20-jähriger internationaler Expansion auf Grund hoher Verbindlichkeiten und sinkender Gewinne unter dem Druck, ihre Marktstrategie zu verändern. Als Konsequenz wird die Senkung der Kosten und die Erhöhung der Profitabilität in den kommenden Jahren zu den Hauptprioritäten gehören.

Dieser Aspekt betrifft auch das Engagement der französischen Betreiber in den Entwicklungsländern. Derzeit hat es den Anschein, dass sich die Unternehmen Suez und Veolia in der kommenden Zeit auf die weniger riskanten Marktsegmente konzentrieren werden, so zum Beispiel die Durchführung von urbanen Dienstleistungen in speziell und vorsichtig ausgewählten Städten oder Wasserdienstleistungen im industriellen Bereich. Diese Segmente repräsentieren nur einen kleinen Teil des gesamten Wassermarktes und schließen ein mögliches Engagement in problematischen Gebieten aus. Als Konsequenz würde aus dieser Veränderung des Marktfokusses folgen, dass die französischen Betreiberunternehmen in Zukunft dann nur noch einen sehr begrenzten Beitrag in Richtung einer nachhaltigen Wasserwirtschaft in den Entwicklungsländern leisten werden.

Bisherige Reaktionen des Innovationssystems

Insgesamt sind die bisherigen Reaktionen des französischen Innovationssystems in der Wasserwirtschaft hinsichtlich der Steigerung der Nachhaltigkeit nur als einleitende Änderungen anzusehen, von denen manche im administrativen Bereich stattfinden, andere beziehen sich auf Veränderungen beim Contracting und bei Managementpraktiken, wiederum andere im Bezug stehen zu Veränderungen bei den eingesetzten Technologien. Die meisten dieser Veränderungen haben bisher nur einen geringen Umfang und sollten als erste Schritte in die richtige Richtung angesehen werden. Dabei beinhalten sie aber bisher noch keine Anzeichen für mögliche radikale Veränderungen in der kommenden Zukunft.

Auf der administrativen Seite sind derzeit Verbesserungen im Flußgebietsmanagement in Arbeit. Der Fortschritt ist dabei jedoch als gering zu betrachten. In urbanen Regionen hat sich im Gegensatz zu vielen anderen europäischen Ländern noch keine starke administrative Führungsposition herausgearbeitet. In vielen Fällen hat die vorgenommene Dezentralisation der Verantwortlichkeiten und Zuständigkeiten zu einer zusätzlichen Fragmentierung und damit zu Konflikten unter den lokalen Behörden geführt. Sowohl auf Flussgebietsebene als auch in den urbanen Regionen wird mindestens ein weiteres Jahrzehnt erforderlich sein, bevor die Verbesserungen der Administration adäquate Randbedingungen für die Einführung neuer umfassender Lösungsansätze beim Management der Wasserresourcen möglich machen. Erste Schritte sind erfolgt, um die Beteiligung der Öffentlichkeit sicher zu stellen, aber die derzeitigen Erfahrungen sind noch zu gering und frisch, um als Informationen über mögliche Effekte hinsichtlich des Managements der Wasserversorgung oder der Einführung neuer Technologieoptionen hilfreich zu sein.

Bei der Gestaltung der Kontrakte waren bisher sowohl die öffentlichen als auch die privaten Betreiberunternehmen mehr geneigt, eine Betonung auf die Methoden und Verfahren zu legen, die für die Versorgungsdienstleistungen verwendet werden, und weniger darauf, sich auf das Erreichen spezifischer Ziele, zum Beispiel beim Erreichen der Reinigungsleistungen, festzulegen. Derzeit werden Ansätze unternommen, diese Situation zu ändern. Dabei wird eine Priorität auf die Einführung von so genannten „Performance Indicators“ gelegt, die sich zum Beispiel auf die Kundenzufriedenheit, auf die Qualität der Dienstleistungen oder die Anlagenerneuerungen beziehen können. Gleichzeitig findet eine Diskussion darüber statt, ob zusätzliche Indikatoren mehr und direkter auf die Nachhaltigkeit reflektieren könnten. Zum Beispiel Parameter über den Grad beim Schutz der Wassereinzugsgebiete bzw. den Umfang der Nutzung von Grundwasser, über die Existenz von vorbeugenden Maßnahmen, die Durchführung ökonomischer Strategien hinsichtlich des Managements der Verbindlichkeiten etc. Die meisten dieser Gedanken sind noch weit von einer Implementierung entfernt, können aber dazu beitragen, eine Basis für die Zukunft zu bilden.

Weitere Veränderungen können auch daraus resultieren, dass die privaten Betreiber die in den letzten Jahren von ihnen formulierten Strategiepapiere über nachhaltige Entwicklungen wirklich schrittweise in ihre Geschäftsprozesse integrieren. Nichts desto trotz verbleibt dabei die Frage über den avisierten Rhythmus und Umfang dieser Veränderungen in Folge der Selbstverpflichtung. Bis jetzt sind lediglich vernachlässigbare Effekte festzustellen, die sich z.B. darauf beschränken, dass einige Unternehmen der Wasserbranche die ISO-Norm 14001 in ihre Geschäftsprozesse integriert haben und ankündigen, zukünftig ausgewählte Performanceindikatoren in den Verträgen festzuschreiben.

Bezogen auf die langfristigen technologischen Entwicklungen wird in Frankreich derzeit weniger Aufmerksamkeit als in anderen europäischen Ländern auf die denkbaren Möglichkeiten eines radikalen Umbaus der Wasserwirtschaft in Richtung der Wiederverwendung oder des Recyclings von Wasser gelegt. Bisher wurde in Frankreich kein Forschungsprogramm initiiert, dass in seinem Umfang vergleichbar wäre mit dem AKWA 2100-Projekt, das derzeit in Deutschland läuft, und verschiedene Szenarien über die Wiederverwendung und das Recycling von Wasser sowohl im städtischen als auch im ländlichen Raum untersucht. In Frankreich untersuchen derzeit nur einige Akteure neue technische Optionen für so genannte kleinräumige Systeme. Der größte Teil der Aufmerksamkeit richtet sich weiterhin auf die Anwendung von Technologien, die auf den „traditionellen" Einsatz im städtischen Raum ausgerichtet sind.

4.7 Fallstudien zu alternativen Wasserinfrastruktursystemen

4.7.1 Einleitung

Das zentrale Augenmerk in der Untersuchung galt bislang den Innovationen, die zu mehr Nachhaltigkeit innerhalb des bestehenden Wasserinfrastruktursystems beitragen. Im Kontext der Nachhaltigkeitsdebatte gewinnt die Diskussion um alternative Wasserinfrastruktursysteme zunehmend an Bedeutung. Der Hypothese 5 (s. Abschnitt 2.1) zu Folge stimulieren die Schwächen des bestehenden Systems sowie deren erwartete Verschärfung die Diskussion alternativer Wasserinfrastruktursysteme. Ausgangsvermutung ist, dass alternative Systeme in spezifischen Situationen Vorteile gegenüber dem zentralen Wasserver- und Abwasserentsorgungssystem aufweisen können, d.h. in höherem Maße zu einer nachhaltigen Bewirtschaftung der Ressource Wasser beitragen. Im Folgenden wird sich die Untersuchung nun mit wesentlichen Aspekten der Diskussion um alternative Wasserinfrastruktursysteme beschäftigen. Ziel ist es dabei nicht, eine umfassende Diskussion dieses Punktes vorzunehmen, der bereits Gegenstand einiger Auftragsarbeiten (z.B. Hiessl et al. 2003; Rudolph u. Schäfer 2001) ist. Es geht vielmehr um die überblicksartige Präsentation des Diskussionsstandes bezüglich des Pro und Contra alternativer Systeme sowie der exemplarischen Darstellung diskutierter und bereits im Demonstrationseinsatz befindlicher Systeme.

Die in Abschnitt 3.5.2 erwähnten Schwachpunkte des bestehenden Systems geben zwar einen wichtigen Impuls für die Diskussion um alternative Systeme. Sie allein genügen jedoch nicht, um daraus eine Überlegenheit alternativer Systeme abzuleiten. Aus diesem Grund befassen wir uns zunächst mit den Rahmenbedingungen für einen Systemwechsel, d.h. welche technischen und rechtlichen Voraussetzungen erfüllt sein müssen, um die Einführung alternativer Konzepte zu gewährleisten. Anschließend rückt die Betrachtung des Ist-Zustandes in das Zentrum der Analyse. Es werden die wesentlichen Veränderungen der Leitlinien der Wasserver- und Abwasserentsorgung skizziert, welche die Einführung alternativer Systeme fördern. Darauf aufbauend wird deren Einführung exemplarisch an ausgewählten Beispielen illustriert und die Chancen für eine flächendeckende Einführung beurteilt. Die Ausführungen schließen mit einer Zusammenfassung der wesentlichen Meinungen in der Fachwelt bzw. der Literatur zu der Frage, wie die Chancen für einen Systemwechsel bewertet werden, d.h. was ist eine realistische Option für die Weiterentwicklung der Wasserinfrastruktursystem in Deutschland?

4.7.2 Rahmenbedingungen für einen Systemwechsel

Das bestehende Infrastruktursystem zu beeinflussen und umzusteuern, bedarf der Erfüllung spezifischer Voraussetzungen. Hierzu zählt in erster Linie die Überlegenheit der neuen Technologie gegenüber der alten Technologie, z.B. höhere Wirtschaftlichkeit. Zur Ermittlung der Wirtschaftlichkeit sind allerdings die Kosten einzurechnen, die beim Verlassen des bestehenden Systems auftreten. Es liegt nahe, dass die Einführung alternativer Systeme sich am ehesten lohnt, wenn diese Kosten gering sind, d.h. es sich um den Anschluss von Neukunden in vorher unerschlossenen Gebieten handelt. Bei einem Wechsel von einem bestehenden Wasserinfrastruktursystem zu einem neuen System sind die Hemmnisse für einen Systemwechsel aufgrund des langen Planungshorizontes nämlich extrem hoch. So sind in der Vergangenheit für einige Systemkomponenten (z.B. Kanalnetz) sehr hohe Kosten aufgebracht worden, die bei einer Systemumstellung nicht wieder erlöst werden können. Die zentrale Schwäche des bestehenden Systems ist zugleich das wesentliche Hemmnis für einen Systemwechsel. In ähnlicher Art und Weise ist z.B. der Einsatz wassersparender Technologien zu bewerten. Die Ressource Wasser wird geschont, allerdings impliziert dies einen höheren Verbrauch anderer Ressourcen aufgrund der eingangs genannten Problematik.

Die Funktion des alternativen Systems kann zudem nur gewährleistet werden, wenn die Vielzahl der Systemkomponenten (z.B. Wassergewinnung, Wasserverteilung, Kanalisationsnetz, Kläranlagen) funktionieren und im Wesentlichen technisch kompatibel sind. Diese enge funktionale Vernetzung macht den Übergang auf ein technologisch anderes Grundkonzept schwierig.

Darüber hinaus ist die Lebensdauer der Systemkomponenten sehr verschieden (Waschmaschine 10 bis 15 Jahre, Kläranlage 50 bis 100 Jahre). Sie sind auch sehr unterschiedlichen technologischen Entwicklungen unterworfen. Schließlich sind unterschiedliche, voneinander weitgehend unabhängige Akteure (z.B. Wasserversorger, Privathaushalte, Industrieunternehmen) für die Systemkomponenten, die technische Auslegung, die Beschaffung und den Betrieb zuständig.

Ausgehend von diesen Rahmenbedingungen bedarf ein Systemwechsel koordinierter Maßnahmen auf drei Ebenen: der technischen, der rechtlichen und der Akteursebene. Auf der technischen Ebene ist zu berücksichtigen, dass

- eine ständige Anpassung an den technischen Fortschritt gewährleistet sein muss,
- die Umstellung teilgebietsspezifisch erfolgen muss,
- der aktuelle Zustand der bestehenden Infrastruktur berücksichtigt wird,
- anstehende Maßnahmen in anderen Bereichen (z.B. Gebäudesanierung, andere Infrastrukturbereiche) berücksichtigt werden,
- die Ver-/Entsorgungsfunktion während der Umstellung eines Teilgebietes jederzeit sichergestellt sein muss, was hohe Anforderungen an den organisatorischen Ablauf stellt,
- in der Umstellungsphase davon ausgegangen werden muss, dass in Teilgebieten, deren Umbau erst später ansteht, u.U. noch Wartungs-/Instandhaltungsaufwand und ggf. sogar noch Investitionen in die alte Technologie zu erbringen sind.

Auf der rechtlichen Ebene ist eine gesetzliche Grundlage für das Langfristvorhaben einer Systemumstellung zu schaffen, indem Novellierung relevanter Gesetze/Verordnungen zur Ermöglichung des angestrebten Systemkonzeptes (z.B. kommunale Wasser- und Abwassersatzung, Steuerrecht, Wasserrecht, Wettbewerbsrecht, Fördermöglichkeiten, Anschluss- und Andienungszwang) auf den verschiedenen Ebenen der Verwaltung (Bund, Land, Kommune) angestoßen und durchgeführt werden.

Die Akteursebene ist sehr vielschichtig. Akteure verfolgen spezifische Ziele und haben spezifische Einflussmöglichkeiten, die Umsetzung ihrer Ziele voranzutreiben. Im Hinblick auf ihre Ziele können sie Koalitionen bilden oder in Opposition zueinander stehen. Akteure lassen sich unterscheiden hinsichtlich

- ihrer direkten Beteiligung an/Betroffenheit durch Umstellung,
- ihrer Beteiligung/Betroffenheit im Verlauf der Umstellung,
- ihrer Einfluss- und Gestaltungsmöglichkeiten auf die Umstellung

der Zeitskalen, die ihre Entscheidungen beeinflussen (z.B. Wahlperioden, Planungshorizonte). Ein Systemwechsel setzt voraus, dass sich zwischen Akteuren, des Innovationssystems Wasserwirtschaft, die hinreichend bedeutend und durchsetzungsstark sind, langfristige Übereinstimmungen herausbilden, die auf einem gemeinsamen sozio-technischen Verständnis des Infrastruktursystems beruhen.

4.7.3 Der Ist-Zustand im Hinblick auf Rahmenbedingungen für die Einführung alternativer Wasserinfrastruktursysteme

Seit einigen Jahren sind bereits Veränderungen zu beobachten bzw. eingeleitet worden, welche sich positiv auf die Erprobung und ggf. Einführung alternativer Wasserinfrastruktursysteme auswirken sollten. Nachfolgend sind in Tabelle 35 einige wesentliche Veränderungen der Leitlinien in der Ver- und Entsorgung zusammengestellt.

Tabelle 35. Veränderungen der Leitlinien in der Ver- und Entsorgung

Bereich	bisher	Künftig
Regenwasser/Abwasser	Belastung	Ressource
Wasserversorgung	eine Qualität für alles	bedarfsgerechte Qualitäten
Wasserbedarf	Angebotsmanagement	Nachfragemanagement
Wassernutzung	Einmalnutzung (Durchfluss)	Mehrfachnutzung (Kaskade, Kreislauf)
Infrastruktur/Dimension	zentral	dezentral, modular
Sektorale Integration	eher beiläufig	Multi-Utility-Konzept
Marktstruktur	Gebietsmonopole	Wettbewerb
Innovationsfreundlichkeit	geringe Bedeutung	große Bedeutung
Öffentlichkeit	Information	Dialog und Einbindung

In Anlehnung an Hiessl et al. 2003.

Die Veränderungen können dabei direkt oder indirekt Impulse für die Entwicklung und Anwendung alternativer Systeme geben. Indirekte Effekte gehen u.a. von der Förderung wettbewerblicher Elemente aus. Die punktuelle Lockerung des Anschlusszwanges an ein zentrales System, unter Berücksichtigung des aktuellen Ist-Zustandes der Wasserver- und Abwasserentsorgung im relevanten Versorgungsgebiet, sollte die Wahrscheinlichkeit der Installation dezentraler Systeme erhöhen.

Tabelle 36. Informationen zum BMBF-Förderschwerpunkt „Dezentrale Wasserver- und -entsorgungssysteme“

Forschungszentrum Karlsruhe in der Helmholtz-Gemeinschaft Furrer – PtWT+E – Juli 2004 Kooperationsforum der Wasserwirtschaftsinitiative NRW
Hintergrund: Studien der Universitäten Witten-Herdecke und München Abstimmung mit „ecosan“ (GTZ/BMZ) Bekanntmachung des BMBF vom 06/2001, Förderung ab 11/2002
Laufende Vorhaben: Vietnam – landwirtschaftliche Nährstoffkreisläufe Türkei – Membranen für Teichanlagen Türkei – Kreislaufwirtschaft in einer Ferienanlage Ghana – Ökologische Kreislaufwirtschaft an einer Universität Knittlingen/BRD – Kreislaufwirtschaft in einer Neubausiedlung Neumünster/BRD – integrierte Kompaktkläranlage Tansania/China – Trinkwasser aus Luftfeuchtigkeit Algerien – Bewässerung von Grünflächen China – semizentrale Systeme für Großstädte Brasilien – Energie-/Nährstoffrückgewinnung in Piracicaba Chile/Brasilien – Internetplattform Südafrika – „Wasserhaus“ zur Entwicklung ländlicher Regionen

Eine Lockerung des Anschlusszwangs und zugleich Förderung der dezentralen Abwasserbeseitigung werden derzeit durch das Förderprogramm der MUNLV NRW-Initiative „Ökologische und nachhaltige Wasserwirtschaft“ (http://www.munlv.nrw.de/sites/arbeitsbereiche/boden/initiative-wasser-site/seiten/inhcon.html) sowie den BMBF-Förderschwerpunkt „Dezentrale Wasserver- und -entsorgungssysteme“ (s. Tabelle 36) unterstützt.

Das zunehmende Umweltbewusstsein der letzten Jahre sowohl beim Verbraucherverhalten (Stichworte: Mülltrennung, zunehmender Absatz von Bio-Produkten) als auch bei Behörden, Kommunen und Verbänden hat bereits zu einem veränderten Umgang mit Regenwasser geführt. In der Gesetzgebung hat dies im §51a LWG Niederschlag gefunden. Groß angelegte Pilotprojekte wie die „Route des Regenwassers“ der Emschergenossenschaft, in welchem Regenwasserversickerungsmaßnahmen in verschiedenen Projekten umgesetzt wurden, belegen dies exemplarisch.

Die Marktentwicklung der letzten Jahre zeigt, dass ein zunehmender Wettbewerb um die Privathaushalte stattfindet. (z.B. Regenwassernutzungsanlagen, Kleinkläranlagen). Die Tendenz wird durch die öffentliche Förderung verschiedener Technologien wie Kleinkläranlagen und Versickerungsanlagen unterstützt. In Bezug auf eine Schwäche des bestehenden Systems, der mangelnden Exportierbarkeit, ist die Entwicklung und Erprobung nachhaltiger und exporttauglicher Wassertechnologien von großer Bedeutung, welche durch erste Pilotprojekte in Angriff genommen wurde.

4.7.4 *Klassifizierung alternativer Wasserinfrastruktursysteme und Beispiele*

Anhand ausgewählter Beispiele alternativer Wasserinfrastruktursysteme wird angestrebt, eine Beurteilung der Chancen für deren Einführung vorzunehmen.

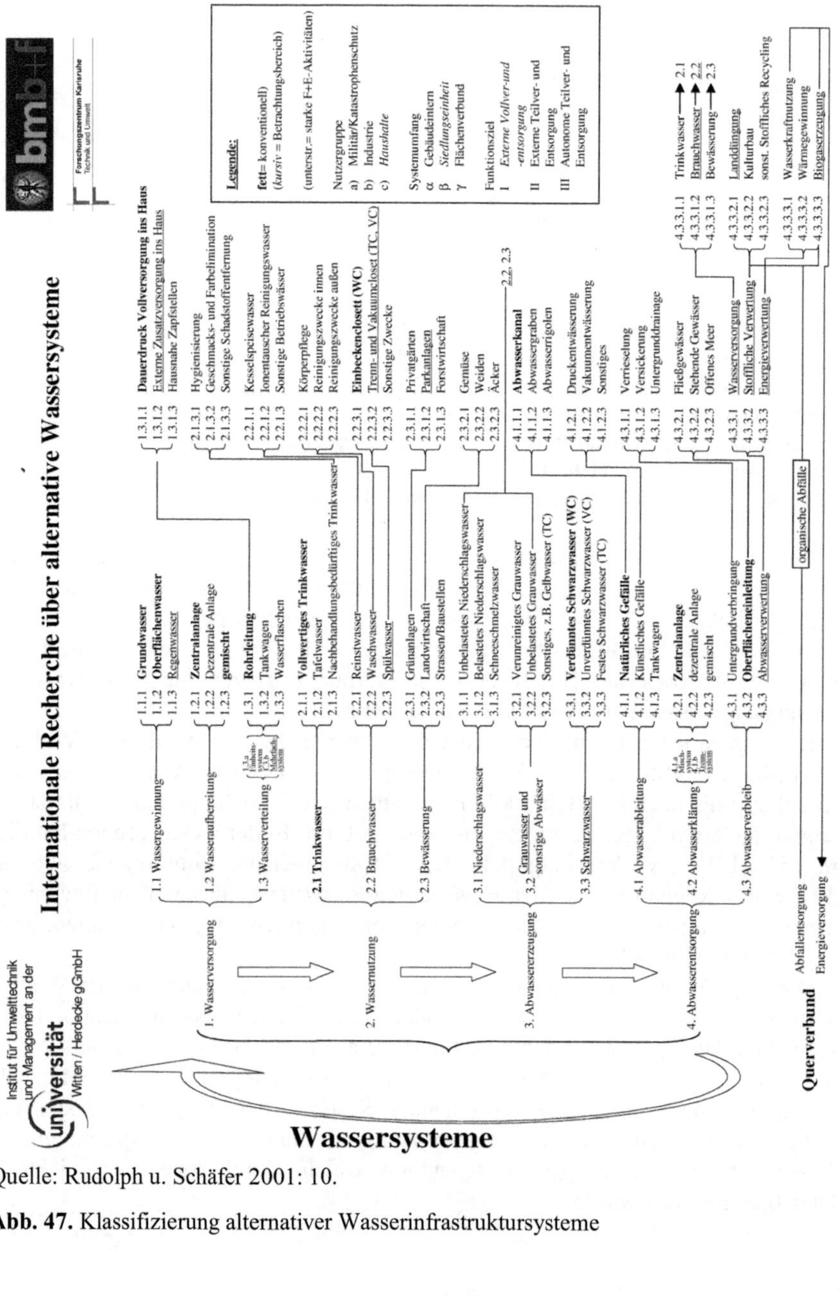

Quelle: Rudolph u. Schäfer 2001: 10.

Abb. 47. Klassifizierung alternativer Wasserinfrastruktursysteme

Dazu ist in Abb. 47 zunächst eine Klassifizierung alternativer Wasserinfrastruktursysteme unter Einbeziehung konventioneller Technologien (fett gedruckt) nach (Rudolph u. Schäfer 2001: 10) dargestellt. Zu den konventionellen Systemen zählen z.B. zentrale, unter Druck betriebene Druckwasser-Vollversorgungssysteme bzw. die zentrale Abwasserentsorgung über Freigefälleleitungen etc.). Die durch Kursivdruck und (nur im Farbausdruck) teilweise rot markierten Begriffe beschreiben die Schwerpunktansätze der Forschung und Praxis zu alternativen Wasserinfrastruktursystemen nach dem Stand von 2001.

Im Anhang ist eine Auflistung international recherchierter Pilotprojekte von (Rudolph u. Schäfer 2001) bezüglich alternativer Wasserinfrastruktursysteme mit einer Kurzbeschreibung enthalten und nach ihrem Hauptmerkmal entsprechend Abb. 47 klassifiziert. Im Folgenden werden vier Projekte[253] näher betrachtet. Dabei handelt es sich um

- DEUS 21 („DEzentrale Urbane InfrastrukturSysteme“)
- „Flintenbreite“
- „Lambertsmühle“
- „Healthy House“.

DEUS 21 („DEzentrale Urbane InfrastrukturSysteme“)

Projektbeschreibung „DEUS 21“

Im Neubaugebiet „Am Römerweg“ in Knittlingen soll für etwa 100 Wohngrundstücke eine in Deutschland bisher einzigartige Form der kommunalen Wasserwirtschaft realisiert werden. Gefördert wird das Projekt vom Bundesministerium für Bildung und Forschung BMBF. Zur Wasserversorgung werden zwei Wasserqualitäten bereitgestellt: Zum einen das Trinkwasser aus dem öffentlichen Netz, zum anderen Brauchwasser (zur Körperpflege, zur Versorgung von Wasch- und Spülmaschine sowie zur Toilettenspülung und Gartenbewässerung), welches aus dem Regenwasser gewonnen wird. Hierzu wird das Regenwasser der Wohngrundstücke in ein unterirdisches System aus Speicherkanälen abgeleitet und in einer Membrananlage zu Trinkwasserqualität gemäß Trinkwasser-Verordnung (TVO) aufbereitet. Zur Erfassung des häuslichen Abwassers und – auf Wunsch – des zerkleinerten Küchenabfalls wird im Neubaugebiet eine Vakuumkanalisation verlegt, an die die Grundstücke wahlweise im Freigefällesystem oder im Vakuumsystem (Vakuumtoiletten mit geringem Spülwasserbedarf) angeschlossen werden können. Die Reinigung des häuslichen Abwassers erfolgt semi-dezentral im Siedlungsgebiet in einer anaeroben Membran-Hochleistungsanlage. Das hier entstehende Biogas dient der Energieversorgung der Anlage. Die Nährstoffe Stickstoff und Phosphor werden zu einem verwertbaren Düngesalz umgesetzt.

[253] Im Anhang 7.3 sind zusätzliche Bildinformationen zu den ausgewählten Projekten enthalten.

Vergleich „DEUS 21“ mit dem konventionellen System

Der Hauptunterschied des alternativen DEUS-Konzeptes zum konventionellen System liegt auf der Wasserversorgungsseite in der Bereitstellung unterschiedlicher Wasserqualitäten, auf der Abwasserentsorgungsseite in der semi-dezentralen Anlage mit Membrantechnologie. Eine Gegenüberstellung konventionelles System – DEUS 21 enthält Tabelle 37.

Tabelle 37. Gegenüberstellung konventionelles System – DEUS 21

	Konventionelles System	DEUS 21
Trinkwasserversorgung	Anschluss an das öffentliche Netz	Anschluss an das öffentliche Netz
Brauchwasserversorgung	Nur eine Wasserqualität	Aufbereitetes Regenwasser
Regenwasserableitung	Anschluss an Regen- oder Mischwasserkanal, seltener: Versickerung	Aufbereitung zu Brauchwasser
Abwasserableitung	Anschluss an Schmutz- oder Mischwasserkanal	Schmutzwasserkanal als Vakuumkanalisation
Abwasserreinigung	In zentraler Kläranlage	Semi-dezentral in Membrananlage im Siedlungsgebiet
Energieversorgung	Anschluss an das öffentliche Versorgungsnetz (Strom, Gas, Fernwärme)	Anschluss an das öffentliche Versorgungsnetz, Versorgung der Aufbereitung über Biogas

Literatur zum Thema „DEUS 21“

www.igb.fraunhofer.de/WWW/ GF/Wasser/dt/GFWM_**21**5_DEUS_KN.dt.html
www.isi.fhg.de/u/Projekte/**deus**.htm

Bewertung von „DEUS 21“

Die Gebühren sollen nach den Vorstellungen der Planer unterhalb deren eines konventionellen Systems liegen. Bei der Nutzung des Brauchwasserangebotes sind aber im Haus doppelte Versorgungsleitungssysteme zu verlegen. Ökologisch bietet das Konzept die Vorteile des kleinräumigen Regenwasserkreislaufs. Außerdem macht es Sinn, den Aufbereitungsaufwand zu minimieren, indem nur zum Trinken und Kochen Trinkwasser eingesetzt wird. Die Akzeptanz der Brauchwassernutzung muss aber noch weitgehend erarbeitet werden. Beim vorliegenden Pilotprojekt wird der fachgerechte Betrieb vom Fraunhoferinstitut bzw. anschließend von der Stadt Knittlingen sichergestellt und im Falle eines nicht ordnungsgemäßen Funktionsfähigkeit ist der Anschluss an die öffentliche Kanalisation garantiert ohne dass den Grundstückseigentümern hierdurch Kosten entstehen. Erst nach längerer, erfolgreicher Laufzeit des Projektes wird sich herausstellen, ob das Konzept eine breitere Anwendung findet.

Flintenbreite

Projektbeschreibung „Flintenbreite"

Die ökologische EXPO-Neubausiedlung „Flintenbreite" für ca. 350 Bewohner in Lübeck wurde im Jahr 2000 fertig gestellt. Das Projekt ist ein Demonstrationsvorhaben des Bundesumweltministeriums mit der Zielsetzung, umweltschonende Technologien im Abwasser-, Energie- und Baustoffbereich zu nutzen. Das integrierte Energie- und Abwasserkonzept sieht daher die Einsparung von Trinkwasser, die Schließung von Nährstoffkreisläufen und die Nutzung der Inhaltsstoffe zur Energiegewinnung vor. Die Stoffströme werden getrennt erfasst. Die Trinkwasserversorgung erfolgt über das öffentliche bzw. siedlungseigene Verteilungsnetz. Das Niederschlagswasser wird durch Versickerung oder – bei größeren Regenereignissen – Einleitung in einen Teich mit Vorflutanschluss direkt in den natürlichen Kreislauf zurückgeführt. Das Schwarzwasser aus den Vakuumtoiletten wird gemeinsam mit dem zerkleinerten Biomüll einer zentralen anaeroben Biogasanlage zugeleitet. Das Biogas wird energetisch genutzt. Der entstehende Flüssigdünger wird gesammelt und an die Landwirtschaft abgegeben. Das Grauwasser wird in einer vertikal durchströmten Pflanzenkläranlage behandelt. Der Abfluss wird in einen Teich eingeleitet oder zu Bewässerungszwecken verwendet. Eine Betreibergesellschaft mit Eigentümern als Gesellschafter organisiert das Gesamtsystem.

Vergleich „Flintenbreite" mit dem konventionellen System

Die Gegenüberstellung in Tabelle 38 zeigt, dass die wesentlichen Unterschiede zum konventionellen System einerseits in der semi-dezentralen Lage der Abwasserreinigung, andrerseits aber auch in der separaten Ableitung der Stoffströme liegt, wodurch Ressourcen (Nährstoffe, Biogas) genutzt werden können und weniger Energie für die Reinigung aufgewendet werden muss.

Tabelle 38. Gegenüberstellung konventionelles System – „Flintenbreite"

	Konventionelles System	Flintenbreite
Trinkwasserversorgung	Anschluss an das öffentliche Netz	Anschluss an das öffentliche Netz, Verteilung über siedlungseigenes Netz
Brauchwasserversorgung	Nur eine Wasserqualität	Konventionell
Regenwasserableitung	Anschluss an Regen- oder Mischwasserkanal, seltener: Versickerung	Versickerung und Einleitung in Vorfluter
Abwasserableitung	Anschluss an Schmutz- oder Mischwasserkanal	Stoffstromtrennung, separate Ableitung und Aufbereitung, Gelb-, Braun-, Grauwasser
Abwasserreinigung	In zentraler Kläranlage	Semi-dezentral in Pflanzenkläranlagen im Siedlungsgebiet
Energieversorgung	Anschluss an das öffentliche Versorgungsnetz (Strom, Gas, Fernwärme)	Eigene Energiezentrale im Siedlungsgebiet mit BHKW, Kesselanalge, Solaranlage, Energiegewinnung aus Biogasanlage

Literatur zum Thema „Flintenbreite"

http://www.flintenbreite.de/
http://www.otterwasser.de/german/konzepte/flintg.htm
http://www.difu.de/cgi/stadtoekologie/frames.cgi?http://www.difu.de/stadtoekologie/praxis/konzepte/luebeck.shtml

Bewertung von „Flintenbreite"

Durch die speziellen ökologischen Planungsvorgaben liegen die Planungs- und Herstellungskosten über denen vergleichbarer konventioneller Siedlungsgebiete. Im Demonstrationsprojekt „Flintenbreite" werden diese Mehrkosten durch Fördergelder verschiedener Institutionen abgedeckt. Teilweise höhere Kosten bei der Erstellung von Anlagen (z.B. Vakuumtoiletten) werden aber auch durch Einsparungen bei der Erschließung (keine Anbindung an das örtliche Kanalnetz) und laufende Betriebskosteneinsparungen ausgeglichen.

Ökologisch ist das Konzept durch die Teilstrombehandlung, die Schließung der Wasser- und Nährstoffkreisläufe und den geringen Energieverbrauch bei der Abwasserbehandlung positiv zu bewerten. Probleme hinsichtlich der Akzeptanz durch den Nutzer ergeben sich keine, da das System den gewohnten Nutzerkomfort bietet.

Lambertsmühle

Projektbeschreibung „Lambertsmühle"

Für die historische Wassermühle bei Burscheid wurde im Jahr 2000 im Auftrag des Wupperverbandes ein Konzept für Einzelhäuser und kleinere Siedlungen im ländlichen Raum entwickelt. Grundidee dieses Konzeptes ist die Stoffstromtrennung. Gelbwasser und Braunwasser werden in Separationstoiletten und wasserfreie Urinale getrennt erfasst. Das Gelbwasser wird über eine separate Leitung abgeleitet und in einem Gelbwasserspeicher bis zur Abfuhr und Nutzung in der Landwirtschaft gespeichert. Das Braunwasser wird einem Rottebehälter zugeleitet, wo eine Vorkompostierung (Dauer ca. 1 Jahr) stattfindet. Das Rottegut wird auf einem Kompostplatz mit Bioabfall zu Wertstoff Kompost nachkompostiert. Das Grauwasser wird in einem Sedimentationsbecken vorgeklärt und anschließend zusammen mit dem Filtrat aus dem Rottebehälter zum Abwasserbehandlungssystem (in diesem Fall eine vertikal durchströmte Pflanzenkläranlage) gepumpt. Das gereinigte Wasser kann versickert, in einen Vorfluter eingeleitet oder zur Bewässerung genutzt werden.

Vergleich „Lambertsmühle" mit dem konventionellen System

Die Gegenüberstellung in Tabelle 39 zeigt, dass beim Konzept der „Lambertsmühle" nur für die Entsorgungsseite innovative Aspekte eingebracht werden. Auf der Abwasserseite ist das Haus – abgesehen von der Urinabfuhr – unabhängig von einem öffentlichen System.

Tabelle 39. Gegenüberstellung konventionelles System – „Lambertsmühle“

	Konventionelles System	Lambertsmühle
Trinkwasserversorgung	Anschluss an das öffentliche Netz	Konventionell
Brauchwasserversorgung	Nur eine Wasserqualität	Konventionell
Regenwasserableitung	Anschluss an Regen- oder Mischwasserkanal, seltener: Versickerung	Versickerung
Abwasserableitung	Anschluss an Schmutz- oder Mischwasserkanal	Stoffstromtrennung, separate Ableitung, Gelb-, Braun-, Grauwasser
Abwasserreinigung	In zentraler Kläranlage	Dezentral auf dem Grundstück
Energieversorgung	Anschluss an das öffentliche Versorgungsnetz (Strom, Gas, Fernwärme)	Konventionell

Literatur zum Thema „Lambertsmühle“

http://www.wupperverband.de/forschung/lambert/index.htm
www.otterwasser.de/german/konzepte/lambildg.htm

Bewertung von „Lambertsmühle“

Beim Projekt „Lambertsmühle“ handelt es sich um eine öffentliche Liegenschaft. Das bedeutet zum einen, dass die Realisierung unabhängig von einem privaten Grundstückseigentümer durchgeführt werden konnte, zum anderen ist dieses Projekt als Demonstrationsprojekt gut geeignet.

Das angewandte Abwasserkonzept ist für Einzelhäuser und kleinere Siedlungen im ländlichen Raum gedacht und stellt für diesen Anwendungsfall insbesondere bei Neubauten eine kostengünstige und wartungsarme Lösung dar, allerdings muss der Abtransport des Gelbwassers im Einzelfall gelöst werden. Für den innovativen Part des Konzeptes, nämlich die Stoffstromtrennung sind im Haus getrennte Leitungen zu verlegen und entsprechende Trenntoiletten anzubringen. Das bedeutet bei der Umrüstung eines bestehenden Gebäudes auf das neue Konzept umfangreiche Umbauarbeiten, die von den Hausbesitzern häufig gescheut werden.

Healthy House

Projektbeschreibung „Healthy House“

Das „Healthy House“ ist ein Demonstrations-Energiesparhaus – 1995 in Toronto, Kanada gebaut –, welches im Hinblick auf die Energie- und Wasserversorgung sowie auf die Abwasserentsorgung vollständig autark ist. Projektziel war die Maximierung der Ressourcennutzung unter Beibehaltung des Wohnkomforts. Die Versorgung mit Trinkwasser (120 l/E · d) erfolgt ausschließlich durch Schnee- und Regenwasser von der Dachfläche, welches in einer unterirdischen Zisterne gespeichert und ohne Chemikalienzusatz gereinigt wird. Braun- und Grauwasser werden gemeinsam gesammelt, in einem System im Keller gereinigt und für die Wiederverwendung zur Toilettenspülung, zum Duschen und für die Waschmaschine wieder verwendet. Die Reinigung besteht aus einem Biofilter mit anschließender Sandfiltration und Ozonierung. Das Grauwasser wird bis zu 5-mal wieder verwendet. Der Wasserverbrauch wird durch wassersparende Sanitärelemente gering gehalten. Das überschüssige Wasser wird im Vorgarten versickert. Der Energiebedarf für Strom und Heizung wird über ein Solarsystem mit Speicherung und Generator gedeckt. Das Haus ist von der baulichen Ausführung her auf optimale Energieeffizienz ausgelegt.

Vergleich „Healthy House" mit dem konventionellen System

Die Gegenüberstellung in Tabelle 40 zeigt, dass das „Healthy House" im Gegensatz zum konventionellen System unabhängig von der zentralen Ver- und Entsorgung ist.

Tabelle 40. Gegenüberstellung konventionelles System – „Healthy House"

	Konventionelles System	„Healthy House"
Trinkwasserversorgung	Anschluss an das öffentliche Netz	Gespeichertes und aufbereitetes Schnee- und Regenwasser von der Dachfläche
Brauchwasserversorgung	Nur eine Wasserqualität	Recycling von aufbereitetem Schwarz und Grauwasser
Regenwasserableitung	Anschluss an Regen- oder Mischwasserkanal, seltener: Versickerung	Nutzung zur Trinkwasserversorgung, Überschuss versickert
Abwasserableitung	Anschluss an Schmutz- oder Mischwasserkanal	Entfällt
Abwasserreinigung	In zentraler Kläranlage	Dezentral auf dem Grundstück
Energieversorgung	Anschluss an das öffentliche Versorgungsnetz (Strom, Gas, Fernwärme)	Über Solarsystem

Literatur zum Thema „Healthy House"

www.peck.ca/nua/it
http://www.cmhc-schl.gc.ca/popup/hhtoronto/works.htm

Bewertung „Healthy House"

Dass sich das autarke Haus bisher nicht großflächig durchsetzt liegt zum einen sicher daran, dass der Aufwand und die Investitionskosten für einen Umbau im Bestand unvergleichlich hoch sind, aber auch beim Neubau in einem erschlossenen Gebiet noch höher sind als der konventionelle Anschluss. In Außengebieten, wo der Anschluss an die öffentliche Ver- und Entsorgung häufig zu kostenintensiv ist, stößt die Umsetzung ebenfalls auf Probleme. Neben den Investitionskosten ist ein wesentlicher Grund hierfür die Akzeptanz der neuen Technologie – insbesondere der Mehrfachnutzung des Grauwassers. Darüber hinaus ist die Versorgungssicherheit – insbesondere mit Trinkwasser – im Vergleich zur konventionellen Lösung als geringer einzustufen (Stichwort regenarmes Jahr).

4.7.5 Alternative Wasserinfrastruktursysteme: Eine Bewertung der Chancen seiner Etablierung

Wasserinfrastruktursysteme sind komplexe technische Systeme. Die ersten urbanen Wasserinfrastruktursysteme mit zentraler Wasserver- und Abwasserentsorgung im heutigen Sinn wurden vor mehr als 150 Jahren eingeführt und wurden seither laufend an die sich verändernden Anforderungen und Bedürfnisse angepasst und weiterentwickelt. Unter den heutigen und zukünftigen Bedingungen hat dieses System jedoch eine Vielzahl von Schwachpunkten. Erwähnt seien hier die hohen Investitionskosten und der ansteigende (immer teurer werdende) energetisch-stoffliche Aufwand zur Wasserreinigung. Insgesamt sprechen eine Reihe von ressourcenökonomischen, ökologischen und entwicklungspolitischen Gründen dafür, die Wasserinfrastruktur umzubauen (vgl. Schramm 2004).

Einige Indizien weisen darauf hin, dass zwar noch kein neuer Technologiepfad eingeschlagen wird (also wirkliche Systeminnovationen stattfinden), jedoch ein Paradigmenwechsel zumindest in Erwägung gezogen wird. Zu den Indizien zählen die zunehmende Zahl von Publikationen bezüglich neuer Technologien der Ver- und Entsorgung (z.B. Lange u. Otterpohl 2000; Rudolph u. Schäfer 2001; Hiessl et al. 2003), politische Leitlinien und schließlich Produktinnovationen, mit denen das vorhandene System punktuell verlassen wird (z.B. Regenwasserspeicheranlagen).

Die vielfältigen Bestrebungen stehen für eine Innovationsbereitschaft, sich mit alternativen Wasserinfrastruktursystemen auseinandersetzen. Mittlerweile existiert ein breites Spektrum alternativer Lösungsansätze, aus denen sich ökologisch und ökonomisch vorteilhafte Systemlösungen generieren lassen, die das Potenzial aufweisen, traditionelle Wasserinfrastrukturkonzepte abzulösen.

Es stellt sich allerdings die Frage, warum sich die Alternativen für einen vollständigen Systemwechsel, die z.T. schon seit längerem verfügbar sind und in Pilotprojekten erprobt wurden bzw. werden, bislang nicht in der Breite durchsetzen (konnten). In Anlehnung an Lange u. Otterpohl 2000 sind diesbezüglich insbesondere zu nennen:

- Alternativen sind zu kompliziert und nicht ausgereift
- Alternativen sind, nicht zuletzt auf Grund der bestehenden Kostenstrukturen unwirtschaftlich
- Alternativen kollidieren mit dem aktuell gültigen Regelwerk
- Individuelle politische und ökonomische Gründe (Finanzierung)
- Soziologische und psychologische Gründe, wie z.B. Hygienevorstellungen.

Das Veränderungspotenzial einer Technologie wird zwar zu einem wesentlichen Teil durch das technikorientierte Verständnis bestimmt. Die Argumente zeigen aber auch auf, dass der gesellschaftliche Gestaltungsprozess nicht unerheblich ist. Die Einführung alternativer Systeme wird einerseits beeinflusst durch die Widerstände und Hemmnisse, die bei den einzelnen Akteuren gegen Veränderung bestehen und andererseits durch die Optionen und Handlungsmöglichkeiten, die auf den verschiedenen Akteursebenen vorhanden sind. Zur Beschreibung der Innovationsprozesse und zur Behandlung von Fragen des Systemwechsels bei Wasserinfrastruktursystemen reicht folglich ein technikzentriertes Verständnis bzw. eine technikbezogene Argumentation (wie z.B. es gibt technisch machbare Alternativen, die hierfür benötigte Technologie ist bereits verfügbar etc.) für den Umstellungsprozess allein nicht aus. Vielmehr wird ein ganzheitliches Verständnis dieser Infrastruktursysteme notwendig, das neben den technischen auch die ökonomischen und gesellschaftlichen Aspekte berücksichtigt (Hiessl et al. 2003).

Darüber hinaus führt Leist 2004 an, dass, wenn nachhaltige Wasserinfrastruktursysteme parallel zum bestehenden System eingeführt werden, die Alternativen nicht die wirtschaftlichen Folgen für das bestehende System berücksichtigen. So führen z.B. Wassersparmaßnahmen des Verbrauchers an anderer Stelle zu einem erhöhten – aber erlösunwirksamen – Wasserverbrauch, etwa durch das Spülen der Trinkwasserleitungen und der Abwasserkanäle. Dadurch können die Gesamtkosten bei eigentlich rückläufigem Verbrauch sogar noch steigen, mit der Folge, dass verstärkte Bemühungen um alternative Systeme zwar die Nutzer dieser Systeme begünstigen, die verbliebenen Nutzer der zentralen Systeme unter Umständen aber stärker benachteiligen.

Aus den genannten Gründen können alternative Systeme unter den heute gegebenen Umständen nur unter bestimmten Bedingungen sinnvoll sein, wenn sie als „Insellösungen“ funktionsfähig sind, d.h. ein Anschluss an zentrale Trinkwasser- und Abwasserentsorgung nicht notwendig ist. Fraglich ist dann allerdings, wie bestimmte Dienstleistungen, beispielsweise die Löschwasserbereitstellung oder die Entsorgung von Fremdwasser sowie die Gewähr der Versorgungssicherheit, aufrechterhalten werden können (vgl. Leist 2004). Vogt 2004 gibt diesbezüglich zu bedenken, dass die Hauptschwierigkeit eines Systemwechsels weniger in fehlenden technischen Systemkomponenten liegt, sondern vielmehr in der Integration der einzelnen alternativen Komponenten zu einem funktionierenden, aufeinander abgestimmten Gesamtsystem.

Soll ein alternatives Systemkonzept umgesetzt werden, d.h. ist ein Systemwechsel vom gegenwärtigen Wasserinfrastrukturkonzept auf ein (grundlegend) neues Systemkonzept angedacht, so sind fallspezifisch Hemmnisse und Schwierigkeiten zu überwinden. Die Systemtransformation kann relativ einfach sein, wenn sich das neue System nur geringfügig vom heutigen unterscheidet bzw. nur geringe Änderungen nach sich zieht. Je radikaler es aber vom gegenwärtig bestehenden System abweicht (z.B. Stoffstromtrennung, Wertstoffrückgewinnung, autarkes Haus), desto schwieriger und langwieriger ist es, eine entsprechende Umsetzung in die Praxis zu realisieren und desto vielfältigere technische, institutionelle, organisatorische, wirtschaftliche und gesetzliche Hemmnisse müssen überwunden werden (Hiessl et al. 2003).

4.7.6 Handlungsbedarf

Zur Schaffung einer Basis für eine breite Umsetzung nachhaltiger Wassersysteme besteht noch umfassender Handlungsbedarf. Das sicherlich schon vorhandene Umweltbewusstsein kann dabei zur Sensibilisierung der Bevölkerung, der politischen Entscheidungsträger sowie der für die Ver- und Entsorgung verantwortlichen Netzbetreiber genutzt werden.

Im Zuge der hiermit verbundenen Informations- und Öffentlichkeitsarbeit müssen aber nicht nur die Probleme, sondern vor allem die möglichen Problemlösungen und ihre Konsequenzen für das bestehende System verbreitet werden. Für diese Überzeugungsarbeit sind Pilotprojekte zur Veranschaulichung der Ideen unbedingt erforderlich. Nur so können Erfahrungen bei der Realisierung und dem Betrieb gewonnen und auch anschaulich demonstriert werden. Für die Zukunftsentwicklung geht es also weniger um Detailverbesserung an Systemkomponenten, als um die Demonstration der Wirtschaftlichkeit und Betriebssicherheit von Konzepten, welche den langfristig orientierten, ökologischen Notwendigkeiten genügen (Rudolph u. Schäfer 2001).

Bei der Einführung alternativer Systeme sollten kompetente Partner wie z.B. die entsprechenden Wasserverbände eine Vorreiterrolle übernehmen und die anschließende Beetreuung der Projekte garantieren. Zur Umsetzung alternativer Konzepte müssen weiterhin Anreize geschaffen werden, z.B. durch Fördermaßnahmen, wie sie im Rahmen der schon erwähnten MUNLV-Initiative „Ökologische und nachhaltige Wasserwirtschaft“ bestehen. Darüber hinaus ist eine Modifizierung und Weiterentwicklung der Wassergesetze (z.B. Anschluss- und Benutzerzwang, Kleinkläranlagen als Dauerlösung) erforderlich. Und schließlich müssen auch die Verbände umdenken. Durch die Entwicklung neuer Betreiberkonzepte können Abwasserentsorger zu Dienstleistern werden.

Erprobung und Betrieb von so genannten alternativen Insellösungen, welche in zumeist (öffentlich) geförderten Pilotprojekten umgesetzt wurden und werden, müssen kritisch auf ihre ökologische und ökonomische Sinnhaftigkeit überprüft werden. Dabei müssen insbesondere auch die alltägliche Praktikabilität und die Akzeptanz für den Benutzer/Verbraucher berücksichtigt sowie unter Einbeziehung der technisch-organisatorischen, ökonomischen, politischen und gesellschaftlichen Hemmschwellen realistische Langfristvisionen und Langfriststrategien von den jeweiligen Betreibern bzw. Initiatoren aufgezeigt werden.

Diesbezüglich können z.B. die folgenden Aufgaben genannt werden (vgl. Vogt 2004):

- Systematische Durchmusterung der Prozessketten auf Dezentralisierungspotenziale mit entsprechender Produkt(weiter)entwicklung
- Entwicklung und Erprobung innovativer integrierter Versorgungs- und Sanitärkonzepte
- Abgrenzung der semizentral bzw. dezentral zu bewirtschaftenden Räume, insbesondere auch in Ballungsräumen und Städten
- Gewährleistung von Versorgungs- und Entwässerungskomfort und -hygiene
- Entwicklung von geeigneten Organisationsformen
- Information/Sensibilisierung/Mitwirkung der Unternehmen, Verwaltung und Bevölkerung
- Stoffstrom- und Ressourcenmanagement für anfallenden Dünger und Wertstoffe sowie Entsorgungskonzepte für nicht verwertbare Reststoffe.

Werden die entsprechenden Konsequenzen aus den vorliegenden und zukünftigen Erfahrungen gezogen und kontinuierlich zur Weiterentwicklung bzw. Modifizierung der alternativen Systeme genutzt, so erscheint im nachgewiesenen Erfolgsfall zumindest in der näheren Zukunft eine lokal begrenzte Installation möglich. Hierfür bieten sich ggf. zuerst sorgsam ausgesuchte, ländlich strukturierte Gebiete an, bei denen auf Grund der geringeren Bevölkerungs- sowie Bebauungsdichte Vorteile für einen derartigen Systemwechsel bestehen, bevor in ferner Zukunft ein sukzessiver Umbau der urbanen Wasserinfrastruktursysteme stattfinden könnte. Otterpohl u. Oldenburg 2002 skizzieren diesbezüglich die folgende Vision:

> *„Die Stadt der Zukunft wird in vielen Fällen kein zentrales Kanalnetz mehr aufweisen und eine lokale Leitungswasserversorgung haben. Der Grundgedanke innovativer integrierter Wasserkonzepte beruht auf dem Prinzip der Trennung der verschiedenen Teilströme, so wie es in der industriellen Abwasserwirtschaft bereits heute üblich ist".*

Schramm 2004 sieht bezüglich des notwendigen, langfristigen Systemwechsels der Wasserinfrastruktursysteme folgenden Handlungsbedarf aus städtebaulicher Sicht:

> „Es geht also um ‚Aufbau und Vernetzung differenzierter Kreisläufe' als städtetechnische Umbauperspektive: Die zentralen Infrastrukturen der modernen Siedlungswasserwirtschaft bleiben zunächst aufrecht erhalten, werden aber vielfältig ergänzt und können so langfristig umgebaut werden. Diese Umgestaltung des städtischen Wasserkreislaufs muss allerdings die Optimierung weiterer, regional vernetzter Stoffkreisläufe berücksichtigen und kann folglich nur abgestimmt auf eine regional-nachhaltigen Entwicklung geschehen. Die Ausrichtung der Infrastrukturplanung in der Siedlungswasserwirtschaft an ‚differenzierte Kreisläufe' muss daher unter besserer Einbeziehung der Bürgerinnen und Bürger als ‚Experten vor Ort' flankiert werden. Dies gelingt durch eine Integration von Siedlungs-, Industrie-, Umwelt- und Regionalpolitik. Zur Verwaltungsvereinfachung müssen dabei Zuständigkeiten geklärt, Querschnittsfunktionen gesichert und relevante Institutionen personell oder mit Sachmitteln gestärkt werden; dies kann über Konzessionsabgaben finanziert werden. Wasserversorgungsunternehmen und Abwasserbetriebe müssen kundenorientiert ein Selbstverständnis als Wasserdienstleister entwickeln. Ihr Handeln und das Ordnungsrecht muss durch kommunale Medienpolitik, PR-Kampagnen, soziale Absprachen und ökonomische Anreizstrukturen zum Policy-Mix ergänzt werden. Voraussetzung für die Durchsetzung und den langfristigen Erfolg einer auf nachhaltiges Wassermanagement gerichteten städtischen Politik ist die Einbindung kommunaler Schlüsselakteure in Industrie, Gewerbetreibende, Bürgerinitiativen und Naturschutz. Aufgrund solcher Verfahren können verallgemeinerbare Blaupausen für eine nachhaltige Wasserwirtschaft entstehen (...)".

5 Zusammenführung der Ergebnisse

Zentrales Anliegen der im vorangegangen Kapitel 4 vorgestellten Untersuchungen war es, die zum Abschluss des Kapitels 3 formulierten Hypothesen und Erkenntnisinteressen empirisch zu analysieren und ggf. zu überprüfen. Da, wie in Abschnitt 4.1 verdeutlicht, jeweils verschiedene Untersuchungen Erklärungsbeiträge zu den einzelnen Erkenntnisinteressen leisten, erfolgt nun eine Zusammenführung der Ergebnisse, die eine aus Sicht des Gesamtprojektes abschließende Beantwortung der aufgeworfenen Forschungsfragen erlaubt, die allein auf Basis der Ergebnisse der einzelnen empirischen Untersuchungen noch nicht möglich war.

5.1 Umweltpolitik und Umweltrecht

Ein wichtiger Aspekt der Untersuchungen im Rahmen des Projekts AquaSus war es, zu untersuchen, ob und ggf. in welcher Weise, das Innovationsgeschehen in der deutschen Wasserwirtschaft durch umweltpolitische Maßnahmen bzw. umweltrechtliche Vorgaben bestimmt ist. Tatsächlich wurden starke Hinweise auf eine große Bedeutung des umweltrechtlichen Umfeldes bereits durch die Darstellung des deutschen Wasserwirtschaftsrechts sowie dessen Vollzug in den Abschnitten 2.2 und 2.3 geliefert. Darüber hinaus führte die Befragung von Experten zu dem Ergebnis, dass insbesondere von Geboten und Verboten des Ordnungsrechts aber auch vom Vollzug umweltrechtlicher Vorgaben durch Behörden und konkreten Anforderungen der Kommunen Impulse für Innovationen in der deutschen Wasserwirtschaft ausgehen. Allerdings beschränken sich eindeutig identifizierbare, Innovationen fördernde Effekte von Umweltpolitik und Umwelt-, insb. Ordnungsrecht, selektiv auf einzelne technologische Neuerungen. Eine Innovationen fördernde Wirkung für über einzelne technologische Aspekte hinausgehende Systeminnovationen wurde von den befragten Experten dagegen nicht erkannt.

Auch die durchgeführten Unternehmensbefragungen bestätigen auf abstrakter Ebene die Hypothese, dass von Seiten der Umweltpolitik wichtige Impulse für das Innovationsgeschehen ausgehen. So gaben gut ein Viertel der befragten Abwasserentsorger an, dass für sie behördliche Anforderungen und nationale Gesetzgebung starke Impulsgeber für die Durchführung technischer und organisatorischer Innovationsaktivitäten darstellen. Eine vergleichbare Aussage lässt sich auch für den Bereich der Wasserversorgung treffen, wo in mehr als jedem vierten Unternehmen aufgrund gesetzlicher Regelungen neue Innovationsprojekte in Angriff genommen und bei einem knappen Fünftel laufende Innovationsprojekte beschleunigt wurden.

Durch die Unternehmensbefragungen ergaben sich jedoch auch Hinweise auf eine ambivalente Rolle der (Umwelt)politik für das Innovationsgeschehen in der deutschen Wasserwirtschaft. So sah jedes dritte befragte Entsorgungsunternehmen in gesetzlichen Bestimmungen oder kommunalpolitischen Widerständen einen wichtigen Hemmnisfaktor für seine Innovationsaktivitäten. Kommunalrechtliche Bestimmungen wurden von den Abwasserentsorgern in vergleichbarer Weise bewertet. Zumindest in Hinblick auf kommunalpolitische Widerstände ergab sich für die Wasserversorger ein ähnliches, wenn auch weniger stark ausgeprägtes Bild.

Exemplarisch wird die ambivalente Rolle der Umweltpolitik auch anhand der Fallbeispiele der Abschnitte 4.6 und 4.7 deutlich. So illustriert das Beispiel „Einführung von Denitrifikation“ zwar einerseits, dass die Implementation technischer Neuerungen unmittelbar durch gesetzliche Forderungen angestoßen werden kann. Andererseits wird anhand des Beispiels der Denitrifikation klar, dass ein durch die Umweltpolitik angestoßener und vorangetriebener Innovationsprozess nicht immer deckungsgleich mit den Zielsetzungen und Strategien aller Akteure der Wasserwirtschaft ist. Ineffizienzen sollten daher nicht verwundern. Dabei kann eine verbesserte Abstimmung zu einem teilweisen Abbau der Ineffizienzen beitragen (vgl. hierzu Abschnitt 5.3).

Die Hypothese, dass Umweltpolitik und Umweltrecht eine wichtige Determinante des Innovationsgeschehens in der deutschen Wasserwirtschaft darstellen, wird durch diese Untersuchung somit bestätigt. Ein Innovationen fördernder Effekt oder eine auf optimale Innovationsprozesse zielende Wirkung ist jedoch nicht garantiert. Vielmehr kann sich die Wirkung von Umweltpolitik in Hinblick auf verschiedene Innovationen und Innovationsprozesse sehr unterschiedlich gestalten. Es erscheint daher sinnvoll, die Bedeutung der Umweltpolitik über eine allgemeine Betrachtung hinaus anhand eng abgegrenzter einzelner Fragestellungen zu analysieren. Dies geschieht im Rahmen der Hypothese „Medienübergreifende Umweltpolitik begünstigt Innovationen für eine nachhaltige Wasserwirtschaft“, die eine Konkretisierung der Hypothese hinsichtlich der allgemeinen Bedeutung der Umweltpolitik darstellt.

5.2 Medienübergreifende Umweltpolitik

Der Frage, ob eine umweltmedienübergreifende Umweltpolitik günstige Rahmenbedingungen für eine nachhaltige Wasserwirtschaft fördernde Innovationen bietet, wurde im Rahmen dieser Studie insbesondere anhand der Fallstudie „Co-Vergärung“ nachgegangen. Die gemeinsame Fermentation von Klärschlamm und biogenen Abfällen (Co-Vergärung) bietet im Vergleich zu einer getrennten Behandlung zahlreiche Vorteile und kann daher als „nachhaltige Innovation“ gelten.

Das europäische Umweltrecht stützt sich zunehmend auf das Konzept des integrierten, das heißt medienübergreifenden, Umweltschutzes. Die Umsetzung europäischer Vorgaben in deutsches Recht im Rahmen von Artikelgesetzen hält aber am parallelen, das heißt medien-spezifischen, Ansatz einer Prüfung der Umweltbelastungen in verschiedenen Genehmigungsverfahren fest. Dies trägt zum einen nicht zu einer Vereinfachung des Umweltrechts bei. Die im Rahmen dieser Studie gewonnenen Befragungsergebnisse legen vielmehr nahe, dass durch ein mediengebundenes Umweltrecht die Mitbehandlung biogener Abfälle durch eine Co-Vergärung und damit eine nachhaltige Innovation in ihrer Diffusion behindert wird. Zum anderen zeigt die Fallstudie, dass die zukünftige Innovationsdynamik auch oder gerade in einer vor der Modernisierung stehenden (Ab-)Wasserwirtschaft davon abhängt, dass entsprechende Regelungsbarrieren, vor allem im behördlichen Vollzug, abgebaut werden.

Durch die Untersuchung wurde somit deutlich, dass eine mediengebundene Umweltpolitik ein erhebliches Hemmnis für die Verbreitung umweltmedienübergreifender, nachhaltiger Innovationen darstellen kann. Es ist daher davon auszugehen, dass eine stärkere Orientierung des deutschen Umweltrechts und insbesondere seines Vollzugs am Konzept eines integrierten, d.h. medienübergreifenden, Umweltschutzes nachhaltige Innovationen in der deutschen Wasserwirtschaft fördern würde. Zwar wurde dies im Rahmen dieser Studie lediglich für den speziellen Fall der Co-Vergärung gezeigt, so erscheint es doch nahe liegend, dass vergleichbare Wirkungen auch für weitere, mehrere Umweltmedien simultan betreffende Innovationen zu erwarten sind.

5.3 Abstimmung der Akteure

Trotz der großen Bedeutung regulatorischer Rahmenbedingungen kann keineswegs davon ausgegangen werden, dass das Innovationsgeschehen in der deutschen Wasserwirtschaft überwiegend oder ausschließlich durch exogene umweltpolitische Vorgaben bestimmt wird. Vielmehr ist zu prüfen, inwieweit das Innovationssystem Wasserwirtschaft aus sich selbst heraus Neuerungen generiert. Im Rahmen der vorliegenden Untersuchung wurde daher insbesondere der Aspekt untersucht, inwieweit verbesserte Akteurabstimmung, d.h. Kooperation und Koordination der Akteure des Innovationssystems, nachhaltige Innovationen hervorbringt.

Exemplarisch wurde dies anhand der Fallbeispielen des Abschnitts 4.6 dargestellt. Insbesondere der grundlegende, historische Referenzfall des Aufbaus der Wasserver- und Abwasserentsorgung (Fallbeispiel 4.6.1) und das aktuelle Beispiel der Nitratvermeidung durch Zusammenarbeit von Wasserversorgern und Landwirtschaft (Fallbeispiel 4.6.2) machen deutlich, dass im Bereich der Wasserwirtschaft ökologische Problemlagen durch Kooperation der beteiligten Akteure gelöst werden konnten. Über die Bestätigung des Coase-Theorems hinaus, das das Zustandekommen kooperativer Problemlösungen voraussagt, unterstreicht das Beispiele die zentrale Bedeutung von Innovationen, um in der Wasserwirtschaft zu nachhaltigen Problemlösungen zu gelangen. Dabei kommt insbesondere organisatorischen Innovationen zentrale Bedeutung zu. So sind Kompensations- bzw. Seitenzahlungen von Wasserversorgern an Landwirte sowie von den Versorgern kostenfrei angebotene Beratungsleistungen als innovative organisatorische Arrangements zu betrachten, die auf eine nachhaltigere Wasserwirtschaft abzielen. Das historische Beispiel macht darüber hinaus deutlich, dass mittelbar auch technische

Innovationen generiert werden können, ist doch die organisatorische Neuerung „zentrale Wasserver- und Abwasserentsorgung" Vorraussetzung für alle folgenden technischen Innovationen, die auf eine Verbesserung zentraler Ver- und Entsorgungssysteme zielen. Neben diesen Fallbeispielen liefern auch die Auswertungen der Unternehmensbefragungen Hinweise dafür, dass Kooperationen zwischen Wasserversorgern deren Innovationsintensität erhöht.

Dass das Zustandekommen kooperativer Problemlösungen, insbesondere bei Problemen, die viele Betroffene tangieren, jedoch keineswegs garantiert ist, wurde bereits von Coase deutlich gemacht. Dies trifft exemplarisch für viele Umweltprobleme im Bereich der Wasserwirtschaft zu, wo Gewässer- oder Trinkwasserbelastungen in sehr komplexer Weise auf eine Vielzahl potentiell Betroffener wirken. Dass eine regulierende Umweltpolitik für viele wasserwirtschaftliche Problemlagen nötig ist, um zu nachhaltigen Problemlösungen zu gelangen, ist daher weitgehend unstrittig. Gleichzeitig wirft dies aber das Problem der Koordination von Regulator und den übrigen Akteuren des Innovationssystems Wasserwirtschaft auf. Die Fallbeispiele zur Einführung von Denitrifikation und Membranverfahren (Abschnitte 4.6.3 und 4.6.4) illustrieren entsprechende Koordinationsdefizite. Zwar wurden vom Regulator Innovationen angestoßen, die einer im ökologischen Sinn nachhaltigen Wasserwirtschaft eindeutig zugute kamen. Allerdings wurden in unzureichendem Maße Informationen bei den betroffenen Entsorgungsunternehmen eingeholt oder berücksichtigt, so dass die geforderten Neuerungen nur schlecht mit deren Investitionszyklen abgestimmt waren. Die daraus resultierenden unnötig hohen Kosten der Implementation neuer, nachhaltiger Technologien stellen daher mangelnde Nachhaltigkeit im ökonomischen Sinn dar.

Zusammenfassend lässt sich die These bestätigen, dass durch Koordination der Akteure und kooperative Lösungskonzepte nachhaltige Innovationen in der deutschen Wasserwirtschaft angestoßen wurden. Darüber hinaus kann angenommen werden, dass weitere Potenziale für kooperative nachhaltige Problemlösungen bestehen. Eine verbesserte Akteurabstimmung kann zum Zweck der Realisierung ökologischer Nachhaltigkeitsziele eine regulierende Umweltpolitik jedoch nicht ersetzen. Die umweltpolitischen Regulierer sind gefordert, sich mit den übrigen Akteuren des Innovationssystems Wasserwirtschaft hinreichend abzustimmen, d.h. insbesondere ausreichend Informationen einzuholen, um beim Anstoßen nachhaltiger Innovationen nicht selbst Nachhaltigkeitsziele zu verletzen bzw. die Opportunitätskosten beim Verfolgens eines bestimmten Nachhaltigkeitsziels so gering wie möglich zu halten.

5.4 Wettbewerbliche Elemente

Die anhaltende Debatte um eine weitergehende Marktöffnung in der deutschen Wasserwirtschaft und die seit langem geführte Diskussion über den Zusammenhang von Innovationsaktivitäten und Wettbewerbsintensität bilden den Ausgangspunkt für eine weitere wichtige Fragestellung. So wurde im Rahmen dieser Studie intensiv untersucht, ob von einer Öffnung gegenüber wettbewerblichen Elementen verstärkte Innovationsaktivitäten in der deutschen Wasserwirtschaft erwartet werden können und ob sich die Ausrichtung der durchgeführten Innovationen qualitativ verändern würde.

Tatsächlich ergeben sich aus der Analyse der durchgeführten Unternehmensbefragungen zahlreiche Hinweise dafür, dass eine stärkere Offenheit gegenüber wettbewerblichen Elementen mit einem höheren Umfang von Innovationsaktivitäten in der Wasserwirtschaft einhergeht. Als Indikatoren für eine größere Offenheit dienten dabei die Wahl einer privatrechtlichen Rechtsform oder aber ein Engagement im Beteiligungswettbewerb. So erzielen Wasserversorgungsunternehmen, an denen andere, nicht-kommunale Unternehmen beteiligt sind, eine signifikant höhere Innovationsintensität als andere Versorger. Wasserversorger in privatrechtlichen Organisationsformen weisen zudem das höchste Maß an organisatorischer Innovativität auf und haben eine signifikant höhere Wahrscheinlichkeit für die Einführung einer technischen Neuerung. Gestützt wird dieses Resultat durch die Ergebnisse der durchgeführten Expertenbefragung. Der Innovationstreiber Wettbewerb, aber auch weitere wie Kundenanforderungen oder Kostendruck, die als Indikatoren für die Dynamik eines Marktes dienen können, werden dort als wichtige Impulsgeber für Innovationen beurteilt. Die befragten Experten sehen dabei die Innovationen fördernde Wirkung dieser Treiber vor allem in Hinblick auf Systeminnovationen und weniger in Bezug auf singuläre Einzeltechnologien.

In der Befragung von Abwasserentsorgungsunternehmen bestätigt sich die Innovationen fördernde Wirkung einer Öffnung gegenüber wettbewerblichen Elementen allerdings weder mit Blick auf technische noch auf organisatorische Innovativität. Abwasserentsorger in privatrechtlicher Organisationsform unterscheiden sich im Umfang ihrer Innovationstätigkeiten nicht signifikant von den übrigen Entsorgern. Anhand der Organisationsform lassen sich Effekte vermuteter wettbewerblicher Orientierung – zumindest bislang – empirisch nicht belegen. Dies kann verschiedene Gründe haben. Eine mögliche Begründung ist, dass der Wandel der Organisationsstrukturen zwar mehr Entscheidungsfreiheit und Verantwortlichkeit des Managements einräumt, die sich ergebenden Möglichkeiten nicht oder nur zum Teil genutzt werden. Für diese Interpretation spricht, dass der Wandel in der Wasserversorgung weiter vorangeschritten ist als in der Abwasserentsorgung und den Entsorgern damit weniger Zeit und geringere Spielräume zur Verfügung standen, die sich bietenden Möglichkeiten zur Steigerung von Innovationsaktivitäten zu nutzen. Der im Fall der Abwasserentsorgung weniger ausgeprägte Effekt wettbewerblicher Orientierung durch organisatorischen Wandel erlaubt jedoch in keinem Fall Rückschlüsse auf das absolute Innovationsniveau beider Sektoren. Dieses kann sich sehr wohl unterscheiden. Dabei ist zu berücksichtigen, dass eine identische Zunahme wettbewerblicher Orientierung eine geringere Erhöhung der Innovativität implizieren würde, wenn das das bereits erreichte Niveau höher ist. Allerdings liegen keine ausreichenden Statistiken und Ergebnisse vor, die eine vergleichende Analyse der Innovativität beider Sektoren erlauben.

Ergänzend ist anzumerken, dass sich die Größe der Versorgungsgebiete und damit der Unternehmen als positiver Bestimmungsfaktor für die Einführung technischer Neuerungen in der Abwasserentsorgung sowie zur Einführung organisatorischer Neuerungen in der Wasserver- und Abwasserentsorgung erweist. Die Vorteile größerer Unternehmen in Hinblick auf den Zugang zu Informationen sowie personellen und finanziellen Ressourcen können die höhere Adaption von Innovationen begründen. Auch ein deutschlandweites Angebot von Dienstleistungen (z.B. Betriebsführung, Labordienstleistungen) und eine Kooperationstätigkeit korrelieren im Fall der Wasserversorgung positiv mit der Einführung technischer Neuerungen.

Auf die Frage, ob die Offenheit gegenüber wettbewerblichen Elementen mit einer verstärkten Ausrichtung der Innovationsaktivitäten an Effizienzzielen einhergeht, ergeben die empirischen Untersuchungen ein für Wasserver- und Abwasserentsorger kohärentes Bild. In beiden Fällen bestätigten Untersuchungsergebnisse diese Hypothese. So haben Wasserversorger in der Organisationsform eines Eigenbetriebs, einer Anstalt des öffentlichen Rechts oder einer privatrechtlichen Organisationsform eine signifikant höhere Wahrscheinlichkeit für eine günstigere Entwicklung der durchschnittlichen Kosten aufgrund ihrer Innovationstätigkeiten als Regiebetriebe. Gleiches trifft auch für innovative Unternehmen mit eigenen Beteiligungsaktivitäten zu. Entsorger in privatrechtlichen Organisationsformen messen – im Durchschnitt betrachtet – den Kosten eine größere Bedeutung als motivierendem Faktor zu als die übrigen Unternehmen. Privatwirtschaftlich geführte Unternehmen setzen Innovationen demnach stärker als Instrument zur Erreichung von Effizienzzielen ein, während die übrigen Unternehmen in Innovationen in höherem Maße notwendige Anpassungen an exogene Vorgaben zu sehen scheinen.

Ambivalente Ergebnisse zeigen sich allerdings, wenn der These nachgegangen wird, ob eine höhere Offenheit gegenüber wettbewerblichen Elementen zu einer Vernachlässigung ökologischer Ziele in der Innovationsstrategie führt. Wasserversorgungsunternehmen in privatrechtlichen Organisationsformen oder solche, die sich dem Beteiligungswettbewerb stellen, richten ihre Innovationsstrategie in ähnlichem Maße an nicht-ökonomischen Zielen aus wie andere Unternehmen. So zeigen sich keine Unterschiede zwischen den Organisationsformen, wenn die Veränderung der Qualität und Zuverlässigkeit aufgrund technischer Neuerungen sowie der Arbeitsbedingungen der Mitarbeiter analysiert werden. Darüber hinaus haben Zweckverbände und private Versorger[254] in stärkerem Maße neue Innovationsprojekte aufgrund freiwilliger ökologischer Maßnahmen in Angriff genommen oder bestehende Projekte beschleunigt als Eigenbetriebe und Anstalten des öffentlichen Rechts. Auch wenn nur ausgewählte Aspekte der Nachhaltigkeitsdimensionen „Ökologie“ und „Sozial“ betrachtet werden konnten, sind die Ergebnisse durchaus interessant, bestätigen sie doch nicht die Ausgangsvermutung. Anders verhält es sich in der Abwasserentsorgung. Ökologische Ziele spielen bei Abwasserentsorgern in privatrechtlicher Organisationsform eine signifikant geringere Rolle für ihre Innovationstätigkeiten.

Zusammenfassend lässt sich festhalten, dass von einer stärkeren wettbewerblichen Orientierung der deutschen Wasserwirtschaft verstärkte Innovationsaktivitäten zu erwarten sind. Empirische Grundlage für diese Erwartungshaltung sind insbesondere die für die Wasserversorger gewonnenen Ergebnisse. Darüber hinaus wird eine stärke Orientierung an wettbewerblichen Elementen voraussichtlich mit

[254] Für diese ist das Ergebnis allerdings nur schwach signifikant.

einer stärkeren Ausrichtung von Innovationsaktivitäten an ökonomischen Effizienzzielen einhergehen. Inwieweit diese Neuausrichtung zu Lasten an ökologischen Zielen ausgerichteter Innovationsaktivitäten erfolgt bleibt dagegen offen und wird maßgeblich durch den gegebenen umweltrechtlichen Rahmen bestimmt.

5.5 Lockerung der Pfadabhängigkeit

Im Rahmen dieser Studie wurde ebenso untersucht, ob die großen Sanierungsanforderungen, der sich die deutsche Wasserwirtschaft gegenübersieht, eine Situation schaffen, die ein Verlassen des bislang verfolgten Pfades der zentralen Wasserver- und Abwasserentsorgung hin zu weniger zentral organisierten Systemen ermöglicht. Die Arbeiten stehen damit direkt in Bezug zur Diskussion um Alternativen zum bestehenden System und deren möglichen Beiträge zu einer nachhaltigeren Wasserwirtschaft. Wesentliche Ergebnisse hinsichtlich dieser Frage stützen sich auf die Fallstudien zu alternativen Wasserinfrastruktursystemen.

Dabei zeigten sich zahlreiche Hinweise auf eine in jüngerer Vergangenheit verstärkte Auseinandersetzung mit alternativen Systemen der Wasserver- und -entsorgung. Zum einen führt ein gewachsenes Umweltbewusstsein zu einem verstärkten Interesse privater Haushalte an Technologien, die eine Abkehr von traditionellen zentralen Systemen repräsentieren, wie beispielsweise Techniken der Regenwassernutzung. Daneben ist ein wachsendes wissenschaftliches Interesse an alternativen Wasserinfrastruktursystemen zu beobachten, dass sich in einer steigenden Zahl entsprechender Publikationen niederschlägt. Insbesondere gingen jedoch von Seiten der Politik wichtige Impulse aus, einerseits durch die lokale Lockerung des Anschlusszwanges, insbesondere aber durch die Förderung von Pilotprojekten, die eine Erprobung alternativer, dezentraler Ver- und Entsorgungskonzepte ermöglicht.

Gleichwohl ist ein radikaler Systembruch nicht in Sicht. Auch die traditionellen zentral organisierten Systeme werden parallel fortentwickelt und optimiert. Zudem sind sie im Gegensatz zu vielen Alternativen technisch ausgereift. Außerdem stellen sich die bestehenden zentralen Systeme in Vergleich zu alternativen Konzepten in verschiedener Hinsicht (beispielsweise bei der Bereitstellung von Löschwasser, der Entsorgung von Fremdwasser und der Versorgungssicherheit) als sehr leistungsfähig dar und entsprechen häufig den gewachsenen Ansprüchen der Bevölkerung, z.B. in Hinblick auf Hygienevorstellungen. Schließlich erscheint eine grundlegende Neukonzeption der Wasserinfrastruktur, aufgrund des hohen Wertes der bestehenden Infrastruktur vielerorts zu teuer selbst wenn ein erheblicher Sanierungsbedarf der bestehenden Infrastruktur besteht.

Für die Zukunft ist daher keine flächendeckende Ablösung bestehender zentraler Wasserinfrastruktursysteme durch alternative Konzepte zu erwarten, sondern vielmehr eine Ergänzung der bestehenden Systeme durch alternative Komponenten. Allerdings schließt dieses Szenario durchaus lokale Insellösungen mit ein, die sich vollständig von einer zentralen Netzinfrastruktur unabhängig machen und lokal – beispielsweise in dünn besiedelten ländlichen Regionen – traditionellen Systemen deutlich überlegen sein können.

5.6 Nachhaltigkeitswirkungen spezieller Innovationen

Neben der Überprüfung der diskutierten Hypothesen zur Genese von Innovationen war es eine zentrale Aufgabe des Projekts AquaSus, Informationen über die Nachhaltigkeitseffekte einzelner konkreter Neuerungen in der Wasserwirtschaft zu gewinnen und so deren Bewertung zu ermöglichen.

Für die spezielle Innovation der Co-Vergärung wurde eine entsprechende Bewertung im Rahmen der entsprechenden Fallstudie vorgenommen. Neben ökonomischen Vorzügen, wie einem verminderten Investitionsbedarf in Faulraumkapazitäten und erhöhter Biogasausbeute, lassen ökologische Vorteile, insbesondere ein im Vergleich zu herkömmlichem Klärschlamm schadstoffärmeres, nährstoffreicheres und pflanzenverträglicheres Faulprodukt, die Co-Vergärung als eine Innovation erscheinen, die sowohl mit Blick auf die ökonomische als auch die ökologische Nachhaltigkeitsdimension sehr positiv zu bewerten ist.

Dies korrespondiert mit den Ergebnissen der Expertenbefragung, auf die sich im Rahmen dieser Studie die Bewertung weiterer Innovationen stützt. Gemäß der Einschätzung der Experten kommt der Co-Vergärung ein großes Potenzial für die Verbesserung ökonomischer Nachhaltigkeitsindikatoren zu. Übertroffen wird sie in dieser Hinsicht allerdings noch von systemübergreifenden Hausanschlüssen, Regenwassernutzung im privaten Bereich und begehbaren Leitungsgängen. Große Potenziale werden ebenfalls bei alternativen Sanitärkonzepten, differenziertem Angebot für Brauch- und Trinkwasser und der Membranbelebung gesehen. Eher uneinheitlich fällt die Bewertung für das „autarke Haus“ und die „dezentrale Abwasserbehandlung“ aus.

Die insgesamt weitreichendsten Verbesserungen ökologischer Nachhaltigkeitsindikatoren werden von den befragten Experten beim Einsatz der „Regenwasserretention“ gesehen, gefolgt vom „autarken Haus“ sowie der Co-Vergärung, und schließlich der Membranbelebung sowie Wasserspartechnologien. Auch hier bestätigt die Expertenbefragung die Ergebnisse der Fallstudie zur Co-Vergärung. Bei der „dezentralen Abwasserbehandlung“ ergeben sich allerdings starke Unterschiede in den Einschätzungen der Experten: während die Indikatoren zur Wasserqualität und -quantität, Bodenqualität und Materialumsatz stark verbessern, wird für die Indikatoren Bodenverbrauch, Energieumsatz und Emissionen eine starke Verschlechterung gesehen.

Das größte Potenzial für eine Verbesserung der sozialen Nachhaltigkeitsindikatoren wird den begehbaren Leitungsgängen zugewiesen, direkt gefolgt von der Membranbelebung. Ebenfalls insgesamt positiv bezogen auf soziale Nachhaltigkeitsindikatoren werden Wasserspartechnologien im privaten Bereich gesehen. Eher negative Effekte auf soziale Nachhaltigkeitsindikatoren werden von der Regenwasserretention und der Produktdifferenzierung von Brauch- und Trinkwasser erwartet, letztere wegen der potenziellen Gefährdungen des Verbraucherschutzes und problematischer sozialer Akzeptanz.

In der Gesamtschau scheint den als „Systeminnovationen“ klassifizierten Neuerungen (z.B. begehbare Leitungsgänge, grabenloser Leitungsbau, alternative Sanitärkonzepte) in der Befragung ein tendenziell höheres Potenzial für eine nachhaltige Entwicklung zugesprochen zu werden. Daneben belegen auch sog. Einzeltechnologien obere Plätze mit insgesamt hohen Einschätzungen zum Nachhaltigkeitspotenzial, wie z.B. Membranbelebung, Co-Vergärung. Einschränkend ist allerdings zu ergänzen, dass bei einigen Innovationen die Bewertungen durch die Experten sehr uneinheitlich ausfallen (z.B. „Co-Vergärung“, „alternative Sanitärkonzepte“ und „autarkes Haus“). Dies kann auf die noch mangelnde empirische Datenlage aber auch auf unterschiedliche Interpretationen der zugrunde liegenden Infrastrukturkonzepte zurückzuführen sein. Hier zeigt sich, dass insbesondere in Hinblick auf die hier als „Systeminnovationen“ klassifizierten Technologien noch weiterer Forschungsbedarf besteht.

6 Handlungsempfehlungen

Ziel der durchgeführten Studie ist es, aus den gewonnenen Erkenntnissen Politikempfehlungen abzuleiten, die Hilfestellungen dafür bieten, Politik in einer Weise zu gestalten, die nachhaltige Innovationen in der deutschen Wasserwirtschaft fördert und nicht behindert. Aus den Ergebnissen der Projektarbeit ergeben sich mit Umweltpolitik und Umweltrecht, Wettbewerbs- und Marktordnung sowie der Förderpolitik drei zentrale Felder, für die entsprechende Empfehlungen abgegeben werden können.

6.1 Umweltpolitik und Umweltrecht

Mit Blick auf die Umweltpolitik und Umweltrecht wurde eine große Bedeutung für nachhaltige Innovationen in der deutschen Wasserwirtschaft ermittelt. Dies bedeutet zum einen, dass mit der Umweltregulierung tatsächlich ein Instrument zu Verfügung steht, das nachhaltige Innovationen anstoßen kann. Zum anderen wird dadurch aber auch die große Verantwortung deutlich, die der Formulierung der Umweltpolitik zukommt, besteht doch die Gefahr, dass sich Umweltpolitik auch als Hemmnis für nachhaltige Innovationen erweist. Exemplarisch hierfür ist der Fall der Co-Vergärung. Dort wird deutlich, dass ein über bloße Programmatik hinausgehendes Interesse an integriertem, medienübergreifendem Umweltschutz die Überwindung eindimensionaler Betrachtungsweisen und Ressortegoismen in Ausgestaltung und Handhabung des deutschen Umweltrechts erfordert. Dies mündet in folgende konkrete Empfehlungen:

Die Einführung eines einheitlichen Anlagenzulassungsrechts nach Vorbild des BimSchG sowie einer Behördenstruktur, die mit diesem Instrumentarium vorhersehbar umzugehen vermag, stellt sich als sinnvoll dar. Daneben erscheint die Zusammenführung und Vereinheitlichung der verschiedenen, sich teilweise ergänzenden, teilweise aber auch widersprechenden Vorschriften des deutschen Umweltrechts in einem Umweltgesetzbuch vor diesem Hintergrund noch immer dringlich. Schließlich sei angemerkt, dass es Innovatoren wenig hilft, wenn in Teilen der einschlägigen Rechtsliteratur kolportiert wird, das weit ausdifferenzierte deutsche Umweltrecht sei mit der Implementierung europarechtlicher Impulse de facto bereits zu einem „integrierten" Umweltrecht umgebaut. Zumindest mit Bezug auf den Fall der Co-Vergärung zeigt sich in der behördlichen Genehmigungspraxis, dass mit der aktuellen Umsetzung des Umweltrechts die Verwirklichung innovativer Entsorgungslösungen be- und in weiten Teilen sogar verhindert wird.

Über den Fall der Co-Vergärung hinaus lassen sich weitere Empfehlungen für die deutsche Umweltpolitik und ihre umweltrechtliche Umsetzung formulieren. So erscheint es häufig nicht sinnvoll, das Potenzial umweltpolitischer Vorgaben für den Anstoß von Innovationsprozessen dazu zu nutzen, einzelnen technischen Neuerungen isoliert zum Durchbruch zu verhelfen. Eine Koordination mit den Investitionszyklen der betroffenen Unternehmen erscheint in jeden Fall sinnvoll, will man isolierte Verbesserungen hinsichtlich der ökologischen Nachhaltigkeitsdimension nicht durch unnötig hohe Kosten, d.h. Verschlechterungen bei der ökonomischen Dimension der Nachhaltigkeit erkaufen. Von zentraler Bedeutung erscheint insbesondere eine für die Unternehmen rechtzeitig antizipierbare umweltpolitische Regelsetzung, die ihnen Planungssicherheit bietet. So wird erst durch diese ein innovationsfreundliches Klima geschaffen, das eine wichtige Voraussetzung für Genese und Diffusion nachhaltiger Innovationen darstellt.

6.2 Wettbewerbs- und Marktordnung

Mit Blick auf die Wettbewerbsordnung im Bereich von Abwasserent- und Wasserversorgung scheint eine Öffnung gegenüber wettbewerblichen Elementen Unternehmen zusätzliche Freiheiten in Bezug auf die Organisation der Leistungserbringung zu eröffnen. Diese erleichtert unter anderem das Verfolgen einer Innovationsstrategie, die sich nicht nur auf die Erfüllung exogener Vorgaben beschränkt, sondern verstärkt auch die Realisierung ökonomischer Effizienzziele verfolgt. Diese kann sich in einer größeren Innovationsfähigkeit und darüber hinaus in einer verstärkten Adaption effizienzsteigernder organisatorischer Innovationen - z.B. Teilnahme am Benchmarking - oder auch technischer Innovationen mit Kostensenkungspotenzialen niederschlagen.

Der Wandel der Organisationsformen hin zu privatrechtlichen Arrangements mit mehr Entscheidungs- und Handlungsfreiheit der Geschäftsführung kann vor dem Hintergrund der hier durchgeführten Studie als eine viel versprechende Fassette einer stärkeren wettbewerblichen Orientierung betrachtet werden. Ähnliches gilt für eine Lockerung des Örtlichkeitsprinzips, dass ein Engagement in anderen Gemeinden, zumeist Nachbargemeinden ermöglicht. Im Ergebnis dessen können Größenvorteile realisiert und Wachstumspotenziale genutzt werden. In der Regel würde mit einer solchen Maßnahme auch eine Verschärfung des Beteiligungswettbewerbs einhergehen, die ihrerseits den Zusammenschluss von Unternehmen zu größeren Einheiten erleichtert. Eine stärkere Öffnung gegenüber wettbewerblichen Elementen sollte daher generell so gestaltet sein, dass sie die Entstehung größerer, leistungsfähigerer Unternehmen nicht einschränkt. Gleichwohl sind dabei aber auch die Konsequenzen einer stärkeren wirtschaftlichen Betätigung zu berücksichtigen, die nicht nur Chancen sondern auch Risiken bergen (vgl. Ewers et al. 2001).

Über eine Zulassung mehr privaten Engagements hinaus sind bei der Diskussion um die Marktordung der deutschen Abwasserwirtschaft in jedem Fall aber auch weitere Optionen für die Integration wettbewerblicher Elemente zu prüfen. Dies gilt insbesondere vor dem Hintergrund des französischen Falls, der deutlich macht, dass eine starke Stellung weniger privater Unternehmen allein weder Wettbewerb noch ein hohes Innovationsniveau garantiert. Insbesondere die Diskussion um verpflichtende Ausschreibungen bei der Übertragung von Ver- und Entsorgungsaufgaben an Private sollte daher intensiviert werden. Daneben erscheinen Leitlinien für vergleichendes Benchmarking notwendig, um dessen Qualität und Aussagekraft sicherzustellen und Ergebnisse für in sinnvoller Weise vergleichenden Wettbewerb nutzbar machen zu können. Die Ableitung einer optimalen Strategie für ein zu größerer Wettbewerbsorientierung führendes Vorgehen erlauben die empirischen Untersuchungen dieser Studie freilich nicht.

Auch wenn diese Studie deutlich macht, dass Privatisierung und Marktöffnung Mittel zur Steigerung ökonomischer Effizienz und Innovativität in der deutschen Wasserwirtschaft darstellen können, wird – wie auch aus theoretischer Perspektive zu erwarten – gleichfalls deutlich, dass sie nicht notwendigerweise zur Internalisierung externer Effekte beitragen und Unternehmen evtl. sogar davon abhalten, Umweltschutzziele zu verfolgen. Zur Erreichung ökologischer Ziele – beispielsweise durch eine entsprechende Ausrichtung von Innovationsaktivitäten – sind unzweifelhaft andere wirtschaftpolitische Instrumente erforderlich. Umweltregulierung könnte daher gerade unter stärker wettbewerblich orientierten Vorzeichen entscheidende Bedeutung zukommen, um die Erfüllung ökologischer Ziele unter den veränderten Rahmenbedingungen sicherzustellen. Sie ist aber, wie diskutiert, so zu gestalten, dass sie die Innovationsmöglichkeiten der Unternehmen nicht einschränkt, sondern die Unternehmen darin bestärkt, ökologisch und betriebswirtschaftlich „sinnvolle" Innovationen durchzuführen.

6.3 Förderpolitik

Der Staat kann mit seinem förderpolitischen Instrumentarium aktiv Einfluss nehmen auf die Genese und Diffusion technischer Neuerungen. Dies erfolgt einerseits über themenspezifische Rahmenprogramme oder aber unspezifische Fördermaßnahmen. Letztere richten sich häufig nahezu ausschließlich an kleine und mittlere Unternehmen, für die ein unausgeschöpftes Innovationspotenzial vermutet wird.[255] Themenspezifische Rahmenprogramme verfolgen dagegen den Zweck, gesellschaftsrelevante bzw. volkswirtschaftlich wichtige Themen aufzugreifen. Im Themenbereich der Schlüsseltechnologien (z.B. Biotechnologie, Nanotechnologie) sieht sich die staatliche Förderung bspielsweise in der Rolle des Impulsgebers, der Starthilfe in einer frühen Entwicklungsphase der Technologie gibt bzw. gewährt.

[255] Die Argumentation stützt sich dabei auf verschiedene Formen des Marktversagens (hohe externe Effekte, hohe Unsicherheiten über den erwarteten Fortschritt, Unteilbarkeiten sowie hohe Fixkosten), die aus Unternehmenssicht nur einige FuE-Projekte als lukrativ erscheinen lassen. Hinzu kommen Finanzierungsengpässe resultierend aus den Informationsasymmetrien zwischen Kapitalgeber und -nehmer. Aufgrund größenbedingter Nachteile sehen sich kleine und mittlere Unternehmen in höherem Umfang in der Durchführung eines FuE- oder Innovationsprojektes gehemmt als größere Unternehmen.

Wasserwirtschaftsrelevante Themen sind aktuell im Rahmenprogramm „Forschung für Nachhaltigkeit“ des BMBF eingebettet. Übergeordnetes Ziel ist das Bestreben, die Genese und den Einsatz ressourcenschonender Technologien und Praktiken zu erhöhen. Damit verbunden ist u.a. aber auch die Stärkung der Technologiekompetenz Deutschlands im Bereich der Wasser- und Abwassertechnologien im internationalen Vergleich.

Das Projekt zielt zwar nicht darauf ab, die Rolle der Förderung explizit zu diskutieren. Die Projektergebnisse erlauben gleichwohl einige interessante Schlussfolgerungen in Bezug auf eine mögliche Ausgestaltung und Zielrichtung der Förderung. So gaben die Unternehmen an, dass sie in Referenz- und Demonstrationsprojekten einen wichtigen Impulsgeber für die Akzeptanz und Einführung von Neuerungen sehen. Im Einklang mit der skizzierten Ausrichtung und Zielsetzung der Förderung kommt der Förderpolitik eine bedeutende Rolle zu, Referenz- und Demonstrationsprojekte mit anzustoßen und somit die Marktreife von Neuerungen voranzutreiben. Exemplarisch sei hier die Förderung von Forschungs- und Entwicklungsvorhaben zum Thema „Dezentrale Wasserver- und -entsorgungssysteme“ sowie zum Thema „Agrartechnik – Integrierter Umweltschutz in der Landwirtschaft“ genannt, die in der Studie Erwähnung fanden. Es sollte dagegen keine Aufgabe der Technologieförderung sein, die breite Diffusion von Neuerungen bzw. die breite Vermarktung bereits markterprobter Anwendungen finanziell zu fördern. Marktversagen liegt in diesen Fällen – wenn überhaupt – nur in geringem Maße vor.

7 Anhang

7.1 Definitionen wasserwirtschaftlicher Begriffe und Beispiele für Innovationen

7.1.1 Definitionen

Abwasser	In einer Abwasserleitung oder einem Abwasserkanal abgeleitetes Schmutzwasser und/oder Regenwasser (DIN EN 752-1)
Abwasserbehandlung	Gezielte Veränderung der Abwasserbeschaffenheit, z.B. durch Reinigung, Kühlung, Neutralisation (DIN 4045)
Abwasserkanal	Meist erdverlegte Rohrleitung oder andere Vorrichtung zur Ableitung von Schmutzwasser und/oder Regenwasser aus mehreren Quellen (DIN EN 752-1). Abwasserkanäle befinden sich in der Regel im öffentlichen Straßenraum und liegen im öffentlichen Zuständigkeitsbereich.
Abwasserleitung	Meist erdverlegtes Rohr zur Ableitung von Schmutzwasser und/oder Regenwasser von der Anfallstelle zum Abwasserkanal (DIN EN 752-1). Abwasserleitungen dienen der Grundstücksentwässerung und liegen im privaten Zuständigkeitsbereich.
Abwassertechnik	Oberbegriff für Technologien der Abwassersammlung und Abwasserableitung, Abwasserbehandlung und Abwasserbeseitigung (DIN 4045)
Anschlusskanal	Kanal zwischen dem öffentlichen Abwasserkanal und der Grundstücksgrenze bzw. der ersten Reinigungsöffnung (z.B. Übergabeschacht) auf dem Grundstück (DIN 4045).
Dichtheitsprüfung	Zerstörungsfreie Prüfung, einer Rohrleitung oder dergleichen auf Dichtheit (DIN EN 1085)
Entwässerungssystem	Natürliches oder künstliches System zur Entwässerung eines Einzugsgebiets. Es gilt von dem Punkt an, wo das Abwasser das Gebäude bzw. die Dachentwässerung verlässt oder in einen Straßenablauf fließt, bis zu dem

	Punkt, wo das Abwasser in eine Behandlungsanlage oder einen Vorfluter eingeleitet wird (in Anlehnung an DIN EN 752-1)
Erneuerung	Herstellung neuer Abwasserleitungen und -kanäle in der bisherigen oder einer anderen Linienführung, wobei die neuen Anlagen die Funktion der ursprünglichen Abwasserleitungen und -kanäle einbeziehen.
Grundleitung	Im Erdreich oder in der Grundplatte unzugänglich verlegte Leitung, die das Abwasser in der Regel dem Anschlusskanal zuführt (Stein 1998).
Mikrotunnelbau (Microtunnel(l)ing)	Unbemannt, ferngesteuert arbeitendes Verfahren, bei dem Vortriebsrohre mit einem lichten Durchmesser < 1200 mm unmittelbar hinter einer Vortriebsmaschine von einem Startschacht aus durch Einpressen oder Einschieben in den Baugrund bis zu einem Zielschacht vorgetrieben werden (Stein 2003)
Mischsystem	Kanalisation, bestehend aus einem einzigen Leitungs-/Kanalsystem zur gemeinsamen Ableitung von Schmutz- und Regenwasser (DIN EN 752-1)
Offene Bauweise	Verlegung einer Leitung durch Ausheben eines Grabens, Verlegen der Leitung im Schutze einer Böschung oder eines Verbaus und anschließendes Verfüllen des Grabens (Stein 2003)
Regenrückhaltebecken (RRB)	Speicherraum für Regenabflussspitzen im Misch- oder Trennsystem (DIN 4045)
Regenüberlaufbecken (RÜB)	Speicher- und/oder Absetzraum im Mischsystem mit Becken und/oder Klärüberlauf (DIN 4045)
Regenwasser	Niederschlag, der nicht im Boden versickert ist und von den Bodenoberflächen oder von Gebäudeaußenflächen in das Entwässerungssystem eingeleitet ist (DIN EN 752-1)
Renovierung	Maßnahmen zur Verbesserung der aktuellen Funktionsfähigkeit von Abwasserleitungen und -kanälen unter vollständiger oder teilweiser Einbeziehung ihrer ursprünglichen Substanz (ATV-DVWK-M 143-1)
Reparatur	Maßnahmen zur Behebung örtlich begrenzter Schäden (DIN EN 752-5 bzw. ATV-DVWK-M 143-1)
Rohrausziehverfahren	Die vorhandene Rohrleitung wird durch Ziehen oder Pressen entfernt und gleichzeitig durch eine neue Rohrleitung ersetzt. Ist der Durchmesser der neuen Rohrleitung erheblich größer als der der alten Rohrleitung, wird ein Aufweitungsteil verwendet (DIN EN 12889).
Rohrvortrieb	Bemannt oder unbemannt arbeitendes Verfahren, bei dem Vortriebsrohre mit einem lichten Durchmesser ≥ 1200 mm unmittelbar hinter einer Schildmaschine von einem Startschacht aus durch Einpressen in den Baugrund bis zu einem Zielschacht vorgetrieben werden

	(auch (Rohr)Durchpressung, Rohrvorpressung oder hydraulischer Rohrvortrieb genannt) (Stein 2003)
Sanierung	Alle Maßnahmen zur Wiederherstellung oder Verbesserung von vorhandenen Entwässerungssystemen (DIN EN 752-1)
Schlammbehandlung	Aufbereitung von Schlamm für die Verwertung oder Beseitigung, z.B. durch Eindickung, Stabilisierung, Konditionierung, Entwässerung, Trocknung, Entseuchung oder Verbrennung (DIN EN 1085)
Schlammbeseitigung; Schlammentsorgung	Deponieren von Schlamm ohne Nutzen für die Umwelt, z.B. Ablagerung von Schlamm oder Schlammasche auf einer Deponie (DIN EN 1085)
Schmutzwasser	Durch Gebrauch verändertes und in ein Entwässerungssystem eingeleitetes Wasser (DIN EN 752-1)
Trennsystem	Entwässerungssystem, üblicherweise bestehend aus zwei Leitungs-/Kanalsystemen für die getrennte Ableitung von Schmutz- und Regenwasser (DIN EN 752-1)
Trinkwasser	Wasser für den menschlichen Gebrauch, wie von den zuständigen nationalen Behörden festgelegt (DIN EN 805).
Vorfluter	Jede Art von Gewässer, wie z.B. Meer, Fluss, See oder Grundwasserträger, in das Abwasser aus Entwässerungssystemen eingeleitet wird (DIN EN 752-1)
Wasserinfrastruktursystem	Oberbegriff für ein Wasserversorgungssystem im Sinne von DIN EN 805 und ein Entwässerungssystem im Sinne von DIN EN 751-1.
Wasserversorgungssystem	Wasserversorgungssysteme dienen zur zuverlässigen und sicheren Trinkwasserversorgung der Gesellschaft sowie zur Wasserversorgung für Handel, Gewerbe, Industrie, Landwirtschaft und zur Löschwasserversorgung bei der Brandbekämpfung (Stein 2003). Die eigentliche Verteilung des Wassers an die Verbraucher übernimmt dabei das Wasserverteilungssystem, bestehend aus Rohrleitungen (Wasserleitungen), Wasserbehältern, Förderanlagen und sonstigen Einrichtungen Das Wasserverteilungssystem beginnt nach der Wasseraufbereitungsanlage oder, wenn keine Aufbereitung erfolgt, nach der Wassergewinnung und endet an der Übergabestelle zum Verbraucher (in Anlehnung an DIN EN 805).
Zustandserfassung	Maßnahmen zur Feststellung des Istzustandes von Entwässerungssystemen (ATV-DVWK-M 143-1)

7.1.2 Beispiele inkrementeller Innovationen im Bereich der Wasserinfrastruktur

Nachfolgend werden einige Beispiele inkrementeller Innovationen aus dem Leitungsbau und der Leitungsinstandhaltung dargestellt, die alle dem in Abb. 48 dargestellten Innovationsverlauf folgen.

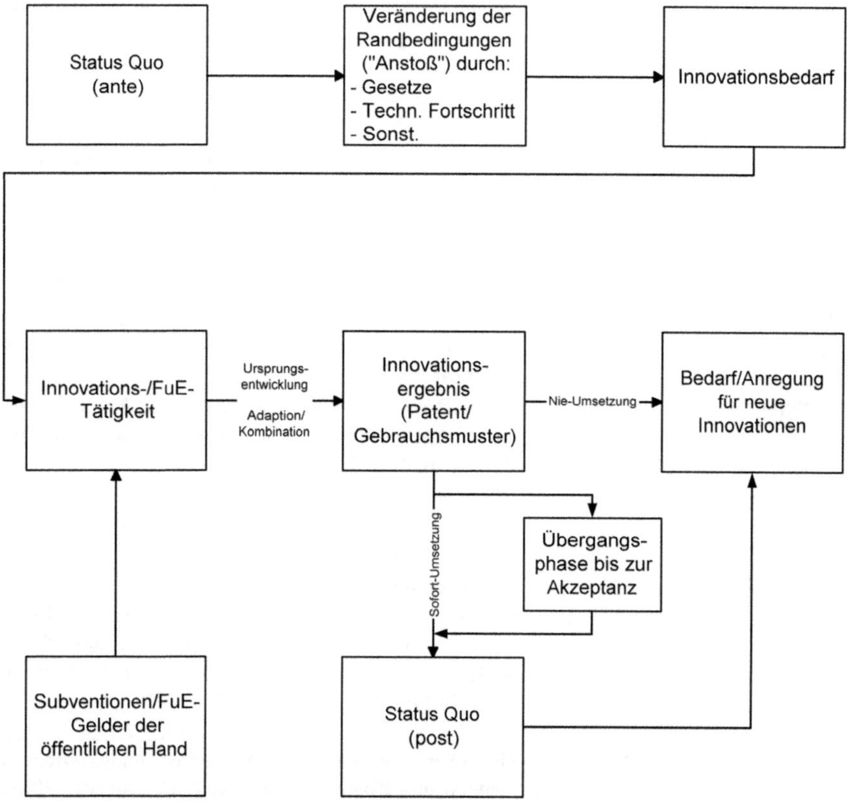

Abb. 48. Stilisierter Verlauf bei Entwicklungs-/Innovationstätigkeiten

- Injektionsverfahren zur Abdichtung undichter Rohrverbindungen
  - Status Quo (ante): Es existieren keine Injektionsverfahren, d.h. Sanierungsverfahren, mit denen auf relativ einfache, kostengünstige Weise Undichtigkeiten in Entwässerungskanälen und -leitungen mit Hilfe eines flüssigen, flexibel aushärtenden Injektionsmittels ohne Erdarbeiten abgedichtet werden können. „Anstoß 1“: 5. Novelle des WHG in Verbindung mit LWG, LAWA-Forderung nach Nullemission (1987); Sensibilisierung der Öffentlichkeit mit Bezug auf undichte Abwasserkanäle und in den Untergrund bzw. in das Grundwasser exfiltrierendes Abwasser (Stein 1986);

- Innovationsbedarf: Entwicklung von Möglichkeiten zur nachträglichen Muffenabdichtung;
- Innovationstätigkeit: Entwicklung geeigneter Injektionsverfahren und -mittel;
- Innovationsergebnis: Injektionsverfahren, basierend auf unterschiedlichen Injektionsmitteln wie z.B. Zementsuspensionen, Wasserglas, Kunststofflösungen etc.;
- Status Quo (post 1): Es gibt zahlreiche verschiedene Injektionsverfahren und Injektionsmittel;
- Bedarf für neue Innovationen: Anwendung der Injektionsverfahren ist wegen ökologischer Bedenklichkeit umstritten, da stets verfahrensbedingt Injektionsmittel in den Boden gelangt und potentiell eluierbare Bestandteile aus dem flüssigen oder ausreagierten Injektionsmittel in den die Rohrverbindung umgebenden Boden gelangen können;
- „Anstoß 2": Ökologische Unbedenklichkeitsbescheinigung durch das Deutsche Institut für Bautechnik (DIBt) wird vor Anwendung eines Injektionsverfahrens verlangt;
- Innovationsbedarf: Entwicklung anderer Möglichkeiten zur Muffenabdichtung;
- Innovationstätigkeit: Entwicklung von umweltfreundlichen Abdichtungsverfahren, die keine Injektion erfordern;
- Innovationsergebnis: Reparaturverfahren mit Kurzschläuchen und Innenmanschetten etc.;
- Status Quo (post 2): Die neuen Reparaturverfahren werden langfristig die bisherigen Injektionsverfahren zurückdrängen;
- Bedarf/Anregung für neue Innovationen: Im Jahr 2003 wird das entsprechende Merkblatt ATV-DVWK-M 143 Teil 7 veröffentlicht.

- Verfahren zur grabenlosen Erneuerung von Blei- und spröden Graugussrohren durch Kunststoffohre für die Trinkwasserversorgung („Rohrausziehverfahren")
  - Status Quo (ante):
    a) Verwendung von Bleirohren in der Wasserversorgung, insbesondere im Hausanschlussbereich auf Grundstücken, die vor 1960 angeschlossen wurden;
    b) Viele der Haupt- und Versorgungsleitungen in Berlin sind älter als 100 Jahre, als Werkstoff wurde damals meistens Grauguss eingesetzt.
  - „Anstoß":
    a) Die Neufassung der EU-Trinkwasser-Richtlinie, die auch in deutsches Recht, also in die Trinkwasserverordnung umgesetzt werden muss, sieht eine Absenkung des Grenzwertes auf Trinkwasser ab 1. Dezember 2003 auf 25 µg/l und ab 1. Januar 2013 auf 10 µg/l vor. Da der Austausch von Bleileitungen und Armaturen in gesamten EU weit über 20 Mrd. € kosten wird, wurde für die Einhaltung des neuen Blei-Grenzwertes eine Übergangszeit von 15 Jahren vorgesehen.
    b) Grauguss-Rohrleitungen sind vor allem durch den dichter werdenden Straßenverkehr stark bruchgefährdet und rufen ebenfalls durch die gestiege-

nen dynamischen Verkehrsbelastungen undichte Rohrverbindungen hervor. Hohe Wasserverluste und sonstige Schäden sind die Folge.

- Innovationsbedarf: Entwicklung von Verfahren, Blei- bzw. Graugussleitungen alternativ zur altbekannten, verkehrsbehindernden und kostspieligen offenen Bauweise auch grabenlos zu erneuern;
- Innovationstätigkeit: Entwicklung geeigneter, unterirdisch arbeitender Erneuerungsverfahren;
- Innovationsergebnis: Rohrausziehverfahren;
- Status Quo (post): Es existiert ein gegenüber der offenen Bauweise um etwa 50 % kostengünstigeres sowie umweltfreundlicheres Verfahren zur Erneuerung von Anschlussleitungen aus Blei bzw. Haupt- und Versorgungsleitungen aus Grauguss (u.a. patentiert durch die Berliner Wasserbetriebe (Berliner Wasserbetriebe 1999).

- Reinigung von Abwasserkanälen mit Hilfe eines Hochdruck-Reinigungsverfahrens (HD-Verfahrens) mit installierter Kanal-TV-Kamera („Sehende Düse") (Stein u. Körkemeyer 2002)
  - Status Quo (ante): Es existieren eine Vielzahl von HD-Reinigungsverfahren für nichtbegehbare Abwasserkanäle, deren Effektivität jedoch vom Auftraggeber ohne nachträgliche TV-Inspektion nicht überprüfbar ist;
  - „Anstoß": Auftraggeber (AG) möchte preiswerten Nachweis über die vom Auftragnehmer (AN) erzielte Reinigungswirkung, ohne zusätzlich kostspielige TV-Inspektion beauftragen zu müssen;
  - Innovationsbedarf: Suche nach Möglichkeiten, HD-Reinigung von nichtbegehbaren Kanälen zu kontrollieren und bei Bedarf zu wiederholen;
  - Innovationstätigkeit: Hersteller von HD-Reinigungsverfahren kombiniert HD-Düsen mit TV-Kamera, um den Reinigungsvorgang zu kontrollieren und Effektivität der Reinigung nachweisen zu können;
  - Innovationsergebnis: Reinigungsverfahren „Sehende Düse", das es durch die integrierte TV-Kamera erlaubt, den Reinigungsvorgang bzw. die Reinigungshäufigkeit dem Verschmutzungsgrad des Kanals anzupassen (Ersparnis für den AN) sowie den erzielten Reinigungseffekt zu kontrollieren (AG zahlt nur für „sauberen Kanal");
  - Status Quo (post): Es existiert ein HD-Reinigungsverfahren, mit dem der AG die Möglichkeit hat, die Arbeit des AN kostengünstig zu kontrollieren; AN kann bedarfsflexibel dem Verschmutzungsgrad des Kanals entsprechend agieren (z.B. ein oder mehrere Reinigungsvorgänge) und kann dadurch Kosten (Zeit und Energie) sparen;
- Inspektionssystem „PANORAMO" auf Basis digitaler Fototechnik (Stein u. Körkemeyer 2003; Hunger 2002; Stein et al. 2004)
  - Status Quo (ante): Inspektion von nichtbegehbaren Abwasserkanälen mit Hilfe ferngesteuerter Kanal-TV-Kamerasysteme auf Videobasis (PAL-, NTSC-System mit 15 bis 30 Bildern/s);
  - „Anstoß": Entwicklungen in der digitalen Fototechnik und Umsetzung der Eigenkontroll- bzw. Selbstüberwachungsverordnung; zukünftiger und regelmäßiger, immenser Inspektionsbedarf;

- Innovationsbedarf: Suche nach Möglichkeiten, die Kanalinspektion qualitativ bezogen auf die Bildaufnahme sowie vom Zeitaufwand (Fahrgeschwindigkeit, Stopps bei Schäden zur Schadensaufnahme) zu verbessern sowie weitestgehend bedienerunabhängig („Übersehen" von Schäden) zu gestalten;
- Innovationstätigkeit: Entwicklung eines Inspektionssystem, bei dem die TV-Videokamera durch zwei digitale Fotokameras (3D-Kugelbildscannertechnologie) und eine entsprechenden Bildverarbeitungssoftware ersetzt wird;
- Innovationsergebnis: Hohe Inspektionsgeschwindigkeit (max. 35 cm/s, da keine Stopps zur Schadensaufnahme), Qualität der Aufnahme vom Bediener unabhängig, d.h. u.U. hohe Inspektionsqualität;
- Status Quo (post): Inspektionssystem auf Basis digitaler Bildaufnahmetechnik mit entsprechender Software verdrängen die bestehenden Videosysteme vom Markt (sich abzeichnende Tendenz nach Einführung ab Mai 2003, bis Ende Februar 2005 etwa 50 verkaufte Systeme).

- Inspektion von privaten Grundleitungen und Anschlusskanälen:
  - Status Quo (ante): Die Inspektion von Anschlusskanälen und Grundleitungen stellt besondere Anforderungen an die einzusetzende Inspektionstechnik und die Durchführung. Diese resultieren aus dem sehr kleinen Nennweitenbereich (i.d.R. < DN/ID 150), den vielen Abzweigungen und Formstücken und dem vielfach unbekannten Verlauf der Abwasserleitungen nach Höhe und Lage. Die zurzeit eingesetzten Kanal-TV-Kameras sind zu groß und eignen sich erst ab einer Nennweite von DN/ID 200 für eine Befahrung.
  - „Anstoß": § 45 Landesbauordnung Nordrhein-Westfalen (BauO NW): Die Dichtheit der Abwasseranlagen ist vom Eigentümer zu besorgen und nachzuweisen, bei Hausanschlüssen bis spätestens 31.12.2015. Als Grundlage zur Beurteilung der Dichtheit (Dichtheitsprüfung) erfolgt die optische Zustandserfassung (Kanal-TV-Inspektion). In der Bundesrepublik Deutschland gibt es rund 1,5 Mio. km (s.o.) privater Abwasserleitungen, somit eröffnet sich ein großer Markt.
  - Innovationsbedarf: Kamerasysteme, welche die Möglichkeit bieten, von einem nichtbegehbaren, öffentlichen Abwasserkanal aus die Inspektion von Anschlusskanälen und ggf. verwinkelten Grundleitungen durchzuführen.
  - Innovationstätigkeit: Entwicklung von so genannten Satelliten-Kameras: In einem durch Fernsteuerung drehbaren und mit einer seitlichen Öffnung versehenen zylindrischen Gehäuse der Hauptkamera ist eine an einer biegsamen Schubstange o.ä. befestigte Satelliten-Kanalfernsehkamera befestigt.
  - Innovationsergebnis: Entwicklung zahlreicher so genannter Satellitenanlagen in den letzten 2 bis 3 Jahren (Stein 2004), wie z.B. z.B. „Lindauer Schere" (jt-elektronik ohne Jahr) , „Kieler Stäbchen" (IBAK ohne Jahr), „Göttinger ‚ZK-Kanalwurm'" (ZK-Kanalprüftechnik ohne Jahr).
  - Status Quo (post): Die Inspektion von Anschlusskanälen und teilweise Grundleitungen ist technisch möglich.
- Dichtheitsprüfung von privaten Grundleitungen und Anschlusskanälen:

- Status Quo (ante): Bis 2003 war es nur möglich, Dichtheitsprüfungen an unzugänglich im Erdreich bzw. in der Grundplatte von Gebäuden verlegten, meist verwinkelten und verzweigten Anschluss- und Grundleitungen mit kleinen Nennweiten (i.d.R. < DN/ID 150) mittels Wasser durchzuführen (Systemprüfung). Nach dem Absperren wird das Grundleitungssystem bis zur Oberkante des tiefsten Entwässerungsgegenstandes geflutet und über einen bestimmten Zeitraum gehalten. Während dieser Zeit wird der Wasserverlust gemessen und über diesen auf die Dichtheit bzw. Undichtheit der Abwasserleitung geschlossen.
- „Anstoß“: § 45 Landesbauordnung Nordrhein-Westfalen (BauO NW): Die Dichtheit der Abwasseranlagen ist vom Eigentümer zu besorgen und nachzuweisen, bei Hausanschlüssen bis spätestens 31.12.2015. In der Bundesrepublik Deutschland gibt es rund 1,5 Mio. km (s.o.) privater Abwasserleitungen, somit eröffnet sich ein großer Markt. Neben der Innovation auf dem Gebiet der Inspektionstechnik (s.o.) soll auch die Dichtheitsprüfung der Leitungen ermöglicht werden.
- Innovationsbedarf: Suche nach Möglichkeiten, neben der wenig aussagekräftigen Wasserverlustmessung auch individuelle Dichtheitsprüfungen an nicht zugänglichen Abschnitten von Anschluss- bzw. Grundleitungen vornehmen zu können. Um mögliche Schäden genauestens zu lokalisieren, müssen Geräte mit der Möglichkeit der Einzeldichtheitsprüfung, z.B. von Rohrverbindungen, vorhanden sein. Für größere Rohrnennweiten gibt es diese bereits.
- Innovationstätigkeit: Entwicklung von Dichtheitsprüfsystemen mit geringen Abmessungen, welche ferngesteuert und kameraüberwacht Einzelmuffen- oder Abschnittsprüfungen vornehmen können („Satellitensysteme“) und auch für verzweigte Grundleitungen geringer Nennweite geeignet sind.
- Innovationsergebnis: Entwicklung des so genannten „Göttinger Wurms“ „Göttinger Wurm“ (ZK-Kanalprüftechnik ohne Jahr, N.N. 2003), eine pneumatisch angetriebene und ferngesteuerte Mechanik, bestehend aus einer rund 80 cm langen und 7 cm dicken, flexiblen Gummiblase mit Mini-Kameraoptik und Beleuchtungseinheit zur Inspektion und lokalen Dichtheitsprüfung mittels Luft oder Wasser von Grundleitungen.
- Status Quo (post): Dichtheitsprüfungen von verzweigten Grundleitungen, kombiniert mit einer gleichzeitigen Inspektion, sind nun möglich. Weitere diesbezügliche Entwicklungs- und Forschungstätigkeiten von anderen auf diesem Gebiet tätigen Unternehmen finden ebenfalls statt.

- Zunehmende Anwendung des grabenlosen Leitungsbaus
  - Status Quo (ante): Leitungsbauarbeiten, insbesondere Kanalbauarbeiten werden ausschließlich in offener Bauweise durchgeführt;
  - „Anstoß“ 1: Ökologisches Bewusstsein, Sensibilisierung der Bevölkerung, Zunahme des Verkehrs; Bestrebungen und teilweise gesetzliche Forderungen, die Ausbruchsfläche der Straßenbefestigung zu minimieren, Verkehrsbehinderungen, insbesondere im innerstädtischen Bereichen zu verhindern sowie Vegetation zu schonen;

- Innovationsbedarf: Suche nach Möglichkeiten, als Freigefälleleitungen betriebene Abwasserkanäle unterirdisch, d.h. ohne die Herstellung eines Grabens, ferngesteuert und lage- und höhengenau zu verlegen (Stein 2003);
- Innovationstätigkeit: Weiterentwicklung existierender, nichtsteuerbarer Verfahren, Adaption japanischer Mikrotunnelbautechnik in Europa und deren erstmalige Erprobung in Deutschland Mitte der 1980er Jahre (Stein 1982; Möhring 1993; Soltau 1995);
- Innovationsergebnis 1: Eine Vielzahl verschiedener steuerbarer und nichtsteuerbarer Bodenverdrängungs- und Bodenentnahmeverfahren zur umweltschonenden und ggf. kostenminimierten Verlegung von Ver- und Entsorgungsleitungen;
- Status Quo (post 1): Anwendung der geschlossenen Bauweise ist unter fast allen geologischen und hydrogeologischen Randbedingungen möglich.
- „Anstoß“ 2:
  Der Anteil des Mikrotunnelbaus bei der Verlegung von Abwasserleitungen und -kanälen mit ca. 5 % (Schmitz 2001) ist zu gering, das ökologische Bewusstsein ist weiter sensibilisiert, insbesondere die Zunahme des Verkehrs und die mit Baustellen verbundenen Staubildungen und Verkehrsbehinderungen, insbesondere in innerstädtischen Bereichen, Kosteneinsparpotenziale sollen in Zeiten knapper öffentlicher Kassen unter Nutzung der geschlossenen Bauweise optimiert werden;
- Innovationsbedarf: Suche nach Möglichkeiten, den grabenlosen Leitungsbau zukünftig stärker bei der Planung und den anstehenden Bauaufgaben zu berücksichtigen.
- Innovationstätigkeit: Das MUNLV NRW beauftragt die Erstellung eines „Praxisorientierten Leitfadens zur Anwendung von Verfahren des Mikrotunnelbaus zur umweltgerechten, kostenminimierten Verlegung von Abwasserleitungen und -kanälen“ (Stein u. Brauer 2004), um die Anwendung des Mikrotunnelbaus publik zu machen und zu forcieren.
- Innovationsergebnis 2: – Steht noch aus! –

- Spülbohrverfahren mit Flüssigkeitsspülung (HDD-Verfahren)
  - Status Quo (ante): Flach- bzw. Tiefbohrverfahren, Technik zur Herstellung von vertikalen Bohrlöchern bis zu mehreren tausend Metern Tiefe;
  - „Anstoß“: Nachfrage nach Horizontalbohrungen, welche die unterirdische Verlegung von Druckrohrleitungen über große Entfernungen, z.B. unter Flüssen, Landebahnen etc. erlauben;
  - Innovationsbedarf: Entwicklungen in der Mess-, Ortungs- und Steuertechnik, welche die Ortung und Steuerung des Bohrkopfes während des Vortriebs ermöglichen;
  - Innovationstätigkeit: Modifizierung bzw. Weiterentwicklung der Richtbohrtechnik (MWD-Technologie); Entwicklungen entsprechender Steuer- und Ortungstechnik;
  - Innovationsergebnis: Walk-Over- bzw. Wire-Line-Verfahren;
  - Status Quo (post): Horizontal Directional Drilling (HDD)-Verfahren als Stand der Technik im grabenlosen Leitungsbau (Stein 2003).

- Spülbohrverfahren mit Luft-(Gas)-Spülung (DDD-Verfahren)
  - Status Quo (ante): Spülbohrverfahren mit Flüssigkeitsspülung;
  - „Anstoß“: Komplizierte und kostenaufwändige Spülungstechnologie (Rezeptur, Separation, Aufbereitung, Entsorgung), Verschmutzung der Baustellen durch Bentonitsuspension;
  - Innovationsbedarf: Suche nach alternativen Horizontalbohrtechniken ohne Austrag des erbohrten Bohrkleins mit Flüssigkeit auf Grundlage der drehend-schlagenden Lafetten-Bohrmaschine aus dem Bergbau;
  - Innovationstätigkeit: Ersatz des Spülmittels Bentonit bzw. Wasser durch Luft bzw. Gas;
  - Innovationsergebnis: Spülbohrverfahren mit Luft-(Gas)-Spülung, bis zu 30 % kostengünstiger, da Verzicht auf flüssige Spülung (Stein 2003);
  - Status Quo (post): Im Festgestein sowie standfestem, trockenen Lockergestein ist das DDD u.U. dem HDD überlegen und verzeichnet seit einigen Jahren einen geringen, aber konstanten Marktanteil.

7.2 Illustrierende Beispiele zu Wettbewerb und Innovationsverhalten

7.2.1 Veränderung der Zusammenarbeit bei mehr Wettbewerb am Beispiel des Benchmarking

Status und Erfolgsfaktoren von Benchmarking in der Wasserwirtschaft

In der Trinkwasserversorgung und in der Abwasserentsorgung hat in Deutschland auf Initiative von Betreibern, Beratern aber auch Behörden bereits vor etwa acht Jahren eine intensive Beschäftigung mit Benchmarking begonnen. In beiden Branchen der Wasserwirtschaft ist das Instrument heute so weit eingeführt, dass den Unternehmen Benchmarking-Modelle unterschiedlicher Akzentuierung angeboten werden. Diese Benchmarking-Modelle betrachten im Trinkwasserbereich die gesamte Versorgungskette über die Wassergewinnung, -aufbereitung, -förderung bis zur -verteilung. Im Bereich der Abwasserentsorgung umfassen die Modelle einerseits die Abwasserableitung (Kanalreinigung, -inspektion und -instandhaltung) und andererseits die Abwasserbehandlung (mechanische, biologische und weitergehende Abwasserreinigung, Schlammbehandlung und -entsorgung).

Aktuelle Weiterentwicklungen zielen auf eine Ausdehnung der Modelle auf weitere Geschäftsprozesse (z.B. Trinkwassertalsperren oder Verwaltungsbereiche). Gleichzeitig werden die Möglichkeiten und Chancen einer Ankopplung an internationale Kennzahlensysteme untersucht. Eine zunehmende Tendenz ist auch die Aufweitung des Blickwinkels über eine rein wirtschaftliche orientierte Kostenbetrachtung hinaus auf die gerade in der Wasserwirtschaft essentiellen Leistungsdimensionen Qualität, Sicherheit und Nachhaltigkeit.

Die derzeitigen Benchmarking-Modelle zeichnen sich durch drei Hauptmerkmale aus:

- In den Projektteams der einzelnen Projektpartner sind Mitarbeiter aus allen Unternehmensebenen involviert. Entscheidungsträger und operativ Verantwortliche wie auch Kaufleute und Ingenieure können so eine Diskussion der ökonomischen und technisch-naturwissenschaftlichen Sachverhalte führen. Durch die im Allgemeinen stattfindende Einbindung der Personalvertretungen soll zudem die Akzeptanz von Benchmarking bei der Arbeitnehmerschaft sichergestellt werden.
- Durch eine vertrauliche Handhabung der Unternehmensdaten wird eine Voraussetzung ein offenes Verhältnis innerhalb des Projektteams geschaffen. Da sich die in den Projekten versammelten Unternehmen nicht im direkten Wettbewerb miteinander („gegeneinander") befinden, ist eine offene Darstellung von Best-Practise-Methoden durch die Unternehmen wahrscheinlich, die sich durch ihre Innovationsfähigkeit in den einzelnen Bereichen einen wirtschaftlichen Vorteil gegenüber den anderen Benchmarkingprojektpartnern erarbeitet haben. Gleichzeitig wird durch die Vertraulichkeit ermöglicht, dass sich auch die Unternehmen offen legen, die in solchen Bereichen erkennbar vom Optimum entfernt sind. Durch diese Form von Wissenstransfer stärkt Benchmarking somit vor allem die in der Vergangenheit weniger innovativen Unternehmen.
- Der Projektablauf beschränkt sich nicht nur auf einen reinen Kennzahlenvergleich, sondern zielt vor allem auf das Erarbeiten von Verbesserungsvorschlägen und den Möglichkeiten zu ihrer operativen Umsetzung.
- Benchmarking wird in der Wasserwirtschaft als freiwilliges Managementinstrument begriffen, mit dem Leistungen und Methoden optimiert und die Modernität weiter entwickelt werden kann.

Veränderung der Zusammenarbeit bei einer weitgehenden Überführung der Wasserwirtschaft in einen privatrechtlichen Rahmen

Eine Frage kann sich darauf richten, wie sich im Zusammenhang mit der Verstärkung der wettbewerblichen Elemente die Akteursbeziehungen verändern. Die derzeitigen Praxiserfahrungen in Deutschland zeigen, dass mit Benchmarking eine positive Intensivierung des Innovationsaustauschs verbunden ist. Es ist zu vermuten, dass eine solche Zusammenarbeit bei einem verstärkten Wettbewerb „gegeneinander" nicht gegeben sein dürfte. Vielmehr ist zu erwarten, dass sich die Kommunikation zwischen den im Markt befindlichen Unternehmen deutlich einschränkt. Die Form des Informationstransfers über die guten und schlechten Erfahrungen beim Bau, Betrieb und der Instandhaltung bekannter und neuer Technologien, wie sie heute zwischen den Betreibern in der Wasserwirtschaft erfolgt, wird nicht mehr zu erwarten sein, weil jedes Unternehmen, dass seine Ressourcen in Innovationstätigkeit investiert hat bestrebt sein muss, den möglichen wirtschaftlichen Gewinn für sich alleine auszuschöpfen. Ein kostenloser Transfer der Innovationen zu den nicht-innovierenden Unternehmen würde den erreichten Wettbewerbsvorteil in einen Nachteil verwandeln. Weniger innovative Unternehmen würden auf dem Weg des Erfahrungsaustausches in geringerem Umfang von Innovationen erfahren und den Anschluss an Innovationsführer verlieren.

Unternehmen mit geringer Innovationsintensität sind gezwungen, andere Kanäle der Wissensabsorption zu nutzen, um ihre Wettbewerbsfähigkeit zu halten bzw. zu erhöhen. Daraus resultiert u.a. die Frage, ob das heute z.B. in der Abwasserentsorgung existierende System des Know-How-Austauschs durch Fachtagungen, Kanal- und Kläranlagennachbarschaften und dem jederzeit auch möglichen direkten Dialog auf einer neuen, sich unter rein merkantilen Aspekten abwickelnden Plattform des Innovationsaustauschs wirksamer wäre. Wahrscheinlich ebenso neu definiert werden müsste z.B. in der Abwasserentsorgung die Fortentwicklung des elementar auf offenem Informationsaustausch basierenden, normativ wirksamen ATV-DVWK-Regelwerks, das allen in der Branche Tätigen Vorgaben für die relevanten Aspekte bei Grundsatz-, Planungs- und Betriebsfragen der Abwasserableitung und der Abwasserreinigung gibt.

Ob sich die Innovationsaktivitäten, die Diffusion neuen Wissens infolge der geringeren Anreize eines kostenlosen Wissens- und Technologietransfers tatsächlich verringern, kann an dieser Stelle allerdings nur vermutet werden. Plausibel erscheint aber zumindest, dass der Wegfall des kostenlosen Technologietransfers sicherlich nicht vollends durch das Nutzen anderer Kanäle ausgeglichen wird.

7.2.2 Ökologische Konsequenzen infolge wettbewerblicher Verhaltensweisen

Mit einem höheren Wettbewerbsdruck könnte ein Streben nach mehr ökonomischer Effizienz und gleichzeitig eine abnehmende Bedeutung ökologischer Ziele einhergehen. Letzteres wird im Folgenden anhand eines Beispiels aus der Abwasserentsorgung illustriert.

Die derzeitigen gesetzlichen Reinigungsanforderungen an kommunale Kläranlagen in Deutschland fordern von allen größeren Kläranlagen mit einer Ausbaugröße über 5 000 Einwohnerwerten eine Nitrifikation, d.h. die biologische Oxidation von Ammoniumstickstoff (NH_4-N) zu Nitratstickstoff (NO_3-N). Mit einem verfahrenstechnischen Teilschritt bei der kommunalen Abwasserreinigung wird deshalb durch suspendierte oder sessile Mikroorganismen die ansonsten in den Gewässern stattfindende, „natürliche“ Oxidation des Ammoniums vermieden und somit die in der Vergangenheit in Flüssen und Seen häufig feststellbare, vollständige Aufzehrung des im Wasser gelösten Sauerstoff und daraus resultierenden Fischsterben vermieden. Als gesetzliche Mindestanforderung ist im Anhang 1 der Abwasserverordnung eine Konzentration von maximal 10 mg/l NH_4-N genannt. Diese ist allerdings i. Allg. nur bei Abwassertemperaturen von 12°C und darüber im Ablauf des biologischen Reaktors einzuhalten. In den Wintermonaten kann diese Grenze bis zu einem Wert von 15 mg/l NH_4-N überschritten werden. Die für eine Nitrifikation ausgerüsteten Kläranlagen repräsentieren ungefähr 95 % der gesamten, in kommunaler Hand befindlichen Ausbaukapazität. An diesen Randvorgaben kann jetzt ein möglicher betrieblicher, ökologisch wirksamer Unterschied zwischen der derzeit üblichen Betriebsweise kommunaler Kläranlagen und einem rein wirtschaftlich ausgerichteten Optimierungsdenken beim Betrieb verdeutlicht werden.

Die Praxis beim Kläranlagenbetrieb in Deutschland hat bei den zur Stickstoffelimination ausgerüsteten Kläranlagen zwei Möglichkeiten aufgezeigt:

1. Die biologische Entfernung des Ammoniums kann weit unter den gesetzlichen Grenzwert bis auf durchschnittliche Ablaufkonzentrationen von etwa 1 mg/l NH_4-N erfolgen. Die betriebliche Bedingung für die Ausnutzung dieser Möglichkeit ist, vereinfacht ausgedrückt, dass die für die Oxidation zwischen dem Grenzwert von 10 mg/l NH_4-N und dem erreichbaren Betriebswert von 1 mg/l NH_4-N notwendige Luftzufuhr durch die installierte künstliche Belüftung (Oberflächenbelüfter, Druckluftbelüftung) erfolgt.

2. Die biologische Entfernung des Ammoniums kann durch verfahrenstechnische Umstellungen auch unterhalb einer Abwassertemperatur von 12°C noch erfolgen. Betrieblich ist dazu i. Allg. nur die für die Nitrifikation erforderliche Belüftung sicherzustellen. Das folgende Bild verdeutlicht am Beispiel des Verlaufes der Abwassertempertur von drei exemplarisch gewählten Kläranlagen, dass die Dauer des „Winterzeitraums“ unterschiedlich ist. Sie beträgt bei diesen drei Anlagen durchschnittlich vier Monate im Jahr von Dezember bis März.

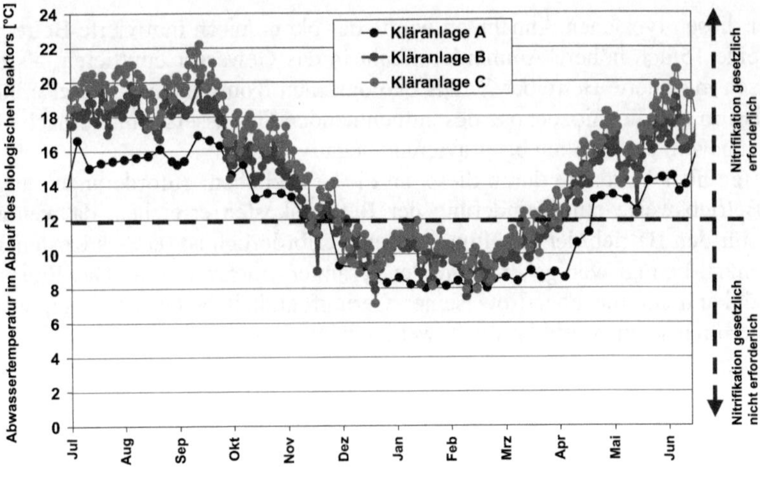

Abb. 49. Verlaufe der Abwassertempertur dreier exemplarischer Kläranlagen

Im Folgenden sollen die ökologischen Konsequenzen unterschiedlicher Betriebsweisen nitrifizierender Kläranlagen unter Annahme einer für kommunale Kläranlagen typischen Abwassercharakteristik bilanziert werden. Angenommen wird,

- dass die Stickstoffzulaufkonzentration zur Kläranlage 50 mg/l beträgt

- dass ein Betreiber X mit dem <u>ökologisch</u> motivierten Wunsch einer Minimierung des Ammoniumaustrags in den Vorfluter über das gesamte Jahr die betrieblich mögliche NH_4-N-Ablaufkonzentration von 1 mg/l durch eine genügende Luftzufuhr und angemessene verfahrenstechnische Einstellungen gewährleistet
- dass ein Betreiber Y mit dem <u>ökonomisch</u> motivierten Wunsch einer Minimierung der Betriebskosten in den acht Sommermonaten eine NH_4-N-Ablaufkonzentration von 5 mg/l einstellt. Der Abstand zur gesetzlichen Anforderung von 10 mg/l dient ihm zur gesicherten Unterschreitung.
  In den vier Wintermonaten nutzt Betreiber Y den vom Gesetzgeber eingeräumten Gestaltungsspielraum, um keine Nitrifikation vorzunehmen. Die übliche Stickstoffinkorporation in die Biomasse in der Zeit ohne Nitrifikation soll 15 mg/l betragen.

Unter diesen Annahmen errechnen sich die folgenden jahresdurchschnittlichen NH_4-N-Ablaufkonzentrationen:

- Der Betreiber X erreicht im Jahresmittel eine NH_4-N-Ablaufkonzentration von 1 mg/. Nur 2 % des der Kläranlage zufließenden Ammoniums werden also nach der Abwasserreinigung in das Gewässer abgeführt.
- Der Betreiber Y erreicht im Jahresmittel eine NH_4-N-Ablaufkonzentration von (8 Monate * 5 mg/l + 4 Monate * (50–15) mg/l)/12 Monate = 15 mg/l. Im Jahresdurchschnitt werden also 30 % des der Kläranlage zufließenden Ammoniums in das Gewässer abgeführt.

Unter diesen typischen Annahmen würde der ökonomisch motivierte Betreiber Y also eine 15fach höhere Ammoniumfracht in das Gewässer emittieren, als der ökologisch motivierte Betreiber X. Die ökologischen Konsequenzen dieser erhöhten Emission auf die Biozoenose des aufnehmenden Gewässers kann je nach Gewässertypus von unerheblich bis gravierend negativ reichen.

Der Betreiber Y könnte durch diese, an die gesetzlichen Anforderungen angepasste Betriebsweise eine Minderung der Betriebskosten erreichen, da weniger Energie für den Betrieb der Belüftungssysteme erforderlich ist. Dieses Kosteneinsparpotenzial beträgt wenige Prozente der gesamten Energiekosten. Das Einsparpotenzial kann für ihn aber trotz seiner Geringfügigkeit bedeutsam sein, wenn wettbewerblich so ein Vorteil erreicht werden kann.

7.3 Alternative Wasserinfrastruktursysteme – Bildinformationen

7.3.1 Projektbilder „DEUS 21“ („DEzentrale Urbane InfrastrukturSysteme“)

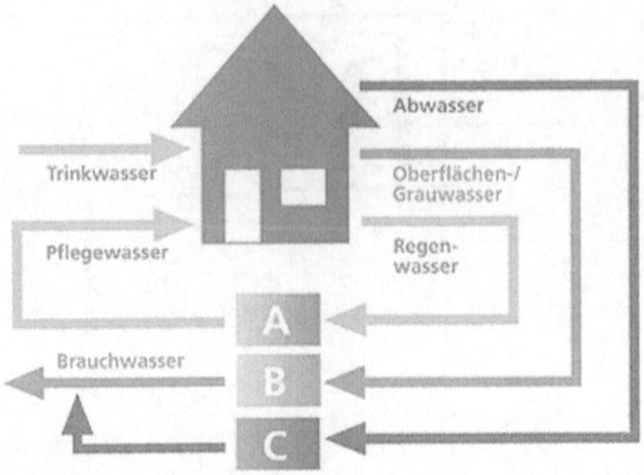

A: Regenwasser-aufbereitung

B: Behandlung von Straßenregen- und /oder Grauwasser

C: Nachhaltige Abwasserreinigung

Stoffströme beim Projekt „DEUS 21“

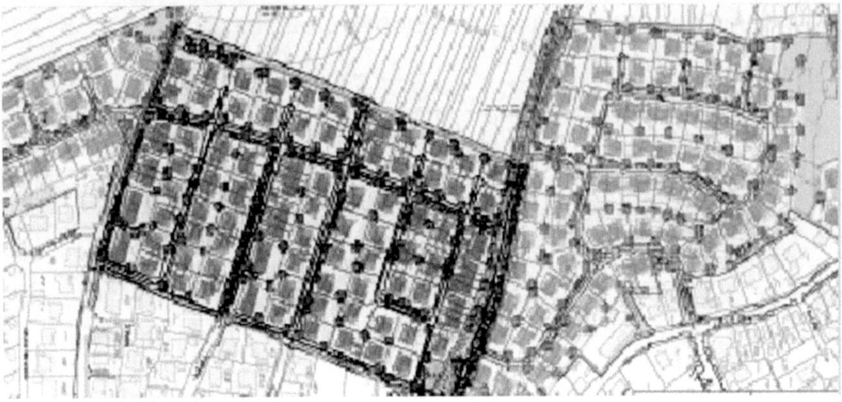

Baugebiet „Am Römerweg“

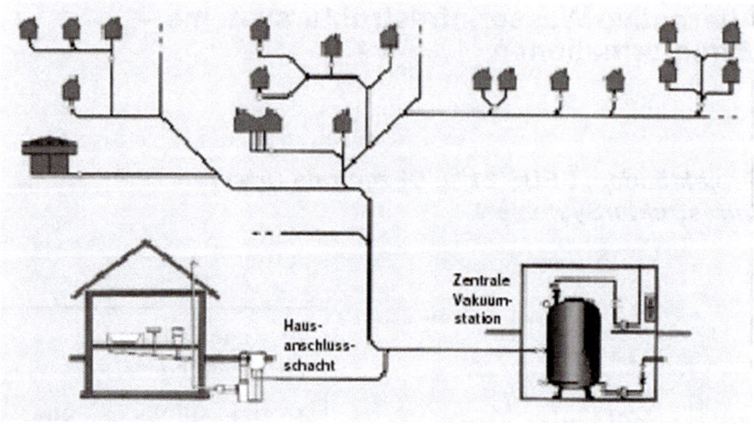

Schema einer Vakuumkanalisation

Quelle: Fraunhofer IGB, Stuttgart

Abb. 50. Projektskizzen zu „DEUS 21“

7.3.2 Projektbilder „Flintenbreite“

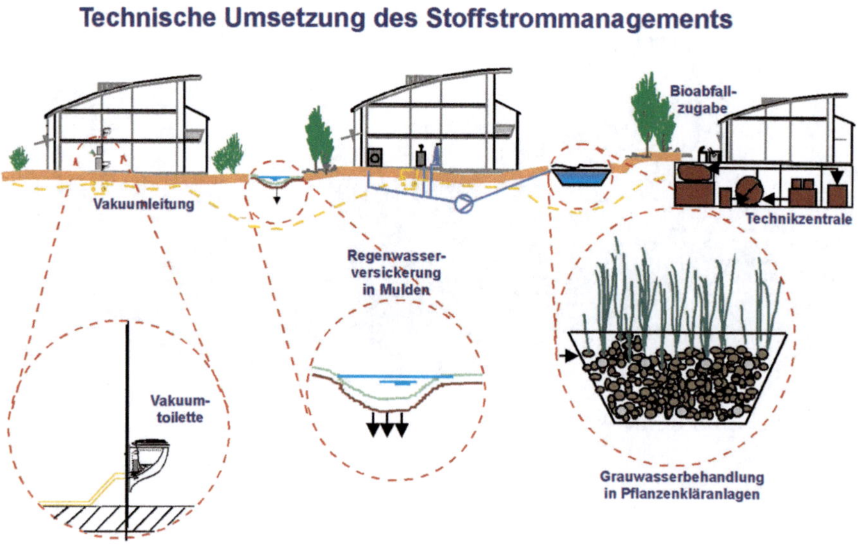

Bebauungsbeispiel

Pflanzenkläranlage

Quelle: OtterWasser GmbH, Lübeck

Abb. 51. Projektskizzen und Bilder zu „Flintenbreite“

7.3.3 Projektbilder „Lambertsmühle“

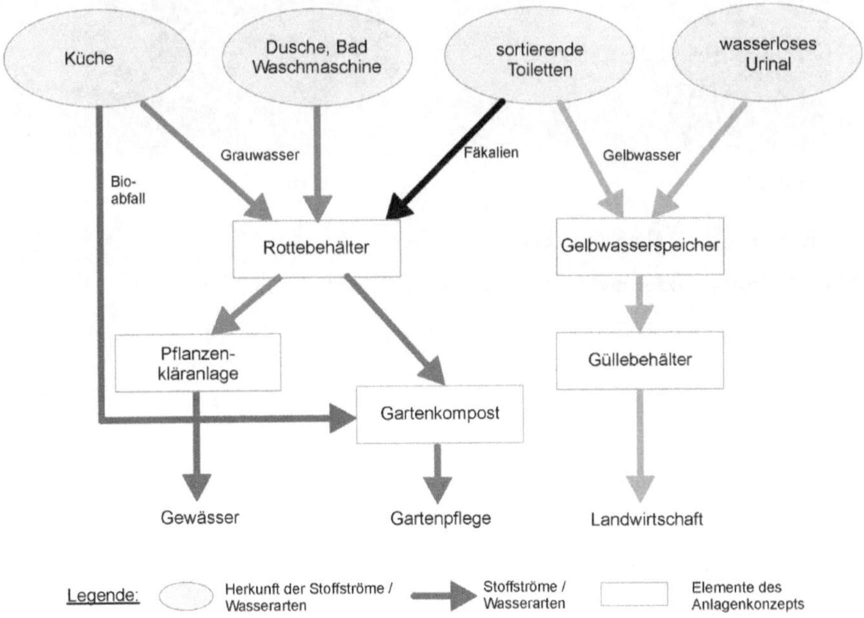

Fließbild Abwasserkonzept „Lambertsmühle“

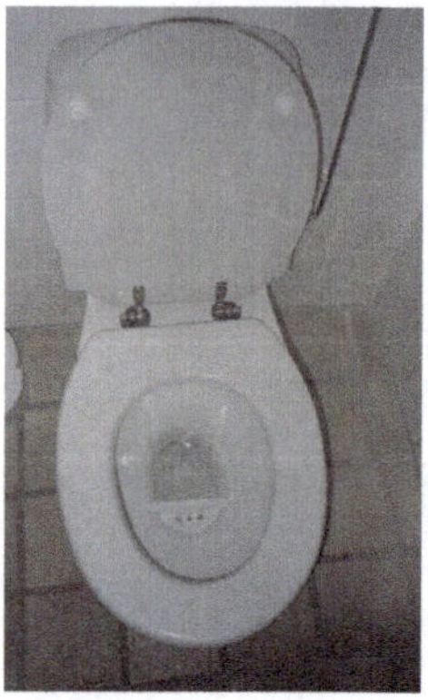

Separationstoilette

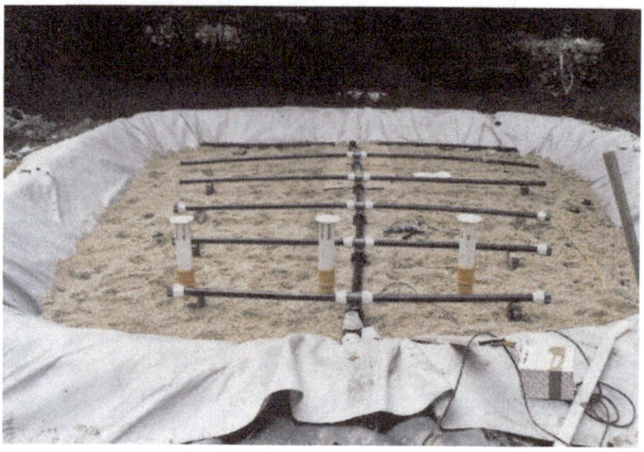

Bodenfilter

Urintank

Rottesack

Quelle: OtterWasser GmbH, Lübeck

Abb. 52. Projektskizzen und Bilder zu „Lambertsmühle“

7.3.4 *Projektbilder „Healthy House“*

Das Trinkwassersystem

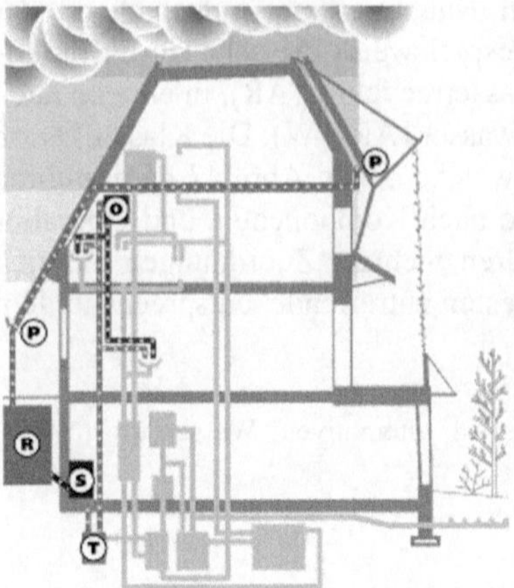

O – DRINKABLE-HOT-WATER TANK
Supplies kitchen and bathroom sinks.
P – EAVESTROUGHS
Collect roof rainwater, which passes through filter screens and then to cistern.
R – RAINWATER CISTERN
20,000 litres (normally sufficient for 6 months consumption).
S – COMBINATION FILTER
The rainwater passes through a combination roughing, slow sand, and carbon filter, and then through an ultraviolet light disinfection unit before being stored for drinking.
T – DRINKABLE-COLD-WATER TANK
Supplies kitchen and bathroom sinks; overflow to reclaimed-cold-water tank.

Das Abwassersystem

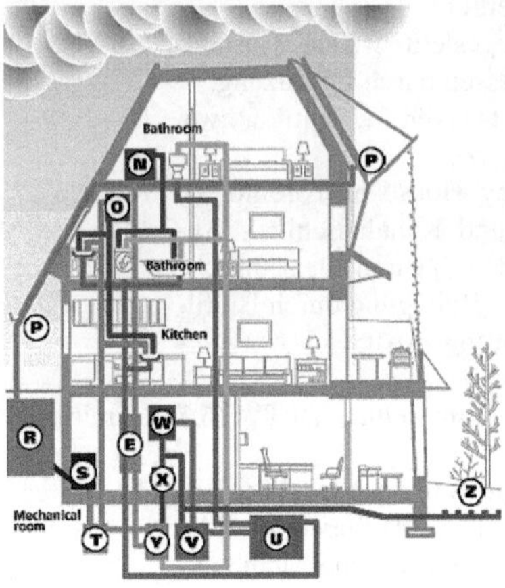

E – GREY WATER HEAT EXCHANGER
N – RECLAIMED-HOT-WATER TANK
U – SEPTIC TANK
Anaerobic bacteria transforms waste water for treatment by the Waterloo Biofilter ™
V – RECIRCULATION TANK
Provides de-nitrification in an aerobic environment.
W – WATERLOO BIOFILTER ™
Aerobic bacteria transforms effluent to a semi-treated condition.
X – TWIN COMBINATION FILTERS
Water passes through two combination roughing, slow sand and carbon filters.
Y – RECLAIMED-COLD-WATER TANK
Supplies tub, laundry, showers and toilets.
Z – GARDEN IRRIGATION
Site gravel pack disperses overflow water under front garden (about 120 litres per day).

Quelle: Canadian Housing Information Centre, Ottawa

Abb. 53. Projektskizzen zum „Healthy House“

7.3.5 *Auflistung von Projekten zu alternativen Wasserinfrastruktursystemen*

In Tabelle 41 ist eine Auflistung international recherchierter Pilotprojekte von Rudolph u. Schäfer bezüglich alternativer Wasserinfrastruktursysteme mit einer Kurzbeschreibung enthalten und nach ihrem Hauptmerkmal entsprechend der Abb. 47 klassifiziert. Hauptmerkmale sind beispielsweise die sehr häufig praktizierte Grauwassernutzung (GR) oder das Abwasserrecycling (AR), in einigen auch mit der Abwassernutzung/-recycling als Trinkwasser (AR-TW). Die Klassifikation ist dann einer Ordnungsnummer zugeordnet, welche der in Abb. 47 dargestellten Strukturierung der Wasserinfrastruktursysteme nach Komponenten und Operationen entspricht (bei den meisten Projekten wären mehrere Zuordnungen möglich gewesen; ausgewählt wurde jeweils die am ehesten zutreffende, entsprechend dem Schwerpunkt des recherchierten Projektes).

Tabelle 41. International recherchierte Projekte zu alternativen Wasserinfrastruktursystemen

Hauptmerkmal	Klass.-Nr.	Bemerkung	Land
AR-TW	4.3.3.1.1	Zusammenarbeit zwischen Aquafin und IEVA. Ab 2001 sollen jährlich 2 Mio. m³ Abwasser zu TW recycelt werden, mit Mikrofiltration, RO, Infiltration und TW-Produktion.	Belgien
AR-TW	4.3.3.1.1	San Diego, Pilotprojekt zum Recycling von Abwasser (Membrantechnologie). 1999 wegen öffentlichen Widerstands eingestellt.	USA
AR-TW	4.3.3.1.1	Tampa Bay Region, eingestellt wegen Gesundheitsbedenken. TW stattdessen durch Entsalzung.	USA
AR-TW	4.3.3.1.1	Demonstrationsprojekt in Denver, 3.785 m³/d, zwei Membranverfahren eingesetzt.	USA
autarkes Gebäude	4.3.3.1.1 1.1.3	Das 1995 gebaute Healthy House in Toronto hat keinen Strom-, Wasser- und Kanalanschluss. Abwasser wird im Keller gereinigt und für sämtliche Zwecke wieder verwendet. Reinigung durch Biofilter, Sandfilter und Ozonierung. Ausgleich von Verlusten durch Regenwasser.	Kanada
AR-TW	4.3.3.1.1	Kläranlage Windhoek mit Aufbereitung zu TW (6,7 Mio. m³/a).	Namibia
AR-TW	4.3.3.1.1	Demonstration Water Factory bei der Quakers Hill Kläranlage, zwei Verfahren der Aufbereitung werden getestet, physikalisch/chemisch und Membranprozesse (Mikro-/Ultrafiltration), je 2 ML/d.	Australien
GR	4.3.3.1.2	Versuchspark Hannover, Hägewiesen. Für 48 Wohneinheiten wurden 4 verschiedenen Grauwassersysteme installiert und in einer Langzeitstudie untersucht. Anlagentypen: Schilfbeet, Bioreaktor, Tauchtropfkörperanlage und Ökowanne.	Deutschland

Tabelle 41. (Fortsetzung)

Haupt-merkmal	Klass.-Nr.	Bemerkung	Land
GR	4.3.3.1.2	Anlagen der Fa. Lokus in Berlin (Wohnblock) und Hannover (6 Wohneinheiten)	Deutschland
GR	4.3.3.1.2	Hotel Arabella (400 Betten) verfügt seit 1996 über 6-stufige Grauwasseranlage. Reinigungsleistung 20 m^3/d.	Deutschland
AR	4.3.3.1.2	Toilettenhäuschen mit Wasserkreislaufführung (Membrantechnologie). Vorgestellt auf der Wasser Berlin 2000 vom Arbeitskreis Wasser im Bundesverband Bürgerinitiativen Umweltschutz e.V. (BBU).	Deutschland
GR	4.3.3.1.2	Millenium Dome, Grauwasser für Toilettenspülung.	UK
GR	4.3.3.1.2	2-jährige Studie zum Grauwasserrecycling in 10 Häusern von Mitarbeitern des Umweltministeriums, Einsparungen von durchschnittl. 19 %, Amortisationszeitraum 18 bis 92 Jahre, Kosten inkl. Installation: 1200 Pfund.	UK
GR	4.3.3.1.2	Three Valleys Water Company zusammen mit Crest Homes: 8 Häuser mit Grauwasseraufbereitung für Toiletten.	UK
GR	4.3.3.1.2	Millenium House von Wilcon Homes.	UK
GR	4.3.3.1.2	Seit Mai 1997 Anlage in Studentenwohnheim. Recyclinganlage entwickelt von Anglian Water, mehrstufig mit Mikrofiltration.	UK
GR	4.3.3.1.2	Grauwasserrecycling in Abrahams Building des Linacre College, Oxford. Sandfilter mit nachgeschalteter Hohlfaser-Membran.	UK
GR	4.3.3.1.2	Mehrere Wohnungen am Campus der Cranfield University werden an eine Anlage zum Grauwasserrecycling für Toilettenspülung angeschlossen. Versuche laufen von 1998 bis 2002. Verschiedenen biologische und physikalisch-chemische Verfahren werden getestet.	UK
GR	4.3.3.1.2	Studentenwohnheim an der Loughborough University, 40 Studenten. 2 verschiedene biologische Verfahren wurden über 18 Monate getestet. Amortisationszeit des Systems bei Neubau eines Gebäudes 5 Jahre, bei Integration in bestehendes Gebäude 10 Jahre.	UK
AR	4.3.3.1.2	Abwasserrecycling in Fukuoka City, 6.300 m^3/d, 173 Gebäude.	Japan
AR	4.3.3.1.2	Abwasserrecycling in Tokio. Gebäude mit mehr als 10 000 m^2 müssen recyceltes Wasser für Toiletten verwenden.	Japan
AR	4.3.3.1.2	Abwasserrecycling in Yokohama.	Japan
AR	4.3.3.1.2	Abwasserrecycling im Gebäude „Ikebukuro Sun Shine City"	Japan

Tabelle 41. (Fortsetzung)

Haupt-merkmal	Klass.-Nr.	Bemerkung	Land
AR	4.3.3.1.2	Abwasserrecycling im Ohtemachi Financial Center, Tokio. 70 m^3 Abwasser werden täglich für die Toilettenspülung wieder verwendet.	Japan
AR	4.3.3.1.2	Die Anlage in Bedok soll 10 000 m^3/d zur Verfügung stellen.	Singapur
GR	4.3.3.1.2	Pilotanlage in einem Bürogebäude (2 m^3/d), Grauwasser wurde mit SBR und anschließender Mikrofiltration behandelt.	Korea
AR	4.3.3.1.2	Im Rahmen des „Article 22 of the San Francisco Public Works Code – Reclaimed Water Use" sollen zahlreiche Projekte u.a. mit Abwasserrecycling für Toilettenspülung, u.a. in Mission Bay, Hunters Point und Treasure Island umgesetzt werden.	USA
AR	4.3.3.1.2	Wiederverwendung von Wasser für Toiletten in Bürohochhäusern in Irvine, California. Ab 2000 ca. 49 000 m^3/d.	USA
AR	4.3.3.1.2 4.3.3.1.3	In Grand Canyon Village, Arizona, wird wieder verwendetes Wasser für die meisten Anwendungen eingesetzt, die kein Trinkwasser benötigen	USA
GR	4.3.3.1.2	Casa del Aqua in Arizona wurde 1985 errichtet. Es sollten 5 einfache Systeme zum Grauwasserrecycling untersucht werden. Dazu gehörten 1) Wasserhyazinthen und Sandfiltration, 2) Wasserhyazinthen, Kupferionendesinfektion, 3) Kupferionendesinfektion und Sandfiltration, 4) Kupfer-/Silberionendesinfektion und Sandfiltration, 5) Filterkartusche	USA
autarkes Gebäude	4.3.3.1.2 1.1.2 1.1.3	Eagle Lake First Nation Healthy House Project. Für die vollständig autarke Ver- und Entsorgung steht ein EcoNomad-Container zur Verfügung. Dieser enthält einen Dieselgenerator, einen Windgenerator und eine Solaranlage zur Strom- und Wärmeversorgung. Für die TW-Versorgung wird Regen- oder Oberflächenwasser mit Sandfilter, Mikrofiltration und UV-Desinfektion aufbereitet. Das Abwasser wird mit Waterloo-Biofilter aufbereitet und für die Toilettenspülung wieder verwendet. Der Container kann transportiert werden.	Kanada
GR	4.3.3.1.2	Grauwassersystem in einem Gebäude mit 8 Wohneinheiten in Ottawa. Das Grauwasser wird für die Toilettenspülung aufbereitet. Dazu werden zunächst mit einem Rechen die Feststoffe abgetrennt, danach folgt der Sedimentationstank. Anschließend folgen Sandfiltration und Desinfektion mit Ozon.	Kanada

Tabelle 41. (Fortsetzung)

Haupt-merkmal	Klass.-Nr.	Bemerkung	Land
GR	4.3.3.1.2	Grauwassersystem für 20 Wohneinheiten in North Vancouver, B.C. Grauwasseraufbereitung mit Sandfilter, Kohle und UV. Nach einer Erprobungsphase soll das aufbereitete Grauwasser neben der Toilettenspülung auch für Dusche und Wäsche waschen verwendet werden.	Kanada
AR	4.3.3.1.2	In Yellowknife wurden 5 Häuser mit dem im „Healthy House" in Toronto erprobten System zum Abwasserrecycling ausgestattet. Ansonsten erfolgt die Ver- und Entsorgung per LKW.	Kanada
AR	4.3.3.1.2 1.1.3	5 Mehrfamilienhäuser in Cape Dorset, Nunavut, ausgestattet mit dem System des „Healthy House" in Toronto. Das aufbereitete Wasser (1 m^3/d) dient der Toilettenspülung und dem Wäschewaschen. Dadurch weniger LKW-Wasser. Kosten der einzelnen Anlagen je $ 45.200, Betriebs- und Wartungskosten $ 1125 pro Jahr. Erhoffte Einsparung $ 12 000.	Kanada
AR	4.3.3.1.2	Gebäude des Ministry of Social Services in Snooke, British Columbia. Kapazität von 3,8 m^3/d. das Abwasser wird in einem Behälter außerhalb des Gebäudes zwischengespeichert und in einen Bioreaktor gegeben. Der Ablauf des Bioreaktors wird mit einer Membran im Crossflow-Verfahren mit anschließendem Aktivkohlefilter gereinigt. Die Gesamtkosten der Anlage betrugen $ 88 000. Die jährlichen Kosten für Energie, Betrieb und Überwachung liegen bei insgesamt ca. $ 11.400.	Kanada
GR	4.3.3.1.2	Charles Stuart University Campus, Grauwasser wird in einem intermittierend beschickten Teich gereinigt und recycelt.	Australien
GR	4.3.3.1.2	4 Häuser in Melbourne wurden mit Grauwasser-Anlagen ausgestattet und zwei Jahre (1993-1995) getestet.	Australien
AR	4.3.3.1.2 4.3.3.1.3	Projekt in Rouse Hill startet 2000 und soll nach 5 Jahren 100 000 (8 ML/d) Häuser mit recyceltem Wasser für Toilette und Bewässerung versorgen.	Australien
AR	4.3.3.1.2 4.3.3.1.3	Recyceltes Wasser für Toilette und Bewässerung im Olympiadorf Homebush Bay (2 ML/d). Behandeltes Abwasser und Regenwasser werden gemeinsam mit Mikrofiltration und RO aufbereitet.	Australien
AR	1.1.3 2.2.3.3 4.3.3.1.2	Sydney`s Sustainable House. Das Gebäude nutzt Regenwasser als Trinkwasser, das Abwasser wird in einem Biofilter gereinigt, mit UV desinfiziert und für die Toilettenspülung und zum Wäsche waschen genutzt.	Australien

Tabelle 41. (Fortsetzung)

Haupt-merkmal	Klass.-Nr.	Bemerkung	Land
GR	4.3.3.1.2	Grauwasserrecycling für 6 Wohneinheiten in einem Altenheim in Palmyra. Biologische Stufe mit anschließender Chlordesinfektion.	Australien
AR	4.3.3.1.2	Im Jurong Industrial Estate in Singapur leben 25 000 Menschen in einem 12-stöckigen Appartementgebäude, das mit aufbereitetem Abwasser für die Toilettenspülung versorgt wird.	Singapur
GR	4.3.3.1.2	Grauwasseranlage der BBC, errichtet in Anglian Water.	UK
Vakuum-toiletten/ Biogas-anlage	4.3.3.2.1 5.2	Modellprojekt Bauen und Wohnen in Freiburg. In Zusammenarbeit mit Fraunhofer Institut. Fäkalien, Urin und Biomüll werden in hauseigener Biogasanlage zu Flüssigdünger verarbeitet. Das entstehende Biogas wird zum Kochen verwendet. Grauwasser aus Küche und Bad wird in belüftetem Sandfilter gereinigt und recycelt.	Deutschland
Separation	4.3.3.2.1	100 Wohneinheiten und eine Schule sollen in der SolarCity Pichling (Stadtbetriebe Linz) mit getrennter Urinfassung ausgestattet werden. Verwertung des Urins sowie der kompostierten Feststoffe in der Landwirtschaft, Reinigung des Grauwassers in Pflanzenkläranlage.	Österreich
Separation	4.3.3.2.1	Museumshof Mon. Urin wird gesammelt und im Sommer auf lokale Ackerflächen verbracht.	Dänemark
Vakuum-toiletten	4.3.3.2.1	Das Abwasser aus Vakuumtoiletten wird mit Kalkstein vermischt und der pH-Wert auf 12 angehoben. Durch diesen pH-Wert werden Bakterien und Viren abgetötet, das Produkt kann als Dünger verwendet werden. Projekt wird für Sandö in Schweden diskutiert.	Schweden
GR	4.3.3.2.1	Grauwasserrecycling für Toiletten und zum Hände waschen für 500 Studenten am Technical University College of Kalmar, Südschweden. Kosten pro angeschlossenem EW: 375 $. Wetland-Pond-System. Wasserqualität würde auch TW-Anforderungen genügen.	Schweden
Separation	4.3.3.2.1	Urinseparation für 17 Gebäude, 55 EW in Ecovillage, Björsbyn.	Schweden
Separation	4.3.3.2.1	Hanaeus und Johannson berichten von 11 größeren Anlagen, die 1996 in Betrieb waren.	Schweden
Separation	4.3.3.2.1	Mehrstöckiges Gebäude mit 18 Haushalten in Norrköping mit No-Mix-Toiletten. Urin wird landwirtschaftlich verwertet. Schwarzwasser wird teilweise von Feststoffen getrennt. Feststoffe werden kompostiert und zur Bodenverbesserung verwendet.	Schweden

Tabelle 41. (Fortsetzung)

Haupt-merkmal	Klass.-Nr.	Bemerkung	Land
Separation	4.3.3.2.1	Anlage für 44 Wohneinheiten in Understenshöjden. Urin wird im ½-Jahresspeicher gesammelt und zur Düngung verwendet. Dezentrale Behandlung des Abwassers.	Schweden
Vakuum-toiletten	4.1.2.2 4.3.3.2.1	An der Tegelviken Schule in Kvicksund wird das Schwarzwasser mit einem Vakuumsystem gesammelt und von Farmern zu einer Farm gebracht. Dort wird das Schwarzwasser mit Kuhdung vermischt und einer Flüssigkompostierung zugeführt. Das Produkt dient als Dünger. Zukünftig sollen auch noch Küchenabfälle mitbehandelt werden.	Schweden
Separation	4.3.3.2.1	**Lambertsmühle bei Burscheidt**. Urin wird mittels Separationstoiletten getrennt in einem Jahresspeicher gesammelt und landwirtschaftlich verwertet. Grauwasser und Braunwasser werden in Rottebehälter geleitet (2 Kammern mit jährlichem Wechsel).	Deutschland
Separation	4.3.3.2.1	Ökodorf Toarp, 37 Häuser mit Trockentoiletten und Grauwasseraufbereitung.	Schweden
Fäkalien + Bioabfälle	5.1	Waldquellsiedlung in Bielefeld. U.a. Grauwasserbehandlung in Pflanzenkläranlage und gemeinsame Behandlung von Fäkalien und Bioabfällen in Großkammertoiletten (Clivus-Multrum-Typ).	Deutschland
Fäkalien + Bioabfälle	5.1	Das Haus Ramshusene mit 8 Wohneinheiten verfügt über Komposttoiletten. Fäkalien werden vorkompostiert, auf 70 °C erhitzt, um Volumen auf 10 % zu reduzieren. Dann Zugabe von kompostierten Küchenabfällen und Nutzung als Dünger.	Dänemark
Vakuum-toiletten	5.1	Ökohaus in Oslo mit Vakuumtoiletten. Schwarzwasser wird mit zerkleinerten Haushaltsabfällen vermischt und in eine aerob thermophile Anlage einer nahe gelegenen Farm gebracht.	Norwegen
Wasser-sparende Toiletten + Biogas-produktion	5.2	Volvo fermentiert in einer Produktionsstätte Schwarzwasser aus Wasserspartoiletten (ca. 3 l pro Spülung) mit organischen Haushaltsabfällen, um Methan zu gewinnen.	Schweden
GR	5.2 4.1.2.2	Ökologische Siedlung **Flintenbreite bei Lübeck** für 350 EW, Grauwasserbehandlung, Vakuumtoiletten.	Deutschland
Separation		Separationstoiletten in insgesamt 3 000 Haushalten	Schweden
Kompost-toiletten		Die Stadt Tanum hat beschlossen, dass Neubauten ab 2000 keine Spültoiletten mehr enthalten. Alle anderen Gebäude sollen schrittweise auf Komposttoiletten umgerüstet werden.	Schweden

Tabelle 41. (Fortsetzung)

Haupt-merkmal	Klass.-Nr.	Bemerkung	Land
Kompost-toiletten, wasserlose Urinale		4 Gebäude des National Trust wurden mit wasserlosen Urinalen ausgestattet, in Gloucester und Purbeck wurden Trockenkomposttoiletten installiert. Kosten der Toiletten zwischen 3.700 und 4.500 Pfund.	UK
GR, Kompost-toiletten	1.1.3	3 Gledhow Valley Eco-Houses: kein Anschluss an öff. Ver- und Entsorgungsnetze. Regenwasser wird zu Trinkwasser aufbereitet, Grauwasser im Schilfbeet aufbereitet. Da Komposttoiletten installiert wurden, fällt nur Grauwasser an.	UK

Quelle: Rudolph u. Schäfer (2001).
Anmerkungen: bzgl. Klass.-Nr. siehe Abb. 47; Weitere Beispiele über ausgeführte Projekte sowie Informationen zur alternativen Wasserver- und Abwasserentsorgung enthalten z.B. (Lange et al. 2000) und (Hiessl et al. 2003).

Abbildungsverzeichnis

Tabellenverzeichnis

Literatur

Arbeitskreis „Innovation und Wissensbildung“ (1994) Innovation und Wissensbildung – Strategien für die Produktion im 21. Jahrhundert. In: Staudt E (Hrsg) Berichte aus der angewandten Innovationsforschung, No 129, Bochum

Atkinson G et al. (1997) Measuring Sustainable Development – Macroeconomics and the Environment. Edward Elgar, Cheltenham

ATV-DVWK, BGW, DVGW, VKU (2004) Verbändeerklärung zum Benchmarking Wasserwirtschaft. Internet http://www.bkv-benchmarking.de/bkv/wasser_8.pdf, Abruf vom 3.02.2005

Austermann-Haun U, Wendler D, Rosenwinkel KH (2001) Großtechnische Erfahrungen mit der Co-Fermentation in Deutschland. KA – Abwasser Abfall 48: 1443–1451

Ayres RU, van den Bergh JC, Gowdy JM (1998) Viewpoint: Weak versus Strong Sustainability, Tinbergen Institute Discussion Paper No 103, Amsterdam u Rotterdam

Balthasar A (1998) Vom Technologietransfer zum Netzwerkmanagement: Grundlagen zur politischen Gestaltung der Schnittstelle zwischen Wissenschaft und Industrie. Rüegger, Chur Zürich

Beck M (1996) Umweltrecht für Nichtjuristen. Vogel, Würzburg

Berger C, Lohaus J, Wittner A, Schäfer R (2002) Zustand der Kanalisation in Deutschland – Ergebnis der ATV-DVWK-Umfrage 2001. KA –Abwasser Abfall 49: 302–311

Berliner Wasserbetriebe (Hrsg) (1999) Grabenloses Bauen von Rohrleitungen. Ernst, Berlin

Beutler B, Pipkorn J, Steil J (2001) Die europäische Union – Rechtsordnung und Politik, 5. Aufl. Nomos, Baden-Baden.

Bielecki R (1996) Bau und Betrieb der Kanalisation, 4. Aufl Ernst, Berlin

Bleicher K (2002) Paradigmawechsel zur Wissensgesellschaft – Veränderte Spielregeln erfordern neue Strategien, Strukturen und Kulturen. In: Bleicher K, Berthel J (Hrsg) Auf dem Weg in die Wissensgesellschaft – Veränderte Strukturen, Kulturen und Strategien. Frankfurter Allgemeine Buch, Frankfurt aM, S 57–85

Blundell R, Griffith R, Van Reenen J (1999) Market Share, Market Value and Innovation in a Panel of British Manufacturing Firms. Review of Economic Studies 66, 529–554

Böhm R, Göbel G, Wache F, Wiesinger R (2000) Zur Geschichte der Stadtentwässerung Dresdens, 2. Aufl Hochland, Pappritz

Brackemann H et al (2000) Liberalisierung der deutschen Wasserversorgung. Auswirkungen auf den Gesundheits- und Umweltschutz. Skizzierung eines Ordnungsrahmens für eine wettbewerbliche Wasserwirtschaft. Umweltbundesamt, Berlin

Brackemann H, Bartel H, Höring H (2001) Nachhaltige Wasserversorgung in Deutschland. Analyse und Vorschläge für eine zukunftsfähige Entwicklung. Schmidt, Berlin

Braczyk HJ, Heidenreich M (1998) Regional governance structures in a globalized world. In: Braczyk, HJ, Cooke P, Heidenreich M (eds) Regional Innovation Systems. The role of governances in a globalized world. UCL Press, London, pp 414–440

Bredeweg U, Kowol U, Krohn W (1994) Innovationstheorien zwischen Technik und Markt – Modelle der dynamischen Kopplung. In: Rammert W, Bechmann G (Hrsg) Technik und Gesellschaft: Jahrbuch 7: Konstruktion und Evolution von Technik. Campus, Frankfurt aM New York, S 187–205

Brennecke VM (1996) Normsetzung durch private Verbände. Werner, Düsseldorf

Breuer R (2004) Öffentliches und privates Wasserrecht, 3. Aufl Beck, München

Bundesministerium für Bildung und Forschung (BMBF) (Hrsg) (1998) Faktenbericht 1998 zum Bundesbericht Forschung. Bonn

Bundesministerium für Bildung und Forschung (BMBF) (Hrsg) (1999) Zur technologischen Leistungsfähigkeit Deutschlands – Zusammenfassender Endbericht 1998, Gutachten vorgelegt durch das Zentrum für Europäische Wirtschaftsforschung, Mannheim, das Niedersächsische Institut für Wirtschaftsforschung, Hannover, das Deutsche Institut für Wirtschaftsforschung, Berlin, das Fraunhofer-Institut für Systemtechnik und Innovationsforschung, Karlsruhe, die Wissenschaftsstatistik im Stifterverband für die Deutsche Wissenschaft, Essen, das Wissenschaftszentrum für Sozialforschung. Berlin Bonn

Bundesministerium für Bildung und Forschung (BMBF) (Hrsg) (2000) Aktionskonzept Nachhaltige und wettbewerbsfähige deutsche Wasserwirtschaft, Reihe Fachberichte des BMBF

Bundesministerium für Bildung und Forschung (BMBF) (Hrsg.) (o.J.) InnoRegio – Innovative Impulse für die Region, Ausschreibungsbroschüre, Internet http://www.innoregio.-de, Abruf vom 1.1.2004

Bundesministerium für Forschung und Technologie (Hrsg) (1982) Die Messung wissenschaftlicher und technischer Tätigkeiten. Allgemeine Richtlinien für statistische Übersichten in Forschung und experimenteller Entwicklung – FRASCATI-Handbuch, Bonn

Bundesministerium für Umwelt Naturschutz und Reaktorsicherheit (BMU) (Hrsg) (2001) Umweltpolitik – Privatisierung in der Wasserwirtschaft. Berlin

Bundesministerium für Umwelt, Naturschutz und Reaktorsicherheit (BMU) (1998) Umweltpolitik. Wasserwirtschaft in Deutschland. BMU, Bonn.

Bundesministerium für Umwelt, Naturschutz und Reaktorsicherheit (BMU) (2000) Erprobung der CSD-Nachhaltigkeitsindikatoren in Deutschland. Zwischenbericht der Bundesregierung, Stand April 2000. BMU, Berlin.

Bundesministerium für Umwelt, Naturschutz und Reaktorsicherheit (BMU) (Hrsg) (1996) Wasserwirtschaft in Deutschland. Bonn

Bundesministerium für Umwelt, Naturschutz und Reaktorsicherheit (BMU) (2000) Erprobung der CSD-Nachhaltigkeitsindikatoren in Deutschland. Bericht der Bundesregierung. Berlin

Bundesministerium für Umwelt, Naturschutz und Reaktorsicherheit (BMU) (Hrsg) (1998) Entwurf der Unabhängigen Sachverständigenkommission zum Umweltgesetzbuch. Berlin

Bundesverband der deutschen Gas- und Wasserwirtschaft (BGW) (2001) BGW-Wasserstatistik, Bundesrepublik Deutschland, Berichtsjahr 2000. Wirtschafts- und Verlagsgesellschaft Gas und Wasser mbH, Bonn

Bundesverband der deutschen Gas- und Wasserwirtschaft (BGW) (2004) Wasserstatistik – Wasserfakten im Überblick. Internethttp://www.bkv-benchmarking.de/bkv/¬wasser_8.pdf, Abruf vom 1.04.2004

Bundesverband der deutschen Gas- und Wasserwirtschaft (BGW) und Deutsche Vereinigung für Wasserwirtschaft, Abwasser und Abfall (ATV-DVWK) (Hrsg) (2003) Marktdaten Abwasser 2003, Ergebnisse der gemeinsamen Umfrage zur Abwasserentsorgung. Berlin, Hennef

Bundesverband der deutschen Gas- und Wasserwirtschaft (BGW) und Deutsche Vereinigung für Wasserwirtschaft, Abwasser und Abfall (ATV-DVWK) (Hrsg) (2002) Marktdaten Abwasser 2002, Ergebnisse der gemeinsamen Umfrage zur Abwasserentsorgung. Berlin, Hennef

Burhenne WE, Franßen E, Kutscheidt E, Salzwedel J (1982) Grundzüge des Umweltrechts. Erich Schmidt, Berlin

Bütow E, Krafft H, Rüger M, Lüdecke J (2001) Gefährdungspotenzial von undichten Kanälen bei industriellen und gewerblichen Grundstücksentwässerungsleitungen und die Ableitung von Empfehlungen zur Revitalisierung defekter Entwässerungsleitungen. Forschungsbericht 297 28 528, UBA-FB 000210. Im Auftrag des Umweltbundesamtes, Berlin

Carlsson B (1994) Technological systems and Economic Performance. In: Dodgson M, Rothwell R. (eds) The Handbook of Industrial Innovation. Edgar Publishing Company, Aldershot Brookfield, pp 13–24

Carlsson B, Stankiewicz R (1995) On the nature, function and composition of technological systems. In: Carlsson B (ed) Technological Systems and Economic Performance: The Case of Factory Automation. Kluwer, Dordrecht, pp 21–56

Clausen H, Rothgang M (2004) Innovations, Sustainability, and Efficiency in the German Water Sector: How to Push the Tanker into the Right Direction? In: Hirschhausen v C, Beckers T, Mitusch K (eds) Current Topics in Applied Infrastructure Research. Regulations, Financing, Institutions. Edward Elgar, Cheltenham, pp 149–174

Clausen H, Scheele U (2002) Benchmarking in der Wasserwirtschaft – Internationale Erfahrungen mit vergleichendem Wettbewerb in der Wasserwirtschaft. Zeitschrift für öffentliche und gemeinwirtschaftliche Unternehmen, Beiheft 29

Clausen H, Scheele U (2003a) Benchmarking in der Wasserwirtschaft – Instrument zwischen Management und Regulierung, Wasser & Boden 55: 8–10

Clausen H, Scheele U (2003b) Strukturwandel in der Wasserversorgung: Zwischen Liberalisierung und nachhaltiger Entwicklung, NIW-Workshop 2002: 57–92

Cleff T, Rennings K (1999) Determinants of Environmental Product and Process Information. European Environment 5: 191–201

Coase R (1960) The Problem of Social Cost, Journal of Law and Economics 3: 1–44

Coburg RC, Stadtfeld R, Oehmichen U, Lohaus J,. Willms M (2002) Marktdaten Abwasser 2002 – Ergebnisse einer gemeinsamen Umfrage zur Abwasserentsorgung, KA Abwasser Abfall 49: 491–495

Cohen M, Klepper S (1996) A reprise of size and R&D, The Economic Journal 106: 925–951

Cooke P (1998) Introduction: origins of the concept. In: Braczyk HJ,Cooke P, Heidenreich M (eds) Regional Innovation Systems. The role of governances in a globalized world. UCL Press, London, pp 2–25

Cooke P, Morgan K (1994) The Creative Milieu: A Regional Perspective on Innovation. In: Dodgson M., Rothwell R. (eds) The Handbook of Industrial Innovation. Edgar Publishing Company, Aldershot Brookfield, pp 25–32

Costanza R, Daly HE, Bartholomew JA (1991) Goals, Agenda, and Policy Recommendations for Ecological Economics. In: Costanza R (ed) Ecological Economics. The Science and Management of Sustainability. Columbia University Press, New York, pp 1–20

DAEI-METL (2002) Direction des affaires économiques et internationales – Ministère de l'Equipement, des Transports et du Logement Les opérateurs privés et publics de services urbains en France: chiffres-clés

Daly HE (1990) Towards Some Operational Principles of Sustainable Development. Ecological Economics 1990: 1–6

Deutsche Vereinigung für Wasserwirtschaft, Abwasser und Abfall (ATV-DVWK) (2001) Abwasser aus Krankenhäusern und anderen medizinischen Einrichtungen. Merkblatt 775. Hennef

Deutsche Vereinigung für Wasserwirtschaft, Abwasser und Abfall (ATV-DVWK) (2003) Merkblatt M 143–7 Inspektion, Instandsetzung, Sanierung und Erneuerung von Abwasserkanälen und -leitungen – Teil 7: Reparatur von Abwasserleitungen und -kanälen durch Kurzliner und Innenmanschetten, Hennef

Deutsche Vereinigung für Wasserwirtschaft, Abwasser und Abfall (ATV-DVWK) (2004) Zahlen und Fakten zum Thema Wasser, Hennef

Deutsches Institut für Wirtschaftsforschung (DIW) (Hrsg) (2004) Nachhaltigkeit und Innovation - Diskussionsstand und Wirtschaftswissenschaftlicher Forschungsbedarf. Internet http://www.sustainabilityeconomics.de/downloads/WS5_Material_Proceedings.pdf

Di Fabio U (1998) Integratives Umweltrecht – Bestand, Ziele, Möglichkeiten. Neue Zeitschrift für Verwaltungsrecht 1998(4): 329–440

DIN EN 805 (2000) Wasserversorgung – Anforderungen an Wasserversorgungssysteme und deren Bauteile außerhalb von Gebäuden

Dohmann M (1997) Bisheriger und künftiger Marktumfang der Neuverlegung und Instandhaltung von Abwasserkanälen und -leitungen in Deutschland. (Vortrag auf dem 5. Internationaler Kongress Leitungsbau, 19.–23. Oktober 1997 in Hamburg)

Dohmann M (Hrsg) (1999) Wassergefährdung durch undichte Kanäle – Erfassung und Bewertung. Springer, Berlin Heidelberg

Dohmann M, Ewringmann D (1997) Die Entwicklung der Marktnachfrage nach Abwasserentsorgungsdienstleistungen in Deutschland. Taschenbuch der Entsorgungswirtschaft. Bundesverband der Deutschen Entsorgungswirtschaft e.V., Aachen Köln

Dohse D (1999) Wechselwirkungen zwischen Regionalpolitik und Technologiepolitik. In: Gesellschaft für Regionalforschung, Seminarbericht 41, Heidelberg, S 1–19

Dohse D (2000) Regionen als Innovationsmotoren: zur Neuorientierung in der deutschen Technologiepolitik, Kieler Diskussionsbeiträge 366. Kiel

Drouet D (2005) Innovation in the French Water Sector: Opportunities for and Limits to Sustainable Water Management, RWI Mitteilungen Quarterly 54/55: 131-167

Dunbar P (1912) Leitfaden für die Abwasserreinigungsfrage. Faksimile-Ausgabe der ATV 1998, Hennef

Dunkel T (1999) Paradigmenwechsel? Das Magazin 4: 36–37

DVGW (2003) Arbeitsblatt W 392 Rohrnetzinspektion und Wasserverluste – Maßnahmen, Verfahren und Bewertungen

Ebling G, Janz N (1999) Export and Innovation Activities in the German Service Sector: Empirical Evidence at the Firm Level, ZEW-Discussion Paper 99–53, ZEW, Mannheim

Edquist C (1997) Systems of Innovation Approaches – Their Emergence and Characteristics. In: Edquist C (ed) Systems of Innovation: Technologies, Institutions and Organisations. Pinter, London Washington, pp 1–35

Engelhardt W Die Rolle der Umweltverbände. In: von Köller H (Hrsg) Umweltpolitik mit Augenmaß. Gedenkschrift für Staatssekretär Dr. Günter Hartkopf anlässlich seines 10. Todestages am 19. September 1999. Erich Schmidt, Berlin 2000: 87

Enquete-Kommission „Schutz des Menschen und der Umwelt" des Deutschen Bundestages (Hrsg) (1994) Die Industriegesellschaft gestalten. Perspektiven für einen nachhaltigen Umgang mit Stoff- und Materialströmen. Bonn

Entelmann I, Diersen G, Wichmann K (2000) Potentiale für eine Nachhaltige Wasserwirtschaft durch Privatisierungsprozesse? gwf-Wasser Abwasser 141: 157–163

Erbguth W (1989) Normkonkretisierende Verwaltungsvorschriften – Rechtsdogmatische Grundlagen einer originären Rechtserzeugung durch die Exekutive, DVBl.1989, S 473–479

Erbguth W, Stollmann F (2000) Die Verzahnung der integrativen Elemente von IVU- und UVP-Änderungs-Richtlinie. Zeitschrift für Umweltrecht 16: 379–383

Etzkowitz H, Leydesdorff L (1997) Universities and the Global Knowledge Economy – A Triple Helix of University-Industry-Government Relations. Pinter, London Washington

Etzkowitz H, Leydesdorff L (2000) The dynamics of innovation: from National Systems and „Mode 2" to a Triple Helix of university-industry-government relations. Research Policy 29: 109–123

Eurostat (ed.) (1997) Indicators for Sustainable Development. A Pilot Study Following the Methodology of the United Nations Commission on Sustainable Development. Eurostat, Luxembourg.

Ewers HJ Brenck A (1992) Innovationsorientierte Regionalpolitik. Zwischenfazit eines Forschungsprogramms. In: Birg H, Schalk HJ (Hrsg) Regionale und sektorale Strukturpolitik. Rainer Thoss zum 60. Geburtstag. Münster, S 309–341

Ewers HJ et al. (2001) Optionen, Chancen und Rahmenbedingungen einer Marktöffnung für eine nachhaltige Wasserversorgung. Endbericht Juli 2001. BMWi-Forschungsvorgaben 11/00. Berlin

Fertig M, Schmidt CM (2002) The Perception of Foreigners and Jews in Germany – A Structural Analysis of a Large Opinion Survey. IZA Discussion Paper 431. Bonn

Fichter H et al. (1999) Regionalisierungsstrategie für nachhaltiges Ressourcen- und Stoffstrommanagement in der Stadtregion Berlin. In: Zukunftsfähiges Berlin: Bericht der Enquetekommission „Zukunftsfähiges Berlin" des Abgeordnetenhauses von Berlin – 13. Wahlperiode. Berlin, S 191–302

Flatz A (1996) Von der Abfallbewirtschaftung zum Stoffstrommanagement – Organisationsansätze am Beispiel elektrotechnischer Produkte. Signum, Wien

Flöser V et al. (1999) Krankenhausabwasser, Expert Verlag, Renningen

Forrest JE (1991) Models of the Process of Technological Innovation. Technology Analysis & Strategic Management 4: 439–453

Freeman C (1987) Technology Policy and Economic Performance: Lessons from Japan. Pinter, London New York

Frontinus-Gesellschaft (Hrsg) (1977) Symposium zur historischen Entwicklung der Wasserversorgung. Frontinus-Schriftenreihe Heft 1. Berlin

Frontinus-Gesellschaft (Hrsg) (1982) Symposium über die historische Entwicklung der Wasserversorgungstechnik. Frontinus-Schriftenreihe Heft 6. Köln

Frontinus-Gesellschaft (Hrsg) (1989) Die Wasserversorgung im alten Rom. Geschichte der Wasserversorgung, 4. Aufl Oldenbourg, München

Frontinus-Gesellschaft (Hrsg) (1991a) Die Wasserversorgung antiker Städte. Teil I: Pergamon – Brunnen – Verwaltung/Recht. Geschichte der Wasserversorgung Bd 2, 2. Aufl Verlag Philipp von Zabern, Mainz

Frontinus-Gesellschaft (Hrsg) (1991b) Die Wasserversorgung im Mittelalter. Geschichte der Wasserversorgung Bd 4, Verlag Philipp von Zabern, Mainz

Frontinus-Gesellschaft (Hrsg) (1991c) Frontinus-Tagung 1990 und weitere Beiträge zur historischen Wasserversorgung. Frontinus-Schriftenreihe 15, Berlin

Frontinus-Gesellschaft (Hrsg) (1993) Die Wasserversorgung antiker Städte. Teil II: Römische Anlagen nördlich der Alpen, Geschichte der Wasserversorgung Bd 3, 2. Aufl Verlag Philipp von Zabern, München

Frontinus-Gesellschaft (Hrsg) (2000) Die Wasserversorgung in der Renaissancezeit. Geschichte der Wasserversorgung Bd 5, Verlag Philipp von Zabern, München

Frontinus-Gesellschaft (Hrsg) (2004) Wasser im Barock. Geschichte der Wasserversorgung, Bd 6, Verlag Philipp von Zabern, München

Fues T (1998) Das Indikatorenprogramm der UN-Kommission für nachhaltige Entwicklung. Peter Lang, Frankfurt a.M.

Gallert C, Hennig AK, Stentzel U, Winter J (2002) Verarbeitung von getrennt gesammelten Bioabfällen in der Bioabfallvergärungsanlage Karlsruhe/Durlach. KA Abwasser Abfall 49: 695–704

Gartiser S, Brinker L, Uhl A, Willmund R, Kümmerer K, Daschner F (1994) Untersuchung von Krankenhausabwasser am Beispiel des Universitätsklinikums Freiburg. Korrespondenz Abwasser 9/94: 1618–1624

Gebhardt C, Giesecke S (1997) Die Spezifität der Entwicklungspfade in der Biotechnologie und der Künstlichen Intelligenz. In: Middell M (Hrsg) Comparativ: Leipziger Beiträge zur Universalgeschichte und vergleichenden Gesellschaftsforschung, Jg. 7. H. 3. Wissenschaftsstandorte. Leipzig, S 76–97

Gerstenberger W, Penzkofer H, Schmalholz H (1999) Europas Position im Innovationswettbewerb und die Rolle der staatlichen Forschungseinrichtungen. ifo Schnelldienst 9: 7–19

Gibbons M (1992) Nationale Innovationssysteme im Umbruch: Einige Schlußfolgerungen für Deutschland. In: Fraunhofer-Institut für Systemtechnik und Innovationsforschung (FhG-ISI) Anforderungen an das Innovationssystem der 90er Jahre in Deutschland – Fachtagung des Bundesministeriums für Forschung und Technologie am 3. und 4. Dezember 1992 im Wissenschaftszentrum Bonn – Dokumentation. Karlsruhe, S 13–30

Gibbons M, Limoges C, Nowotny H, Schwartzman S, Scott P, Trow M (1994) The New Production of Knowledge – The Dynamics of Science and Research in Contemporary Societies. Sage, London Thousand Oaks New Delhi

Gosch A, Luthardt-Behle T (1990) Erhöhung der Faulgasproduktion in kommunalen Kläranlagen durch Cofermentation von Klärschlamm und zusätzlichen Fremdsubstraten. Gießen

Grabow B (1989) Technologie- und Innovationsförderung auf lokaler Ebene: Erste Auswertungen einer empirischen Befragung. In: Institut für Landes- und Stadtentwicklungsforschung des Landes Nordrhein-Westfalen (ILS) (Hrsg) Technikgestaltung in der Stadt- und Regionalentwicklung. Dortmund, S 98–112

Greene W (1994) Accounting for Excess Zeros and Sample Selection in Poisson and Negativ Binomial Regression Models. , Department of Economics, Stern School of Business Working Paper EC–94–10. New York.

Greene W (2000) Econometric Analysis, 4th ed. Prentice-Hall International, London

Gronau R (1974) Wage Comparisons – A Selectivity Bias, Journal of Political Economy 82: 1119–1143

Grünebaum T, Nisipeanu P (1998) The Ruhrverband – a water management association for an entire catchment area based on a special act. Journal of Water Supply: Research & Technology – AQUA 47: 229–240

Grupp H (1997) Messung und Erklärung des Technischen Wandels: Grundzüge einer empirischen Innovationsökonomik. Springer, Berlin ua

Gutés MC (1996) The Concept of Weak Sustainability. Ecological Economics 17: 147–156.

Hafkesbrink J (2004) Transition Management in the Electronics Industry Innovation System (Paper presäntiert auf demWorkshop: Sustainability Innovation and Policy, Kloster Seeon, 23.–25.05.2004)

Hagedoorn J, Cloodt M (2003) Measuring innovative performance: is there an advantage in using multiple indicators? Research Policy 32: 1365–1379

Hauff V (1987) Unsere gemeinsame Zukunft. Der Brundtlandt-Bericht der Weltkommission für Umwelt und Entwicklung. Eggenkamp, Greven

Hauschildt J (1993) Innovationsmanagement. Vahlen, München

Heckman JJ (1976) The Common Structure of Statistical Models of Truncation, Sample Selection and Limited Dependent Variables and a Simple Estimator for Such Models. Annals of Economic and Social Measurement 5: 475–492

Heckman JJ (1979) Sample Selection Bias as a Specification Error. Econometrica 47: 153–162

Heidenreich M (2000) Die Debatte um die Wissensgesellschaft – Vortrag vor dem Globalisierungskolloquium am Institut für Soziologie der Universität Erlangen-Nürnberg am 28.6.2000. Internet http://www.uni-bamberg.de/sowi/europastudien/erlangen.htm

Hemmelskamp J (1996) Umweltpolitik und Innovation – Grundlegende Begriffe und Zusammenhänge. ZEW Discussion Paper 96–23, Mannheim

Hemmelskamp J (1997) Umweltpolitik und Innovation – Grundlegende Begriffe und Zusammenhänge. Zeitschrift für Umweltpolitik und Umweltrecht 20: 481–511

Hemmelskamp J (1998) Der Einfluss der Umweltpolitik auf das Innovationsverhalten – eine ökonometrische Untersuchung. ZEW Discussion Paper 98–23, Mannheim

Hemmelskamp J (1999) Umweltpolitik und technischer Fortschritt – Eine theoretische und empirische Untersuchung der Determinanten von Umweltinnovationen. Physica-Verlag, Heidelberg

Hennig E (2004) Wissemschaft uns Wissensgewinnung – Nicht der Inhalt sondern die Methode steht im Zentrum, Universität Kassel. Internet http://www.uni-kassel.-de/fb5/politikwissenschaft/Theorie/Wissenschaft_und_Wissensgewinnung.pdf, Abruf vom 19.03.2004

Herdzina K, Nolte B (1995) Technological change, innovation infrastructure and technology transfer networks. Industry & Higher Education April 1995: 85–94

Heymann E (2000) Wasserwirtschaft im Zeichen von Liberalisierung und Privatisierung. Deutsche Bank Research (Hrsg) – Aktuelle Themen Nr 176

Hiessl H, Toussaint D, Becker M, Dyrbusch A, Geisler S, Herbst H, Prager JU (2003) Alternativen der kommunalen Wasserversorgung und Abwasserentsorgung – AKWA 2100. Physica-Verlag, Heidelberg

Hill H (1989) Normkonkretisierende Verwaltungsvorschriften, Neue Zeitschrift für Verwaltungsrecht 1989: 401–410

Himmelmann S (1997) EG-Umweltrecht und nationale Gestaltungsspielräume. Nomos Verlag, Baden-Baden

Hohn HW (1999) Bericht über die Konferenz der Sektion Wissenschafts- und Technikforschung: Strukturen, Funktionen und institutioneller Wandel nationaler Innovationssysteme, Internet http://www.mpi-fg-koeln.mpg.de/aktuell/archiv/nsi_konfbe-ri.html

Homann K (1996) Sustainability – Politikvorgabe oder regulative Idee. In: Gerken L (Hrsg) Ordnungspolitische Grundfragen einer Politik der Nachhaltigkeit. Nomos, Baden-Baden, S 33–47

Hoppe W (Hrsg) (2002) UVPG – Gesetz über die Umweltverträglichkeitsprüfung, Kommentar – Gesetzestexte. Heymann, Köln

Hoppe W, Beckmann M, Kauch P (2000) Umweltrecht, 2. Aufl C.H. Beck, München

Horn L et al (1995) Deutsches Umweltrecht in der Praxis. Bonn

Hörr S (2000) Strategien und Maßnahmen von Wasserversorgungsunternehmen im Umgang mit Grundwasserbelastungen aus dem Verursachungsbereich Landwirtschaft. Diplomarbeit TU Darmstadt

Hughes T (1987) The Evolution of Large Technological Systems. In: Bijker WE, Hughes TP, Pinch T (eds) The Social Construction of Technological Systems – New Directions in the Sociology and History of Technology. MIT Press, Cambridge, Mass; London

Hunger W (2002) Optische Kanalinspektion mit Panoramo. (Vortrag auf dem 12. Europäischen Wasser-, Abwasser- und Abfall-Symposium „TV-Inspektion für Betrieb und Instandhaltung (EWA)“ am 14. Mai 2002 im Rahmen der IFAT 2002 in München)

IBAK Helmut Hunger GmbH & Co KG, Kiel (ohne Jahr) Firmeninformation

Janz N, Lööf H, Peters B (2004) Firm Level Innovation and Productivity – Is there a Common Story Across Countries?, Problems and Perspectives in Management 2: 184–204

Johnston RE (1966) Technical Progress und Innovation. In: Oxford Economic Papers, New Series 18/1966, pp 158–176

JT elektronik GmbH, Lindau (ohne Jahr) Firmeninformation

Kahlenborn W, Kraemer RA (1999) Nachhaltige Wasserwirtschaft in Deutschland. Springer, Berlin u.a.

Kamien MI, Schwartz NL (1975) Market Structure and Innovation: A Survey. Journal of Economic Literature 13: 1–37

Kelm A (1992) Der blaue Tod – Die Cholera in Hamburg 1982. Hamburg

Kerka F (2002) Strukturierung von Innovationsaufgaben – Ein Beitrag zur Beschreibung und Erklärung betrieblicher Veränderungsprozesse. Bochum

Kind H (1988) Ist die gesetzliche Verpflichtung der Exekutive zur (letztverbindlichen) Auslegung eines „unbestimmten Rechtsbegriffes“ durch Allgemeine Verwaltungsvorschriften verfassungswidrig? – Probleme der Neuregelung des § 7 a WHG? In: DÖV 1988, S 679–683

Klaus J, Rothgang M (1999) Umweltindikatorensysteme – Charakteristik, Darstellungsbereiche und Beurteilungskriterien. In: Junkernheinrich M (Hrsg) Ökonomisierung der Umweltpolitik. Beiträge zur volkswirtschaftlichen Umweltökonomie. Analytica, Berlin, S 107–130

Klemmer P (1992) Regionalpolitik. In: Woll A (Hrsg) Wirtschaftslexikon, 6. Aufl Oldenbourg, München Wien, S 592–594

Klemmer P (1999) Umweltmanagementregeln – Utopien einer Nachhaltigkeitspolitik. In: Maußner A, Binder KG (Hrsg) Ökonomie und Ökologie. Festschrift für J. Klaus zum 65. Geburtstag. Duncker & Humblot, Berlin, S 433–453

Klemmer P (1999) Umweltmanagementregeln – Utopien einer Nachhaltigkeitspolitik. In Maußner A, Binder KG (Hrsg.) Ökonomie und Ökologie. Festschrift für J. Klaus zum 65. Geburtstag. Duncker & Humblot, Berlin, S. 433–453

Klemmer P et al. (1996) Mehr Nachhaltigkeit durch Marktwirtschaft: Ein ordnungspolitischer Ansatz. In: Gerken L (Hrsg) Ordnungspolitische Grundfragen einer Politik der Nachhaltigkeit. Nomos, Baden-Baden, S 289–340

Klemmer P, Lehr U, Löbbe K (1999) Umweltinnovationen. Innovative Wirkungen umweltpolitischer Instrumente 2. Analytica, Berlin

Klette J, Kortum S (2002) Innovating Firms and Aggregate Innovation, NBER Working Paper 8819, Cambridge

Kluge T, Koziol M, Lux A u.a. (2003) Netzgebundene Infrastrukturen unter Veränderungsdruck – Sektoranalyse Wasser, netWORKS – Papers, Heft 2, Berlin

Kluge T, Schramm E, Vack A (1995) Wasserwende – Wie die Wasserkrise in Deutschland bewältigt werden kann. Piper, München

Koch HJ, Siebel-Huffmann H (2001) Das Artikelgesetz zur Umsetzung der UVP-Änderungsrichtlinie, der IVU-Richtlinie und weiterer EG-Umweltschutzrichtlinien. Neue Zeitschrift für Verwaltungsrecht 2001(10): 1081–1200

Kostka B (2003) Arzneimittel aus Krankenhausabwasser entfernen – Entwicklung eines Verfahrens zur oxidativen Behandlung von Krankenhausabwasser-Teilströmen – insbesondere zur Eliminierung von Zytostatika im Abwasser? Duisburg

Kraft K (1989) Market Structure, Firm Characteristics and Innovative Activity. The Journal Industrial Economics 37: 329–336

Kuhlmann S (1999) Politisches System und Innovationssystem in „postnationalen" Arenen. In: Grimmer K, Kuhlmann S, Meyer-Krahmer F (Hrsg) Innovationspolitik in globalisierten Arenen: Neue Aufgaben für Forschung und Lehre: Forschungs-, Technologie- und Innovationspolitik im Wandel. Westdeutscher Verlag, Opladen, S 11–39

Kuhn S, Moschitz S, Schneider J (2001) Nachhaltige Wasserwirtschaft und Lokale Agenda 21 – Aktionshandbuch UBA. Berlin

Kunhenn H (1997) Ökobilanzen – Ursachen, Ausprägungen und Auswirkungen von Freiräumen auf den Einsatz von Ökobilanzen durch Unternehmen. Bochum

Lange J, Otterpohl R (2000) Abwassser – Handbuch zu einer zukunftsfähigen Wasserwirtschaft, 2. Aufl Mall-Beton-Verlag, Donaueschingen

Larsen TA, Gujer W (1997) Nachhaltige Siedlungswasserwirtschaft – technologische Implikationen. EAWAG news, 43D

Lecheler H (2000) Einführung in das Europarecht. Beck, München

Leist HJ (2004) Bewertung der Nachhaltigkeit von alternativen Wassersystemen, die im Verbund mit zentralen Ver- und Entsorgungsstrukturen betrieben werden. KA–Abwasser, Abfall 51: 288–295

Lerch A, Nutzinger HG (1998) Methodische Probleme der Wirtschaftsethik am Beispiel der Nachhaltigkeit. Zeitschrift für Evangelische Ethik 42(3): 208–223

Leydesdorff L (2000) The triple helix: an evolutionary model of innovations. Research Policy 29: 243–255

Löhr M (1999) Untersuchung der Situation von Kooperationen Wasserversorgung/Landwirtschaft in Hessen. Studienarbeit, TU Darmstadt

Lübbe-Wolff G (1999) Integrierter Umweltschutz – Brauchen die Behörden mehr Flexibilität? Natur und Recht 1999(5): 241–247

Lundvall BA (1988) Innovation as an interactive process: from user-producer interaction to the national system of innovation In: Dosi G, Freeman C, Nelson R, Silverberg G, Soete L (eds) Technical Change and Economic Theory. Pinter, London, pp 349–369

Lundvall BA (ed) (1992a) National Systems of Innovation: Towards a Theory of Innovation and Interactive Learning. Pinter, London New York

Lundvall, BA (1992b) Introduction In: Lundvall BA (ed) National Systems of Innovation: Towards a Theory of Innovation and Interactive Learning. Pinter, London New York, pp 1–19

Luttermann C (1998) Die „mangelhafte" Umsetzung europäischer Richtlinien, Europäische Zeitschrift für Wirtschaftsrecht 9, 264–268

Mache HM (1994) Umweltrecht – Grundzüge für die Praxis.Rechtspraxis, Berlin

Meiners H G (Hrsg) (1996) Bestandsaufnahme und Bewertung alternativer Strategien einer nachhaltigen Wasserpolitik im Bereich der Wasserversorgung. AHU, Aachen

Meng A (1993) Die Geschichte der Hamburger Wasserversorgung. Medien-Verlag, Hamburg

Metcalfe S (1995) The Economic Foundations of Technology Policy: Equilibrium and Evolutionary Perspectives. In: Stoneman P (ed) Handbook of the Economics of Innovation and Technical Change. Blackwell, London, pp 409–512

Meyer-Krahmer F (1999) Der Prozeßcharakter von Innovationen. In: Meyer-Krahmer F, Lange S (Hrsg) Geisteswissenschaften und Innovationen. Physica, Heidelberg, S 45–57

Mierzowski M (2001) Effektivität, Effizienz und Hemmnisse von grundwasserschutzorientierten Kooperationen Wasserversorgung/Landwirtschaft in Fallstudien. Diplomarbeit, TU Darmstadt

Ministerium für Umwelt und Naturschutz, Landwirtschaft und Verbraucherschutz des Landes Nordrhein-Westfalen (Hrsg) (2004) Hausanschluss dicht? – Instandhaltung von Grundleitungen und Abwasserkanälen. Informationen für Grundstückseigentümerinnen und Grundstückseigentümer. Düsseldorf

Ministerium für Umwelt und Naturschutz, Landwirtschaft und Verbraucherschutz NRW (MUNLV) (Hrsg) (2001) Co-Fermentation von biogenen Abfällen in Faulbehältern von Kläranlagen. Düsseldorf

Möhring K (1993) Die Entwicklung des Microtunnellings in Berlin. TIS Tiefbau Ingenieurbau Strassenbau 1993(10): 712–723

Müggenborg HJ (2001) Einführung in das Artikelgesetz zur Umsetzung der UVP-Änderungsrichtlinie, der IVU-Richtlinie und weiterer EG-Richtlinien zum Umweltschutz. Sächsische Verwaltungsblätter 2001(8): 205–208

Mullahey J (1986) Specification and Testing of Some Modified Count Data Models. Journal of Econometrics 33: 341–365

Nelson RR (ed) (1993) National Systems of Innovation: A Comparative Study. Oxford University Press, New York Oxford.

Nelson RR, Rosenberg N (1993) Technical Innovation and National Systems. In: Nelson RR (ed) National Systems of Innovation: A Comparative Study. Oxford University Press, New York Oxford, pp 3–21

Nisipeanu P (1989) Die Amtshilfe – dargestellt an §§ 111ff AO. Jur. Dissertation, Universität Bochum

Nisipeanu P (1991) Abwasserrecht. 1991, München

Nisipeanu P (1993) Das Scoping-Verfahren nach § 5 UVPG. Neue Zeitschrift für Verwaltungsrecht 1993: 319–324

Nisipeanu P (1995) Umweltverträglichkeitsprüfung für Abwasserbehandlungsanlagen. In: KA Abwasser Abfall 42: 1092–1109

Nisipeanu P (1996) Rechtliche Anforderungen an den Bau von Kläranlagen. Natur und Recht 18: 17–26

Nisipeanu P (1997) Abwasserabgabenrecht. 1997, Berlin

Nisipeanu P (1998) 1§ 18 a Absatz 2 a Wasserhaushaltsgesetz – Oder: Alles wird anders – doch nichts ändert sich wirklich. Natur und Recht 26: 467–475

Nisipeanu P (1999a) Grundstrukturen des Wasserwirtschaftsrechts in der Bundesrepublik Deutschland – insbesondere aufgezeigt am Beispiel der Abwasserbeseitigung. Österreichische Wasser- und Abfallwirtschaft 1999 (Heft 1/2): 33–42

Nisipeanu P (1999b) Übertragung der kommunalen Abwasserbeseitigungspflicht auf private Dritte – Voraussetzungen und Auswirkungen der durch § 18 a Absatz 2a WHG eröffneten Möglichkeiten. In: Nisipeanu P (Hrsg) Kosten der Abwasserbeseitigung. 1999, Berlin, S 97–169

Nisipeanu P (1999c) Rechtliche Möglichkeiten der Erschließung von Kostenvorteilen durch Co-Vergärung in Faultürmen. In: Nisipeanu P (Hrsg) Kosten der Abwasserbeseitigung, Berlin, S 315–328

Nisipeanu P (2000a) „Co-Vergärung und Mono-Vergärung – Zur Abgrenzung von Abfallrecht und Abwasserrecht. abfall-brief 7: 12–14

Nisipeanu P (2000b) Der Ruhrverband im Wandel der Zeit – Organisationsrechtliche Antworten auf sich verändernde wasserwirtschaftliche Fragestellungen. In: Ruhrverband (Hrsg) 100 Jahre ganzheitliche Wasserwirtschaft an der Ruhr – Perspektiven und Chancen, Berlin, S 185–237,

Nisipeanu P (2004a) Wasser- und ortsrechtliche Anforderungen an Indirekteinleitungen mit biologisch schwer abbaubaren Inhaltsstoffen. UPR Umwelt- und Planungsrecht 11/2004: 372–380

Nisipeanu P (2004b) Rechtliche Anforderungen an Indirekteinleitungen. Recht der Abfallwirtschaft 4/2004: 169–177

Nisipeanu P (2004c) Neue Anforderungen an chemisch-physikalische Abfallbehandlungsanlagen: Anhang 27 zur Abwasserverordnung. Natur und Recht 26: 226–233.

Nisipeanu P (Hrsg) (1998) Privatisierung der Abwasserbeseitigung – Optimierung der kommunalen Abwasserbeseitigung durch Umorganisation und Neukonzeption. Parey, Berlin

Nisipeanu P, Thomzik M (2004a) Das deutsche Umweltrecht als Einflussfaktor für Innovationen zum nachhaltigen Wirtschaften – Das Beispiel der Co-Vergärung von biogenen Abfällen in Faulräumen von Abwasserbehandlungsanlagen, Zeitschrift für Umweltrecht & Umweltpolitik 27: 167–200

Nisipeanu P, Thomzik M (2004b) Innovation trotz Regulation – Das Beispiel der medienübergreifenden Umweltinnovation Co-Vergärung. In: Kriegesmann, (Hrsg) Berichte aus der angewandten Innovationsforschung No. 209. IAI, Bochum, S 1–40

NN (2003) Mit dem Wurm zur „gläsernen" Grundleitung – Lückenlose Inspektion privater Abwassernetze. TIS, H 7–8 : 48–49

Oebbecke J (1982) Zweckverbandsbildung und Selbstverwaltungsgarantie. Köln

Oebecke J (1984) Gemeindeverbandsrecht. Köln

OECD (ed) (1992) OECD Proposed Guidelines for Collecting and Interpreting Technological Innovation Data – OSLO-Manual. OECD, Paris

OECD (ed) (1996) Science, Technology and Industry Outlook 1996. OECD, Paris

OECD (ed) (1997b) National Innovation Systems. OECD, Paris

OECD (ed) (1998) Technology, Productivity and Job Creation, Best Policy Practices. OECD, Paris

OECD (ed) (1999) Household Water Pricing in OECD Countries. OECD, Paris

OECD (ed.) (1997a) The Measurement of Scientific and Technological Activities. Proposed Guidelines for Collecting and Interpreting Technological Innovation Data – Oslo Manual, 2nd ed OECD, Paris

Oelmann, M (2003) Ein geeigneter wettbewerblicher Rahmen für die deutsche Wasserwirtschaft, Institut für Wirtschaftspolitik der Universität Köln, IWP Diskussionspapier 2003/3

Ossenbühl F (1998) Rechtsquellen und Rechtsbindung der Verwaltung. In: Erichsen HU (Hrsg) Allgemeines Verwaltungsrecht, 11. Aufl De Gruyter, Berlin, S 127–222

Osterhoff F (2000) Innovations- und Technologiepolitik in der kommunalen Wirtschaftsförderung – Das Beispiel Essen. Hagen

Otterpohl R, Oldenburg M (2002) Innovative Technologien zur Abwasserbehandlung in urbanen Gebieten. KA - Abwasser Abfall 49: 1364–1371

Padmore T, Schuetze H, Gibson H (1998) Modeling systems of innovation: An enterprise-centered view. Research Policy 26: 605–624

Patel P, Pavitt K (1994) The Nature and Economic Importance of National Innovation Systems. STI Review 14: 9–32

Pearce DW, Atkinson G (1998) The Concept of Sustainable Development. In: Schweizerische Zeitschrift für Volkswirtschaft und Statistik 134: 251–271

Peine FJ (2000) Wasserhaushaltsrecht. In: Achterberg N, Püttner g, Württenberger T (Hrsg..) Besonderes Verwaltungsrecht Bd I, 2. Aufl C.F. Müller, Heidelberg, S 914–993

Peters B (2004) The Relationship between Success of Product and Process Innovations and Firm Performance: Microeconometric Evidence. ZEW Discussion Paper 04–73, Mannheim

Pfeiffer W, Staudt E (1975) Innovation. In: Grochla E, Wittmann W (Hrsg) Handwörterbuch der Betriebswirtschaftslehre. Schäffer-Poeschel, Stuttgart, Sp 1943–1953

Pleschak F, Sabisch H (1996) Innovationsmanagement. Schäffer-Poeschel, Stuttgart

Porter ME (1991) Nationale Wettbewerbsvorteile – Erfolgreich konkurrieren auf dem Weltmarkt. Ueberreuter, München

Prager J (2002) Nachhaltige Umgestaltung der kommunalen Abwasserentsorgung. ISL-Verlag, Hagen

Preisendörfer P (1996) Umweltbewusstsein in Deutschland. Ergebnisse einer repräsentativen Bevölkerungsumfrage 1996. Umweltbundesamt, Bonn

Radke V (1999) Nachhaltige Entwicklung. Konzept und Indikatoren aus wirtschaftstheoretischer Sicht. Physica, Heidelberg

Rammer C, Peters B, Schmidt T, Doherr T (2004) Innovationsverhalten der deutschen Wirtschaft. Indikatorenbericht zur Innovationsverhebung 2003, ZEW, Mannheim

Rennings K (1994) Indikatoren für eine dauerhaft-umweltgerechte Entwicklung. Metzler-Poeschel, Stuttgart

Rennings K (1999) Bausteine einer Umweltinnovationstheorie und -politik – Neoklassische und evolutionsökonomische Perspektiven. In: Rennings K (Hrsg) Innovation durch Umweltpolitik. Nomos, Baden-Baden, S 15–46

Rennings K (2000) Redefining Innovation – Eco-Innovation research and the Contribution from Ecological Economics. Ecological Economics 32: 319–332

Riesen S van, Willms M (2000) Stellungnahme des ATV-DVWK zum Merkblattentwurf des LUA „Mitbehandlung von biogenen Abfällen in Faulbehältern“ vom 10. April 2000, o S

Ronning G (1991) Mikroökonometrie. Springer, Berlin ua

Ropohl G (1979) Eine Systemtheorie der Technik. Carl Hanser, München Wien

Roscher H (Hrsg) (2000) Sanierung städtischer Wasserversorgungsnetze, Verlag Bauwesen, Berlin

Rothenberger D (2003) Sektorreport Siedlungswasserwirtschaft für das Projekt: integrierte Mikrosysteme der Versorgung, im Auftrag des Bundesministeriums für Bildung und Forschung, Centre for Innovation Research in the Utility Sector (CIRUS), Kastanienbaum CH

Rothwell R (1992) Successful industrial innovation: critical factors for the 1990s. R&D Management 3: 221–239

Rothwell R (1993) The Fifth Generation Innovation Process. In: Oppenländer KH, Popp W (Hrsg) Privates und staatliches Innovationsmanagement, ifo Studien zur Innovationsforschung, Band 1. München, S 25–42

Rothwell R (1994) Industrial Innovation: Success, Strategy, Trends. In: Dodgson M, Rothwell R (eds) The Handbook of Industrial Innovation. Edgar Publishing Company, Aldershot Brookfield, pp 33–53

Rudolph KU (1996) Bestandsaufnahme über Instrumente und Wirkungen einer nachhaltigen Wasserpolitik. Bericht zum BMBF-Projekt Nr 07 SI 021 7 (GSF), Witten.

Rudolph KU (1999) Kooperationen und Investitionen; Chancen der deutschen Wirtschaft auf dem Sektor der Wasserver- und -entsorgung in Entwicklungs- und Transformationsländern. Eigenverlag DEG – Deutsche Investitions- und Entwicklungsgesellschaft, Köln

Rudolph KU, Schäfer D (2001) Untersuchung zum internationalen Stand und der Entwicklung Alternativer Wassersysteme. Endbericht zum BMBF-Forschungsvorhaben Nr 02 WA 0074, Bonn, Karlsruhe, Witten

Sachverständigenrat für Umweltfragen (SRU) (1994) Umweltgutachten 1994 – Für eine dauerhaft-umweltgerechte Entwicklung. Metzler-Poeschel, Stuttgart

Sachverständigenrat für Umweltfragen (SUR) (2002) Umweltgutachten 2002 – Für eine neue Vorreiterrolle. Metzler-Poeschel, Stuttgart

Sander R (Hrsg) (1995) Wasserwirtschaftspolitik in den Kommunen – Ansätze für eine nachhaltige Entwicklung. Berlin

Sander R (Hrsg) (1997) Wassermanagement in großstädtischen Regionen. Berlin

Scherer F (1967) Market structure and the employment of scientists and engineers, American Economic Review 57: 524–531

Scherhorn G, Reisch L, Schroedl S (1997) Wege zu nachhaltigen Konsummustern – Überblick über den Stand der Forschung und vorrangige Forschungsthemen. Metropolis, Marburg

Schink A (2001) Die Umweltverträglichkeitsprüfung – offene Konzeptfragen. Deutsches Verwaltungsblatt 2001(5): 321–332

Schmelz KG (1997) Co-Vergärung von Klärschlamm und Bioabfällen – ein Weg für die Zukunft? In: Zentrum für Abfallforschung und Institut für Siedlungswasserwirtschaft der TU Braunschweig (Hrsg). Klärschlammbehandlung und Entsorgung – Erfahrungen und Perspektiven (12. ZAF-Seminar vom 18.–19. September 1997). Braunschweig

Schmelz KG (2000) Co-Vergärung von Klärschlamm und Bioabfällen. Rhombos, Berlin.

Schmelz KG (2003) Entfrachtung durch Behandlung hochbelasteter Teilströme in einer Co-Vergärung. In: Kongressunterlagen zur E-World Energy & Water am 11.–13.02.2003. Essen, o.S

Schmelz KG, Tatus R (1999) Perspektiven der Co-Vergärung von Bioabfällen mit Klärschlamm. In: Wiemer K, Kern M (Hrsg) Bio- und Restabfallbehandlung II. Baeza Press, Witzenhausen, S 365–388

Schmidt R, Müller H (1995) Einführung in das Umweltrecht. Beck, München

Schmitz A (2001) Microtunneling – Eine Marktanalyse – Stand und Entwicklung in Deutschland. bi umweltbau, 2001(4): 4–6

Schmoch U, Hinze G, Jäckel N, Kirsch N, Meyer-Krahmer F, Münt G (1996) The Role of the Scientific Community in the Generation of Technology. In Reger G, Schmoch U (eds) Organisation of Science and Technology at the Watershed – The Academic and Industrial Perspective. Physica, Heidelberg, pp 1–138

Schönbäck W, Oppolzer G, Kraemer RA, Hansen W, Herbke N (2003) Internationaler Vergleich der Siedlungswasserwirtschaft. Bundeskammer für Arbeiter und Angestellte, Wien

Schramm E (2000) Die Zukunft gehört dem Aufbau differenzierter Kreisläufe – Perspektiven für den Umgang mit Wasser in der Stadt. Das Parlament 2000(1): 3

Schramm E, Vogt G (1997) Der Stellenwert der Wasserökonomik für eine nachhaltige Städtische Wasserpolitik. WasserKultur Texte 25, Kassel

Schroer T (1991) Die Kompetenzverteilung zwischen der europäischen Wirtschaftsgemeinschaft und ihren Mitgliedstaaten auf dem Gebiet des Umweltschutzes. Dissertation 1991

Schumann P (1999) Kooperation Wasserversorgung/Landwirtschaft in Hessen: Geographische Situation und Analyse von Kooperationen und deren Rahmenbedingungen. Studienarbeit, TU Darmstadt

Schumpeter JA (1942) Capitalism, Socialism, and Democracy. Harper & Row, New York

Seiler KP (1976) Die Gewässerbenutzungen und ihre Rechtsgrundlagen im Verlaufe der Geschichte des Wasserrechts. Jur Dissertation, Universität Bonn

Sheskin D (2000) Handbook of Parametric and Nonparametric Statistical Procedures, 2ed ed, Chapman & Hall

Smith K (1996) The Systems Challenge to Innovation Policy. In: Polt W, Weber B (eds) Industrie und Glück. Paradigmenwechsel in der Industrie- und Technologiepolitik. Wien, S 21–33

Smith K (1998) Science in the Innovation System. In: Vitale M (ed) Science and Technology Awareness in Europe: New Insights. EU, Luxembourg, pp 59–78

Soete L, Arundel A (eds) (1993) An Integrated Approach to European Innovation and Technology Diffusion Policy – A Maastricht Memorandum. EU, Brussels Luxembourg

Soltau G (1995) Rückblick auf 10 Jahre Entwicklung von Rohrvortriebsmaschinen. TIS – Tiefbau Ingenieurbau Strassenbau 1995(9):16–24

Spangenberg JH, Bonniot O (1998) Sustainability Indicators – A Compass on the Road Towards Sustainability, Wuppertal Papers 81, Wuppertal

Spielkamp A (1997) Grenzen und Reichweiten Nationaler Innovationssysteme und forschungspolitische Implikationen. ZEW Discussion Paper No. 97–15. ZEW, Mannheim

Spiller K, Staudt E (1989) Diagnosetechniken und -systeme. In: Szyperski N (Hrsg) Handwörterbuch der Planung. Poeschel, Stuttgart, Sp 273–303

Statistisches Bundesamt (StaBu) (2002) Statistisches Jahrbuch für die Bundesrepublik Deutschland. Metzler-Poeschel, Stuttgart

Statistisches Bundesamt (StaBu) (2003) Öffentliche Wasserversorgung und Abwasserbeseitigung 2001, FS 19/Reihe 2.1. Metzler-Poeschel, Stuttgart

Statistisches Bundesamt (StaBu) Pressemitteilung vom 20.03.2003: „99,1 % der Bevölkerung an öffentliche Wasserversorgung angeschlossen"

Statistisches Bundesamt (StaBu) Pressemitteilung vom 21.03.2001: Zahlen und Fakten zum „Tag des Wassers" am 22.03.2001

Staudt E (1977) Produktion einschließlich Recycling. In: von Vogl J, Heigl A, Schäfer K, (Hrsg) Handbuch des Umweltschutzes. Ecomed, München, S 1–19

Staudt E (1982) Widerstände bei der Einführung neuer Technologien – Die Anwendung der Mikroelektronik als Herausforderung an Technologiemanagement und Technologiepolitik. VDI-Z 124(7):233–241

Staudt E (1985) Innovation. Die Betriebswirtschaft 45: 486–487

Staudt E (1986) Das Management von Innovationen. FAZ-Institut, Frankfurt aM

Staudt E (1996) Kompetenz zur Innovation. Defizite der Forschungs-, Bildungs-, Wirtschafts- und Arbeitsmarktpolitik. In: Staudt E (Hrsg) Berichte aus der angewandten Innovationsforschung, No 142. Bochum

Staudt E, Auffermann S (1996) Der Innovationsprozeß im Unternehmen – Eine erste Analyse des derzeitigen Standes der Forschung. In: Staudt E (Hrsg) Berichte aus der angewandten Innovationsforschung, No. 151. Bochum

Staudt E, Kerka F, Krause M (1996) Innovationsmanagement. In: Franz O (Hrsg) RKW-Handbuch Führungstechnik und Organisation, II/1996, Kennzahl 2603, S 1–29

Staudt E, Kottmann M (2001) Deutschland gehen die Innovatoren aus – Zukunftsbranchen ohne Zukunft? Frankfurt am Main

Staudt E, Kottmann M, Sieger C (2001) Innovation ohne Personalentwicklung führt in die Sackgasse – Ursachenanalyse – Zukunftsaussichten – Lösungsansätze für die Personalpolitik von innovativen Unternehmen am Beispiel der Biotechnologie. Bochum

Staudt E, Krause M, Kerka F (1997) Innovationsbarrieren und Transfermaßnahmen in der Mikrosystemtechnik – Eine empirische Analyse zum Stand der Diffusionsförderung. Bochum

Staudt E, Kriegesmann B (1993) Erfolgs- und Mißerfolgsfaktoren von Produktinnovationen. In: Corsten H (Hrsg) Handbuch Produktionsmanagement. Gabler, Wiesbaden, S 133–150

Staudt E, Kriegesmann B (1998) Innovationsmanagement. In: Berndt R, Fantapié Altobelli C, Schuster P (Hrsg) Springers Handbuch der Betriebswirtschaftslehre 2. Springer, Berlin Heidelberg, S 355–388

Staudt E, Kriegesmann B, Fischer A (1992) Umweltschutz und Innovationsmanagement. In: Handbuch des Umweltmanagements, hrsg. von Steger U. München, S 329–341

Staudt E, Schroll M (2001) Innovationen, ökologische. In: Schulz WF (Hrsg) Lexikon Nachhaltiges Wirtschaften. Oldenbourg, München Wien, S 141–146

Staudt E, Schwering MG (2002) Kompetenzentwicklung als Engpass- und Schlüsselfaktor für Innovationen in KMU der New Economy – dargestellt am Beispiel junger Telekommunikationsunternehmen. In: Meyer JA (Hrsg) New Economy in kleinen und mittleren Unternehmen, Jahrbuch der KMU-Forschung. München, S 221–238

Stein D (1982) Ver- und Entsorgungsleitungen mit nichtbegehbarem Querschnitt. TIS Tiefbau Ingenieurbau Strassenbau 1982(3): 129–134 u 1982(4): 253–258

Stein D (1986) Dichte Abwasserkanäle – Ursachen von Undichtigkeiten und Möglichkeiten ihrer Behebung. Berichte der Abwassertechnischen Vereinigung eV Nr 37, S 25–47

Stein D (1990) Sind undichte Kanalisationen eine bedeutende Schadstoffquelle für Boden und Grundwasser? Kongressvorträge Wasser Berlin 89: 330–340. Erich Schmidt, Berlin

Stein D (1998) Instandhaltung von Kanalisationen. 3., überarbeitete & erweiterte Auflage. Ernst & Sohn, Berlin

Stein D (2003) Grabenloser Leitungsbau. Ernst & Sohn, Berlin.

Stein D, Brauer A (2004) Praxisorientierter Leitfaden zur Anwendung von Verfahren des Mikrotunnelbaus zur umweltgerechten, kostenminimierten Verlegung von Abwasserleitungen und -kanälen. Unveröffentlichter Forschungsbericht im Auftrag des Ministerium für Umwelt und Naturschutz, Landwirtschaft und Verbraucherschutz des Landes Nordrhein-Westfalen (MUNLV NRW) – Förderkennzeichen IV–9–042 375. Bochum.

Stein D, Körkemeyer K (2002) Expertise zur Analyse und Beurteilung des von der KEG mbH entwickelten Sohlenreinigungsverfahren „Sehende Düse" für Abwasserleitungen und -kanäle. Bochum (unveröffentlicht)

Stein D, Körkemeyer K (2003) Entwicklungen bei der TV-Inspektion von Abwasserkanälen. Essener Tagung für Wasser- und Abfallwirtschaft vom 26. bis 28.3.2003 in Aachen: 24/1–24/13

Stein D, Körkemeyer K, Brauer A (2004) Vergleichende Analyse des neuartigen PANORAMO-Inspektionssystems mit den Standardverfahren zur Inspektion von Abwasserleitungen und -kanälen am Beispiel des ARGUS 4-Kamerasystems. Unveröffentlichte Expertise der Prof Dr-Ing Stein & Partner GmbH, Bochum im Auftrag der IBAK Helmut Hunger GmbH & Co. KG, Kiel. Bochum

Stein R (2004) Trends und Entwicklungen der Zustandserfassung. bi umweltbau, 2004(3): 64–72

Sundbo J (1999) The Theory of Innovation: Entrepreneurs, Technology and Strategy. Edward Elgar, Cheltenham

Tauchmann H, Clausen H (2004) Do Organizational Forms matter? - An Econometric Analysis of Innovativeness in the German Wastewater Sector. RWI Discussion Paper 22, Essen

Teichmann H (Hrsg) (1997) Biologische und weitergehende Abwasserreinigung, 4. Aufl Ernst, Berlin

Thiel JM (1995) Umweltrechtliche Kompetenzen in der Europäischen Union. Brockmeyer, Bochum

Umweltbundesamt (Hrsg) (1990) Entwürfe des Umweltgesetzbuches – Allgemeiner Teil. Umweltbundesamt-Berichte 7/1990

Umweltbundesamt (Hrsg) (1991) Aueler Kamingespräch zum Umweltgesetzbuch am 8. Oktober 1990 in Schloss Auel. Umweltbundesamt-Berichte 6/1991

Umweltbundesamt (Hrsg) (1994) Umweltgesetzbuches – Besonderer Teil – UGB-BT. Umweltbundesamt-Berichte 4/1994

Umweltbundesamt (Hrsg) (1995) Abwasserbelastende Stoffe und Abwassersituation in Klinken, UBA-Texte 74/95. Berlin

Umweltbundesamt (Hrsg) (1996) Zukunftssicherung durch Kodifikation des Umweltrechts – Politisches Kolloquium zum Umweltgesetzbuch am 19. Oktober 1995 in Potsdam, Umweltbundesamt-Berichte 2/1996

Umweltbundesamt (Hrsg) (1999) Maßnahmenplan Nachhaltige Wasserwirtschaft – Handlungsschwerpunkte für einen zukunftsorientierten Umgang mit Wasser in Deutschland. UBA-Texte 25/99. Berlin

Umweltbundesamt (Hrsg) (1999) Nachhaltige Wasserwirtschaft in Deutschland. UBA-Texte 14/99. Berlin

VEWIN (2004) Market and government. Internet http://www.vewin.nl, Abruf vom 5.10.2004

Voelzkow H (1998) Gibt es einen Bedeutungszuwachs der Region im Zeitalter der Globalisierung? In: Heinze R G, Minssen H (Hrsg) Regionale Netzwerke – Realität oder Fiktion?, Diskussionspapier Nr 98–4, Bochum, S 9–17

Vogt M, Gesenhoff J (2004) Potenziale der Dezentralisierung in der Wasserver- und -entsorgung. (Vortrag WWI Hattingen am 01.07.2004)

Vuong Q (1989) Likelihood Ratio Tests for Model Selection and Non-Nested Hypotheses. Econometrica 57: 307–334

Wasielewski A (2000) Der Integrationsgedanke im untergesetzlichen Regelwerk – Fiktion und Aufgabe im Vollzug. Zeitschrift für Umweltrecht 11: 373–378

Weckwerth J (1999) Eine nachfrageorientierte Innovationstheorie. Duncker & Humblot, Berlin

Weigert B, Lühr HP, Steinberg C (Hrsg) (1998) Schriftenreihe Wasserforschung Nr 4: Nachhaltige Wasserwirtschaft – Entwicklung eines Bewertungs- und Prüfsystems. IFV Wasserforschung eV, Berlin

Wellmann S (1996) Abwasserentsorgung – Rechtsgrundlagen und organisatorische Gestaltungsoptionen. Oldenbourg, München Wien

Wichmann K (1998) Ansätze für nachhaltige Bewirtschaftung von Wasserressourcen zur Trinkwasserversorgung in Deutschland. In: Weigert B et al (Hrsg) Wasserwirtschaft in urbanen Räumen. Schriftenreihe Wasserforschung Bd 3. IFV Wasserforschung eV, Berlin

Wichmann K, Entelmann I (1999) Regionale Wasserbewirtschaftung im Kontext Nachhaltiger Entwicklung. In: Kolloquium Nachhaltige Wasserbewirtschaftung (Tagungsband). Hamburg-Harburg

Willke H (1998) Organisierte Wissensarbeit. Zeitschrift für Soziologie 3: 161–177

Winkelmann M (1999) Perspektiven der Co-Vergärung von Bioabfällen am Beispiel der Biogasanlage Wittmund. In: Wiemer K, Kern M (Hrsg) Bio- und Restabfallbehandlung II. Witzenhausen, S 361–363

Winkelmann R (1997) Econometric Analysis of Count Data, 2nd ed. Springer, Berlin et al.

Wissenschaftlicher Beirat der Bundesregierung Globale Umweltveränderungen (WBGU) (Hrsg.) (1997) Wege zu einem nachhaltigem Umgang mit Süßwasser. Springer, Berlin ua

Wittmaier M, Würdemann H, Friedemann J (2002) Vergärungsanlage als Co-Fermentation von Bioabfällen und Klärschlamm. In: Bilitewski B et al. Anaerobe biologische Abfallbehandlung. Dresden, Internet http://www.hs-bremen.de/ikrw/veroeffentlichungen/-Co-Fermentation%20IKrW2002.pdf; Abruf vom 1.05.2003

Wolf HJ, Bachof O, Stober R et al (2000) Verwaltungsrecht II, 6. Aufl Beck, München

Wolf J (2002) Umweltrecht. Beck, München

ZK-Kanalprüftechnik GmbH, Wettstetten (ohne Jahr) Firmeninformation

Liste der Autoren

Dr. Harald Tauchmann
Rheinisch-Westfälisches Institut für Wirtschaftsforschung (RWI Essen)
Hohenzollernstraße 1–3
45128 Essen

Dr. Joachim Hafkesbrink
ARÖW GmbH
Mühlheimer Straße 43
47058 Duisburg

Dr. jur. Peter Nisipeanu
Justiziar beim Ruhrverband
Kronprinzenstraße 37
45128 Essen

Prof. Dr. Markus Thomzik
Institut für angewandte Innovationsforschung e.V. (IAI)
an der Ruhr-Universität Bochum
Buscheyplatz 13
44801 Bochum

Dr.-Ing. Arno Bäumer
Ruhrverband
Kronprinzenstraße 37
45128 Essen

Dipl.-Ing. Ansgar Brauer
Prof. Dr.-Ing. Stein & Partner GmbH
Konrad-Zuse-Straße 6
44801 Bochum

Dr. Hartmut Clausen*
Rheinisch-Westfälisches Institut für Wirtschaftsforschung (RWI Essen)
Hohenzollernstraße 1–3
45128 Essen

Dr. Dominique Drouet
Recherche Développement International (RDI)
2 rue Traversière
71200 Le Creusot
Frankreich

Dr. Dirk Engel
Rheinisch-Westfälisches Institut für Wirtschaftsforschung (RWI Essen)
Hohenzollernstraße 1–3
45128 Essen

Dr.-Ing. Karsten Körkemeyer*
Prof. Dr.-Ing. Stein & Partner GmbH
Konrad-Zuse-Straße 6
44801 Bochum

Dr. Michael Rothgang
Rheinisch-Westfälisches Institut für Wirtschaftsforschung (RWI Essen)
Hohenzollernstraße 1–3
45128 Essen

Dipl.-Wirtsch.-Ing. Markus Schroll
ARÖW GmbH
Mühlheimer Straße 43
47058 Duisburg

* Kontakt über den früheren am Projekt AquaSus beteiligen Arbeitgeber.

Druck und Bindung: Strauss GmbH, Mörlenbach

GPSR Compliance

The European Union's (EU) General Product Safety Regulation (GPSR) is a set of rules that requires consumer products to be safe and our obligations to ensure this.

If you have any concerns about our products, you can contact us on ProductSafety@springernature.com

In case Publisher is established outside the EU, the EU authorized representative is:

Springer Nature Customer Service Center GmbH
Europaplatz 3
69115 Heidelberg, Germany

Batch number: 10815974

Printed by Printforce, the Netherlands